堯風舜雨

元大都規劃思想與古代中國

王军 著

Copyright © 2022 by SDX Joint Publishing Company.
All Rights Reserved.

本作品版权由生活·读书·新知三联书店所有。
未经许可，不得翻印。

图书在版编目（CIP）数据

尧风舜雨：元大都规划思想与古代中国／王军著．—北京：
生活·读书·新知三联书店，2022.1
ISBN 978 – 7 – 108 – 07098 – 2

Ⅰ．①尧… Ⅱ．①王… Ⅲ．①大都－研究－中国－元代
Ⅳ．① K928.647

中国版本图书馆 CIP 数据核字（2021）第 036868 号

责任编辑	刘蓉林
装帧设计	薛　宇
责任校对	张国荣
责任印制	宋　家
出版发行	生活·讀書·新知 三联书店
	（北京市东城区美术馆东街 22 号 100010）
网　　址	www.sdxjpc.com
经　　销	新华书店
印　　刷	天津图文方嘉印刷有限公司
版　　次	2022 年 1 月北京第 1 版
	2022 年 1 月北京第 1 次印刷
开　　本	889 毫米 × 1194 毫米　1/16　印张 25.5
字　　数	220 千字　图 367 幅
印　　数	0,001 – 5,000 册
定　　价	288.00 元

（印装查询：01064002715；邮购查询：01084010542）

尧風舜雨

元大都规划思想与古代中国（图版）

王 军 著

Copyright © 2022 by SDX Joint Publishing Company.
All Rights Reserved.

本作品版权由生活·读书·新知三联书店所有。
未经许可,不得翻印。

图书在版编目(CIP)数据

尧风舜雨:元大都规划思想与古代中国/王军著.—北京:
生活·读书·新知三联书店,2022.1
ISBN 978-7-108-07098-2

Ⅰ.①尧… Ⅱ.①王… Ⅲ.①大都-研究-中国-元代
Ⅳ.① K928.647

中国版本图书馆 CIP 数据核字(2021)第 036868 号

王军，1991年毕业于中国人民大学新闻系，1991—2016年供职于新华通讯社，2016年至今供职于故宫博物院，著有《城记》《采访本上的城市》《拾年》等。

谨以此书献给张忠培先生

目 录

前　言　5

甲　篇
齐政楼名称方位考

第一章　取义《尧典》　3

第二章　"在璇玑玉衡，以齐七政"辨　29

第三章　历元与天命　47

第四章　齐政楼的方位　59

第五章　中轴线东偏微旋析　85

第六章　结　语　139

乙 篇
元大都规划的阴阳法式

第一章　阴阳哲学与营造制度　145

第二章　乾坤交泰格局　157

第三章　阴阳模数与律吕爻象　199

第四章　数术与"天地之中"　231

第五章　幽燕之地与析木之津　265

第六章　结　语　279

余　论
古代中国之存在

参考文献　291

前　言

2019年7月，故宫博物院举办了一场关于元大都的学术对话，我有幸应邀出席，做了题为《元大都齐政楼名称方位考》的报告。那时，刚刚草得一篇小文，本想扩充为一篇论文发表，后来发现其中涉及的问题实非一篇文章能够承载，遂决意拓展，成为此书。

全书分甲乙两篇，甲篇以元大都齐政楼（即元大都鼓楼）的名称、方位为研究对象，对齐政楼的名称本义，学术界讨论多年的齐政楼、钟楼的建设地点加以考证，同时考证元大都大天寿万宁寺中心阁、中心台的建筑性质、建设地点，对元大都中轴线制度加以研究；乙篇以元大都的大城规划、建筑布局为研究对象，结合中国古代天文、律历、数术之学，揭示其所蕴含的阴阳法式与思想观念。

在研究过程中，我一次次惊叹于元大都的平面布局——其中的相当部分还留存于今天的北京——竟是如此精确而艺术地承载着中国古代文化最为核心的知识与思想体系！

《元史》记元大都的规划者刘秉忠"于书无所不读，尤邃于《易》及邵氏《经世书》，至于天文、地理、律历、三式六壬遁甲之属，无不精通"[1]。刘秉忠的这些学问，竟如此直观地呈现在元大都的城市空间里，中国古代经学与城市规划的深刻联系跃然眼前。

元大都的规划设计将不同层级的空间安排统属于哲学意义上的"道"，以城市的空间形态诠释宇宙之生成、万物之蕃息，呈现了一个完整而经典的思想体系。其中用力最深之处，莫过于将鼓楼、钟楼独立出来，使之成为城市建筑，并以齐政楼（鼓楼）对应北极璇玑，取义"道生一""易有太极"，以《尚书·尧典》"在璇玑玉衡，以齐七政"命名齐政楼，取义尧舜禅让、舜得天命，以此显示忽必烈乃尧舜传人，元朝与历朝历代一样，是中华正统的延续。这一规划意图，实具有重大历史意义——拔地而起的元大都，成为中国古代统一多民族国家发展历程上的一座丰碑。

元大都的规划思想根植于中国固有之宇宙观与时空观，后者是古代中国形成与发展的文化基石。元朝是中国历史上第一个由北方少数民族建立的统一王朝，农耕文化与游牧文化的碰撞交融——这出在中国历史上不断上演的重头戏——在有元一代表现得尤为充分。在这场历史的演进中，中国固有之思想精神显示出强大的包容性与适应性，彰显古代中国之存在，实为一种文化的存在，并不因统治者血统的改变而改变。这样的发展模式，与西方单一宗教的民族国家截然不同，古代中国由此走出一条"从文化多元一体到国家一统多元"（张忠培先生语）的发展道路。这是治中国史者必须深刻领会的，否则，就会陷入诸如元朝或清朝到底算不算是中国之类无意义的争论。

研究元大都的规划思想，还需要对中国古代阴阳数术加以讨论，因为后者在元大都的规划设计中得到了广泛运用。如何认识阴阳数术，是中国古代史研究的一大难题。"五四"之后，阴阳五行被视为"迷信之大本营"遭到批判，此后阴阳数术几乎成为学术禁区。可是，一打开古书，一涉及古代制度，阴阳数术就摆在那里，仍是一座绕不过去的大山，我们不能不将其作为严肃的学术问题来面对。

其实，不妨看看古人是怎样认识这个问题的。《史记·太史公自序》引司马谈论六家要旨，有谓：

> 尝窃观阴阳之术，大祥而众忌讳，使人拘而多所畏；然其序四时之大顺，不可失也。[2]

《汉书·艺文志》亦云：

> 阴阳家者流，盖出于羲和之官，敬顺昊天，历象日月星辰，敬授民时，此其所长也。及拘者为之，则牵于禁忌，泥于小数，舍人事而任鬼神。[3]

阴阳家确实存在"舍人事而任鬼神"的情况，可是，"序四时之大顺""敬授民时"是他们的看家本领，这对于生产生活至关重要，是不可缺失的。对此，古代史家有着十分清醒的认识。

正是因为"阴阳家者流，盖出于羲和之官"，与观象授时存在深刻的联系，阴阳数术便成为古代文化的一大枝干。对于农耕文化来说，对时间的掌握关乎万事根本，"为治莫大于明时，明时莫先于观象"[4]。先人从事观象授时的实践，远远早于其对文字的创建。一万多年前，中国所在地区独立产生了种植农业，这意味着彼时先人已经初步掌握了农业时间。时间只能通过空间来测定，认识不了时间与空间，农业革命就不可能发生，文明的门槛更是无法迈入。先人通过空间测定并管理了时间，生产生活得以维系。在文字尚未创建之时，以何种方式标识并记录时空，就是先人必须面对的重大问题，这是讨论阴阳数术不能脱离的历史情境。

考古学资料显示，在新石器时代，中国所在地区的农业文化与文明已经发展到了相当高的程度，与时间、空间密切相关的知识体系已然具备。在《易传》所记"上古结绳而治"的时代，以数记事必是记录知识与思想的方式，这在诸多新石器时代的文物、遗址中已能看到，"神秘"的数术即导源于此。我们应该秉持历史的辩证观来看待阴阳数术，对其做客观的研究，不能把孩子和洗澡水一块儿倒掉。否则，我们就无法读取大量史前文物、遗址所蕴含的人文信息，无法以合乎逻辑的方式解释五千多年前以良渚遗址、牛河梁遗址为代表的中华文明所取得的高度成就。

数术并不会因为文字的诞生而消亡，因为它所承载的知识与思想还在延续。中国古代建筑营造的思想性在许多方面正是通过阴阳数术加以体现的，元大都的规划设计即为代表，其中的核心理念在明北京城的规划中还得到了进一步发扬。这表明，阴阳数术是中国建筑史研究不可忽视的重要内容，失去了对这一层面的考察，古代建筑制度中的许多重大问题（包括构图比例、斗拱制度、方位布局等）我们就无法说清。

元大都的规划设计为我们研究中国古代营造制度及其文化谱系，提供了一个重要的案例。本书完成的还只是一个初步的研究，许多方面还需要进一步深入，希望得到学者和读者的教正。

在撰写本书的过程中，我的心中充满了对故宫博物院老院长、考古学家张忠培先生的无限思念！

2016年我从新华社调入故宫博物院工作，先生即扶病对我详加指导，嘱我做宫廷制度研究，要求我把先秦两汉文献通读吃透，并把涉及宫廷制度的考古报告都看一遍。先生一再强调，从事史的研究，必须做到三点，一是实事，二是求是，三是"通古今之变"；必须站在中华文明形成与发展的高度从事故宫的研究。

这些年来，先生的话语始终回荡在我的心里。完成这一部书稿，我感到是向先生交出了一篇作业，可是已无法面呈，先生邈归道山已近三年矣！

不能忘记先生辞世前两天——2017年7月3日，在先生的书房，先生对我的最后嘱托！在先生的心中，辛亥革命之后得到完整保存的故宫，分明是中国历史之主权的象征，将之完整地保护与传承，事关中华文明生生世世之大伦、国家民族之大义！先生为此拼搏到生命的最后时刻，虽力已难支，仍做狮子吼："拼死了干，为故宫，值得啊！"面对伟大的中华文化，先生鞠躬尽瘁，死而后已，尽到了一个读书人的责任！先生为我们留下的宝贵精神遗产，必与天壤而同久，共三光而永光！

感谢单霁翔院长的知遇之恩，使我得以从繁忙的新闻工作岗位跻身于故宫的学林，获得充足的研究时间。2016年我向单院长报到时，向他报了一个研究计划——紫禁城时空格局探源。本书即为这个研究计划的一部分，接下来还有相当繁重的工作需要完成。单院长对我说：你尽管放手做研究，故宫要养士！刹那间，曾子的这番话激荡在我心里——"士不可以不弘毅，任重而道远。仁以为己任，不亦重乎？死而后已，不亦远乎？"我能做到吗？

感谢冯时先生给予我学术工作巨大的帮助。在我初涉中国古代天文学研究领域时，冯时先生不但在数月之内，每周一次对我加以指导，还惠允我旁听他给研究生开设的古代文献、古文字课程，以及给本科生开设的天文考古学课程。冯时先生在古文字与天文考古学等领域取得的卓越成就，实非后学如我之笔力能够叙述。他高瞻远瞩地指出："原始人类的天文活动以及原始的天文学不仅是文化诞生的渊薮，而且也是文明诞生的渊薮"，"古人持续不断的天象观测便是他们创造文明的活动"，"古人对于天文学的需要犹如他们对衣食的需要一样重要，这当然无可避免地渗透到他们生活的各个方面，从而为一种独特的文化与思想的形成奠定了基础"，"文明的起源与天文学的起源大致处于同一时期。这意味着一种有效的天文学研究提供了从根本上探索人类文明起源的可能。事实上我们并不怀疑，如果我们懂得了古代人类的宇宙观，其实我们就已经在一定程度上把握了文明诞生和发展的脉络。"⁵冯时先生的这些话语，给我插上了思想的翅膀。

2012年春，王南博士给我打来一个电话："你研究梁思成先生，连斗拱都没有摸过，这怎么可以啊？"我心头一紧，立刻报名加入他的古建筑测绘队伍。从此之后，他在课余，我在业余，奔走于北京的碧云寺、五塔寺、云居寺、西黄寺、历代帝王庙等，完成了一批测绘工作，深深陶醉于中国古代建筑之美及其博大的精神世界。王南是一位有着深刻洞察力的学者，是清华大学建筑学院深受学生敬重的老师，他以炽热的激情从事学术研究，只问耕耘，不问收获。我有幸见证了他的巨著《规矩方圆，天地之和——中国古代都城、建筑群与单体建筑之构图比例研究》的诞生过程，他所取得的突破性贡献为本书的写作开辟了道路。他教会我使用CAD绘图软件，给我提供了大量测绘资料。本书许多篇章的写作都得到了他极为宝贵的建议。他绘制的精美的建筑分析图能够在本书中得到大量引用，令我感到万分荣幸。这分明是对这八年来我们共同走过的学术历程的纪念！没有王南的帮助，没有在斗拱上摸爬的经历，我是不可能完成这本书的写作的。谨志铭感于此。

感谢中国文化遗产研究院、中国国家博物馆考古部、清华大学建筑学院、傅熹年先生、林洙女士、岳升阳先生、韩涛先生（Thomas H. Hahn）、赵鹏先生、徐华烽先生为本书的研究提供珍贵的学术资料；感谢徐林先生以精确的地理信息分析帮助我锁定北京城中轴线向北延伸抵达的山梁，并与我一同驱车前往现场踏勘；感谢刘蓉林女士在本书的写作、编辑过程中给予宝贵的建议与帮助。

多年以来，我的学术研究得到了诸多前辈、师友的指点和帮助，谨在此致以诚挚的谢意与崇高的敬意！

我要特别感谢我的学长罗锐韧君、我的大学同窗黄路君和他的夫人马绍文女士，在我面对艰难时刻时，是你们给予我无微不至的关爱！每一次与你们相聚，我都仿佛回到了校园，重温理想的芬芳，获得无穷的力量去迎接挑战！

感谢慈父、慈母养育之恩！感谢岳父、岳母多年来的关心、照顾！感谢姐姐、妹妹，是你们替我分担了太多的家庭责任，使我能够集中精力从事学术研究。

感谢我的妻子刘劼和我最最宝贝的宽宽！和你们在一起是我人生最大的幸福！这使我有勇气战胜一切困难。我们经历了共同的成长，这样的成长还会继续。

王 军
2020 年 6 月 5 日

注　释

1　[明]宋濂等撰：《元史》卷一百五十七《列传第四十四·刘秉忠》，3688 页。
2　[汉]司马迁：《史记》卷一百三十《太史公自序第七十》，3289 页。
3　[汉]班固撰，[唐]颜师古注：《汉书》卷三十《艺文志第十》，1734—1735 页。
4　[清]孙家鼐等撰：《钦定书经图说》卷二，8 页。
5　冯时：《中国古代的天文与人文》修订版《弁言》，1—2 页。

齐政楼名称方位考

甲篇

第一章 取义《尧典》

一、大都新制

齐政楼是忽必烈建造的矗立于元大都中央的鼓楼，它与北侧的钟楼相望，见证了中国古代都城制度的演进。

在京师市井之中建独立的报时用鼓楼和钟楼是元代开创的制度，对后代都城影响至深，明中都、南京、北京皆因袭之。（图甲1-1至图甲1-3）

傅熹年在《社会人文因素对中国古代建筑形成和发展的影响》一书中指出，明代还把建独立的鼓楼、钟楼推广到重要的地方城市，成为明、清地方城市中新出现的标志性大型公共建筑。现存钟鼓楼较早之例在西安和大同（图甲1-4至图甲1-6），都建于明初洪武年间，体量巨大、宏伟壮丽，迄今仍是地方城市钟鼓楼之冠，已成为这两个城市的重要历史标志性建筑。明代以后进一步将此种制度推广到中小州县城。钟鼓楼因多建在十字路口，或南北相对（如明北京），或东西相望（如明中都、明西安），成为城市重要景观和构成城市立体轮廓的重要

内容，其间的街道也成为城市的主干道或重要商业街，形成城市中心的繁华地段。鼓楼和钟楼的出现，逐渐代替了以前在衙城前建谯楼的模式，形成了新的城市中心广场和商业繁华区。[1]

元大都齐政楼、钟楼的建设，翻开了中国古代都城制度新的一页。在此之前，金中都曾在皇城南门（宣阳门）之内设鼓楼和钟数，称文楼和武楼；金又在南京（汴京）城中部州桥稍北建文楼和武楼。[2]元大都创新这一制度，首次在都城中央、东西、南北干道交会之处建独立的鼓楼和钟楼，实具有重要的人文意义。

东西、南北干道是城市子午、卯酉"二绳"的象征，"二绳"交午之处即"中"之所在。在这样的城市之"中"建钟鼓楼报时，就把时间、"二绳"和"中"建立了联系，这是中国古代天文与人文制度的核心内容。

子午、卯酉二绳，见载于《淮南子·天文训》：

> 子午、卯酉为二绳，丑寅、辰巳、未申、戌亥为四钩。东北为报德之维也，西南为背阳之维，东南为常羊之维，西北为蹄通之维。日冬至则斗北中绳，阴气极，

图甲1-1　北京鼓楼、钟楼鸟瞰。（来源：傅公钺，《北京旧影》，1989年）
图甲1-2　安徽凤阳鼓楼楼台为明中都原物，台上建筑重建于1998年。王军摄于2018年6月
图甲1-3　南京鼓楼。王军摄于2011年6月
图甲1-4　西安鼓楼。王军摄于2014年5月
图甲1-5　从西安鼓楼眺望钟楼。王军摄于2014年5月
图甲1-6　大同鼓楼。王军摄于2014年5月

阳气萌,故曰冬至为德。日夏至则斗南中绳,阳气极,阴气萌,故曰夏至为刑。[3]

在这段叙述中,空间、时间、阴阳、刑德发生了对应关系。

中国古代以十二地支配地平方位,子午卯酉分执北南东西。测定这四个方位是空间规划之始,亦是时间规划之始。《周礼·考工记》记云:

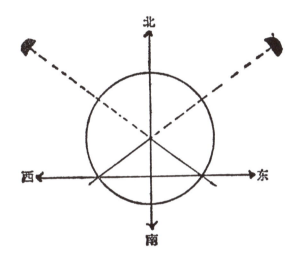

图甲1-7 河南登封告成镇"周公测景台"唐代石表。王军摄于2014年11月

图甲1-8 清光绪《钦定书经图说》刊印之《夏至致日图》,显示羲叔在夏至日用圭表测度日影。(来源:孙家鼐等,《钦定书经图说》,1997年)

图甲1-9 《周礼·考工记》"以正朝夕"示意图。(来源:中国天文学史整理研究小组,《中国天文学史》,1981年)

图甲1-10 宋代《营造法式》刊印之景表版、望筒。(来源:李诚,《营造法式》,2006年)

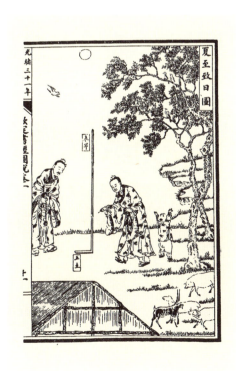
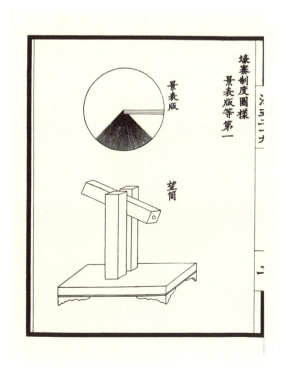

匠人建国，水地以县，置槷以县，视以景，为规，识日出之景与日入之景，昼参诸日中之景，夜考之极星，以正朝夕。[4]

根据这一方法，在平地上直立表杆，以表杆的基点为圆心画圆，日出、日落之时，表影与圆有两个交点，用绳把两点连接，即得正东西之绳；再把此绳的中点与表杆的基点用另一条绳连接，即得正南北之绳；夜里再通过望筒观察北极星，测定其绕行的北极，就可进一步校准二绳。[5]（图甲1-7至图甲1-10）

学者考证，测定二绳所立之表，所画之圆，就是甲骨文"中"字所象之形。[6]（图甲1-11）

子午、卯酉二绳测定之后，将其累积，即可划定丑寅、辰巳、未申、戌亥四钩，再以四维相配，则四方五位、八方九宫备矣。（图甲1-12）在此基础上，进一步析分，又可得到更多方位。这是中国古代空间规划的基本方法，可溯源至新石器时代，诸多考古学资料可证。（图甲1-13至图甲1-19）

测定了空间，就可以测定时间。正午之时，读子午

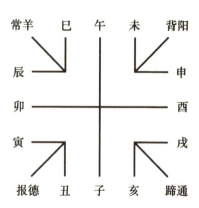

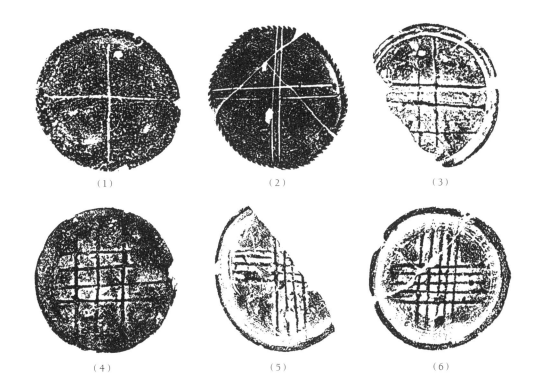

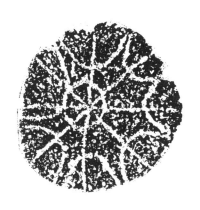

图甲1-11　甲骨文的"中"字。(来源：王本兴,《甲骨文字典》修订版,2014年)

图甲1-12　《淮南子·天文训》二绳、四钩、四维图。(来源：冯时,《文明以止：上古的天文、思想与制度》,2018年)

图甲1-13　河南舞阳贾湖遗址（距今七千八百至九千年）出土的十字形刻槽垂球及其线图、拓本。(来源：河南省文物考古研究所,《舞阳贾湖》,1999年)

图甲1-14　新石器时代之二绳及积绳渐成的"亞"形图像（安徽蚌埠双墩出土,距今七千年）。(1)二绳图像;(2)—(6)积绳而成"亞"形图像。(来源：冯时,《中国古代物质文化史·天文历法》,2013年)

图甲1-15　安徽蚌埠双墩新石器时代遗址（距今七千年）九宫形埒图像。(来源：冯时,《中国古代物质文化史·天文历法》,2013年)

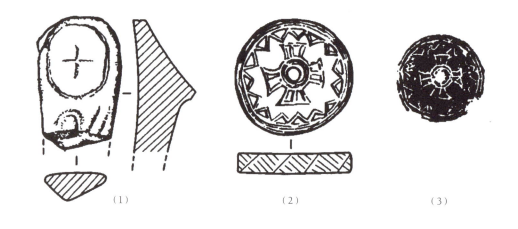

(1)　　　　　　　　(2)　　　　　　(3)

 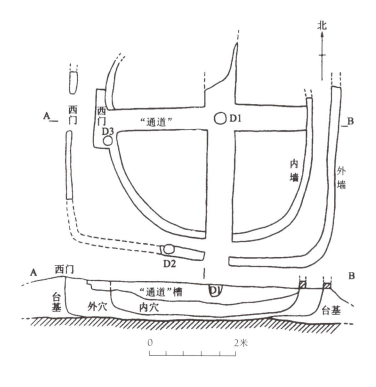

线上表影消长之变化,即可确知一个太阳年的周期。影极长靠北,时为冬至;影极短靠南,时为夏至。表影往返一次,即为一个太阳年的时长。[7] 将此时长析分,即可确定春分、秋分。二分之际,太阳正东而起,正西而没。北南东西、子午卯酉遂与冬夏春秋、二至二分挂系,北为冬、南为夏、东为春、西为秋的时间与空间为一的观念由此衍生。[8]

《淮南子·天文训》记"日冬至则斗北中绳""日夏至则斗南中绳",是说初昏观测北斗指向,斗柄北指,中正南北之绳,时为冬至;斗柄南指,中正南北之绳,时为夏至。

《淮南子·天文训》又记录了在二十四个地平方位中,观测北斗初昏指向,以确定二十四节气之法,其中包括北斗"指卯中绳,故曰春分","指酉中绳,故曰秋分"[9],这是说初昏斗柄东指卯位,中正东西之绳,时为春分;斗柄西指酉位,中正东西之绳,时为秋分。

此种观测北斗授时之法,即如《鹖冠子·环流》所记:

斗柄东指,天下皆春;斗柄南指,天下皆夏;

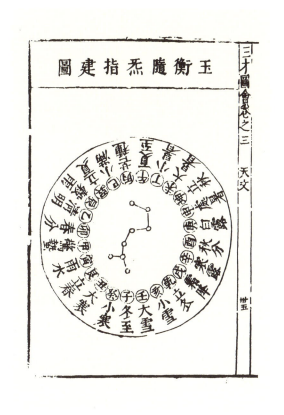

图甲1-16 浙江余姚河姆渡文化遗址(公元前5000—前3300年)陶器上的十字纹。(1)鼎足;(2)(3)纺轮。(来源:冯时,《中国古代的天文与人文》修订版,2006年)

图甲1-17 西安半坡遗址(距今六千多年)出土陶盆口沿上绘有二绳、四钩、四维图像。(来源:中国科学院考古研究所、陕西省西安半坡博物馆,《西安半坡》,1963年)

图甲1-18 青海省博物馆藏新石器时代陶器显示的二绳、"亞"形图像。(左)同德县宗日遗址(距今五千年)出土的十字形圆点纹彩陶敛口瓮;(中)民和县核桃庄墓地(距今五千年)出土的圆点网纹陶瓶;(右)民和县新民阳山墓地(距今四千五百年)出土的十字网纹内彩盆。王军摄于2017年11月

图甲1-19 河南杞县鹿台岗礼制建筑十字遗迹(公元前第二千纪龙山文化时代)。(来源:冯时,《中国古代的天文与人文》修订版,2006年)

图甲1-20 明代《三才图会》刊印之"玉衡随气指建图"显示北斗初昏在二十四山方位指示二十四节气。(来源:王圻、王思义,《三才图会》上册,1988年)

斗柄西指，天下皆秋；斗柄北指，天下皆冬。[10]

在这一授时体系中，地平方位如同时间的刻度，北斗如同指针，同样是北南东西、子午卯酉与冬夏春秋、二至二分拴系，北为冬、南为夏、东为春、西为秋，时间与空间为一。（图甲1-20）

冬至之日，昼极短，夜极长；是日之后，昼渐长，夜渐短。这就是"阴气极，阳气萌"。所萌之阳气为生养之气，所以，"冬至为德"。

夏至则反之。这一天，昼极长，夜极短；是日之后，昼渐短，夜渐长。这就是"阳气极，阴气萌"。所萌之阴气为肃杀之气，所以，"夏至为刑"。

春与秋亦有刑德之义。《管子·四时》云：

> 德始于春，长于夏；刑始于秋，流于冬。刑德不失，四时如一；刑德离乡，时乃逆行，作事不成，必有大殃。[11]

这是说春时阳气生发，长养万物之德随阳气而始，成长于夏；秋时阴气上扬，肃杀阳气之刑随阴气而始，移行于冬。刑德不失其向，则四时相顺如一；刑德失去方向，则四时相逆而行，做事就不能成功，必有大的灾殃。

《管子·四时》以春夏为德、秋冬为刑。其中，夏为德、冬为刑与《淮南子·天文训》夏至为刑、冬至为德，正好相反。这是因为《管子》取义夏至"阳气极"、冬至"阴气极"，《淮南子》取义夏至"阴气萌"、冬至"阳气萌"，二者看似对立，实为统一。

此种阴阳刑德的辩证关系，投射于空间之中，就形成了两种阴阳互易的方位观念：
1. 以南为阳、北为阴，如《春秋繁露·阴阳位》所记：

> 是故阳以南方为位，以北方为休；阴以北方为位，以南方为伏。阳至其位，而大暑热；阴至其位，而大寒冻；阳至其休，而入化于地；阴至其伏，而避德于下。[12]

这是说阳气以南方为本位，以北方为休位；阴气以北方为本位，以南方为伏位。阳气行至南方本位，即大暑酷热；阴气行至北方本位，即大寒冰冻；阳气行至北方休位，即入化于地；阴气行至南方伏位，即潜行于下，这是为了避让长养万物的阳气。

这里所说的南北也就是夏冬。夏时阳气极，南为夏，所以南方为阳位；冬时阴气极,北为冬,所以北方为阴位。时间与空间为一,南与北就被夏与冬赋予了阴阳之义。

2. 以南为阴、北为阳,如《周易》以南方之巽、离、兑为阴卦,北方之震、坎、艮为阳卦。《系辞下》有谓:

> 爻也者,效天下之动者也。是故吉凶生而悔吝著也。阳卦多阴,阴卦多阳,其故何也?阳卦奇,阴卦耦。

韩康伯《注》:

> 夫少者,多之所宗;一者,众之所归。阳卦二阴,故奇为之君;阴卦二阳,故耦为之主。

孔颖达《正义》:

> "阳卦多阴",谓震、坎、艮一阳而二阴也;"阴卦多阳",谓巽、离、兑一阴而二阳也。[13]

这是说震、坎、艮由一个阳爻、两个阴爻组成,阳爻为一卦之主;巽、离、兑由一个阴爻、两个阳爻组成,阴爻为一卦之主。阳卦多阴,阴卦多阳,以少者为一卦之主,是因为"少者,多之所宗;一者,众之所归"。阳爻为奇,为一卦之主,即所谓"阳卦奇","奇为之君";阴爻为耦,为阴卦之主,即所谓"阴卦耦","耦为之主"。(图甲1-21)

在八个经卦中,震居东为阳,兑居西为阴,坎居北为阳,离居南为阴,艮居东北为阳,巽居东南为阴,再加上西北纯阳之乾、西南纯阴之坤,则北方之卦俱属阳,南方之卦俱属阴。显然,这是取义阳生于冬、阴生于夏,强调的是矛盾的不同方面。

中国所在地区,一万多年前独立产生了种植农业,[14]种植农业的发生须以时间的测定为基础,时间又需要通过空间来测定,这意味着先人在极为古老的时代就认识了时空。

关于时间与空间的知识一经产生,就需要对此加以记录。先人标识时空的方法极为朴素——以木配东、火配南、金配西、水配北、土配中,这就是五行;以青配东、赤配南、白配西、黑配北、黄配中,这就是五色;以生成数配四方五位、天地数配八方九宫,这就是"洛书"[15](图甲1-22,图甲1-23);以八个经卦配八个方位,这就是八卦(图甲1-24)。标识了空间,也就标识了时间。

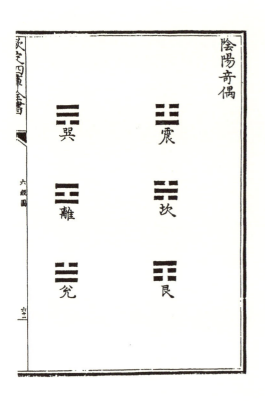
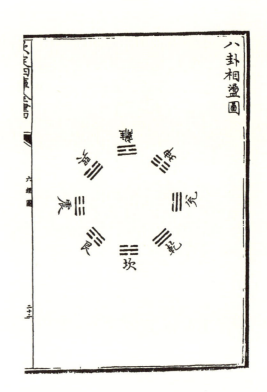
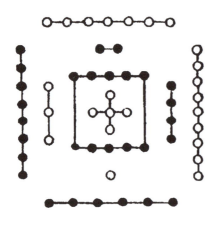
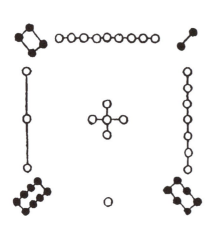

图甲1-21　宋代杨甲《六经图》刊印之阳卦、阴卦的"阴阳奇偶"图。（来源：《影印文渊阁四库全书》第183册，1986年）

图甲1-22　洛书之四方五位图（上，朱熹《周易本义》称"河图"）与八方九宫图（下，朱熹《周易本义》称"洛书"）。（来源：朱熹，《周易本义》，2009年）

图甲1-23　四方五位、八方九宫配数图。王军绘

图甲1-24　宋代杨甲《六经图》刊印之《八卦相荡图》显示的《周易》经卦方位。（来源：《影印文渊阁四库全书》第183册，1986年）

仁义礼智信称"五常",是中国古代文化的核心价值,亦可与时空相配。东为仁、西为义、南为礼、北为智、中为信是标准配法。这是因为春时万物生养,此为仁;秋时万物生成,此为义;夏时万物高低互见,此为礼;冬时阳气闭藏,此为智;中与天中对应,"诚者,天之道也"[16],此为信。空间被时间赋予了意义。

兹将中国古代标识五位、四时的基本方法列表如下:

方位	四时	五行	五色	五常	五行方位数（洛书）	八卦	天干	地支（四正方位）
东	春	木	青	仁	三、八	震	甲乙	卯
南	夏	火	赤	礼	二、七	离	丙丁	午
西	秋	金	白	义	四、九	兑	庚辛	酉
北	冬	水	黑	智	一、六	坎	壬癸	子
中	夏秋之际或四时之末	土	黄	信	五、十		戊己	

基于以上时空法式,元大都居东之卯位,立崇仁门(明清之东直门);居西之西位,立和义门(明清之西直门)。由此形成了东仁西义、左春右秋的格局。齐政楼、钟楼居两门之中,就是对应天中的"信"之所在。孔子曰:"天何言哉!四时行焉,百物生焉。天何言哉!"[17]《礼记·祭义》:"天则不言而信。"[18]时间确实不骗人,冬天既然来了,春天还会远吗?!

对太阳年周期的测定与管理,是种植农业的根本,后者对时间的要求极为严苛,农时一误,收成即无,生存便是问题。

中国的大部分区域位于北半球中纬度地区,四季分明,一旦误了农时导致绝收,人民就没有粮食度过寒冬。《礼记·月令》记孟春之月"掩骼埋胔"[19],即要掩埋熬不过冬季的死者,人世之艰辛若此!对于农耕文化来说,对时间的测定确实是关乎生死的,由此产生的知识与思想也就是生存之道了。

所以,对子午、卯酉二绳的认识极为重要,把方位搞错了,就会把时间搞错,后果不堪设想。直到今天,北京人跟人犯急,还会这样嚷嚷:"你不能找不着北啊!""你得说出个子午卯酉来!"

古人以干支纪日,子午卯酉所配之日,皆相隔十五天,为一个节气的周期;十二地支与十二时辰相配,子午卯酉将一日百刻均分为四份,每份二十五刻。能说出子午卯酉,才能讲清楚时间与空间,这关乎万事根本!

忽必烈在元大都中央之区,子午、卯酉二绳交午之处,[20]建造齐政楼和钟楼,正是在诉说他心中的子午卯酉。这位游牧民族的英雄,从逐水草而居的漠北南下,入主

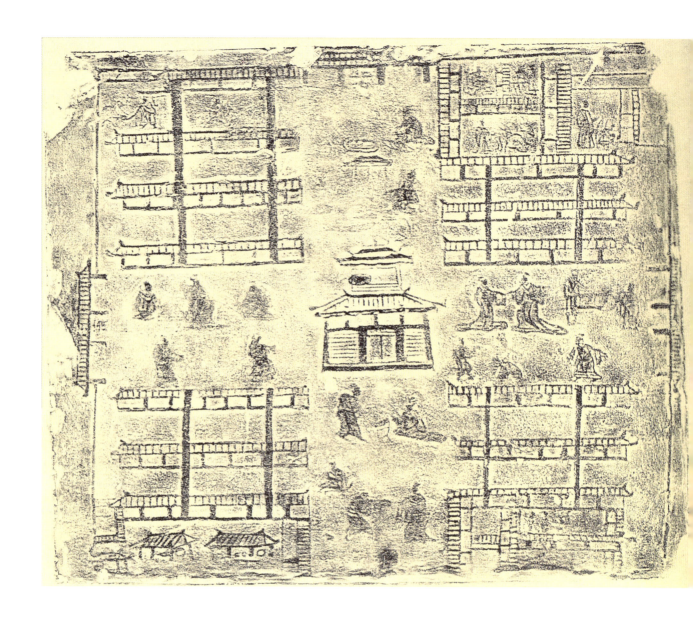

中原,以农耕文化生死立命的时空法式营造元大都,实有其必然的逻辑。

忽必烈创新了都城制度,却又是万变不离其宗,由齐政楼、钟楼标示的时空格局直通种植农业的起点,这并不是忽必烈的发明创造,而是忽必烈的继承与发扬。这在中国古代统一多民族国家的形成与发展历程中,是一个里程碑式的事件。

二、钟鼓何在

钟鼓报时之制甚古。《周礼·地官》:"鼓人掌教六鼓、四金之音声,以节声乐,以和军旅,以正田役,教为鼓而辨其声用。"又记:"凡军旅,夜鼓鼜。军动,则鼓其众。

田役亦如之。"郑玄《注》:"鼛,夜戒守鼓也。《司马法》曰:'昏鼓四通为大鼛,夜半三通为晨戒,旦明五通为发昫。'"[21]

就是说,鼓人负责教人击打六种鼓、四种金属乐器,以调和音乐、控制节拍、协调军旅、指导田役,要教人分辨鼓的声音和用途。军队安营扎寨,巡夜戒备要按时击鼓,黄昏之时击鼓四通,夜半之时击鼓三通,黎明之时击鼓五通。打起仗来,要击鼓传令,鼓舞士气。田猎也如此。

击鼓鸣金,既可"以节声乐",又可"辨其声用"。知时方可明用,钟鼓报时遂成制度。出土汉代画像砖已见市楼悬鼓图案,这是市肆之内的鼓楼形象,后来的鼓楼形制与之一致。(图甲1-25,图甲1-26)

目前已知宫城钟鼓楼出现的较早之例在曹魏邺城。唐长安有早晚击鼓按时启闭坊门的街鼓制度,称"冬冬鼓"。北宋东京一度施行此种制度,终因里坊制的瓦解而不存。[22] 元大都不设坊墙、街鼓,而是直接在都城中央建造了高大的鼓楼、钟楼。

元大都以钟声为令,实行宵禁制度。《元史·刑法志》:"诸夜禁,一更三点,钟

图甲1-25 东汉市井图拓片。可见悬鼓之市楼。1965年四川省新繁县出土,四川省博物馆藏。[来源:《中国古代地图集(战国—元)》,1990年]

图甲1-26 汉代画像砖"东市图"。可见市楼之上悬鼓一面。1930年四川省广汉县周村出土,四川省博物馆藏。(来源:高文,《四川汉代画像砖》,1987年)

声绝,禁人行。五更三点,钟声动,听人行。违者笞二十七,有官者听赎。其公务急速,及疾病死丧产育之类不禁。"[23]《马可波罗行纪》对元大都的这一制度,也有明确记载:

> 城之中央有一极大宫殿,中悬大钟一口,夜间若鸣钟三下,则禁止人行。鸣钟以后,除为育儿之妇女或病人之需要外,无人敢通行道中。[24]

元大都钟楼位于齐政楼北侧,古代文献有确切记载,学术界认识一致。可是,齐政楼位于何处?长期以来,学术界观点不一,成为一大悬案。由此导致钟楼的位置也难以确认。

1972 年,中国科学院考古研究所、北京市文物管理处元大都考古队发表《元大都的勘查和发掘》指出:"元大都全城的中轴线,南起丽正门,穿过皇城的灵星门,宫城的崇天门、厚载门,经万宁桥(又称海子桥,即今地安门桥),直达大天寿万宁寺的中心阁(今鼓楼北),这也就是明清北京城的中轴线。经过钻探,在景山以北发现的一段南北向的道路遗迹,宽达二十八米,即是大都中轴线上的大道的一部分。"

报告同时指出:"元大都的钟鼓楼,并不在中轴线上,而是偏于中轴线稍西,即今旧鼓楼大街。明永乐十八年(1420 年)始改建钟鼓楼于大天寿万宁寺中心阁的旧址附近,因此,明清北京的钟鼓楼才正建在城的中轴线上。"[25]

报告基于考古钻探得出的结论——元大都中轴线即明清北京城中轴线,证实了赵正之《元大都平面规划复原的研究》关于元明两代都城轴线相沿未变的论断,[26]纠正了元大都中轴线位于明清北京城中轴线以西旧鼓楼大街南北一线的说法。[27]

报告得出的另一个结论——元大都中轴线北抵大天寿万宁寺中心阁,元大都钟鼓楼不在中轴线上,而是位于中轴线以西百余米的旧鼓楼大街,则未见相应的考古材料,学术界存在不同意见。

1985 年,王灿炽发表《元大都钟鼓楼考》指出,元大都鼓楼旧址即今鼓楼所在地,元大都钟楼旧址即今钟楼所在地。元大都是在钟鼓楼建成三十多年后,才在鼓楼东偏,兴建了万宁寺。万宁寺中心阁是元成宗的御容殿——广寿殿。大都宫城北面的中轴,是正对钟鼓楼,

图甲1-27 《北京历史地图集》标注的元大都鼓楼、钟楼、中心阁位置。(来源:侯仁之,《北京历史地图集》,1988 年)

而不是中心阁。[28]

1988年,《北京历史地图集》出版,其刊载的《元大都城》图,并未接受王灿炽的意见,而是将大天寿万宁寺中心阁标注于元大都中轴线北端(今鼓楼稍北处),将鼓楼、钟楼分别标注于今旧鼓楼大街的南口、北口。[29](图甲1-27)

2008年,王灿炽在《钟鼓楼》一书的序言中重申,元大都鼓楼的旧址,正居都城之中,在宫城北中轴线上,即今鼓楼所在地;元大都钟楼的旧址,在鼓楼正北,与鼓楼相望,即今钟楼所在地。他披露了一个重要信息:"这个结论,已被1986年3月鼓楼泵房地下室开槽时发现的元代鼓楼地基所证实,是确凿可信的。"[30]

尽管如此,2012年出版的《中华人民共和国国家历史地图集》第1册刊载的《元大都城》图[31],仍然沿用了《北京历史地图集》关于元大都万宁寺中心阁、鼓楼、钟楼的标注位置。

以上两种学术意见,事关元大都都城制度的根本问题,并对判断今存明清北京城中轴线的历史文化价值造成影响,很有必要再做深入研究。

三、齐政何义

关于元大都齐政楼的名称,《析津志》记:"齐政者,《书》'璇玑玉衡,以齐七政'之义。"[32]《大明一统志》记:"齐政楼在府西海子东岸,元建,盖取齐七政之义。"[33]在以往对元大都钟鼓楼制度的研究中,皆缺乏对齐政楼名称本义的深入考证。

"在璇玑玉衡,以齐七政"见载于《尚书·尧典》关于尧舜禅让、舜得天命的故事。[34]齐政楼得名于此,表明它并不是一般意义上的报时场所,而是直通上古尧舜之制,具有顺天承命、道统存继的意义。

《尧典》是《尚书》第一章,其开篇即言:

> 曰若稽古,帝尧曰放勋,钦明文思安安,允恭克让;光被四表,格于上下;克明俊德,以亲九族;九族既睦,平章百姓;百姓昭明,协和万邦。黎民于变时雍。[35]

即记传说中的帝尧名曰放勋,他继承上世功业,恭敬为政,明辨是非,文德纯备,心之所系乃天下太平,为人诚实恭和,克己谦让,惠及四方之外,通天统地,懂得任用俊德之士亲和九族。九族和睦之后,又考察、表彰百官,使礼仪昭明,天下各邦能够和平共处，人民生活幸福和谐。

这说的是治国平天下之道。九族亲睦，关乎一国之治；协和万邦，才是天下太平。一国不是天下，万邦才是天下。天下是天之所覆，孔子曰："天无私覆，地无私载，日月无私照。"[36] 天地日月是包容万物的，是没有私心的。《六韬》曰："利天下者，天下启之；害天下者，天下闭之。天下者，非一人之天下，乃天下之天下也。"[37] 因此，天下不会只有一种存在方式，不会只有一种声音。不是说你跟我不一样，我就要把你变得跟我一样，求同存异才能实现天下太平。而要实现天下太平，关键在于钦明文思、允恭克让、克明俊德。其中，钦明文思、允恭克让是修德，克明俊德是用贤，治国平天下必须修德用贤。

何为德？《周易·系辞下》："天地之大德曰生。"[38] 德是要让人活得下去！这是超越了民族、宗教差异的最高原则。民族不同、信仰不同，但大家都要活得下去，这是最大公约数。所以，孔子强调"为政以德"[39]。以德为核心的价值观具有强大的包容性与适应性，对中国古代统一多民族国家的形成与发展提供了巨大支撑。

《尧典》中的这些思想，经过儒家阐释，成为正统文化的活水源头，《孟子》记其流泽：

> 由尧、舜至于汤，五百有余岁。若禹、皋陶，则见而知之；若汤，则闻而知之。由汤至于文王，五百有余岁。若伊尹、莱朱，则见而知之；若文王，则闻而知之。由文王至于孔子，五百有余岁。若太公望、散宜生，则见而知之；若孔子，则闻而知之。由孔子而来，至于今，百有余岁。去圣人之世，若此其未远也；近圣人之居，若此其甚也。然而无有乎尔，则亦无有乎尔！[40]

在这段叙述中，尧舜之道，经商汤而至文王，经文王而至孔子，千百年来延绵不绝，并不因改朝换代而中断；孔子为一介书生，却与商汤、文王同为尧舜传人，表明尧舜之道是超越政权的思想统绪，有其独立不改的传承体系。其中要义，韩愈《原道》有如下阐释：

> 夫所谓先王之教者，何也？博爱之谓仁，行而宜之之谓义，由是而之焉之谓道，足乎己无待于外之谓德。其文：《诗》《书》《易》《春秋》；其法：礼、乐、刑、政；其民：士、农、工、贾；其位：君臣、父子、师友、宾主、昆弟、夫妇；其服：麻、丝；其居：宫、室；其食：粟米、果蔬、鱼肉。其为道易明，

而其为教易行也。是故以之为己,则顺而祥;以之为人,则爱而公;以之为心,则和而平;以之为天下国家,无所处而不当。[41]

及至宋代,朱熹又加阐释,并冠之以"道统"之名:

盖自上古圣神继天立极,而道统之传有自来矣。……夫尧、舜、禹,天下之大圣也。以天下相传,天下之大事也。以天下之大圣,行天下之大事,而其授受之际,丁宁告戒,不过如此。则天下之理,岂有以加于此哉?自是以来,圣圣相承,若成汤、文、武之为君,皋陶、伊、傅、周、召之为臣,既皆以此而接夫道统之传,若吾夫子,则虽不得其位,而所以继往圣、开来学,其功反有贤于尧、舜者。[42]

这个"圣圣相承"的道统,就是儒家思想及其传承体系。朱熹认为,孔子虽为一介书生,不得人君之位,但他继往圣、开来学,其功有贤于尧、舜之处。这就把孔子尊奉为道统的化身。(图甲1-28)

道统与治统形成了中国古代文化与政治的巨大张力。王夫之《读通鉴论》云:

天下所极重而不可窃者二:天子之位也,是谓治统;圣人之教也,是谓道统。[43]

图甲1-28　曲阜孔子墓。王军摄于2012年12月

天子之位即帝王治权，其代代相传即为治统，皇皇二十四史即记其统绪。

儒家理想的政治形态，是道统与治统合一，如同尧舜之治。而要达到这一目的，治统须遵从道统，即如元人杨维桢《正统辨》所言："道统者，治统之所在也。"[44]

在儒家看来，得一国者未必得道统，得道统者方可拥天下，不能够拥天下，则国祚不永。道统不失，天下不失，也才有治统可言，这才是根本。明亡清兴，顾炎武著《正始》，谈的就是这个问题，有语云：

> 有亡国，有亡天下。亡国与亡天下奚辨？曰：易姓改号，谓之亡国；仁义充塞，而至于率兽食人，人将相食，谓之亡天下。……是故知保天下，然后知保其国。保国者，其君其臣，肉食者谋之；保天下者，匹夫之贱，与有责焉耳矣！[45]

这就是"天下兴亡，匹夫有责"。

为了道统之永续，一代代读书人前赴后继。

孔子曰："三军可夺帅也，匹夫不可夺志也！"[46]"郁郁乎文哉！吾从周。"[47]他是要重振道统之传。

孔子曰："邦无道，谷，耻也！"[48]"邦无道，则可卷而怀之！"[49]他不与无道之君为谋。

孔子曰："儒有忠信以为甲胄，礼义以为干橹，戴仁而行，抱义而处，虽有暴政，不更其所，其自立有如此者！"[50]"儒有上不臣天子，下不事诸侯，慎静而尚宽，强毅以与人，博学以知服，近文章，砥厉廉隅，虽分国，如锱铢，不臣不仕，其规为有如此者！"[51]

他确实是"得志与民由之，不得志独行其道，富贵不能淫，贫贱不能移，威武不能屈"[52]。

及至孟子，齐宣王有疑："汤放桀，武王伐纣，有诸？""臣弑其君，可乎？"孟子对曰："贼仁者谓之贼，贼义者谓之残，残贼之人，谓之一夫。闻诛一夫纣矣，未闻弑君也！"[53]

孟子又云："君之视臣如土芥，则臣视君如寇仇。"[54]朱元璋读之大怒，下令将孟子逐出孔庙，刑部尚书钱唐挺身而出，愿以身殉道，曰："臣为孟轲死，死有余荣。"朱元璋未能成功。[55]

荀子直书："从道不从君。"[56]晏子直言："君者择臣而使之，臣虽贱亦得择君而事之。"[57]《左传·桓公六年》记："上思利民，忠也。"[58]这是要求国君也必须有忠，要忠于人民的利益，否则就会出现君不君、臣不臣那样的事情。

正是认识到道统乃治统之本,清顺治皇帝致祭炎帝:"自古帝王受天明命,继道统而新治统。"[59] 康熙皇帝强调:"万世道统之传,即万世治统之所系也","道统在是,治统亦在是矣。"[60] 乾隆皇帝直言:"夫治统原于道统。"[61]

辛亥革命终结帝制,孙中山笃定地认为,帝制可废,道统不可废,道统与建设一个宪治的中国并不矛盾,遂向第三国际代表马林坦言:

> 中国有一个道统,自尧、舜、禹、汤、文、武、周公、孔子相继不绝。我的思想基础,就是这个道统。我的革命,就是继承这个正统思想,来发扬光大。[62]

他相信尧舜之道是中国的根本,道统不再,中国不再。

忽必烈营造元大都,取义《尧典》,筑齐政楼于都城中央,实有"继道统而新治统"的重大意义。

可是,《尧典》所记"在璇玑玉衡,以齐七政"真义何在?古今学者认识不一,成为一桩公案。这在很大程度上影响了人们对齐政楼建造意义的理解,以及对齐政楼方位的判断。

辨名方可正位。很有必要做一番探究,考证齐政楼的名称本义,借以廓清齐政楼的具体方位,明确它与元大内、都城轴线的空间关系,进而认识在中国古代统一多民族国家形成与发展的过程中,主流正统文化对入主中原的蒙古族统治者的深刻影响,以及中国古代文明持续不间断发展的内在逻辑。

注 释

1. 傅熹年:《社会人文因素对中国古代建筑形成和发展的影响》,144页。
2. 杨宽:《中国古代都城制度史》,451—452、468页。按:关于金中都的文楼与武楼,《析津志》记:"过门(按:即皇城宣阳门)有两楼,曰文,曰武。文之转东曰来宁馆。武之转西曰会同馆。"(《析津志辑佚·古迹》,113页)关于金南京(汴京)的文楼与武楼,元人杨奂《汴故宫记》载:"丹凤北曰州桥,桥少北曰文武楼。"(《元文类》卷二十七,《中华传世文选》第7册,561页)《南村辍耕录》卷十八《记宋宫殿》抄录杨奂《汴故宫记》,以其所记故宫为宋宫,非也。据《金史·郭安国传》,金贞元三年(1155年),"南京大内火","烧延殆尽"。(卷八十二,1834—1835页)经此一焚,宋宫几乎毁尽。杨奂《汴故宫记》云:"己亥春三月,按部至汴,汴长吏宴于废宫之长生殿,惧后世无以考,为纂其大概云。"(561页)己亥年,即元太宗十一年(1239年),杨奂所记是金朝后来重建的南京宫殿。《金史·南京路志》注引杨奂文以详金南京宫阙制度,完全正确。

（卷二十五，587—588页）

3　[汉]刘安撰，[汉]高诱注：《淮南子》卷三《天文训》，《二十二子》，1216页。

4　[汉]郑玄注，[唐]贾公彦疏：《周礼注疏》卷四十一《匠人》，《十三经注疏》，2005页。

5　古人是以靠近北极的恒星作为北极星，以标志北极。通过望筒观察，可发现北极星绕北极而行，通过调整望筒，锁定北极星绕行的圆心，即可测定北极，进而精确规划方位。宋代科学家沈括在《梦溪笔谈》中记录了他以望筒测定北极以及北极星运行轨迹的方法："熙宁中，余受诏典领历官杂考星历。以机衡求极星，初夜在窥管中，少时复出，以此知窥管小，不能容极星游转，乃稍稍展खलinterpret窥管候之，凡历三月，极星方游于窥管之内常见不隐，然后知天极不动处远极星犹三度有余。每极星入窥管别画为一图，图为一圆规，乃画极星于规中，其初夜、中夜、后夜所见各图之，凡为二百余图，极星方常循圆规之内，夜夜不差。余于熙宁历奏议中叙之甚详。"（卷七《象数一》，18—19页）即通过调整望筒（窥管）的口径，使之能够容纳北极星的游转，将北极星锁定在望筒之中常见不隐，由此测定北极星距离其绕行的圆心（即北极）三度有余（此即当时北极星的去极度）；在圆形坐标图上，将通过望筒测定的初夜、中夜、后夜北极星绕行的位置标出，以画出北极星的运行轨迹。

6　萧良琼：《卜辞中的"立中"与商代的圭表测景》，《科技史文集》第10辑，27—29页；冯时：《中国古代的天文与人文》修订版，9—10页。

7　古人通过立表测影，测定一个太阳年的周期为365又1/4天，其法见《周髀算经》："于是三百六十五日，南极影长，明日反短，以岁终日影反长，故知之。三百六十五日者三，三百六十六日者一，故知一岁三百六十五日四分之一，岁终也。"（27页）《后汉书·律历志下》记："历数之生也，乃立仪、表，以校日景。景长则日远，天度之端也。日发其端，周而为岁，然其景不复，四周千四百六十一日，而景复初，是则日行之终。以周除日，得三百六十五四分度之一，为岁之日数。"（《历代天文律历等志汇编》，1511页）《元史·历志一》记："周天之度，周岁之日，皆三百六十有五。全策之外，又有奇分，大率皆四分之一。自今岁冬至距来岁冬至，历三百六十五日，而日行一周；凡四周，历千四百六十，则余一日，析而四之，则四分之一也。"（3310页。按：笔者略改标点。）就是说，冬至正午晷影极长，每365天为一个周期，但每个周期的影长各不相同，四个周期加一日影复如初，将这一日析入四个周期之中，则得一岁时长365又1/4天。

8　冯时：《中国古代的天文与人文》修订版，39页。

9　[汉]刘安撰，[汉]高诱注：《淮南子》卷三《天文训》，《二十二子》，1217页。

10　[宋]陆佃解：《鹖冠子》，21页。

11　[唐]房玄龄注：《管子》卷十四《四时第四十》，《二十二子》，149页。

12　[汉]董仲舒撰：《春秋繁露》卷十一《阴阳位第四十七》，《二十二子》，795页。

13　[魏]王弼、[晋]韩康伯注，[唐]孔颖达疏：《周易正义》卷八《系辞下》，《十三经注疏》，181页。

14　考古工作者于1993年、1995年分别在湖南道县玉蟾岩遗址、江西万年仙人洞与吊桶环遗址发现了公元前10000年前后的古栽培稻与野生稻遗存及相关的人类文化遗物，使中国古栽培稻起源的年代、地域、环境、机制等问题逐渐明朗。（朱乃诚：《中国农作物栽培的起源和原始农业的兴起》，《农业考古》2001年第3期）赵志军2011年指出，在稻作农业起源研究中，最重要的考古新资料是出土于上山遗址的早期水稻遗存。位于浙江浦江的上山遗址是一处新石器时代居址，年代距今一万年前后。2004年伴随考古发掘，对其开展了浮选工作，从中发现了十余粒炭化稻米，从形态上观察属于栽培稻。另外，在出土陶片的断面上可以观察到残存的稻壳，说明上山先民在制作陶器时有在陶土中稃和稻壳的习惯。再有，在遗址中还发现了一些红烧土残块，土块内掺杂了大量的炭化稻壳，其原因尚不清楚。这些考古发现说明，早在距今一万年前后的上山遗址先民有可能已经开始种植稻谷。(赵志军：《中国稻作农业源于一万年前》，《中国社会科学报》2011年5月10日第5版)

15　冯时在2001年出版的《中国天文考古学》一书中指出，"河图"实为描绘东宫苍龙跃出银河回天运行的星象图，"洛书"实为"四方五位图"与"八方九宫图"，表现了先人以生成数、天地数配方位的思想。此前，人们多沿用朱熹《周易本义》的说法，认为以生成数配四方五位之图为"河图"，以天地数配八方九宫之图为"洛书"。事实上，这两张图皆为洛书。(详见《中国天文考古学》第八章"天数发微")

16　[汉]郑玄注，[唐]孔颖达疏：《礼记正义》卷五十三《中庸第三十一》，《十三经注疏》，3542页。

17　[魏]何晏注，[宋]邢昺疏：《论语注疏》卷十七《阳货第十七》，《十三经注疏》，5487页。

18　[汉]郑玄注，[唐]孔颖达疏：《礼记正义》卷四十八《祭义第二十四》，《十三经注疏》，3468页。

19　[汉]郑玄注，[唐]孔颖达疏：《礼记正义》卷十四《月令第六》，《十三经注疏》，2938页。

20　需要指出的是，元大都的都城子午线(中轴线)并不在全城子午中线之上，而是略向东移，逆时针微旋；中轴线北端与今旧鼓楼大街南端呈错位状；元大都的都城卯酉线(崇仁门与和义门连接线)并不在全城卯酉中线之上，而是略向南移，顺时针微旋。其中原因，详见本书甲篇第五章二、三两个部分。

21　[汉]郑玄注，[唐]贾公彦疏：《周礼注疏》卷十二《鼓人》，《十三经注疏》，1552—1553页。

22　杨宽：《中国古代都城制度史》，297—298页。按：宋人宋敏求《春明退朝录》记东京街鼓制度存废经过，有云："京师街衢置鼓于小楼之上，以警昏晓。太宗时命张公洎制坊名，列牌于楼上。按唐马周始建议置冬冬鼓，惟两京有之，后北都亦有冬冬鼓，是则京都之制也。二纪以来，不闻街鼓之声，金吾之职废矣。"(卷上，11页)古以十二年为一纪，此为木星(岁星)视运动一周时长之约数。(《国语·晋语》："蓄力一纪，可以远矣。"韦昭《注》："十二年，岁星一周，为一纪。")二纪即二十四年。彼时，街鼓之声不闻已二十四年矣。

23　[明]宋濂等撰：《元史》卷一百五《志第五十三·刑法四·禁令》，2682页。

24　(法)沙海昂注，冯承钧译：《马可波罗行纪》，169—170页。

25　中国科学院考古研究所、北京市文物管理处元大都考古队：《元大都的勘查和发掘》，《考古》1972年第1期，21页。

26　赵正之遗著：《元大都平面规划复原的研究》，《科技史文集》第2册，1979年。按：《元大都平面规划复原的研究》是赵正之1962年逝世之前的口述遗稿。元大都考古队负责人徐苹芳在1984年发表的《古代北京的城市规划》一文中，披露了元大都考古工作的更多情况，有谓1964—1965年，中国科学院考古研究所"从今旧鼓楼大街往南曾进行过钻探，但并未发现有路土痕迹。以后又曾在景山后偏西正对旧鼓楼大街一线上再进行钻探，也未发现有路土的痕迹。可是，却在现景山后正中探出了一条大路。这条路宽20多米，出景山北墙外还有18米宽。这就是说，我们从考古发掘的材料断定元明北京城的中轴线是同一条，证明了赵正之教授所著《元大都平面规划复原的研究》一文的论断是正确的"。(《环境变迁研究》第1辑，18页)

27　此前学者多认为明大内较元大内偏东，元大都中轴线位于旧鼓楼大街南北一线。相关论述见：(1)1929年奉宽《燕京故城考》称："考元鼓楼在阁(按：指中心阁)西，名齐政楼，应在今鼓楼之西，旧鼓楼大街南口外。钟楼在当时鼓楼之后，当在今旧鼓楼大街口内以北"，"当以今北海塔东，陟山门街南至今宫城神武门外之西,为旧内(按:指元大内,后同)之中","今神武门外迤西,城河岸北,有古井,都人士相谓以为今皇城之十字中心,或亦旧内东西南北之中乎。更以此井,北与今旧鼓楼大街,即上述元鼓楼故址,为大都中心之说核之,地望悉合。"(《燕京学报》1929年第5期,903、906页)即认为元大内的中心与旧鼓楼大街南北一线贯通,元大都鼓楼、钟楼也在此线。(2)1936年朱偰《元大都宫殿图考》称:"元时之钟鼓楼较今钟鼓楼偏西,而为东西南北之中","元时丽正门,较今正阳门偏西,证以旧鼓楼街及大内皆较今鼓楼及禁城偏西可知","元时大都宫殿,实夹太液池两岸,东为大内,较今紫禁城略偏西北。"(14、16—17、21页)即认为元大都丽正门、大内及钟鼓楼在今中轴线以西,位于今旧鼓楼大街南北一线。(3)1936年王璧文《元大都城坊考》称:"元钟鼓楼之位置,依旧鼓楼大街,犹可据为研究线索也,根据此项假说自旧鼓楼大街绘一直线使与大都东西二面之城垣平行,则其方位适值今故宫武英殿附近,恰与旧鼓楼大街至钟鼓楼间之距离相等……"并认为"此线为元宫城之南北中线"。(《中国营造学社汇刊》1936年第6卷第3期,93页)1960年王璧文《元大都城平面规划述略》称,今钟鼓楼位置"已较元楼为偏东,证以今旧鼓楼大街位置可知。元时鼓楼在街南口一带,钟楼又在鼓楼正北,必在大街以内。更以此街地望言之,当现在京城东西两垣之中,顾名思义,当初若非有钟鼓楼位在其地,街名也无由而起","试自旧鼓楼大街画一直线,使与大都城东西两面的城垣平行,引而向南,元宫城的中轴,正当现在故宫武英殿附近,恰与旧鼓楼大街至今钟楼间的距离相等"。(署名"王璞子",《故宫博物院院刊》1960年第2期,68、70页)即认为旧鼓楼大街至故宫武英殿南北一线为元大都中轴线所在。

也有学者认为元明清都城中轴线相沿未变。1930年朱启钤、阚铎发表《元大都宫苑图考》指出:"元丽正门,当今之天安门",元大内正衙"以今地考之,南至天安门,北至神武门,东华、西华两门之间皆是"。(《中国营造学社汇刊》1930年第1卷第2册,11、19页)即认为明清北京城中轴线为元大都中轴线。该文认为元大内东至故宫东华门,西至故宫西华门,与《元大都的勘查和发掘》关于元大内"东、西两垣约在今故宫的东、西两垣附近"的结论一致。该文认为元大内南至天安门,北至神武门,则与《元大都的勘查和发掘》的结论不同,后者据考古钻探指出,元大内南门约在今故宫太和殿位置,北门在今景山公园寿皇殿(曾用作少年宫)之前。

关于元大内与明大内的相对位置,清初孙承泽《春明梦余录》记:"初,燕邸因元故宫,即今之西苑,开朝门于前。元人重佛,朝门外有大慈恩寺,即今之射所。……至十五年(按:即永乐十五年)改建皇城于东,去旧宫可一里许"(卷六,45页)《日下旧闻考》卷三十三《宫室》"臣等谨按"称:"明初燕邸仍西宫之旧,当即元之隆福、兴圣诸宫遗址,在太液池西。其后改建都城,则燕邸旧宫及太液池东之元旧内并为西苑地,而宫城则徙而又东。"(494页)根据以上说法,则明初朱棣燕王府在太液池西,为元故宫或西宫之旧,明大内位置较元大内偏东。对此,1979年王璧文发表《燕王府与紫禁城》指出,《春明梦余录》《日下旧闻考》所说的燕邸旧宫实为永乐十四至十五年(1416—1417年)新建的西宫(下称永乐西宫),燕王府则是在元大都宫城旧基上改造的。(署名"王璞子",《故宫博物院院刊》1979年第1期)1995年王剑英、王红发表《论从元大都到明北京的演变和发展》进一步指出,燕王府实际上是保留并利用了元故宫,元故宫是在永乐十五年(1417年)建北京宫殿时才拆除的。(《燕京学报》新1期)也就是说,燕王府并不在太液池西,而是位于太液池东的元故宫。《春明梦余录》所记"改建皇城于东,去旧宫可一里许",应是指建明大内于永乐西宫以东一里许,这与实际情况相符。

那么，明大内是否较元大内略向东移了呢？赵正之《元大都平面规划复原的研究》指出，如据《日下旧闻考》"臣等谨按"的说法，则元大都中轴线当穿过今中轴线西侧的中山公园，但中山公园有许多应属金元时期的古柏树，"如果元大都的中轴在此，那么这些古柏正在大都丽正门北至棂星门之间的千步廊上。到目前为止，我们还未发现过记载元大都千步廊上曾种植过柏树的文献，何况这些柏树又正阻断了千步廊呢？从这些古柏的存在，也可以证明元大都的中轴线不应在此"。（14页）

28 王灿炽：《元大都钟鼓楼考》，《故宫博物院院刊》1985年第4期，23—29页。

29 侯仁之主编：《北京历史地图集》，27—28页。

30 北京市东城区政协学习和文史委员会编：《钟鼓楼》，6页。

31 国家地图集编纂委员会：《中华人民共和国国家历史地图集》第1册，137页。

32 [元]熊梦祥著，北京图书馆善本组辑：《析津志辑佚·古迹》，108页。按：引文中的书名号、引号为笔者添加。

33 [明]李贤等撰：《大明一统志》卷一《京师·宫室》，10页。

34 这则故事在旧题汉孔安国传《尚书》（东晋梅赜本）中收录于《舜典》，所谓《舜典》是从今文《尧典》中析出的，明清学者已有定论。明人梅鷟《尚书考异》指出："《孟子》引《尧典》曰：'二十有八载，放勋乃殂落。'邹、鲁相去地近，孟子生距孔子时未远，思、曾又适传，岂孟子所传《尚书》顾脱'舜典'二字，必俟秦火之余，数百年后土壁所藏之本，然后增此二字邪？"（《尚书考异》卷一，《尚书考异·尚书谱》，116页）指出梅赜本《舜典》中的"二十有八载，帝乃殂落"即《孟子》引《尧典》之"二十有八载，放勋乃殂落"。清人惠栋《古文尚书考》也指出这一问题："伏生《尚书》无《舜典》，自'粤若稽古帝尧'至'陟方乃死'皆《尧典》也。《古文尚书》原书亦如此，故司马迁撰《史记》，郑康成、王子雍注《尚书》，皆以'慎徽五典'已下为尧试舜之文。《孟子》称'二十有八载，放勋乃殂落'，明言《尧典》。梅氏本于'慎徽五典'已下别为《舜典》，此其省作《舜典》一篇巧于藏拙也，不显与《孟子》相刺谬乎！"（《古文尚书考》卷上《辨尚书分篇之谬》，《昭代丛书》壬集补编五十卷，2108页）清人孙星衍《尚书今古文注疏》将梅赜本《舜典》并归《尧典》，指出："据《孟子·万章篇》引《尧典》曰'二十有八载，放勋乃殂落'云云，《论衡·书虚篇》云'《尧典》之篇，舜巡狩东至岱宗，南至霍山'云云，皆在今《舜典》中，明古合为《尧典》。"（卷一，2页）明清学者考证，梅赜所献二十五篇《古文尚书》及全部"孔安国传"皆系伪作，近又被清华大学藏战国竹书多篇证实。屈万里对东汉熹平石经的复原研究也表明："汉石经《尚书》确为二十九篇"，"伪古文本之《舜典》确自《尧典》析出。"（《汉石经尚书残字集证·自序》，1—2页）尽管如此，梅赜本在唐代经孔颖达作疏被官方定为《尚书》正本之后，对后世影响甚大。

35 [唐]孔颖达疏：《尚书正义》卷二《尧典》，《十三经注疏》，249—250页；[清]孙星衍撰：《尚书今古文注疏》卷一《虞夏书一·尧典第一上》，2—9页。

36 [汉]郑玄注，[唐]孔颖达疏：《礼记正义》卷五十一《孔子闲居第二十九》，《十三经注疏》，3509页。

37 《六韬》卷二《武韬·发启》，《四部丛刊初编》（六〇），10页。

38 [魏]王弼、[晋]韩康伯注，[唐]孔颖达疏：《周易正义》卷八《系辞下》，《十三经注疏》，179页。

39 [魏]何晏注，[宋]邢昺疏：《论语注疏》卷二《为政第二》，《十三经注疏》，5346页。

40 [汉]赵岐注，[宋]孙奭疏：《孟子注疏》卷十四下《尽心章句下》，《十三经注疏》，6050页。

41 [唐]韩愈撰，[宋]魏仲举集注：《五百家注韩昌黎集》卷十一《杂文·原道》，676页。

42 [宋]朱熹:《中庸章句序》,《宋本大学章句·宋本中庸章句》,75、77—78页。

43 [清]王夫之:《读通鉴论》卷十三《成帝》,339页。

44 [元]杨维桢:《正统辨》,载于[元]陶宗仪《南村辍耕录》卷三,第37页。

45 《日知录》卷十三《正始》,[清]顾炎武著,[清]黄汝成集释:《日知录集释(外七种)》,1014—1015页。

46 [魏]何晏注,[宋]邢昺疏:《论语注疏》卷九《子罕第九》,《十三经注疏》,5411页。

47 [魏]何晏注,[宋]邢昺疏:《论语注疏》卷三《八佾第三》,《十三经注疏》,5358页。

48 [魏]何晏注,[宋]邢昺疏:《论语注疏》卷十四《宪问第十四》,《十三经注疏》,5453页。

49 [魏]何晏注,[宋]邢昺疏:《论语注疏》卷十五《卫灵公第十五》,《十三经注疏》,5468页。

50 [汉]郑玄注,[唐]孔颖达疏:《礼记正义》卷五十九《儒行第四十一》,《十三经注疏》,3624页。

51 同上书,3627页。

52 语见[汉]赵岐注,[宋]孙奭疏:《孟子注疏》卷六上《滕文公章句下》,5894页。

53 [汉]赵岐注,[宋]孙奭疏:《孟子注疏》卷二下《梁惠王章句下》,《十三经注疏》,5828页。

54 [汉]赵岐注,[宋]孙奭疏:《孟子注疏》卷八上《离娄章句下》,《十三经注疏》,5928页。

55 关于此事,《明史·钱唐传》记:"帝尝览《孟子》,至'草芥''寇仇'语,谓非臣子所宜言,议罢其配享,诏有谏者以大不敬论。唐抗疏入谏曰:'臣为孟轲死,死有余荣。'时廷臣无不为唐危。帝鉴其诚恳,不之罪。孟子配享亦旋复。"([清]张廷玉等撰:《明史》卷一百三十九《列传第二十七·钱唐》,3982页)

56 [周]荀况撰,[唐]杨倞注:《荀子》卷二十《子道篇第二十九》,《二十二子》,359页。

57 [周]晏婴撰,[清]孙星衍校并撰音义:《晏子春秋》卷三《内篇问上第三》,《二十二子》,568页。

58 [周]左丘明传,[晋]杜预注,[唐]孔颖达疏:《春秋左传正义》卷六《桓公六年》,《十三经注疏》,3799页。

59 《酃县志》卷四《炎陵》,李学勤、张岂之主编,曲英杰分册主编:《炎黄汇典·祭祀卷》,270页。

60 《圣祖实录》卷七十《康熙十六年十一月至十二月》,《清实录》第4册,899页。

61 《高宗实录》卷一百二十八《乾隆五年十月上》,《清实录》第10册,876页。

62 《答第三国际代表马林语》,引自钱穆:《中国思想史》,290页。按:戴季陶1925年撰写的《孙文主义之哲学的基础》亦记此事,有谓:"去年有一个俄国的革命家,去广东问先生:'你的革命思想,基础是什么?'先生说:'中国有一个正统的道德思想,自尧、舜、禹、汤、文、武、周公至孔子而绝。(按:原文如此。"而绝"应为"不绝"。)我的思想,就是继承这一个正统思想,来发扬光大的。'那人不明白,再又问先生,先生仍旧把这一句话来答复。"(43页)马林(Hendricus-Sneevliet)实为荷兰籍共产党人,他作为第三国际代表来华活动,与孙中山有多次交谈。据《马林在华活动纪要》,1923年5月1日马林在"五一节"广州公众集会上发表演说,称他每周与孙中山会晤三至四次。同年9月,马林完成来华使命,奉调回莫斯科。(《马林在中国的有关资料》增订本,274、276页)所以,戴季陶所记"去年"应该是1923年。此前,孙中山于1921年12月23日在广西桂林会见马林,马林事后回忆:"孙向我说明他是怎样发展一个有希望的青年军官加入国民党的:'一连八天,每天八小时,我向他解释我是从孔子到现在的中国伟大的改革家的直接继承者,如果在我生前不发生重大的变革,中国的进一步发展将推迟六百年。'"(《马林在中国的有关资料》增订本,25页)

第二章 "在璇玑玉衡，以齐七政"辨

关于尧舜禅让、舜得天命的故事，《尧典》记载如下：

> 正月上日，受终于文祖。在璇玑玉衡，以齐七政。肆类于上帝，禋于六宗，望于山川，遍于群神。辑五瑞，既月乃日，觐四岳群牧，班瑞于群后。[1]

伪孔《传》曰："在，察也。璇，美玉。玑、衡，王者正天文之器。七政，日、月、五星各异政。舜察天文，齐七政，以审己当天心与否。"[2] 又谓："尧不听舜让，使之摄位。舜察天文，考齐七政而当天心，故行其事。"[3]

孔颖达《疏》："舜既让而不许，乃以尧禅之。明年正月上日，受尧终帝位之事于尧文祖之庙。虽受尧命，犹不自安，又以璇为玑，以玉为衡者，是为王者正天文之器也。乃复察此璇玑、玉衡，以齐整天之日、月、五星七曜之政，观其齐与不齐，齐则受之是也，不齐则受之非也。见七政皆齐，知己受为是，遂行为帝之事。而以告摄事，类祭于上帝，祭昊天及五帝也。"[4]

就是说，尧让位给舜，舜推辞不得只能接受，在尧的太庙举行了禅让仪式。舜即位后感到不安，就通过"璇玑玉衡"观察"七政"，见"七政"皆齐，知天命已降，就举行了祭昊天上帝的大典，又祭天地四时、山川群神，收回诸侯手中的五瑞信符，再择吉日，把诸侯从四方召来，重颁五瑞，以正新君之始。

这里，"璇玑玉衡"被解释为美玉制作的"王者正天文之器"，"七政"被解释为日、月、五星。古代注家还有多种解释，详述如下。

一、浑仪说

《史记索隐》："马融云'璇，美玉也。机，浑天仪，可转旋，故曰机。衡，其中横筒。以璇为机，以玉为衡，盖贵天象也'。郑玄注《大传》云'浑仪中筒为旋机，外规为玉衡'也。"[5]

《宋史·天文志》："历象以授四时，玑衡以齐七政，二者本相因而成。故玑衡之设，史谓起于帝喾，或谓作于宓牺。又云璇玑玉衡乃羲、和旧器，非舜创为也。汉马融有云：'上天之体不可得知，测天之事见于经者，惟有玑衡一事。玑衡者，即今之浑仪也。'吴王蕃之论亦云：'浑仪之制，置天梁、地平以定天体，为四游仪以缀赤道者，此谓玑也；置望筒横箫于游仪中，以窥七曜之行，而知其躔离之次者，此谓衡也。'"[6]

据上述，璇玑玉衡即浑仪，玑为浑仪的四游仪或中筒，衡为浑仪的望筒或外规，皆为玉造。

浑仪亦称浑天仪，是测量天体运行坐标的仪器，设有四游仪（可运转望筒）和地平、赤道、子午等坐标圆环，通过望筒瞄准天体，就可以在圆环上读取天体的坐标数值。（图甲2-1）

据马融解释，璇玑是美玉制作的浑仪，因为可以旋转，所以称浑仪为机。玉衡是用玉制作的浑仪的望筒。浑仪用玉造，是因为尊贵天象。据郑玄解释，浑仪的中筒（即旋转轴）是旋机，外规（即坐标圆环）是玉衡。马融与郑玄是东汉经学大师，前者是后者的老师。他们对璇玑玉衡的解释不同，但说的都是浑仪上的装置。

《宋史·天文志》则对浑仪的起源做了考察，说史书有三种说法，一是起于帝喾，二是作于宓牺（即伏羲），三是羲、和旧器，并不是舜发明的。又引三国时期吴国学者王蕃的论述，说浑仪的四游仪是玑，望筒是衡，望筒是用来观察七曜（即日、月、五星）的运行，以测定它们的运行位置，亦就是躔离之次。[7]

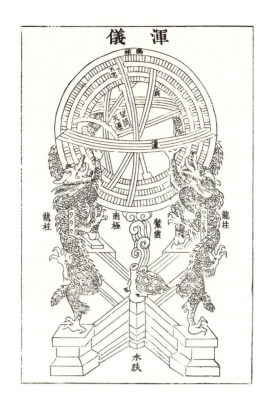
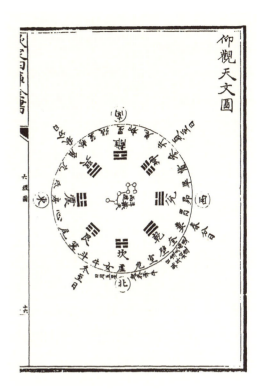

图甲2-1　宋代苏颂《新仪象法要》浑仪图。(来源：苏颂，《新仪象法要》，1937年)
图甲2-2　宋代杨甲《六经图》刊印之《仰观天文图》。(来源：《影印文渊阁四库全书》第183册，1986年)

帝喾是五帝之一，伏羲是三皇之一，羲、和是尧的天文官，掌管天地四时，皆古史传说时代的人物。

关于帝喾，《国语·鲁语上》："帝喾能序三辰以固民。"韦昭《注》："三辰，日、月、星也，谓能次序三辰以治历明时，教民稼穑以安之。"[8] 即言帝喾能够观测日、月、星辰以授时，指导农业生产。

关于伏羲，《周易·系辞下》："古者包牺氏之王天下也，仰则观象于天，俯则观法于地，观鸟兽之文，与地之宜，近取诸身，远取诸物，于是始作八卦，以通神明之德，以类万物之情。"[9] 说的是伏羲（亦称包牺氏）作八卦之法，其中的"仰则观象于天"与观象授时有关。《周髀算经》记伏羲"立周天历度"[10]，即设定一个圆周的度数以测定天体的位置，这是中国古代观象授时的基本方法。(图甲2-2)

关于羲、和，《尧典》记羲和四子（羲仲、羲叔、和仲、和叔）测二至二分之法，[11] 包括"日中星鸟以殷仲春"，即南宫朱雀的张宿昏中天（初昏时运行至天球子午线位置），[12] 昼夜平分，时为春分；"日永星火以正仲夏"，即东宫苍龙的心宿（大火星）昏中天，昼极长，时为夏至；"宵中星虚以殷仲秋"，即北宫玄武的虚宿昏中天，昼夜平分，时为秋分；"日短星昴以正仲冬"，即西宫白虎的昴宿昏中天，昼极短，时为冬至。所运用的方法，就是通过天球坐标读取天体的位置。

以上方法，概而言之，就是通过空间测定时间。其中，设定圆周坐标，也就是"立周天历度"，极为关键，这是天文观测的空间基础。

古人是以一岁时长作为周天度数的依据，将一周天设定为365又1/4度，用以观测天体运行，发现在这一坐标体系之中，太阳与二十八宿诸星日行一度，天周而岁终。

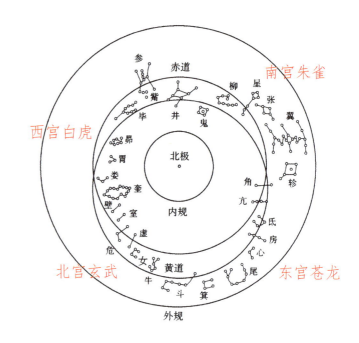

《尚书考灵曜》："周天三百六十五度四分度之一，而日日行一度，则一期三百六十五日四分度之一。"[13]《尔雅》邢昺《疏》："诸星之转，从东而西，凡三百六十五日四分日之一，星复旧处。星既左转，日则右行，亦三百六十五日四分日之一，至旧星之处。即以一日之行而为一度，计二十八宿一周天，凡三百六十五度四分度之一，是天之一周之数也。天如弹丸，围圜三百六十五度四分度之一。"[14]

就是说，太阳右行（古人以南方午位为正向，以北方子位为方位起点，故顺时针运行称左行，逆时针运行称右行），日行一度，背景星不断变化，历365又1/4日，又回到同一颗背景星位置；同样，二十八宿诸星左行，也是日行一度，历365又1/4日，又回到同一个坐标位置。（图甲2-3）

太阳与二十八宿诸星的视运动规律，反映的是地球公转周期，因此，在一个圆周之中测定这些天体运行的位置，就可以精确地获得时间。

在这样的观测体系中，规划一个圆周的能力也就是测定时间的能力。在新石器时代早期，先人已对一个圆周做出了多种规划，距今七千八百至九千年的河南舞阳贾湖遗址出土了等分三盲鼻陶敛口钵、四角穿孔陶方口盆、五角口盆、六缺口足圈陶碗等文物（图甲2-4），[15] 距今八千年的江苏顺山集大型环濠聚落出土了四分、八分圆形口沿的陶釜等文物（图甲2-5，图甲2-6），[16] 已显现四方五位、八方九宫等空间规划的雏形。

图甲2-3　东汉二十八宿星官图。四宫名称为笔者添注。(来源:冯时,《中国天文考古学》,2001年)

图甲2-4　河南舞阳贾湖遗址出土陶器。(1)等分三盲鼻陶敛口钵;(2)四角穿孔陶方口盆;(3)对称四盲鼻陶敛口钵;(4)五角口盆;(5)六缺口足圈陶碗。(来源:河南省文物考古研究所,《舞阳贾湖》上卷,1999年)

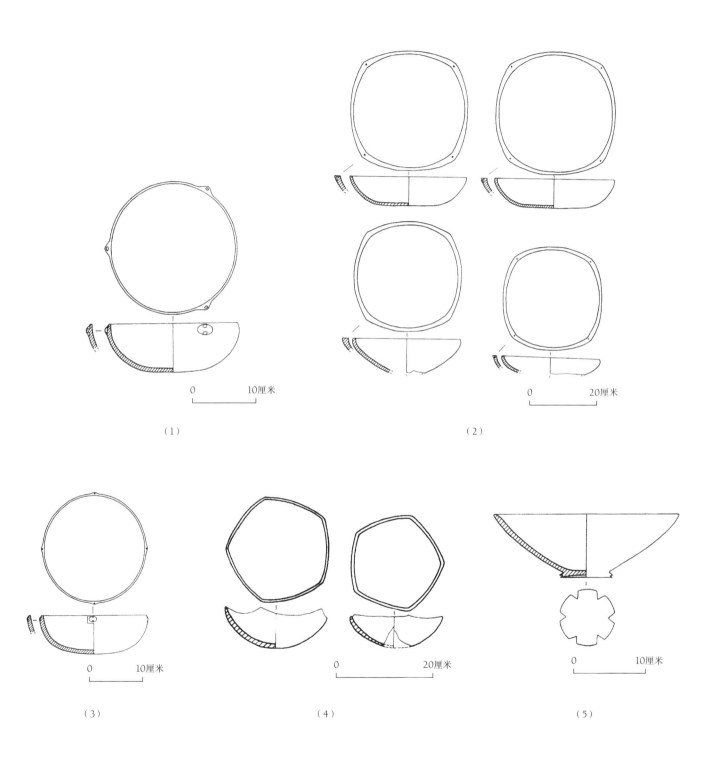

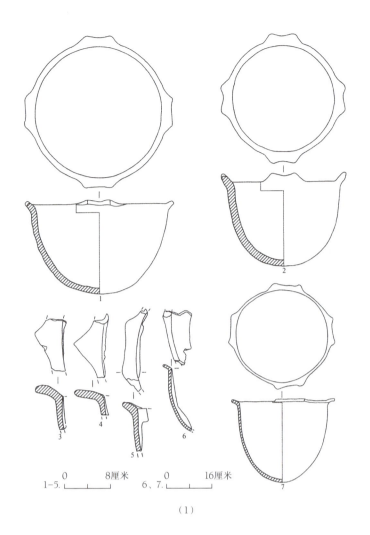

(1)

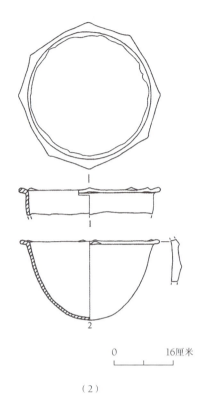

(2)

图甲2-5 江苏泗洪顺山集大型环濠聚落出土陶器。(1)四分圆形口沿陶釜;(2)八分圆形口沿陶釜。(来源:南京博物院、泗洪县博物馆,《顺山集——泗洪县新石器时代遗址考古发掘报告》,2016年)

图甲2-6 南京博物院藏顺山集遗址出土陶釜。王军摄于2019年5月

虽然不能说在那么古老的时代，先人就使用了浑仪，但是以浑仪观测天象，运用的是极为古老的通过圆周测定天体之法。西汉落下闳曾造圆仪，后世史家称此即浑仪，[17] 知汉代已有这种仪器。潘鼐考定，《开元占星》收录的《石氏星经》记载的宿度和去极度，最初均为公元前450年前后所测。[18] 这让我们相信浑仪出现的时间应该会更早。

冯时指出："浑仪在先秦时代已经存在是没有问题的，因为像马王堆帛书《五星占》《石氏星经》《淮南子》等早期文献中，都给出了精确的五星会合周期和二十八宿距度，显然这些数据只有借助具有相当精确度的仪器才能获得。"[19]

《尚书·顾命》记周成王路寝陈设，包括"大玉、夷玉、天球、河图在东序"[20]。其中的"天球"有可能就是浑仪。

冯时考证："'天球'一名的解释，旧多异说。汪之昌以为此天球实即《虞书》之璇玑玉衡，马融谓彼玑衡为浑天仪，郑玄谓转运者为玑，持正者为衡，皆以玉为之。《尚书考灵曜》：'观玉仪之游。'郑玄《注》：'以玉为浑仪，故曰玉仪。'是天球本为古以玉制之测天浑仪。曾运乾《尚书正读》：'天球，盖即浑天仪，舜时璇玑玉衡也。'也主此说。"[21]

若然，《顾命》的这条记载，就是关于浑仪的最早记录。

二、北斗说

（一）璇玑玉衡为北斗

《史记·天官书》："北斗七星，所谓'旋玑玉衡以齐七政'。"[22]

《史记索隐》："《春秋运斗枢》云'斗，第一天枢，第二旋，第三玑，第四权，第五衡，第六开阳，第七摇光。第一至第四为魁，第五至第七为标，合而为斗'。《文耀钩》云'斗者，天之喉舌。玉衡属杓，魁为璇玑'。"[23]

《五行大义·论七政》引《尚书纬》："璇玑，斗魁四星；玉衡，拘横三星。合七，齐四时五威。五威者，五行也。"[24]

据上述，璇玑即北斗之天枢星、天璇星、天玑星、天权星组成的斗魁，玉衡即北斗之玉衡星、开阳星、摇光星组成的斗杓，二者合为北斗。

北斗"齐四时五威"即《史记·天官书》所记北斗"建四时，均五行"，《天官书》写道：

> 斗为帝车，运于中央，临制四乡，分阴阳，建四时，均五行，移节度，定诸纪，皆系于斗。[25]

就是说，北斗是上帝的车驾，它以北极为中心运转，居高临下，统制四方。分划阴阳，测定四时，均齐五行，推算节气，制定纲纪，都须根据北斗的指示。

上帝亦称天帝，即昊天上帝，《尧典》"肆类于上帝"之"上帝"即此。意大利传教士利玛窦（Matteo Ricci）明朝万历年间来华传教，借用"上帝"一词翻译了天主教的至上神God / Deus。[26] 今人若以为"上帝"专指基督教三大派（天主教、新教、东正教）的至上神，当属误会。

中国的上帝与基督教的上帝都是至上神，却又有重大区别。在基督教的观念中，上帝是世界的创造者，中国则不然。《老子》说："吾不知谁之子，象帝之先。"[27] 这个"子"是道，是客观存在的虚无，意思是道在上帝产生之前就存在了，即道在上帝之先。这样，上帝就不可能是造物主了。[28]

《老子》认为"天地万物生于有，有生于无"[29]，即宇宙的生化源于"无"中生"有"。"无"生出的"有"，即道生出的"一"，这个"一"是浑沌元气，它造分天地，进而生出阴、阳、和三气，此三气生养万物，这就是"道生一，一生二，二生三，三生万物。万物负阴而抱阳，冲气以为和"[30]。

儒家的宇宙生成论与之一致。《周易·系辞上》："易无体"，"易有太极，是生两仪，两仪生四象，四象生八卦，八卦定吉凶，吉凶生大业。"[31] 即言"易"为"无"，也就是《老子》所说的"道"；"易有太极"即无中生有，也就是《老子》所说的"道生一"；太极即浑沌元气，两仪即天地，四象即四时，八卦即分至启闭八节，[32] 它们依次而生。

这是一种极为朴素的唯物创世观，并不认为上帝创造了世界。[33] 中国古人称上帝为"太一"，即最大的"一"，充其量也就是"道"所生出的"一"，是排在"道"之后的。所以，《史记·律书》有谓："神生于无，形成于有。"[34]《五行大义·论诸神》引《帝系谱》："天地初起，即生天皇。"[35] 天皇即上帝，这样就把上帝排在天地开辟之后了，那就是世界创造了上帝。（图甲2-7）

这样的创世观，使中国古代文化对不同宗教的至上神均具有极强的包容性。而西方在上帝创造世界的观念驱使下，追求上帝的唯一性，以致晚明前清时期传教士内部发生了激烈的"中国礼仪之争"（Chinese Rites Controversy），罗马教会禁止中国信众祭祖敬孔，康熙帝不得不下旨禁教。[36]

一神论一旦泛滥，只允许一种信仰存在，这个世界就只剩下冲突而没有包容了，这就是孔子所说的"小人同而不和"[37]，就不是天下大同了。中国古人追求天下大同是基于其固有的宇宙观，并不具有排他性，这推动了中国古代统一多民族国家的形成与发展。

在中国古代文化的语境里，上帝是天子之君，天子是上帝之臣。观象授时者提供了

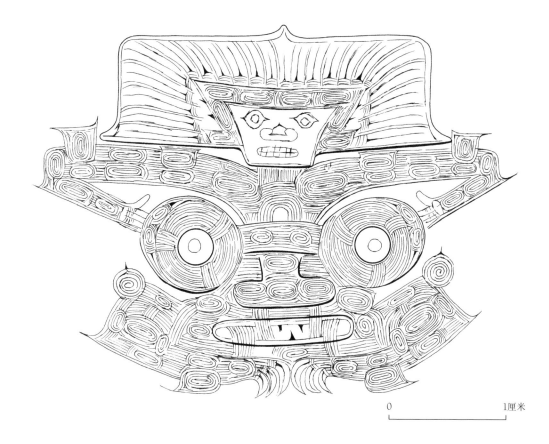

图甲2-7　良渚神徽（M12:98），以斗形面孔取义北斗、璇玑羽冠取义北极，由此塑造的形象，当是彼时之至上天神。（来源：浙江省文物考古研究所，《良渚遗址群考古报告之二：反山》上卷，2005年）

农耕文化最重要的公共服务，因而获得了权力，这就产生了权力由天而降、为天所授的意识。天遂被人格化，人格化的天即上帝，上帝授予天子的权力被视为天命。所以，舜确认自己得天命之后，要祭告上帝。

可见，中国的上帝是世俗权力的提供者、主宰之天的象征，而不是造物主。[38]尽管如此，"神之大者曰昊天上帝"[39]，作为至上神，上帝必居天的最尊处——众星拱绕的北极。

北极附近的北斗周行不殆，遂被视为上帝的车驾，它指示着一年四时、二十四节气，如同天帝巡天。时间具有阴阳属性，五行又与四时相配，五行相生即顺时施政，这是中国古代用事制度的根本。北斗指示了时间，亦就定义了纲纪。

（二）七政为北斗七星

《五行大义·论七政》引《尚书纬》："北斗居天之中，当昆仑之上，运转所指，随二十四气，正十二辰，建十二月。又州国分野年命，莫不政之，故为七政。"又引《合诚图》："北斗七星，天子有七政。斗者，居阴布阳，故称北斗"，"枢星为雍州，璇星为冀州，玑星为青、兖州，权星为徐、扬州，衡星为荆州，开阳星为梁州，标光星为豫州"。[40]

就是说，北斗居北极天中一带，在昆仑之上，指示着二十四节气、十二月，是置闰、正十二辰的依据；北斗七星与《禹贡》九州相配，关乎州国分野年命。北斗七星正以上诸事，故称七政。

《史记索隐》引《尚书》马融《注》："七政者，北斗七星，各有所主：第一曰正日；第二曰主月法；第三曰命火，谓荧惑也；第四曰煞土，谓填星也；第五曰伐水，谓辰星也；第六曰危木，谓岁星也；第七曰剽金，谓太白也。日、月、五星各异，故曰七政也。"[41] 这是将日、月、五星与北斗七星相配，亦称七政。

《尚书纬》所记北斗"正十二辰，建十二月"，是中国古代天文历法的重要内容。日月之会为一辰，这是一个朔望月的周期，十二辰即十二个朔望月。中国古代是阴阳合历，十二个朔望月是阴历周期，二十四节气是阳历周期，这两个周期不合，需要置闰予以协调，此即"正十二辰"。置闰之法是闰无中气。二十四节气分为十二个节气与十二个中气，节气配于月初，中气配于月中，由于阴历与阳历周期不合，就会出现月无中气的情况，这时就需要添置闰月。

《尚书正义》孔颖达《疏》引王肃云："斗之所建，是为中气。日月所在，斗指两辰之间，无中气，故以为闰也。"[42]《逸周书·周月解》："闰无中气，斗指两辰之间。"[43] 就是说，北斗每十五天指示一个中气，北斗如果指到了日月交会的两辰之间，就表明月无中气，需要置闰了。通过这样的方法，使十二个朔望月与太阳历周期协调，这就是北斗"建十二月"。

《尚书纬》所记"北斗居天之中，当昆仑之上"，是中国古代宇宙观的重要内容。古人认为北斗绕行的北极天区是天之中央，昆仑与北极对应，是地之中央；昆仑通天，是群山之祖，与昆仑建立联系，就能够沟通天地。此种观念对中国古代营造制度产生了深刻影响，并在元大都的规划中有着经典体现，详见后文。

三、北极说

《尚书大传》："琁玑者，何也？《传》曰，琁者，还也。玑者，几也，微也。其变几微，而所动者大，谓之琁玑。是故琁玑谓之北极。"[44] 即言北极如同旋转的机枢，微微一动便是天旋地转，所以称琁玑，即璇玑。

《吕氏春秋·有始览》："极星与天俱游，而天枢不移。"[45]《周髀算经》："欲知北极枢璇周四极,常以夏至夜半时,北极南游所极;冬至夜半时,北游所极;冬至日加酉之时,西游所极;日加卯之时,东游所极。此北枢璇玑四游,正北极枢璇玑之中,正北天之中,正极之所游。"赵爽《注》:"极中不动,璇玑也,言北极璇玑周旋四至。极,至也","极处璇玑之中,天心之正,故曰璇玑也。"[46]

江晓原指出,在《周髀算经》关于"璇玑四游"的描述中,"北极""北极枢"和"璇玑"是三个有明确区分的概念。"北极"是当时的北极星;"北极枢"是北极星所画圆的圆心,是天文学意义上的北极;"璇玑"是天地之间的一个柱状空间,这个圆柱的截面就是当时的北极星作拱极运动在天上所画出的圆。[47]

冯时指出,璇玑由于是包括北极在内的中心天区,因此又可以称为"北极璇玑",而《周髀算经》所谓"璇玑四游",实际上是指极星四游。当年的北极星既是画定璇玑的标准星,又是上古时代的授时主星。[48]

古人是以靠近北极的恒星作为北极星,通过望筒观察,发现北极星也环绕北极运行。《周髀算经》记录了当时北极星绕行北极的情况,包括北极星夏至子时行午位即"南游所极",冬至子时行子位、酉时行酉位、卯时行卯位,各为"北游所极""西游所极""东游所极"。

由北极星夏至子时行午位,可推知其冬至午时行午位,这就得出了北极星冬至"璇玑四游"的标准星象——子午卯酉四时,行子午卯酉四位。

由北极星画出的以北极为中心的圆状天区,如同旋转的机枢,故称璇玑。(图甲2-8)

《周易》所记"知几""研几"之"几",本义也为璇玑。《系辞下》记云:

> 子曰:知几其神乎?君子上交不谄,下交不渎,其知几乎?几者,动之微,

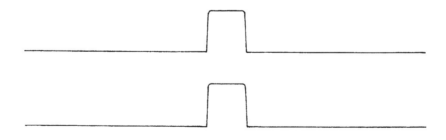

图甲2-8　《中国天文考古学》刊载的"早期盖天说所认识的天地剖面形状",上为天盖,中央凸起者为璇玑,下为地。(来源:冯时,《中国天文考古学》,2001年)

吉之先见者也。君子见几而作，不俟终日。⁴⁹

《系辞上》又记：

> 夫易，圣人之所以极深而研几也。惟深也，故能通天下之志。惟几也，故能成天下之务。⁵⁰

就是说君子要领会"几"的神妙。"几"微微一动便见吉凶，君子要见"几"行事。《易》是圣人用来"极深""研几"的书。只有穷极幽深，才能通晓天下之志；只有研核几微，才能成就天下之事。

这里所说的"几"，可以理解为机会之"机"。但究其本义，实指北极星环绕北极所规划的"璇玑"。在古人看来，璇玑一动便是斗转星移、四时更迭，所以，君子必须"知几""研几"。只有这样，才能做到"吉之先见""见几而作""通天下之志""成天下之务"。

《系辞下》韩康伯《注》：

> 几者，去无入有，理而无形，不可以名寻，不可以形睹者也。⁵¹

孔颖达《正义》：

> 几者，离无入有，是有初之微。以能知有初之微，则能兴行其事，故能成天下之事务也。⁵²

又谓：

> 几是离无入有，在有无之际，故云"动之微"也。⁵³

就是说，北极星所规划的北极璇玑，"理而无形，不可以名寻，不可以形睹"，是"无"之所在，也就是道之所在；璇玑微微一动，就是"有初之微""去无入有""离无入有"，也就是无中生有。这就赋予了北极璇玑"道生一"的哲学意义。

四、"极星+北斗"说

《后汉书·天文志》注引《星经》:"琁玑者,谓北极星也。玉衡者,谓斗九星也。"[54] 即以北极星为璇玑,北斗为玉衡。所谓"斗九星",是指北斗七星加上斗杓两侧的辅、弼二星。

《周礼正义》孙诒让《疏》亦以北极星为璇玑:"然天中之极,无可识别,则就近极之星以纪之,谓之极星。沿袭既久,遂并称星为北极,又谓之北辰","《周髀》之说与《吕览》正同。璇玑者,即极星,故《续汉志注》引《星经》云'璇玑谓北极星也',《尚书大传》云'琁玑谓之北极',是也。北极枢者,即天极也。然则极星绕极四游,非不移者。其不移者,乃天极耳。《论语》'为政篇'云:'譬如北辰居其所,而众星共之。'此亦谓天极。"[55]

孙诒让认为,古人以最靠近北极的恒星为北极星,以此标志北极,久而久之,北极星就被称为北极了,因此,《周髀算经》所记"璇玑"就是北极星,《尚书大传》所记"琁玑"也是北极星。

如此说来,璇玑为北极星,玉衡为北斗,璇玑玉衡就是北极星与北斗的组合。(图甲2-9)

关于古代注家对"璇玑玉衡"的解释,夏鼐评论道:"至于'璿玑玉衡'是什么意思,到了西汉初年(公元前2世纪)已经不清楚了。这是训诂学上的问题。我在这里不想多谈。我只想指出,西汉学者以为这是指星象。东汉学者马融、郑玄等,才认为这是天文仪器。可能他们曾对照过东汉时的浑仪,以为'璿玑玉衡'便是浑仪的前身。就字面上说,这四字既可以指星象,也可以指观测星象所用的天文仪器。所以实难确定二说中哪个是对的。汉以后的学者相信天文仪器说的较多。"[56]

冯时指出:"无论以璇玑为北极抑或浑仪,最终都可以北斗为线索加以解释。因此,对于璇玑的不同解释可能只是对一个问题的不同角度的阐释。"[57]

北极星与北斗均位于紫微垣中央之区,是中国古代天文观测的重要对象,皆具有重要的授时意义。璇玑玉衡无论是指北极、北极星、北斗,还是指浑仪这样的天文仪器,都包含在对北极周围天区的观测活动之中。

北斗之斗魁较斗杓更靠近北极,斗魁之天璇星、天玑星已含璇玑二字,它们绕极而行也呈"璇周四极"之态。前引《尚书纬》称斗魁四星为璇玑,也包含了对天中形态的描述。

考虑到"在,察也","在璇玑玉衡"即观察"璇玑玉衡",后者是被观察的对象,称其为北极及其周围的北极星、北斗,似更合理。

图甲2-9　璇玑与斗的组合，是良渚玉器造型的经典范式。王军2019年10月摄于"良渚与古代中国"展

五、关于"七政"的多种解释

《五行大义·论七政》列出了关于"七政"的多种解释：

> 夫七政者，乃是玄象之端，正天之度。王者仰之，以为治政，故谓之政。七者，数有七也。凡有三解：一云日、月、五星合为七政；二云北斗七星为七政；三云二十八宿布在四方，方别七宿，共为七政。此三种七政，皆配五行，并三辰之首也。[58]

就是说，"七政"一是指日、月、五星；二是指北斗七星；三是指二十八宿四宫，每宫七宿。古人观测的主要天体，尽在其中矣。

《尚书大传》郑玄《注》："齐者，中也。七政者，谓春、秋、冬、夏、天文、地理、人道，所以为政也。人道正而万物顺成，故天道，政之大者也。"[59]讨论的已是天地、四时、人道与用事制度的关系，处理好了这些关系，就是"齐七政"。

但是,"齐七政"的天文学意义何在?孔颖达《疏》明指"齐七政"为"齐整天之日、月、五星七曜之政,观其齐与不齐",此乃何义?

郭守敬《授时历议》的一句话,回答了这个问题:

> 昔人立法,必推求往古生数之始,谓之演纪上元。当斯之际,日、月、五星同度,如合璧连珠然。[60]

原来,日、月、五星皆齐,即"日、月、五星同度,如合璧连珠然"。推求这一时刻,确定上元,是古人治历明时之关键所在,"齐七政"之真义在此。"在璇玑玉衡,以齐七政"就是观察北极周围北极星、北斗的运行状态,推求日、月、五星同度,制定历法。

注 释

1 [唐]孔颖达疏:《尚书正义》卷三《舜典》(析自《尧典》),《十三经注疏》,265—266页。

2 同上,265页。

3 同上。

4 同上,266页。

5 [汉]司马迁:《史记》卷二十七《天官书第五》,1292页。

6 中华书局编辑部编:《历代天文律历等志汇编》,797页。

7 "躔离之次"是指日、月、五星的运行位置。《说文》:"躔,践也。"(《说文解字》,40页)躔为行迹之意;《周易·说卦》:"离,丽也。"(《十三经注疏》,197页)离为附丽、附着之意。《汉书·律历志》注:"应劭曰:'躔,径。离,远也。'臣瓒曰:'案离,历也,日月所历也。'邓展曰:'日月践历度次。'"(《历代天文律历等志汇编》,1402页)应劭之说为非,傅瓒、邓展之说为是。(臣瓒即傅瓒,见刘宝和:《汉书音义作者"臣瓒"姓氏考,《文献》1989年第2期)《方言》:"躔,逡,循也。躔,历,行也。日运为躔,月运为逡。"(《方言》第十二,136页)《新唐书·历志·大衍历议》:"日行曰躔","月行曰离"。(《历代天文律历等志汇编》,2172、2173页)皆言日躔、月离即日月运行之位,即日月之所在。

8 [三国吴]韦昭注:《国语·鲁语上第四》,《宋本国语》第1册,151页。

9 [魏]王弼、[晋]韩康伯注,[唐]孔颖达疏:《周易正义》卷八《系辞下》,《十三经注疏》,179页。

10 [汉]赵爽注,[北周]甄鸾重述:《周髀算经》卷上,1页。

11 [唐]孔颖达疏:《尚书正义》卷二《尧典》,《十三经注疏》,251页。

12 孔星衍《尚书今古文注疏》引马融、郑玄注"日中星鸟以殷仲春":"春分之昏,七星中。"(卷一,16页)七星即星宿七星,认为"星鸟"指星宿。但通过岁差计算,约距今三千年前,南宫朱雀之张宿昏中天时为春分,与《尧典》所记火于夏至昏中、虚于秋分昏中的时代大致相合,所以,"星鸟"当指张宿。参见冯时:《中国古代物质文化史·天文历法》,156页。

13 (日)安居香山、中村璋八辑:《纬书集成》,348页。

14 [晋]郭璞注，[宋]邢昺疏：《尔雅注疏》卷六《释天第八》，《十三经注疏》，5670页。

15 河南省文物考古研究所编著：《舞阳贾湖》上卷，292—296、313、331页。

16 南京博物院、泗洪县博物馆编著：《顺山集——泗洪县新石器时代遗址考古发掘报告》，147—149、160页。

17 《宋史·天文志》记："《虞书》所谓璇玑玉衡，唯郑康成粗记其法，至洛下闳制圆仪，贾逵又加黄道，其详皆不存于书。"（《历代天文律历等志汇编》，801页）《宋史·律历志》记："自洛下闳造太初历，用浑仪。"（《历代天文律历等志汇编》，2691页）

18 潘鼐：《我国早期的二十八宿观测及其时代考》，《中华文史论丛》第3辑。

19 冯时：《中国古代物质文化史·天文历法》，331页。

20 [唐]孔颖达疏：《尚书正义》卷十八《顾命》，《十三经注疏》，508页。

21 冯时：《中国天文考古学》，357—358页。

22 [汉]司马迁：《史记》卷二十七《天官书第五》，1291页。

23 同22，1291—1292页。

24 [隋]萧吉撰：《五行大义》卷四《第十六论七政》，14页。

25 [汉]司马迁：《史记》卷二十七《天官书第五》，1291页。

26 利玛窦于明万历二十三年（1595年）撰《交友论》，以汉语刊行，有谓："各人不能全尽各事，故上帝命之交友，以彼此胥助"，"上帝给人双目、双耳、双手、双足，欲两友相助，方为事有成矣。"（[明]李之藻编，黄曙辉点校：《天学初函·理编》，123、126页）后又在万历三十一年（1603年）定稿的《天主实义》中称："吾国天主，即华言上帝"，"吾天主，乃古经书所称上帝也。"（同上书，173页）

27 [魏]王弼注：《老子道德经》四章，《二十二子》，1页。

28 冯友兰阐释道："《老子》书中说'吾不知谁之子，在帝之先'（四章），这个帝就是上帝。他说道'不知谁之子'，那就是说它是最初的东西，'在帝之先'即在上帝之先。当然老子并不承认有上帝，他是明确地否认有主宰之天的。这句话只是说，假使有上帝的话，道也是在他之先的。当然，如果有一物在他之先，他也就不成其为上帝了。"（冯友兰：《从中国哲学中的几个主要问题看中国哲学史中的唯物主义与唯心主义底斗争》，《中国哲学史论文初集》，108页）按：冯友兰所引《老子》四章"在帝之先"与今传本"象帝之先"异，二者文义相通。

29 [魏]王弼注：《老子道德经》四十章，《二十二子》，5页。

30 [魏]王弼注：《老子道德经》四十二章，《二十二子》，5页。按：高亨指出："所谓一即混沌元气，二即天地，三即阴阳和三气。老子认为宇宙形成过程，最初是道，道产生混沌元素，混沌元素产生天地，天地产生阴气阳气和气，阴气阳气和气产生万物。"（高亨：《周易杂论》，37页）

31 [魏]王弼、[晋]韩康伯注，[唐]孔颖达疏：《周易正义》卷七《系辞上》，《十三经注疏》，160、169—170页。

32 《左传·昭公十七年》记郯子讲述以鸟名官之制，包括"凤鸟氏历正也，玄鸟氏司分者也，伯赵氏司至者也，青鸟氏司启者也，丹鸟氏司闭者也"。杜预《注》："凤鸟知天时故以名历正之官"，"玄鸟，燕也，以春分来，秋分去"，"伯赵，伯劳也，以夏至鸣，冬至止"，"青鸟，鸧鹒也，以立春鸣，立夏止"，"丹鸟，鷩雉也，以立秋来，立冬去，入大水为蜃。上四鸟皆历正之属官"。孔颖达《正义》："立春、立夏谓之启"，"立秋、立冬谓之闭"。（《春秋左传正义》卷四十八《昭公十七年》，《十三经注疏》，4524页）即言春分、秋分为分，冬至、夏至为至，立春、立夏为启，立秋、立冬为闭，这八个节气又称八节，八卦与之相配，即如《周易乾凿度》郑玄《注》所云："八卦生物，谓其岁之八节，每一卦生三气，则各得十五日。"（[汉]郑玄注：《周易乾凿度》卷下，郑学汇函本，4页）经卦一爻表示一节气十五天，一卦三爻即三节气四十五天，为八

33 冯友兰、高亨对这一问题有深刻洞见。冯友兰指出:"所谓阴阳之气也是指两种特殊的自然界的力量。可是这些特殊的东西是从哪里来的呢？这也需要说明。老子提出了这样的一个说明。他否认世界是从上帝来的，而认为是从他所说的'道'来的。照他所说的，'道'正是像亚里士多德指出最初的哲学家们所主张的那样的一个东西，'万有由它构成，万有最初从它发生，最后复归于它'。"（冯友兰:《中国哲学史新编》第1册，247页）高亨认为，《周易·系辞上》"易有太极，是生两仪，两仪生四象，四象生八卦"与《老子》"道生一，一生二，二生三，三生万物"所描述的宇宙生成过程基本相似，并指出"太极就是天地未分时物质性的混沌元素。两仪就是天地"，"易传作者认为宇宙的形成过程，最初是个物质性的混沌元素，这个元素产生天地，天地产生四时和万物。这种简单的看法，很明显不承认上帝创造宇宙，肯定物质是第一性，精神是第二性，含有一定的唯物因素"。（高亨:《周易杂论》，37页）

34 [汉]司马迁:《史记》卷二十五《律书第三》，1252页。

35 [隋]萧吉撰:《五行大义》卷五《第二十论诸神》，1页。

36 关于中国礼仪之争，参阅吴莉苇:《中国礼仪之争——文明的张力与权力的较量》。按：康熙皇帝阅罗马教皇克莱芒十一世（Pope Clement XI）禁止信众祭祖敬孔等《禁约》译文（康熙五十九年十二月二十一日译呈）后批示:"览此告示。只可说得西洋人等小人，如何言得中国之大理？况西洋人等，无一人同汉书者，说言议论，令人可笑者多。今见来臣告示，竟是和尚道士，无端小教相同，凡此乱言者，莫过如此。以后不必西洋人在中国行教，禁止可也。免得多事。"（陈垣编:《康熙与罗马使节关系文书》，96页）罗马教会内部的"中国礼仪之争"长达三百余年，至1939年罗马教皇庇护十二世（Pius XII）批准《众所周知》部令，确认尊孔祭祖对于信众而言是被允许的非宗教合法礼仪，才告结束。（该部令即《传信部关于中国礼仪的有关仪式与宣誓的指令》，见《中国礼仪之争：西文文献一百篇》，175—177页）1965年罗马教会公布《教会对非基督宗教态度宣言》，提出:"世界各地的其他宗教，也提供教理、生活规诫，以及敬神礼仪，作为方法，从各方面努力弥补人心之不平。天主公教绝不摒弃这些宗教里的真的圣的因素，并且怀着诚恳的敬意，考虑他们的做事与生活方式，以及他们的规诫与教理。这一切虽然在许多方面与天主公教所坚持、所教导的有所不同，但往往反映着普照全人类的真理之光。"该宣言对非基督宗教、文化表现出开放姿态，诚为一大进步。（《梵二大公会议文献》，来源：www.catholicsh.org）

37 [魏]何晏注，[宋]邢昺疏:《论语注疏》卷十三《子路第十三》，《十三经注疏》，5449页。

38 《山海经》记"羲和者，帝俊之妻，生十日"（卷十五《大荒南经》），"帝俊妻常羲，生月十有二"（卷十六《大荒西经》）。帝俊即至上神上帝。盖指帝俊创制十天干、十二地支以纪日月。如果将这一记载理解为帝俊创造了日、月，也不能说帝俊是整个世界的创造者。

39 [汉]刘向撰:《五经通义》，[清]王谟辑:《增订汉魏丛书·汉魏遗书钞》第6册，629页。

40 [隋]萧吉撰:《五行大义》卷四《第十六论七政》，15—16页。

41 [汉]司马迁:《史记》卷二十七《天官书第五》，1292页。

42 [唐]孔颖达疏:《尚书正义》卷二《尧典》，《十三经注疏》，256页。

43 [晋]孔晁注:《逸周书》卷六《周月解》，《元本汲冢周书》，114页。

44 [汉]伏胜撰:《尚书大传》卷上《虞夏传·唐传·尧典》，[清]王谟辑:《增订汉魏丛书·汉魏遗书钞》第6册，56页。

45 [秦]吕不韦撰，[汉]高诱注:《吕氏春秋》卷十三《有始览第一》，《二十二子》，666页。

46 [汉]赵爽注，[北周]甄鸾重述:《周髀算经》卷下，2页。

47 江晓原:《〈周髀算经〉盖天宇宙结构》,《自然科学史研究》1996年第3期,249—250页。

48 冯时:《中国天文考古学》,94页。

49 [魏]王弼、[晋]韩康伯注,[唐]孔颖达疏:《周易正义》卷八《系辞下》,《十三经注疏》,184页。

50 [魏]王弼、[晋]韩康伯注,[唐]孔颖达疏:《周易正义》卷七《系辞上》,《十三经注疏》,168页。

51 [魏]王弼、[晋]韩康伯注,[唐]孔颖达疏:《周易正义》卷八《系辞下》,《十三经注疏》,184页。

52 [魏]王弼、[晋]韩康伯注,[唐]孔颖达疏:《周易正义》卷七《系辞上》,《十三经注疏》,168页。

53 [魏]王弼、[晋]韩康伯注,[唐]孔颖达疏:《周易正义》卷八《系辞下》,《十三经注疏》,184页。

54 [南朝宋]范晔撰,[唐]李贤等注:《后汉书》志第十《天文上》,3213页。

55 [清]孙诒让:《周礼正义》卷八十二《冬官·匠人》,3421页。

56 夏鼐:《所谓玉璿玑不会是天文仪器》,《考古学报》1984年第4期,403页。

57 冯时:《中国天文考古学》,93、96页。

58 [隋]萧吉撰:《五行大义》卷四《第十六论七政》,9—10页。

59 [汉]伏胜撰,[汉]郑玄注:《尚书大传》卷一《唐传·尧典》(四部丛刊经部),上海涵芬楼藏左海文集本;[汉]郑玄注,[清]王闿运补注:《尚书大传》卷一《唐传·尧典》,4页;[汉]司马迁:《史记》卷二十七《天官书第五》,1292页。

60 中华书局编辑部编:《历代天文律历等志汇编》,3357页。

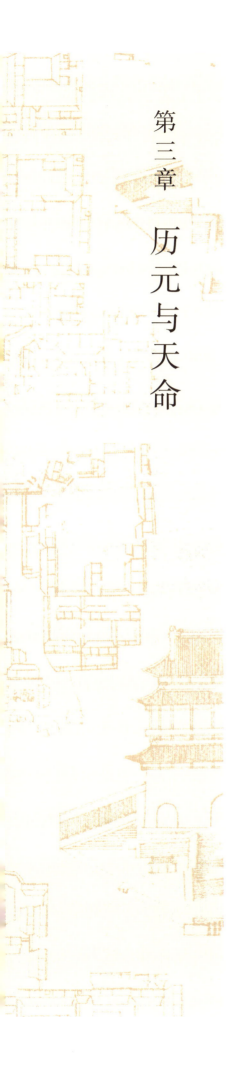

第三章 历元与天命

一、历元之推定

朱文鑫《天文学小史》介绍了古人治历之法：

> 古之治历，首重历元，必以甲子朔旦夜半冬至齐同，为起算之端。当斯之际，日月五星又须同度，如合璧联珠之象，谓之上元，纬书名曰开辟，唐大衍历后名曰演纪上元，此古人治历之基本观念，自汉迄宋未尝稍变，至元郭守敬授时历始废。七政行度，出入黄道，岁周月周，数有奇零，古人推究上元，必以甲子夜半至朔与七政齐同，原属理想之事，然因此而观测星象，天学赖以进步。

冯时指出，历元是古人设定的一个理想的历法起算点，实际上是年月日各周期的最小公倍数。这个时间确定之后，只要将回归年或朔望月周期不断叠加，此后各年的冬至及合朔时刻即可方便地推出，继而一年中其他节气和弦、望时刻也可依次算出。这样，一年的历谱就可以编算出来。[2]

古人以干支纪年，以冬至为岁首、朔旦为月首、夜半为日首，它们各有周期，日、月、五星运行又各有疾迟，为天文历算之便，遂推求甲子、冬至、朔旦同在夜半，日、月、五星同起牵牛初度，以这一理想时刻为起算点，定之为历元，称上元。

《尚书考灵曜》曰："天地开辟，元历纪名，月首甲子冬至，日月五纬，俱起牵牛初，日月若悬璧，五星若编珠。"[3]《礼含文嘉》："推之以上元为始，起十一月甲子朔旦夜半冬至。日月五星，俱起牵牛之初。"[4] 皆言定上元之事。

彼时，在二十八宿坐标体系中，牵牛初度是冬至日躔之位；北斗初昏指向北方子位也是冬至标准星象；前引《周髀算经》记北极星"璇玑四游"——子时行子位（北游所极）、卯时行卯位（东游所极）、午时行午位（南游所极，由夏至夜半观测反推而知）、酉时行酉位（西游所极），也是冬至标准星象。

观察到以上星象，即可测定冬至，再推求理想中的日、月、五星同度——在牵牛初度一线相直，状若合璧连珠，甲子、冬至、朔旦同在夜半，即可确定上元。这就是"在璇玑玉衡，以齐七政"的天文学含义。

对此种治历之法，陈遵妫的《中国天文学史》评论如下：

> 古人根据他们积累的天文观测记录，统计所得的日月五星的运动周期逐渐精密，遂想找一个上元，某年的十一月朔旦冬至，而且日月合璧、五星连珠；实际上是不可能的，也就是说，理想的上元是不存在的。但是古人为了推算二十四气、朔望、日月食和五星行度便利起见，需要一个上元，规定一个上元积年。历代治历的人，往往把工夫花在上元积年的推算，埋头于各种周期的测验；所以一部中国历法史，几乎可以说是上元的演算史。[5]

尽管推求上元是在推求一个理论上的时刻，但古人出于治历明时方便之计，不惜前赴后继，投入大量精力加以演算，并辅以大规模天文实测，这极大地推动了中国古代数学和天文学的发展。

郭守敬《授时历议》称，推求上元是"推求往古生数之始"，表明上元还具有"道立于一"的哲学意义。生数之始为"一"，《说文》释"一"："惟初太始，道立于一，造分天地，化成万物。"[6] 基于此义，推求上元也就是溯源宇宙生成，推求"道立于一"的时刻。所以，纬书称上元为"开辟"。

《汉书·律历志》记："三统二千三百六十三万九千四十，而复于太极上元。"[7] 这是

图甲3-1　登封"观星台"——郭守敬所创高台式圭表实物。王军摄于2014年11月

《三统历》推算的甲子冬至朔旦夜半齐同，日、月、五星同度的理想周期。

《汉书·律历志》又记："汉历太初元年，距上元十四万三千一百二十七岁。"[8] 这是《三统历》推算的汉武帝太初元年（公元前104年）距太极上元的积年。

汉代以降，各代历家皆列上元积年，至郭守敬《授时历》始废。《授时历》的编制，全凭天文实测，新一代之成规。（图甲3-1）

《授时历议》认为，推求上元之法，"惟其世代绵远，驯积其数至逾亿万，后人厌其布算繁多，互相推考，断截其数而增损日法，以为改宪之术，此历代积年日法所以不能相同者也。然行之未远，浸复差失，盖天道自然，岂人为附会所能苟合哉。夫七政运行于天，进退自有常度，苟原始要终，候验周匝，则象数昭著，有不容隐者，又何必舍目前简易之法，而求亿万年宏阔之术哉。"[9]

正是看到上元只是一个理论上的时刻，难免出现差池，计算又过于繁复，《授时历》不再沿用，而是直接根据天文实测，以至元十八年（1281年）辛巳岁冬至为历元。这是确定任意历元之法，与近代编制天文历的方法相近。中国古代历法由此翻开新的一页。

二、天命之存继

"齐七政"不再是元代历法推算的起点，齐政楼却矗立在元大都的中央，这是对舜得天命的回应。

在中国古代统一多民族国家的形成与发展过程中，正统文化之天命观发挥着巨大作用。统治者自认为受命于天，"皇矣上帝，临下有赫"[10]，"有命自天，命此文王"[11]。天命只有一个，所以，民族、宗教可以多元，国家却必须统一。

春秋时期，周室衰微，诸侯强并弱，天下大乱，遂有《春秋》"大一统"之议。[12]所谓"大一统"并不是大大的一统，而是以一统为大，崇尚一统，是在国家分裂、天下无道的时候，追求统一与和平。所以，孔子强调："天无二日，土无二王。"[13]

及至战国时期，烽火不息，战乱不已，遂有《吕氏春秋·不二》之论："一则治，异则乱；一则安，异则危。"[14]其《执一》篇提出"王者执一""天子必执一"[15]，就是希望天下大治。

"大一统"之"一统"不只是形式上的统一，还具有"道生一"的意义。

《春秋公羊传》何休《解诂》："统者，始也。"[16]《淮南子·诠言训》："一也者，万物之本也。"[17]《庄子·天下》："圣有所生，王有所成，皆原于一。"[18] 大一统即大始，这个"始"是万物化生之本，也就是"道生一"的"一"，圣王之道就是要守住这个"一"，也只有守住了这个"一"，道统与治统才能合一，也才有"一统"可言。

所以，董仲舒对汉武帝说：

> 《春秋》谓一元之意，一者万物之所从始也，元者辞之所谓大也。谓一为元者，视大始而欲正本也。《春秋》深探其本，而反自贵者始。故为人君者，正心以正朝廷，正朝廷以正百官，正百官以正万民，正万民以正四方。四方正，远近莫敢不壹于正，而亡有邪气奸其间者。……《春秋》大一统者，天地之常经，古今之通谊也。[19]

就是说，为人君者必须大始正本，遵从万物始生之道，要从自己开始，正人先正己，正己先正心，只有这样，才能正朝廷、正百官、正万民、正四方，去除邪气。

这就要求统治者必须修德防患，并不是自以为拥有了天命，就可以高枕无忧了。

商纣王昏乱暴虐，面对周人步步紧逼，不以为然，声称："我生不有命在天乎！"[20] "不有天命乎？是何能为！"[21] 最后却把自己的性命和天命都丢掉了。

灭纣之后，周武王祭天皇上帝，曰："膺更大命，革殷，受天明命。"[22] 就把上帝所授之命从商转移到周了。

天命是会转移的，这是中国古代天命观的重要内容。《尚书·康诰》："惟命于不常。"[23]《诗经·大雅·文王》："天命靡常。"[24]《诗经·大雅·荡》："靡不有初，鲜克有终。"[25]《左传》引《周书》："皇天无亲，惟德是辅。"[26] 一旦失德，"皇天上帝，改厥元子"[27]，天命就会转移。

所以，本朝所得之天命是从前朝转移而来的，是前朝失德、本朝修德的结果。《周易》才如此盛赞汤武革命：

> 天地革而四时成，汤武革命，顺乎天而应乎人，革之时大矣哉！[28]

基于此种观念，统治者以史为鉴，敬重前朝，为前朝修史，中华统绪数千年不绝。这代代相传的天命，超越了民族与宗教差异，俨然是"一统多元"中国的化身。

观象授时活动是天命观形成的基础。在农耕时代，时间的测定关系到农业生产、社稷安危，谁能够告诉人民时间，谁就能获得权力。时间因观天而得，时间的测定者，亦即权力的拥有者，由此产生了受命于天的意识。因此，"在璇玑玉衡，以齐七政"不但是舜推定历元的过程，亦是舜获得天命的方式。

此种权力产生的方式，亦见诸《论语·尧曰》，其记尧让位给舜之后，做了这样一番"政治交代"：

> 咨！尔舜！天之历数在尔躬，允执其中，四海困穷，天禄永终。[29]

允执其中，就是要恪守"中"所代表的最高原则，包括"中"所体现的辨方正位定时之法，否则，天之历数就无从谈起，春耕夏耘就无以为据，就会出现农业绝收、四海困穷，进而导致权力终结、天命转移。（图甲3-2）

说到底，一国之治权乃是一种政治契约，权力的获得者必须承担与此种权力相匹

图甲3-2　北京紫禁城中和殿悬"允执厥中"匾。王军摄于2016年9月

配的政治责任,提供与此种权力相匹配的公共服务,否则,契约就不复存在。在中国古代,道统是缔结这一契约的文化与思想基础,基础一旦动摇,契约便成问题,就可能出现改朝换代"新治统"的情况。

所以,"万世道统之传,即万世治统之所系也"。治统可以一新,道统却必须一贯,这就是天之所命。

三、"陛下帝中国，当行中国事"

忽必烈在元大都建齐政楼，显然是在宣告他创立元朝受命于天，其所得的天命亦即舜所得的天命，是从尧、舜那里，一代代传承下来的，元朝与过去的王朝一样，继承了中华道统与治统，所以是正统王朝。这是中国古代统一多民族国家发展过程中的重大事件。

不同于西方民族国家发展模式，古代中国的形成与发展，经历了一条"从文化多元一体到国家一统多元"[30]的发展道路。古代中国之存在表现为道统与治统的存在，归根结底是一种文化的存在，并不因统治阶层族群的改变而改变。统治阶层无论来自哪一个族群，只要继承了中华文化，亦就融入了中华民族的大家庭，中国因此而发展壮大。政权的合法性表现为天命的存继，天命乃道统与治统合一的象征，也就是国家主权的象征，政权更替，主权存续，中国而成为中国。

元朝是由少数民族建立的统一王朝，蒙古族是游牧民族，其入主中原，进入农耕文化的腹地，势必沿袭中国固有之人文制度。所以，儒臣徐世隆向忽必烈直言："陛下帝中国，当行中国事。"[31]并在忽必烈发兵云南之际，谏之以孟子之言：

> 昔梁襄王问孟子，天下乌乎定？孟子对曰：定于一。襄王曰：谁能一之？孟子曰：不嗜杀人者能一之。夫君人者，不嗜杀人，天下可定，况蕞尔西南夷乎！[32]

忽必烈从之，云南诸国降。自后，"每有征伐，必谕以不杀，于是四方未禀正朔之国，愿来臣属者，踵相蹑于道"[33]。

忽必烈相信以儒治国乃天下平治之道，遂接受汉儒所奉"儒教大宗师"尊号，特许免除儒户兵赋，[34]进而延揽名士，推行汉法，始建元"中统"，昭告天下：

> 朝廷草创，未遑润色之文；政事变通，渐有纲维之目。朕获缵旧服，载扩丕图，稽列圣之洪规，讲前代之定制。建元表岁，示人君万世之传；纪时书王，见天下一家之义。法《春秋》之正始，体大《易》之乾元。[35]

后又取《周易》乾元之义，改蒙古国号为"大元"，表明他所统治的国家，已不只是属于蒙古一个民族，而是中原王朝的继续。元朝的建立，结束了唐末五代以来，三百余年诸国并立的局面。[36]

正是在这样的背景之下，忽必烈营造元大都，建齐政楼于大都中央，以显示"行中国事"的强大意志。

遵循尧舜之道，亦见诸元大都的设计者刘秉忠上疏忽必烈所言：

> 典章、礼乐、法度、三纲五常之教，备于尧、舜，三王因之，五霸败之。汉兴以来，至于五代，一千三百余年，由此道者，汉文、景、光武，唐太宗、玄宗五君，而玄宗不无疵也。然后治乱之道，系乎天而由乎人。天生成吉思皇帝，起一旅，降诸国，不数年而取天下。勤劳忧苦，遗大宝于子孙，庶传万祀，永保无疆之福。[37]

刘秉忠建议：

> 宜因新君即位，颁历改元。令京府州郡置更漏，使民知时。[38]

颁历改元即改正朔、殊徽号，这是新朝创立头等大事。《春秋公羊传》何休《解诂》："王者受命必徙居处，改正朔，易服色，殊徽号，变牺牲，异器械，明受之于天，不受之于人。"[39]知此事关乎国本。

"令京府州郡置更漏，使民知时"，就是要通过钟鼓报时将元帝受命于天昭告天下。

忽必烈接受了刘秉忠的建议。鼓楼与钟楼遂与政权的合法性建立了联系，它们承担了特殊使命，便卓然于市井之中，成为独立的城市景观。

忽必烈遵行汉法，也经历了斗争。至元元年（1264年），蒙古西北藩王遣使来问："本朝旧俗与汉法异，今留汉地，建都邑城郭，仪文制度，遵用汉法，其故何如？"[40] 忽必烈急遣儒臣高智耀前去解释，后者不幸于途中病逝上京，忽必烈"为之震悼"[41]。

至元二年（1265年），儒臣许衡上疏忽必烈，为遵用汉法辩护：

> 考之前代，北方之有中夏者，必行汉法乃可长久。故后魏、辽、金历年最多，他不能者，皆乱亡相继，史册具载，昭然可考。使国家而居朔漠，则无事论此也。今日之治，非此奚宜？夫陆行宜车，水行宜舟，反之则不能行；幽燕食寒，蜀汉食热，反之则必有变。以是论之，国家之当行汉法无疑也。[42]

许衡指出"陆行宜车，水行宜舟，反之则不能行"，实是说到了根本。

可以作为反证的是，辽大同元年（947年），辽太宗耶律德光入开封灭晋国，建国号大辽，却只知"打草谷"，最终铩羽而归。蔡美彪记其事：

> 辽太宗并没有在汉地建立统治，而是按照奴隶制的传统，把晋国的宫女、宦官、百工等作为奴隶掳走，连同晋宫的财宝，运回上京临潢府。辽兵灭晋过程中，四处掳掠人口和财物，称为"打草谷"。各地人民纷起反抗，辽兵遭到沉重打击。辽太宗慨叹说："不知中原的人，难治如此！"在返回上京的路上，病死在栾城（今属河北）。[43]

这就是不知"陆行宜车，水行宜舟"的必然结局。

有元一代，藏传佛教东行，为元室所宗。如何处理儒、释、道三者关系，也是一大问题。《南村辍耕录》记云：

> 孛术鲁翀子翚公在翰林时，进讲罢，上问曰："三教何者为贵？"对曰："释如黄金，道如白璧，儒如五谷。"上曰："若然，则儒贱耶？"对曰："黄金、白璧，无亦何妨？五谷于世其可一日阙哉！"上大说。[44]

又记：

> 今上皇太子之正位东宫也，设谕德，置端本堂，以处太子讲读。忽一日，帝师来启太子母后曰："向者太子学佛法，顿觉开悟，今乃受孔子之教，恐损太子真性。"母后曰："我虽居于深宫，不知道德，尝闻自古及今，治天下者，须用孔子之道，舍此他求，即为异端。佛法虽好，乃余事耳，不可以治天下。安可使太子不读书？"帝师赧服而退。[45]

《元史·拜住传》记：

> 拜住每以学校政化大源，似缓实急，而主者不务尽心，遂致废弛，请令内外官议拯治之。有言佛教可治天下者，帝问之，对曰："清净寂灭，自治可也。若治天下，舍仁义，则纲常乱矣。"[46]

图甲3-3　　北京孔庙,创建于元代。王军摄于2002年11月

可见君臣皆知以儒治国之义。儒、释、道各有所长,但治天下须用儒家。儒家如同五谷,不可或缺一日,这就是道统存在的意义。(图甲3-3)

《析津志》记元大内之北的御苑有耤田八顷:

> 厚载门,乃禁中之苑囿也。内有水碾,引水自玄武池,灌溉种花木。自有熟地八顷,内有小殿五所。上曾执耒耜以耕,拟于耤田也。[47]

元帝在此行耤田之礼,执耒耜亲耕劝农,俨然是尧舜传人。

《元史·食货志》记忽必烈即位之初,就首诏天下,强调农桑为本:

> 农桑,王政之本也。太祖起朔方,其俗不待蚕而衣,不待耕而食,初无所事焉。世祖即位之初,首诏天下,国以民为本,民以衣食为本,衣食以农桑为本。

于是颁《农桑辑要》之书于民，俾民崇本抑末。[48]

至正十三年（1353年），元顺帝批准中书省"于江浙、淮东等处召募能种水田及修筑围堰之人各一千名为农师，教民播种"[49]，皆是重视农桑、遵用汉法之举。

注　释

1. 朱文鑫：《天文学小史》，14页。
2. 冯时：《中国古代物质文化史·天文历法》，292页。
3. （日）安居香山、中村璋八辑：《纬书集成》，343页。
4. 同上书，493页。
5. 陈遵妫：《中国天文学史》，999—1000页。
6. [汉]许慎撰，[宋]徐铉校定：《说文解字》，1页。
7. 中华书局编辑部编：《历代天文律历等志汇编》，1411页。
8. 同上书，1449页。
9. 同上书，3357页。
10. [汉]毛亨传，[汉]郑玄笺，[唐]孔颖达疏：《毛诗正义》卷十六《大雅·皇矣》，《十三经注疏》，1117页。
11. [汉]毛亨传，[汉]郑玄笺，[唐]孔颖达疏：《毛诗正义》卷十六《大雅·大明》，《十三经注疏》，1092页。
12. [汉]公羊寿传，[汉]何休解诂，[唐]徐彦疏：《春秋公羊传注疏》卷一《隐公元年》，《十三经注疏》，4766页。
13. [汉]郑玄注，[唐]孔颖达疏：《礼记正义》卷十八《曾子问第七》，《十三经注疏》，3016页。
14. [秦]吕不韦撰，[汉]高诱注：《吕氏春秋》卷十七《不二》，《二十二子》，691页。
15. [秦]吕不韦撰，[汉]高诱注：《吕氏春秋》卷十七《执一》，《二十二子》，691页。
16. [汉]公羊寿传，[汉]何休解诂，[唐]徐彦疏：《春秋公羊传注疏》卷一《隐公元年》，《十三经注疏》，4766页。
17. [汉]刘安撰，[汉]高诱注：《淮南子》卷十四《诠言训》，《二十二子》，1272页。
18. [周]庄子撰，[晋]郭象注，[唐]陆德明音义：《庄子》卷十《天下第三十三》，《二十二子》，84页。
19. [汉]班固撰，[唐]颜师古注：《汉书》卷五十六《董钟舒传》，2502—2503、2523页。
20. [汉]司马迁：《史记》卷三《殷本纪》，107页。
21. [汉]司马迁：《史记》卷四《周本纪》，118页。
22. 同上书，126页。
23. [唐]孔颖达疏：《尚书正义》卷十四《康诰》，《十三经注疏》，436页。
24. [汉]毛亨传，[汉]郑玄笺，[唐]孔颖达疏：《毛诗正义》卷十六《大雅·文王》，《十三经注疏》，1086页。
25. [汉]毛亨传，[汉]郑玄笺，[唐]孔颖达疏：《毛诗正义》卷十八《大雅·荡》，《十三经注疏》，1191页。
26. [周]左丘明传，[晋]杜预注，[唐]孔颖达疏：《春秋左传正义》卷十二《僖公五年》，《十三经注疏》，3897页。
27. [唐]孔颖达疏：《尚书正义》卷十五《召诰》，《十三经注疏》，450页。
28. [魏]王弼、[晋]韩康伯注，[唐]孔颖达疏：《周易正义》卷五《革·象》，《十三经注疏》，124页。
29. [魏]何晏注，[宋]邢昺疏：《论语注疏》卷二十《尧曰第二十》，《十三经注疏》，5508页。
30. 张忠培：《我认识的环渤海考古——在中国

考古学会第十五次年会上的讲话》,《考古》2013年第9期,103页。

31 [元]熊梦祥著,北京图书馆善本组辑:《析津志辑佚·名宦》,186页。

32 同上书,185页。

33 同上。按:刘秉忠随忽必烈征伐,亦有不杀之谏。《元史·刘秉忠传》记:"癸丑,从世祖征大理。明年,征云南。每赞以天地之好生,王者之神武不杀,故克城之日,不妄戮一人。己未,从伐宋,复以云南所言力赞于上,所至全活不可胜计。"(《元史》卷一百五十七《列传第四十四·刘秉忠》,3693页)

34 [明]宋濂等撰:《元史》卷一百六十三《列传第五十·张德辉传》,3824—3825页。

35 [明]宋濂等撰:《元史》卷四《本纪第四·世祖一》,65页。

36 蔡美彪等著:《中国通史》第7册,89、97页。

37 [明]宋濂等撰:《元史》卷一百五十七《列传第四十四·刘秉忠》,3688页。

38 同上书,3691页。

39 [汉]公羊寿传,[汉]何休解诂,[唐]徐彦疏:《春秋公羊传注疏》卷一《隐公元年》,《十三经注疏》,4766页。

40 [明]宋濂等撰:《元史》卷一百二十五《列传第十二·高智耀》,3073页。按:关于西北藩王遣使入朝的具体时间,参见赵华富:《西北藩王遣使入朝诘问忽必烈"遵用汉法"时间考》,《安徽史学》1999年第4期。

41 同上。

42 [明]宋濂等撰:《元史》卷一百五十八《列传第四十五·许衡》,3718—3719页。

43 蔡美彪:《辽金元史考察》,6页。

44 [元]陶宗仪:《南村辍耕录》卷五《三教》,57页。

45 [元]陶宗仪:《南村辍耕录》卷二《后德》,21页。

46 [明]宋濂等撰:《元史》卷一百三十六《列传第二十三·拜住》,3303—3304页。

47 [元]熊梦祥著,北京图书馆善本组辑:《析津志辑佚·城池街市》,2页。

48 [明]宋濂等撰:《元史》卷九十三《志第四十二·食货一》,2354页。

49 [明]宋濂等撰:《元史》卷四十三《本纪第四十三·顺帝六》,908页。

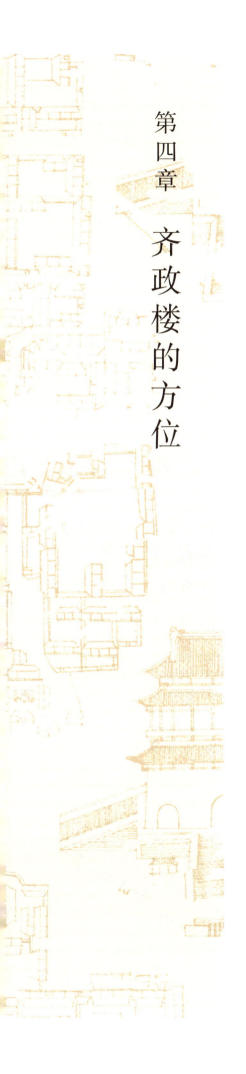

第四章 齐政楼的方位

一、关于齐政楼方位的记载

毋庸置疑，齐政楼必须与元帝统治天下的中枢——宫城大内——发生最直接的联系。只有这样，才能体现天命畅达无阻。

关于齐政楼与元大内、都城轴线的空间关系，古代文献有明确记载。《析津志》记：

> 齐政楼，都城之丽谯也。东，中心阁。大街东去即都府治所。南，海子桥、澄清闸。西，斜街过凤池坊。北，钟楼。此楼正居都城之中。楼下三门。楼之东南转角街市，俱是针铺。西斜街临海子，率多歌台酒馆。有望湖亭，昔日皆贵官游赏之地。楼之左右，俱有果木、饼面、炭、器用之属。齐政者，《书》"璇玑玉衡，以齐七政"之义。上有壶漏鼓角，俯瞰城埋，宫墙在望，宜有禁。[1]

又记：

> 万宁桥，在玄武池东，名澂清牐。² 至元中建，在海子东。至元后复用石重修。虽更名万宁，人惟以海子桥名之。³

《元一统志》记：

> 自至元三十年浚通惠河成，上自昌平白浮村之神山泉下流，有王家山泉、昌平西虎眼泉、孟村一亩泉、西来马眼泉、侯家庄石河泉、灌石村南泉、榆河温汤、龙泉、冷水泉、玉泉诸水毕合，遂建澄清闸于海子之东，有桥南直御园⁴，通惠河碑有云"取象星辰紫宫之后，阁道横贯天之银汉"也。⁵

故知登齐政楼即宫墙在望，楼之东为中心阁，再往东为都府治所；楼之南为海子桥，又名万宁桥、澄清闸，该桥南直御苑，取象紫微垣与奎宿之间横贯银河的阁道六星；楼之西为斜街、凤池坊、海子；楼之北为钟楼；楼之东南为转角街市。

《析津志》记：

> 钟楼，京师北省东，鼓楼北，至元中建，阁四阿，檐三重，悬钟于上，声远愈闻之。
>
> 钟楼之制，雄敞高明，与鼓楼相望。本朝富庶殷实莫盛于此。楼有八隅四井之号。盖东、西、南、北街道最为宽广。⁶

又记：

> 北省始创公宇，宇在凤池坊北，钟楼之西。⁷

故知齐政楼西侧的凤池坊之北有中书省北省，钟楼在北省之东，齐政楼与钟楼南北相望，位于凤池坊、北省以东的南北一线。

《日下旧闻考》引《图经志书》：

> 鼓楼在金台坊，旧名齐政。上置铜刻漏，制极精妙，故老相传，以为先宋故

物。其制为铜漏壶四，上曰天池，次曰平水，又次曰万分，下曰收水。中安铙神，设机械，时至，则每刻击铙者八，以壶水满为度。涸则随时增添，冬则用温水云。[8]

又引《图经志书》：

钟楼在金台坊，东即万宁寺之中心阁。[9]

《图经志书》纂修于明洪武年间，[10]其所记鼓楼、钟楼，正是明永乐十八年（1420年）改建之前的元大都齐政楼、钟楼。据其记载，齐政楼、钟楼皆在金台坊，钟楼以东是万宁寺的中心阁。

通过以上文献可知：

1. 齐政楼位于元大都中轴线上，与元大内一线相直

《析津志》《元一统志》的记载显示，齐政楼南望宫墙，北为钟楼，其正南方为海子桥，海子桥的正南方为御苑。另据《南村辍耕录》记载，元大内宫门"北曰厚载"，"厚载北为御苑"。[11]遂知御苑在元大内正北，齐政楼、钟楼与海子桥、御苑、元大内一线相直，皆在元大都中轴线上。

2. 中心阁是万宁寺内的一处建筑，位于元大都中轴线之东

《图经志书》记钟楼"东即万宁寺之中心阁"，《析津志》记齐政楼"东，中心阁"，皆表明中心阁位于齐政楼、钟楼东侧，亦即元大都中轴线东侧。

笔者注意到，对上引三处关键文献，整理者有不同的断句方式：

1.《日下旧闻考》1983年标点本将该书所引《析津志》关于齐政楼方位的记载标点为："齐政楼，都城之丽谯也。东中心阁，大街东去即都府治所，南海子桥、澄清闸、西斜街，过凤池坊北，钟楼。"[12]未注意到《析津志》的这段记载是以齐政楼为中心做出的描述，导致了斜街在齐政楼之南、钟楼在凤池坊之北的歧义。

2.《图经志书》记"钟楼在金台坊，东即万宁寺之中心阁"，《日下旧闻考》《宸垣识略》《光绪顺天府志》《京师坊巷志稿》《燕都丛考》均有引用，诸标点本皆以"东"字断句，即"钟楼在金台坊东，即万宁寺之中心阁"[13]。朱偰《元大都宫殿图考》引用此文，断句亦同此。[14]由此导致钟楼在金台坊之东，与万宁寺中心阁为同一建筑之歧义。

余棨昌《故都变迁纪略》称"元代钟楼在鼓楼东，为万宁寺之中心阁"[15]，《元大都平面规划复原的研究》称"中心阁之所在地，即今钟楼址"，"自今钟楼向南，过地安门桥至地安门（明称北安门），实即元代自中心阁向南"，[16]或因此种断句所致。

3.《元一统志》关于海子桥"南直御园"一段的记载,赵万里校辑本断句为:"有桥南直御园通惠河碑,有云取象星辰紫宫之后,阁道横贯天之银汉也。"[17] 此段文字辑自《日下旧闻考》卷五十三引文,《日下旧闻考》1983年标点本断句为:"有桥南直御园通惠河碑,有云取象星辰,紫宫之后,阁道横贯,天之银汉也。"[18] 由此导致海子桥正南方为通惠河碑,通惠河碑在御苑之内的歧义。

如上举三处断句为非,前引三处断句为是,就能够通过古代文献准确获知,元大都中轴线穿越元大内、御苑、海子桥,北抵齐政楼、钟楼;中心阁不在元大都中轴线上,而是位于中轴线北端齐政楼、钟楼的东侧。

二、钟鼓楼的建筑沿革

元大都考古队通过钻探确认,元大内东西两垣约在今故宫东西两垣附近,元大内南门(崇天门)约在今故宫太和殿位置,北门(厚载门)在今景山公园寿皇殿前。[19] 也就是说,明紫禁城与元大内约略等宽,南北轴线相同,前者位置略向南移。

海子桥今存,又称地安门桥、后门桥,为石筑单券拱桥,桥侧澄清上闸的绞关石、闸槽清晰可见(图甲4-1),东北侧雁翅的镇水石兽颔下刻有"至元四年九月"字样。[20] 该桥2013年被公布为全国重点文物保护单位,正位于明清北京城中轴线暨元大都中轴线上。

前引《析津志》记齐政楼南为海子桥,西为斜街临海子,北为钟楼,东南为转角街市,与今鼓楼周边环境一致。这是王灿炽判定齐政楼在中轴线上今鼓楼位置的重要依据。[21]

大德元年(1297年),齐政楼经历了一次重建,《元史·齐履谦传》记云:

> 都城刻漏,旧以木为之,其形如碑,故名碑漏,内设曲筒,铸铜为丸,自碑首转行而下,鸣铙以为节,其漏经久废坏,晨昏失度。大德元年,中书俾履谦视之,因见刻漏旁有宋旧铜壶四,于是按图考定莲花、宝山等漏制,命工改作;又请重建鼓楼,增置更鼓并守漏卒,当时遵用之。[22]

此次重建旨在增置更鼓和守漏卒,同时解决木制碑漏经久废坏而导致的报时失准问题,进一步完善了鼓楼制度。但无证据表明,齐政楼的位置因此遭到了改变。

图甲4-1　海子桥现状，两侧河岸可见澄清上闸的绞关石、闸槽。王军摄于2019年9月

《明一统志》记："鼓楼在府西，钟楼在鼓楼北，二楼俱本朝永乐十八年建。"[23] 知今鼓楼与钟楼是明永乐重建之后的建筑。永乐十八年（1420年），明成祖"以迁都北京诏天下"，"北京郊庙宫殿成"，[24] 同年改建象征元帝受命于天的鼓楼与钟楼，显有革命创制、改正易服之义。

重建后的鼓楼与钟楼南北相望，居都城轴线北端，与元大都齐政楼、钟楼格局一致。《析津志》记齐政楼"楼下三门"，今鼓楼楼台与之一致。

明亡清兴，钟鼓楼又经历毁建。清初谈迁《北游录》记：

> 远经鼓楼，楼毁而石洞高筑，雄风四来。稍北钟楼，其制其毁并如之。南直皇城之北安门，万岁山负皇城矗然在望。[25]

时为顺治十一年（1654年），明亡十年之后，钟鼓楼已是楼毁台存。后来，重筑楼于台上，台为原物。

1986年，鼓楼泵房开槽，挖出鼓楼地基。郑毅《北京钟鼓楼修缮纪实》记：

> 1986年3月28日，鼓楼水泵房地下室开槽时，在现场发现鼓楼的地基从上至下顺次为：条石（长50厘米、厚18厘米）、青砖（49厘米×22厘米×12厘米），砖瓦碎块与黄黏土层层相叠。经专家初步判断，此为元代地基的做法。[26]

今鼓楼地下存元代地基，基上楼台门洞三开，如齐政楼之旧，此楼台很可能就是齐政楼的原物。（图甲4-2，图甲4-3）

齐政楼北为钟楼，前引《图经志书》记："钟楼在金台坊，东即万宁寺之中心阁。"万宁寺今已不存，其旧址位于今北京东城区草厂胡同12号院及北侧院落，在今钟楼的东侧，与《图经志书》记载的元大都钟楼与万宁寺的空间关系一致。由此可知，今钟楼的位置即元大都钟楼所在。（图甲4-4，图甲4-5）

《元大都的勘查和发掘》认为齐政楼不在中轴线上，元大都中轴线北端为中心阁，

图甲4-2　鼓楼现状（由南向北拍摄）。王军摄于2019年9月
图甲4-3　1930年在伦敦出版的瑞典学者喜龙仁著《中国早期艺术史·建筑卷》刊印之北京鼓楼（从钟楼向南拍摄）。喜龙仁摄。（来源：Osvald Siren. *A history of early Chinese art. Vol 4. Architecture*. 1930）
图甲4-4　钟楼现状（由南向北拍摄）。王军摄于2019年9月
图甲4-5　从草厂北巷西望钟楼，此巷以南为万宁寺旧址所在。王军摄于2019年9月

与《元大都平面规划复原的研究》观点相同。查后文引用《析津志》关于齐政楼方位的记载，有谓："《日下旧闻考》卷五十四引《析津志》云：'齐政楼都城之丽谯也，东中心阁，大街东去即都府治所，南海子桥、澄清闸。'由此可知，海子桥在中心阁之南。"[27] 未注意到《析津志》的这段文字是以齐政楼为中心做出的描述。王灿炽之说为是。

有学者据旧鼓楼大街之名，佐证元大都钟鼓楼位于此街。[28] 对此，王灿炽指出，在乾隆《京城全图》（绘于乾隆十年至十五年，即1745—1750年[29]）上，今旧鼓楼大街被标注为"药王庙街"。（图甲4-6）乾隆三十九年（1774年）编纂《日下旧闻考》时，药王庙街已改称"旧鼓楼大街"（参见《日下旧闻考》卷五十四"臣等谨按"），其名称之变，应是乾隆十二年（1747年）重建钟楼告竣，而鼓楼依然如旧之故。所以，不能仅凭一个"旧"字，就断定元大都鼓楼在今旧鼓楼大街南口。[30]

图甲4-6　今旧鼓楼大街在乾隆《京城全图》上被标注为"药王庙街"。（来源：中国第一历史档案馆、故宫博物院，《清乾隆内府绘制京城全图》，2009年）

岳升阳、马悦婷2011年跟随北京地铁8号线工程对什刹海湖岸做了调查，发现元代海子东岸均为石砌，今存海子桥即元代澄清闸所在，这与《析津志》关于齐政楼南为海子桥、澄清闸的记载一致。

两位学者指出，如果元大都鼓楼在旧鼓楼大街，据《析津志》关于海子桥在齐政楼之南的记载，澄清闸就应该位于旧鼓楼大街以南今银锭桥一带。"但是，我们近年来的实地调查表明，旧鼓楼大街南面的元代海子北岸在今什刹海北岸以北约90米处，旧鼓楼大街南口面对的是一片宽阔水域，人们不会在如此宽阔的湖面上建设一座船闸。船闸是用来解决水位落差的，此处并不存在这样的问题，而且此处也没有直通御园的道路，其状况与文献记载不符，无法支持元大都鼓楼在旧鼓楼大街的观点。"[31]

两位学者的调查表明，元大都齐政楼、海子桥南北一线，即明清北京城中轴线一线；齐政楼不可能位于旧鼓楼大街，它只能如文献所记，位于元大都中轴线北端，也就是今鼓楼位置。王灿炽的论断无误。

三、中心阁的建筑性质

《元史·成宗纪》载，大德九年（1305年）二月乙未，"建大天寿万宁寺"[32]。

《元史·卜鲁罕皇后传》："京师创建万宁寺，中塑秘密佛像，其形丑怪，后以手帕覆其面，寻传旨毁之。"[33]

《元史·祭祀志》载："神御殿，旧称影堂。所奉祖宗御容，皆纹绮局织锦为之。影堂所在……成宗帝后大天寿万宁寺。"泰定二年（1325年），"复以祖宗所御殿尚称影堂，更号神御殿。殿皆制名以冠之，……成宗曰广寿"。[34]

《元史·泰定帝纪》载，泰定四年（1327年）五月乙巳，"作成宗神御殿于天寿万宁寺"[35]。

《析津志》记："原庙行香：完者笃皇帝中心阁。正官，正月初八日。"[36]

王灿炽引用以上文献指出，在元大都的建设史上，是先建钟鼓楼，后建万宁寺；中心阁是万宁寺内元成宗（完者笃皇帝）的御容殿——广寿殿；万宁寺在鼓楼东偏，始建于元成宗大德九年，比钟鼓楼的建设晚了三十多年。[37]

王灿炽指出了万宁寺中心阁的建筑性质及其与元大都钟鼓楼建设的前后关系，这对进一步明确元大都中轴线与万宁寺中心阁的空间关系十分重要。

查阅古代文献，我们还能了解到万宁寺中心阁的更多信息：

1. 万宁寺中心阁不但是元成宗的神御殿,还是元宁宗的神御殿

《析津志》记:"亦怜真班皇帝愍忌中心阁。二十九日。"[38]"亦怜真班皇帝周年中心阁。正官,二十五日。"[39]亦怜真班皇帝即元宁宗懿璘质班,是元朝第十位皇帝,七岁而亡,在位仅五十三天,[40]他的御容也奉安于万宁寺中心阁。

2. 中心阁与万宁寺同期建设,因位于都城之中而得名

《元代画塑记》:"大德九年十一月四日,司徒阿尼哥等奉皇后懿旨,中心阁佛像欲岁久不坏,可用铜铸之。又工物令中政院措办,仍塑千手眼佛,期同时毕工。铸造阿弥陀等五佛,各带光焰莲花座,塑造千手眼大慈悲菩萨及左右菩萨。"[41]大德九年(1305年)即大天寿万宁寺创建之年,同年即有铸造中心阁佛像之事,知中心阁与万宁寺同期建设。

《永乐大典·顺天府》引《图经志书》:"万宁寺在金台坊,旧当城之中,故其阁名中心。"[42]《明一统志》亦记:"中心阁在府西,元建,以其适都城中,故名。"[43]知中心阁因位于都城之中而得名。

3. 元大德十一年(1307年)万宁寺已设成宗影堂

《元代画塑记》载:"成宗皇帝大德十一年十一月二十七日,敕丞相脱脱、平章秃坚帖木儿等,成宗皇帝贞慈静懿皇后御影,依大天寿万宁寺内御容织之。"[44]即记元武宗敕作成宗帝后御影之事。元成宗逝于大德十一年正月,五月海山即位,是为武宗,同年十一月年号未改,仍以"成宗皇帝大德十一年"纪之,这时万宁寺内已有成宗帝后御容,知已设影堂。

4. 万宁寺成宗影堂经历了更号、冠名、重建的过程

据《元史·祭祀志》《元史·泰定帝纪》的记载,万宁寺成宗影堂在泰定二年(1325年)更号神御殿,冠名广寿殿;泰定四年(1327年)或经历了一次重建过程,重建后的建筑应即《元史·泰定帝纪》所记"作成宗神御殿于天寿万宁寺"。

5. 明万历年间中心阁尚存

明万历《顺天府志》卷一《地理志·古迹》载:"中心阁:府西,元建,阁东碑刻中心台。"[45]知彼时中心阁尚存。

6. 关于万宁寺的建设时间有两种说法

明人沈榜《宛署杂记》:"天寿万宁寺:元至正五年(1345年)建,元学士欧阳玄记。"[46]这与《元史·成宗纪》所记大德九年"建大天寿万宁寺"不合。

再查《元史·泰定帝纪》载:"成宗复构天寿万宁寺,较之世祖,用增倍半。"[47]可确认万宁寺确为元成宗创建,《元史·成宗纪》的记载无误。《宛署杂记》所记"元至正

五年建",应是指万宁寺的某次修缮或改建活动。

综合以上信息,可做出以下判断:

1. 从万宁寺中心阁的建筑性质来看,它不会是元大都中轴线北端的标志

万宁寺中心阁是元成宗、元宁宗的神御殿,如果位于元大都中轴线的北端,元成宗、元宁宗的御容就会南面君临元大内,这一殊荣实非这两位皇帝能够承受。如果因此而将象征元帝受命于天的齐政楼偏置一旁,更是无法说通。

2. 从万宁寺中心阁的建设时间来看,它也不会是元大都中轴线北端的标志

元大都始建于至元四年(1267年),[48] 至元九年(1272年)"建钟鼓楼于城中"[49],至元十一年(1274年)"宫阙告成,帝始御正殿"[50],至元十三年(1276年)城墙告竣[51]。很难想象此后二十九年元大都中轴线北端一直悬空,直至大德九年(1305年)"建大天寿万宁寺",中轴线的建设才告完成。

四、万宁寺的变迁

关于万宁寺的情况,清初周篔《析津日记》载:

> 天寿万宁寺在鼓楼东偏,元以奉安成宗御像者,今寺之前后皆兵民居之。从涵室而入,有穹碑二,尚存,长各二丈余。西一碑国书,不可读,东一碑,欧阳原功文,张起岩书,姚庆篆额,题曰成宗钦明广孝皇帝作天寿万宁寺神御殿碑。其北列明碑四,一为冯祭酒梦祯文,一为焦太史竑文。[52]

《光绪顺天府志》记:

> 万宁寺,元刹也,在地安门北,鼓楼东偏。[53]

在鼓楼东偏,即不在鼓楼正东。《图经志书》又记:"钟楼在金台坊,东即万宁寺之中心阁。"由此可知,万宁寺位于鼓楼以东偏北靠近钟楼之处。

万宁寺见载于乾隆《京城全图》,时称万福寺,其位置就在鼓楼东北、钟楼东南。(图甲4-7)

20世纪30年代初,北平研究院调查北平庙宇,拍摄了万宁寺前殿、后殿、山门、

佛像共四张照片（图甲4-8至图甲4-11），显示钟楼与万宁寺相邻，寺院在钟楼东侧偏南。

1935年《旧都文物略》刊载《内五区平面图》，显示鼓楼东北、钟楼东南，有"万寿寺"一所（图甲4-12），此即万宁寺。[54] 其名称之变，是"清以避帝讳"[55]。

1959年北京城区航拍图显示，鼓楼与钟楼东侧的万宁寺建筑格局尚存。（图甲4-13）

北京市档案馆藏《1928年北平特别市寺庙登记》记万宁寺（时称万灵寺）情况如下：

> 万灵寺（原名敕赐万宁寺）坐落内五区鼓楼东草厂七十四号，建于清同治九年，私建。本庙面积南面十二丈，北面九丈五尺，南北长十九丈五尺，房屋三十二间。管理及使用状况为自用三间，出租与商人十八间，余房空闲。庙内法物有大铜像三尊，木像一尊，泥像十二尊，香炉三个，蜡扦两支，小铁钟、铁磬各一口，金刚经一部，另庙外有井一眼。[56]

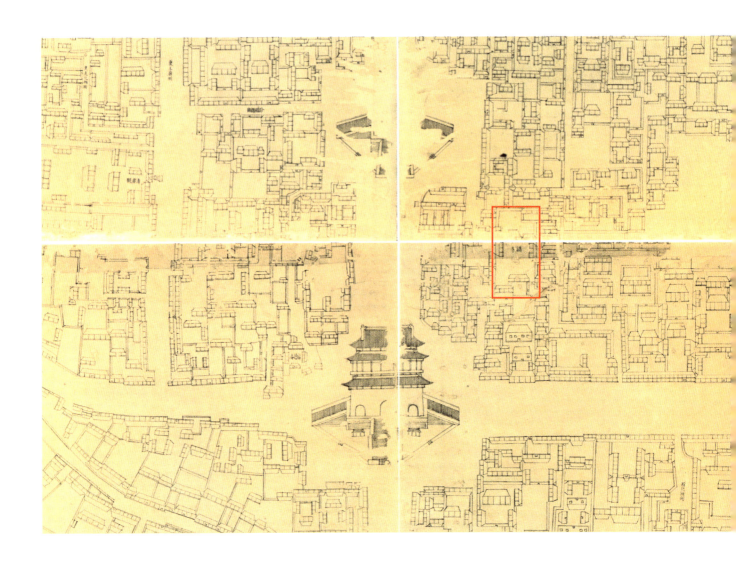

图甲4-7　万福寺（万宁寺）在乾隆《京城全图》上的位置（标红框处）。（底图来源：中国第一历史档案馆、故宫博物院，《清乾隆内府绘制京城全图》，2009年）

图甲4-8　北平研究院20世纪30年代初拍摄的万宁寺前殿，其后可见钟楼侧影。中国文化遗产研究院提供

图甲4-9　北平研究院20世纪30年代初拍摄的万宁寺后殿，其后可见钟楼侧影。中国文化遗产研究院提供

图甲4-10　北平研究院20世纪30年代初拍摄的万宁寺山门。中国文化遗产研究院提供

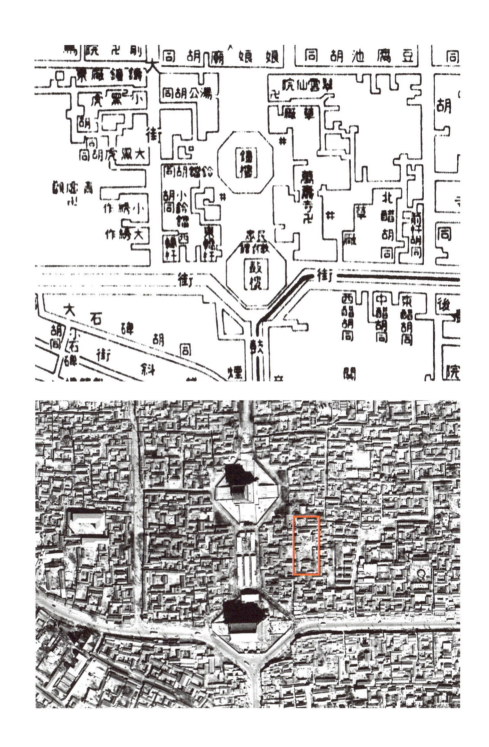

图甲4-11　北平研究院20世纪30年代初拍摄的万宁寺佛像。中国文化遗产研究院提供
图甲4-12　《旧都文物略》中《内五区平面图》标示的鼓楼、钟楼、万寿寺（万宁寺）位置。（来源：北平市政府秘书处，《旧都文物略》，1935年）
图甲4-13　1959年航拍图上的万宁寺院落（标红框处）。（底图来源：中国国家博物馆考古部）

北京市档案馆藏《1936年北平市第一次寺庙总登记》又记：

> 万灵寺（僧庙）坐落内五区鼓楼东大街草厂七十四号，其建立年代无考，不动产土地约三亩，房屋四十间。管理及使用状况为自行管理，所有殿房除供佛僧人住外，余房外租。庙内法物有佛偶像三尊，神偶像九尊，礼器六件，法器两件，另有水井一眼。[57]

1928年的寺庙登记称，万宁寺"建于清同治九年"，即1870年。这应该是该寺的一次改建时间。北平研究院20世纪30年代初拍摄的万宁寺殿宇应该是这次改建之后的建筑。

万宁寺所在的"内五区鼓楼东大街草厂七十四号"，就是今北京东城区草厂胡同12号。据《北京文物胜迹大全·东城区卷》中《北京内城寺庙碑刻志》记载，20世纪50年代，万宁寺仅存山门和一座殿，其他建筑早已不复存在。山门及殿均为三间，筒瓦箍头脊硬山顶。据1937年调查，当时寺内有僧人两名，住持名全祥。1985年调查时，庙内殿宇陆续拆除，至1986年全部拆完，只是大门外还残存几个石座，原址上零星建起一些民房。2006年调查时，庙房已完全不存，为居民住家院落。[58]

王灿炽在《元大都钟鼓楼考》一文中指出，万宁寺旧址当在今草厂胡同以西，钟鼓楼以东，草厂北巷北段以南，鼓楼东大街以北；元成宗神御殿旧址在今草厂胡同12号院内，原殿早已改建为居民住宅，殿前石碑尚存一块。[59]

2019年9月，笔者赴钟鼓楼地区调查，见草厂胡同12号院内万宁寺殿宇俱已不存，现状建筑皆为平房，私搭乱建严重，已是一个大杂院，院落格局尚可辨识，原山门处有石构件残存。（图甲4-14）

当地居民向笔者介绍，原寺庙有两进院落，山门东开，入内即前院，前殿与后殿之间的内院宏敞，20世纪60年代可开车进入，小孩儿可在院内踢球，居民又称该寺为"大庙"。"文革"后期寺庙建筑渐被拆改，原后殿被翻建为五间平房（图甲4-15，图甲4-16），房前正中地段掩埋了一通石碑，其上被临时搭建的房屋压盖。20世纪50年代末，寺庙内的佛像被拆除掩埋于后殿之前东侧的空场。

乾隆《京城全图》显示的万宁寺范围则包括了今草厂胡同12号院及北侧的一处院落，共为三进，万宁寺的山门、前殿、后殿皆位于今草厂胡同12号院内，北侧院落为一处空场。

1928年的寺庙登记显示，万宁寺"南面十二丈，北面九丈五尺，南北长十九丈

图甲4-14　草厂胡同12号原万宁寺山门处石构件残存。王军摄于2019年9月

图甲4-15　草厂胡同12号原万宁寺内院情况，远处灰瓦平房翻建于原后殿位置。王军摄于2019年9月

图甲4-16　万宁寺原后殿被翻建为五间平房。王军摄于2019年9月

五尺"。当时1市尺约0.333米。[60]据此折算,则万宁寺南面东西广39.96米,北面东西广31.635米,南北深64.935米。卫星地图测距显示,草厂胡同12号院东西南北范围与以上数据相合,其北侧院落不在这一范围之内,知当时已不属万宁寺庙产。

虽然历经蚕食,原有建筑已经不存,草厂胡同12号院仍保存了万宁寺两个院落的格局,见证了万宁寺的存在。万宁寺中心阁很可能就在原后殿位置,它不可能偏离寺庙所在的这一区域,而成为元大都中轴线北端的标志。

五、齐政楼的天文学意义

前已考证,元大都齐政楼与钟楼位于元大都中轴线北端,与元大内一线相直。也只有在这样的空间安排之中,齐政楼才能真实演绎"在璇玑玉衡,以齐七政"的天文学意义。

推求历元必测定冬至,北斗初昏指向子位是冬至的标准星象,《淮南子》记"日冬至则斗北中绳",齐政楼在元大内之北,居相对于元大内的子位之区,连接齐政楼与元大内的都城轴线,恰似冬至北斗所中之绳。

齐政楼之南,近海子桥,有火德真君庙,临中轴线而建,这也是对冬至的表现(图甲4-17)。[61]火德真君即火神祝融,是东宫苍龙大火星(心宿二)的化身。[62]《尚书·尧典》:"日永星火以正仲夏。"即大火星初昏行至南方午位,时为夏至。由此可推知,大火星初昏行至北方子位,时为冬至。火德真君庙居元大内之北、中轴线之侧,即是对冬至大火星行子位的表现。

齐政楼西侧的凤池坊之北,立有中书省(后因大内之南设中书省南省,此处称北省)。《析津志》记中书省"置居都堂于紫微垣"[63],"以城制地,分纪于紫微垣之次"[64]。知元大都的规划是将都城中央之区与紫微垣相配,在此区居中的齐政楼,遂成为对应北极璇玑的"天中"标志。

中国古代帝王追求居中而治,"天中"被视为天帝之居,"地中"被视为王廷所在。[65]元大都中轴线直通齐政楼与元大内,就具有了沟通"天中"与"地中"的意义,被塑造为天命抵达的通道。在这条轴线上,海子桥"取象星辰紫宫之后,阁道横贯天之银汉",也具有此种意义。

阁道六星位于紫微垣与奎宿之间。《史记·天官书》记紫宫"后六星绝汉抵营室,曰阁道"[66],即记阁道六星跨银河联系紫微垣与营室。营室又称定星,《诗经·鄘风》:"定之方中,作于楚宫。"郑玄《笺》:"楚宫,谓宗庙也。定星昏中而正,于是可以营

图甲4-17　北京什刹海畔火德真君庙现状。王军摄于2020年5月

制宫室，故谓之营室。定昏中而正，谓小雪时。"[67] 定星昏中天，值小雪节气农闲之时，正可营造宗庙宫室。营室遂有"清庙""天庙"之谓，[68] 又称"天子之宫"[69]。阁道六星联系紫微垣与营室，就具有了沟通天帝与天子的意义，也就象征了天命的抵达。

《史记·秦始皇本纪》记秦始皇营造帝都，在渭河之南作朝宫，"周驰为阁道，自殿下直抵南山。表南山之颠以为阙。为复道，自阿房渡渭，属之咸阳，以象天极阁道绝汉抵营室也"[70]。即以渭河南北的宫殿分别取象北极、营室，再以复道取象阁道，跨渭河予以联系。

元大都法此，以齐政楼取象北极，海子桥取象阁道，通惠河取象银河，元大内则对应营室，"天极阁道绝汉抵营室"由此呈现。[71]

以城墙四角画对角线分析可知，元大都平面几何中心位于旧鼓楼大街南口东侧，齐政楼位于此中心点以东百余米处（图甲4-18，图甲5-1），[72] 恰如北极星"璇玑四游"；元大内在都城南部午位即八卦离位，齐政楼南望元大内，又似夏至初昏北斗指午。《周

图甲4-18 元大都平面几何中心与齐政楼、钟楼、中心阁、中心台的位置关系。王军绘

易·说卦》中"离也者，明也，万物皆相见，南方之卦也。圣人南面而听天下，向明而治，盖取诸此也"[73]，由此呈现。

在中轴线北端，齐政楼居南，钟楼居北，又体现了阴阳五行的思想。《说文》曰："鼓，郭也，春分之音，万物郭皮甲而出，故谓之鼓"，"钟，乐钟也，秋分之音，物种成，从金，童声。"[74]鼓为春分之音，五行属木；钟为秋分之音，五行属金。齐政楼以木行居南，木生火也；钟楼以金行居北，金生水也。[75]

五行相生即顺时施政，这是用事制度的根本。木生火则"显诸仁"，金生水则"藏诸用"。[76]《周易·系辞上》曰："显诸仁，藏诸用，鼓万物而不与圣人同忧，盛德大业，至矣哉！"[77]

鼓为春分之音，春分之卦为震☳；钟为秋分之音，秋分之卦为兑☱。齐政楼、钟楼南北成列，即震、兑相重而成随卦䷐。[78]

《彖》曰：

> 随，刚来而下柔，动而说。随，大亨，贞，无咎，而天下随时。随时之义大矣哉！

王弼《注》：

> 为随而令大通利贞，得于时也。得时则天下随之矣。随之所施，唯在于时也。时异而不随，否之道也，故"随时之义大矣哉"。[79]

随卦具有"天下随时""得于时也""得时则天下随之"的意义，这正是刘秉忠上疏忽必烈"令京府州郡置更漏，使民知时"以昭示元帝受命于天的意义所在，诚可谓"随时之义大矣哉"！

《周易·系辞下》记：

> 黄帝、尧、舜垂衣裳而天下治，盖取诸乾、坤。刳木为舟，剡木为楫。舟楫之利，以济不通，致远以利天下，盖取诸涣。服牛乘马，引重致远，以利天下，盖取诸随。

韩康伯《注》：

> 随，随宜也。服牛乘马，随物所之，各得其宜也。

孔颖达《正义》：

> 随者，谓随时之所宜也。今服用其牛，乘驾其马，服牛以引重，乘马以致远，是以人之所用，各得其宜，故取诸随也。[80]

"服牛乘马，引重致远，以利天下"体现了黄帝、尧、舜统御天下之道。齐政楼、钟楼以随卦布局，显然表达了存继道统的意志。

由于岁差原因，[81]在元大都时代，北斗冬至指向子位的时刻已向后推迟，北极星也不再是过去的那颗星，古人已能明察，[82]但经书所记的早期星象仍具有神圣的天文与人文意义，仍是元大都规划的依据。

此中不变之义，正如《周易》所言："文明以止，人文也。观乎天文以察时变，观乎人文以化成天下。"[83]

注　释

1　[元]熊梦祥著，北京图书馆善本组辑：《析津志辑佚·古迹》，108页。按：引文中的书名号、引号为笔者添加。
2　澂同澄，牐同闸，澂清牐即澄清闸。
3　[元]熊梦祥著，北京图书馆善本组辑：《析津志辑佚·古迹》，102页。
4　据《南村辍耕录》卷二十一《宫阙制度》，御园应即御苑。后同。
5　[元]孛兰肹等撰，赵万里校辑：《元一统志》卷一《中书省统山东西河北之地·大都路·山川》，15页。按：笔者略改句读并添加引号。
6　[元]熊梦祥著，北京图书馆善本组辑：《析津志辑佚·古迹》，108页。
7　[元]熊梦祥著，北京图书馆善本组辑：《析津志辑佚·朝堂公宇》，32页。
8　[清]于敏中等编纂：《日下旧闻考》卷五十四《城市》，870页。
9　同上书，868页。按：对此段文字有不同的断句方式，《日下旧闻考》1983年版标点本断句为："钟楼在金台坊东，即万宁寺之中心阁。"王岗《北京城市模式变迁述略》引用此文断句为："钟楼在金台坊，东即万宁寺之中心阁。"（《北京史学论丛·2015》，5页）当以后者为是，详见后文。
10　《图经志书》即《洪武北平图经志书》，已佚。参见姜纬堂：《〈洪武北平图经志书〉考》，苏天钧主编《京华旧事存真》，237—258页。
11　[元]陶宗仪：《南村辍耕录》卷二十一《宫阙制度》，250—251页。
12　[清]于敏中等编纂：《日下旧闻考》卷五十四《城市》，870页。
13　同上书，868页；[清]吴长元辑：《宸垣识略》

卷六《内城二》，110页；[清]周家楣、缪荃孙等编纂：《光绪顺天府志》京师志十三《坊巷上·鼓楼大街》，382页；[清]朱一新：《京师坊巷志稿》卷上《鼓楼大街》，《京师五城坊胡同集·京师坊巷志稿》，166页；陈宗蕃编著：《燕都丛考》第六章"内五区各街市"，380页。

14　朱偰：《元大都宫殿图考》，13—14页。

15　余棨昌：《故都变迁记略》卷七《内城四》，78页。

16　赵正之遗著：《元大都平面规划复原的研究》，《建筑史专辑》编辑委员会《科技史文集》第2册，14—15页。

17　[元]孛兰肹等撰，赵万里校辑：《元一统志》卷一《中书省统山东西河北之地·大都路·山川》，15页。

18　[清]于敏中等编纂：《日下旧闻考》卷五十三《城市》，851页。

19　中国科学院考古研究所、北京市文物管理处元大都考古队：《元大都的勘查和发掘》，《考古》1972年第1期，21页。按：1954—2013年，景山公园内的寿皇殿曾用作北京市少年宫。

20　齐心主编：《北京元代史迹图志》，304页。

21　王灿炽：《元大都钟鼓楼考》，《故宫博物院院刊》1985年第4期，24—25页。

22　[明]宋濂等撰：《元史》卷一百七十二《列传第五十九·齐履谦》，4029页。

23　[明]李贤等撰：《大明一统志》卷一《京师·宫室》，10页。

24　[清]张廷玉等撰：《明史》卷七《本纪第七·成祖三》，99—100页。

25　[清]谈迁撰：《北游录·纪邮上》，52页。

26　北京市东城区政协学习和文史委员会编：《钟鼓楼》，245页。

27　赵正之遗著：《元大都平面规划复原的研究》，《建筑史专辑》编辑委员会《科技史文集》第2册，14—15页。

28　王璞子《元大都城平面规划述略》云，明清北京城钟鼓楼"其位置已较元楼为偏东，证以今旧鼓楼大街位置可知。元时鼓楼在街南口一带，钟楼又在鼓楼正北，必在大街以内。更以此街地望言之，当现在京城东西两垣之中，顾名思义，当初若非有钟鼓楼位在其地，街名也无由而起"。(王璞子：《元大都城平面规划述略》，《故宫博物院院刊》1960年第2期，68页)

29　杨乃济：《乾隆京城全图考略》，《故宫博物院院刊》1984年第3期，9页。

30　王灿炽：《元大都钟鼓楼考》，《故宫博物院院刊》1985年第4期，28—29页。

31　岳升阳、马悦婷：《元大都海子东岸遗迹与大都城中轴线》，《北京社会科学》2014年第4期，103—109页。

32　[明]宋濂等撰：《元史》卷二十一《本纪第二十一·成宗四》，462页。

33　[明]宋濂等撰：《元史》卷一百一十四《列传第一·后妃一》，2873页。

34　[明]宋濂等撰：《元史》卷七十五《志第二十六·祭祀四》，1875—1876页。

35　[明]宋濂等撰：《元史》卷三十《本纪第三十·泰定帝二》，679页。

36　[元]熊梦祥著，北京图书馆善本组辑：《析津志辑佚·祠庙·仪祭》，63页。

37　王灿炽：《元大都钟鼓楼考》，《故宫博物院院刊》1985年第4期，25页。

38　[元]熊梦祥著，北京图书馆善本组辑：《析津志辑佚·祠庙·仪祭》，64页。

39　[元]熊梦祥著，徐苹芳整理：《辑本析津志》，45页。

40　[明]宋濂等撰：《元史》卷三十七《本纪第三十七·宁宗》，809—813页。

41　[元]佚名：《元代画塑记》，29页。

42　[清]缪荃孙抄录：《顺天府志》卷七《寺》，5页。

43　[明]李贤等撰：《大明一统志》卷一《京师·宫室》，10—11页。

44　[元]佚名：《元代画塑记》，1页。

45　[明]沈应文、张元芳纂修：《顺天府志》卷一《地理志·古迹》，明万历刻本，41页。

46　[明]沈榜编著：《宛署杂记》卷十九《言字》，223页。

47 [明]宋濂等撰:《元史》卷三十《本纪第三十·泰定帝二》,674 页。

48 关于元大都始建时间,见《元史·世祖纪》:"四年春正月……城大都。"(《元史》卷六,113—114 页)《元史·刘秉忠传》:"四年,又命秉忠筑中都城,始建宗庙宫室。八年,奏建国号曰大元,而以中都为大都。"(《元史》卷一百五十七,3694 页)《元一统志》:"元至元四年城于中都路之东北为大都城。"(《元一统志》卷一,2 页)皆记元大都始建于至正四年。《元史·张柔传》:"至元三年,加荣禄大夫,判行工部事,城大都。"(《元史》卷一百四十七,3476 页)《析津志·张柔传》:"至元三年,城大都,起判行工部事,进封蔡国公。"(《析津志辑佚·名宦》,177 页)《元史·张弘略传》:"至元三年,城大都,佐其父为筑宫城总管。"(《元史》卷一百四十七,3477 页)皆记元大都始建于至正三年,与《世祖纪》异。

49 [元]孛兰肹等撰,赵万里校辑:《元一统志》卷一《中书省统山东西河北之地·大都路·建置沿革》,3 页。

50 [明]宋濂等撰:《元史》卷八《本纪第八·世祖五》,153 页。

51 《元史·张柔传》记:"十三年,城成。"[《元史》卷一百四十七《列传第三十四·张柔(弘略)》,3477 页]

52 [清]于敏中等编纂:《日下旧闻考》卷五十四《城市》,867 页。

53 [清]周家楣、缪荃孙等编纂:《光绪顺天府志》京师志十六《寺观一》,501 页。

54 北平市政府秘书处编著:《旧都文物略》,北平市政府第一科发行,1935 年,"坊巷略"12 页;王灿炽:《元大都钟鼓楼考》,《故宫博物院院刊》1985 年第 4 期,25 页。

55 定稿于 1941 年的余棨昌《故都变迁记略》记:"万宁寺在鼓楼东偏,元大德中建,以奉安成宗御像,名天寿寺,清以避帝讳,改名万寿。"(《故都变迁记略》卷七《内城四》,78 页)1936 年出版的《北平庙宇通检》之"万灵寺"条记:"元大德九年二月建,以奉安成宗御容。初赐额曰'大天寿万宁寺',后简称万宁寺。清道光间因避讳(按:宣宗名旻宁)改称万灵寺。(《北平庙宇通检》上编《内城·内五区》,《北平庙宇通检·北平庙宇碑刻目录》,53 页)一说改名万寿寺,一说改名万灵寺,皆因避帝讳。

56 北京市档案馆编:《北京寺庙历史资料》,83 页。

57 同上书,467 页。

58 谭伊孝编著:《北京文物胜迹大全·东城区卷》,322—323 页;(法)吕敏(Marianne Bujard)主编:《北京内城寺庙碑刻志》第 3 卷,167—169 页。

59 王灿炽:《元大都钟鼓楼考》,《故宫博物院院刊》1985 年第 4 期,25 页。

60 《中华民国权度标准方案》规定:"以一公尺(即米突尺)为标准尺","以标准尺三分之一为市尺。"(北平特别市市政府秘书处编辑《市政公报》1928 年 7 月第 1 期,176 页)即 1 市尺约 0.333 米。

61 今后门桥(元海子桥)以北,地安门外大街西侧有火德真君庙(火神庙),其前身即元大都火德真君庙。关于其创建时间有不同记载,一曰唐代,见明人刘侗、于奕正《帝京景物略》:"北城日中坊火德真君庙,唐贞观中址,元至正六年修。我万历三十三年,改增碧瓦重阁焉。"(41 页)清人孙承泽《天府广记》:"唐火神庙在皇城北,贞观中建。元至正六年重修。"(579 页)二曰元代,见明人沈榜《宛署杂记》载,火神庙"在北城日中坊,元至元十六年建"。(233 页)岳升阳、马悦婷 2011 年跟随北京地铁 8 号线工程对什刹海湖岸调查发现,元代海子东岸在地安门商场门前至今火神庙东侧一线,今火神庙所在地元代以前是河湖水域。现存火神庙的庙址场地,有可能是元代后期至明代经填湖形成的,庙前有明晚期湖岸木桩。两位学者据此指出,火神庙的建筑年代不会早于元代,且最初的位置应更靠近地安门外大街。(岳升阳、马悦婷:《元大都海子东岸遗迹与大都城中轴线》,《北京社会科学》2014 年

第 4 期，103—109 页）

62 关于祝融的记载，见《山海经·海外南经》："南方祝融兽身人面乘两龙。"郭璞《注》："火神也。"(《二十二子》，1370 页)《左传·昭公二十九年》："火正曰祝融。"(《十三经注疏》，4611 页)《左传·昭公十七年》："郑，祝融之虚也，皆火房也。"(同上书，4527 页)《左传·襄公九年》："陶唐氏之火正阏伯居商丘，祀大火，而火纪时焉。相土因之，故商主大火。"(同上书，4214 页)火正祝融是古史传说时代观测、祭祀东宫苍龙大火星（心宿二）的天文官，被视为大火星的化身，遂有火神之谓。

63 [元]熊梦祥著，北京图书馆善本组辑：《析津志辑佚·朝堂公宇》，8 页。

64 同上书，32 页。

65 "地中"又称"天下之中"，本指王权所统疆域的东西南北之中。《周礼·地官·大司徒》："以土圭之法测土深，正日景，以求地中"，"日至之景尺有五寸，谓之地中"。(《十三经注疏》，1516—1517 页) 即记立八尺之表测正午影长以求"地中"，最后测定的"地中"所在地夏至影长一尺五寸。周成王在这个"地中"营建了洛邑，见载于《史记·周本纪》："成王在丰，使召公复营洛邑，如武王之意。周公复卜申视，卒营筑，居九鼎焉。曰：'此天下之中，四方入贡道里均。'"（133 页）《荀子·大略篇》："欲近四旁，莫如中央。故王者必居天下之中，礼也。"(《二十二子》，352 页) 就是说居中而治便于四方朝贡、行使治权。后来，"天下之中"成为天子之都的代称。明北京已近北疆，仍被称为"适居中而建极""实当天下之中"。(《日下旧闻考》卷六《形胜》，91、93 页) 这里所说的"中"，就不是一个疆域之中的概念了，而是直取京师与"天中"对应、天子受命于天的象征意义。另外，甲骨文"中"字所象之形，是测定二绳所立之表和所画之圆。"中"表示了辨方正位定时之法，事关天子权力的来源，遂与王权建立了深刻联系。清华大学藏战国竹书《保训》记录了周文王弥留之际向武王讲述"得中"即"身受大命"的故事。[《清华大学藏战国竹简（壹）》，55—60、143 页] 大命就是天命，得中即得天命，"中"代表了天子权力。所以，《史记集解》引刘熙曰："帝王所都为中，故曰中国。"(《史记》卷一《五帝本纪第一》，31 页)

66 [汉]司马迁：《史记》卷二十七《天官书第五》，1290 页。

67 [汉]毛亨传，[汉]郑玄笺，[唐]孔颖达疏：《毛诗正义》卷三《鄘风·定之方中》，《十三经注疏》，665 页。

68 《史记·天官书》："营室为清庙。"(卷二十七，1309 页)《诗经·周颂·清庙》郑玄《笺》："清庙者，祭有清明之德者之宫也。"(《十三经注疏》，1256 页)《国语·周语》："日月底于天庙。"韦昭《注》："天庙，营室也。"(《宋本国语》第 1 册，17 页)

69 《晋书·天文志》："营室二星，天子之宫也。"(中华书局编辑部编：《历代天文律历等志汇编》，187 页)

70 [汉]司马迁：《史记》卷六《秦始皇本纪第六》，256 页。

71 元大内还叠加了多种天文意象。《析津志》记："枢密院在武曲星之次。"(《析津志辑佚·朝堂公宇》，32 页) 枢密院在元大内"东华门过御河之东"(《析津志辑佚·朝堂公宇》，34 页)，武曲星为北斗之第六星——开阳星。元大都皇城南门一带向外凸出，显现斗魁之状，枢密院"在武曲星之次"则象征了斗柄，这就形成了"斗柄东指，天下皆春"(《鹖冠子·环流》)之象。北斗绕北极而行，皇城南门"斗魁"以北的元大内则与北极对应。《析津志》又记："御史台在左右执法天门上。"(《析津志辑佚·朝堂公宇》，33 页) 左执法、右执法为太微垣星官，御史台位于元大内东南侧，又暗示元大内与太微垣对应。(参阅姜舜源：《论北京元明清三朝宫殿的继承与发展》，《故宫博物院院刊》1992 年第 3 期)《春秋合诚图》宋均曰："太微，天帝南宫。"(《纬书集成》，767 页) 元大内居都城南部，又有"天帝南宫"之寓意。另，元大内东华门、西华门名出太微垣之上相、上将。《史记索隐》："上相两星闻名曰东华门"，"上将闻名曰西华门"（《史记》卷二十七《天官书》，1300页），这亦表明元大内有与太微垣对应之义。

72 傅熹年指出，元大都宫城的中轴线并不在全城的几何中分线上，而是向东移了129米。（傅熹年：《中国古代城市规划、建筑群布局及建筑设计方法研究》上册，11页）

73 [魏]王弼、[晋]韩康伯注，[唐]孔颖达疏：《周易正义》卷九《说卦》，《十三经注疏》，197页。

74 [汉]许慎撰，[宋]徐铉校定：《说文解字》，97、298页。

75 此种基于五行思想的规划法在明紫禁城的设计中也有体现。于倬云在《紫禁城始建经略与明代建筑考》一文中指出："由于木克土，因而故宫外朝中轴线上很少用绿色油饰，也不种树木，以防木的色彩克土（即中央）。但是五行中只有相生而无相克则不能维持整体平衡，于是在把宫后苑及万岁山作为以木为主的御园。因为北方为水，水生木，所以把乾坤两宫之北布置了以木为主的御园以符合水生木。"（于倬云：《紫禁城始建经略与明代建筑考》，《故宫博物院院刊》1990年第3期，12页）古人以五行相生表示顺时施政，以五行相克表示逆时而行，视后者为大忌。

76 在五行、五常所配时空体系中，木配东、春，主生为仁，属阳；金配西、秋，主收为义，属阴；火配南、夏，主长为礼，属阳；水配北、冬，主藏为智，属阴；土配中央，对应天中，分王四季为信，乃阴阳之和。木主仁，水主藏，所以，木生火即"显诸仁"，金生水即"藏诸用"。

77 [魏]王弼、[晋]韩康伯注，[唐]孔颖达疏：《周易正义》卷七《系辞上》，《十三经注疏》，161—162页。

78 齐政楼、钟楼南北相重成卦，有两种可能：一、以南为上，则震上兑下，为归妹卦；二、以北为上，则震下兑上，为随卦。当以后者为是。这是因为下为先、上为后，是易卦的内在秩序，以震下兑上的随卦阐释齐政楼、钟楼的空间意义，即齐政楼在先，钟楼在后，合于古人以南为前、以北为后的空间观念（古人以南为正视方向，遂产生前后左右即南北东西的观念）。今故宫交泰殿南北御路，南铺九块石板，北铺六块石板，以南九北六表示乾下坤上，形成交泰卦，即以南为前、北为后。另，归妹卦辞："归妹，征凶，无攸利。"《象》曰："归妹，天地之大义也。天地不交而万物不兴。归妹，人之终始也。说以动，所归妹也。'征凶'，位不当也。'无攸利'，柔乘刚也。"（《十三经注疏》，131页）说的是妹随姐嫁一夫之事，与泰卦"帝乙归妹"相关，无涉钟鼓报时。以随卦解之，则豁然开朗。（关于归妹卦的含义，参阅顾颉刚：《周易卦爻辞中的故事》，《燕京学报》1929年第6期，977—980页；冯时：《中国天文考古学》第八章"天数发微"，400—410页）

79 [魏]王弼、[晋]韩康伯注，[唐]孔颖达疏：《周易正义》卷三《随》，《十三经注疏》，69页。

80 [魏]王弼、[晋]韩康伯注，[唐]孔颖达疏：《周易正义》卷八《系辞下》，《十三经注疏》，180—181页。

81 地球赤道隆起部分因受日月行星引力影响，自转轴绕黄道轴微旋，约2.6万年绕行一周，导致节气点每71.6年西移1度（现代度数）。

82 东晋天文学家虞喜已发现岁差现象，见《宋史·律历志》："虞喜云：'尧时冬至日短星昴，今二千七百余年，乃东壁中，则知每岁渐差之所至。'"（[元]脱脱等撰：《宋史》卷七十四《志第二十七·律历七》，1689页）

83 [魏]王弼、[晋]韩康伯注，[唐]孔颖达疏：《周易正义》卷三《贲·彖》，《十三经注疏》，75页。

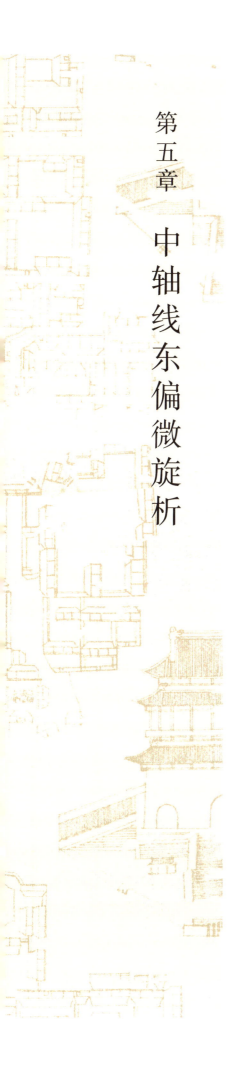

第五章 中轴线东偏微旋析

接下来需要讨论的是,《析津志》记齐政楼"正居都城之中",可是,这个"中"并不在元大都平面几何中心点上,而是位于其东侧。前文已记,齐政楼在这个位置恰如北极星"璇玑四游",可是,"璇玑四游"游的是四个方位,齐政楼却独取"东游所极"之卯位做此表示,中轴线亦整体东偏,且呈逆时针微旋之势(图甲5-1,图甲5-2),原因何在?

一、对"都城之中"的认识

关于元大都都城之中,今见四条古代文献。

1.《析津志》记：

齐政楼,都城之丽谯也。东,中心阁。大街东去即都府治所。南,海子桥、澄清闸。西,斜街过凤池坊。北,钟楼。此楼正居都城之中。[1]

85

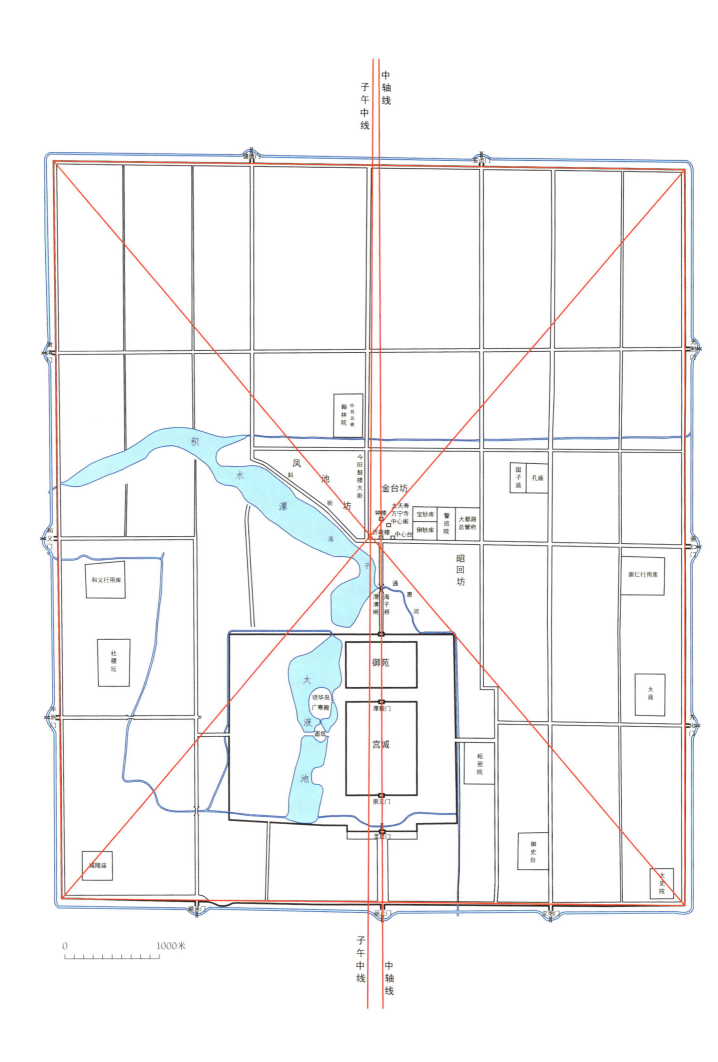

1 2

图甲5-1 元大都中轴线东偏微旋示意图。王军绘

图甲5-2 元大都中轴线朝向分析图。王军绘

2.《析津志》记:

> 中心台在中心阁西十五步。[2] 其台方幅一亩,以墙缭绕。正南有石碑,刻曰:中心之台。实都中,东、南、西、北四方之中也。在原庙之前。[3]

3.《明一统志》记:

> 中心阁在府西,元建,以其适都城中,故名。阁东十余步有台,缭以垣,台上有碑,刻"中心台"三字。[4]

4.《永乐大典·顺天府》引《图经志书》:

> 万宁寺在金台坊,旧当城之中,故其阁名中心,今在城之正北。[5]

这样,《析津志》《明一统志》《图经志书》就记录了三处位于元大都都城之中的建筑,一是齐政楼"正居都城之中",二是中心台"实都中,东、南、西、北四方之中也",三是万宁寺中心阁"以其适都城中,故名","旧当城之中,故其阁名中心"。这三处建筑彼此相临,互为左右东西,又都是都城之中,就涉及三个问题:

(一)"中"是一点还是一区

如果以上文献所说的都城之中是指都城平面几何中心一点,齐政楼、中心台、中心阁就会在空间上完全重合。可是,这三处建筑又位置各异,遂知所谓都城之中,非指中心一点。

四方五位、八方九宫,是中国古代空间规划的基本概念。(图甲5-3)冯时指出,"方"本指一条直线的延伸方向,"位"与"宫"是由"方"累积而来的,亦即"方"的平面化。[6] 诚不易之论。

四方五位的居中之位、八方九宫的居中之宫,实为一区。所谓都城之中,即都城中央之区,位于此区皆可以"中"相称。

有了这样的认识,才不会纠葛于《析津志》《明一统志》《图经志书》关于齐政楼、中心台、中心阁的方位记载,哪一个是准确的。说这三处建筑均位于都城之中,皆可成立。

图甲5-3　宁波天一阁博物馆藏晋砖显示的二绳、四维、九宫图像。王军摄于2018年5月

图甲5-4　今交道口十字路口。王军摄于2020年5月

(二) 齐政楼、中心阁、中心台的空间关系

关于万宁寺中心阁与齐政楼的空间关系,《析津志》还有这样一条记载:

> 双青杨树大井关帝庙,又北去则昭回坊矣。前有大十字街,转西,大都府,巡警二院;直西,则崇仁倒钞库;西,中心阁;阁之西,齐政楼也,更鼓谯楼。楼之正北乃钟楼也。[7]

即言北行至昭回坊,前有大十字街,即今交道口十字路口(图甲5-4),转而西行,过大都府、巡警二院、崇仁倒钞库就是中心阁,接着往西就是齐政楼,再向北折就是钟楼。

这段描述与前引《析津志》关于齐政楼"东,中心阁。大街东去即都府治所","北,钟楼",以及"钟楼,京师北省东,鼓楼北"的记载完全一致。

所以,中心阁在齐政楼之东,钟楼在齐政楼之北,是十分清楚的。

关于中心台与中心阁的空间关系,前引《析津志》与《明一统志》出现了两种说法。《析津志》记"中心台在中心阁西十五步",《明一统志》记"阁东十余步有台",方向完全相反。明万历《顺天府志》记:"中心阁:府西,元建,阁东碑刻中心台。"[8] 与《明一统志》一致。

《析津志》原书已佚,上引《析津志》关于中心台的记载,《析津志辑佚》辑自清人徐维则铸学斋藏抄本。查《光绪顺天府志·坊巷志》《京师坊巷志稿》,其引《析津志》曰:

> 中心台在中心阁东十五步,其台方幅一亩,以墙缭绕,正面有石碑,刻中心台。[9]

这段文字与铸学斋藏抄本存在关键的一字之差,即中心台在中心阁"东"十五步,而非"西"十五步,所记中心台在中心阁之东,与《明一统志》、明万历《顺天府志》一致。

再查《宸垣识略》引《析津志》:"中心台在阁东十五步。"[10]《燕都丛考》引《析津志》:"中心台在中心阁东十五步。"[11]《燕京故城考》引《析津志》:"中心台在阁东十五步。"[12] 皆记中心台在中心阁之东,而非中心阁之西。

又查《日下旧闻考》引《析津志》:"中心台在中心阁十五步。"[13] "十五步"之前疑有脱字。

再将文献记载与建筑实际比较分析,列数据如下:

数据一:中心台距中心阁15步

诸书所抄《析津志》佚文,皆记中心台与中心阁相距15步。

数据二:中心台边长15.5步

铸学斋藏抄本、《光绪顺天府志·坊巷志》、《京师坊巷志稿》所抄《析津志》佚文,皆记中心台"其台方幅一亩"。元代1亩为240方步,[14] 设中心台平面为正方形,则边长约15.5步。

数据三:齐政楼距中心阁38步

前文已记,今鼓楼很可能沿用了齐政楼的楼台,万宁寺旧址在今鼓楼东侧的草厂胡同12号院,中心阁很可能位于原万宁寺后殿位置,在草厂胡同12号院子午中线之上。

卫星图测距显示,今鼓楼楼台东皮与草厂胡同12号院子午中线相距约60米,以元1尺长0.315米、1步为5尺计算,[15] 60米约合38步。由于目前无法确定中心阁西墙位置,暂以此38步作为齐政楼与中心阁的东西间距,实际数值会更小一些。

分析上述数据,可得出以下结论:

1. 齐政楼必在中心台之西

这是因为数据三（38步）大于数据一（15步），即使中心台在中心阁以西15步，齐政楼也在中心台之西。

2. 中心台不在中心阁之西

这是因为数据三（38步）减数据一（15步）余23步，其中再放入中心台（减去数据二15.5步）仅余7.5步，约12米，已十分逼仄，再"以墙缭绕"，实难安排。如以中心阁西墙位置确定数据三，所得数值会更小，更是难以安排。

可见，中心台应该位于中心阁之东，铸学斋藏抄本所谓"中心台在中心阁西十五步"乃传写之误，《明一统志》"阁东十余步有台"、万历《顺天府志》"阁东碑刻中心台"与诸书所引《析津志》"中心台在中心阁东十五步"或"中心台在阁东十五步"是准确的，齐政楼、中心阁、中心台应该自西向东依次排陈。（图甲5-5，图甲4-18）

《析津志》又记中心台"在原庙之前"，即中心台在万宁寺南侧。这样，"在中心阁东十五步"的中心台，就不可能与万宁寺之内的中心阁正东西向排列。中心台应该位于万宁寺以南偏东之处，十五步是它与中心阁的东西间距。

（三）中心台的建筑性质

古代文献关于元大都中心台的记载，今仅见前引《析津志》、《明一统志》、明万历《顺天府志》三处极为简短的文字，皆未说明中心台的建筑性质。

有学者认为，元大都中心台是实测的全城平面布局中心的标志，甚至是元大都中轴线的终点。[16] 得出这样的认识，一个重要原因，就是《析津志》记中心台"实都中，东、南、西、北四方之中也"，这必然会让人以为中心台是元大都平面几何中心的标志，甚至联想到它是元大都中轴线的终点。

前文已经指出，"中"为一区并非一点，凡位于中央之区，皆可以"中"相称。因此，不能说中心台"实都中，东、南、西、北四方之中也"，就是都城平面几何中心的标志。元大都平面几何中心位于旧鼓楼大街南口东侧，齐政楼位于此中心点以东百余米处，中心台又在齐政楼之东，遂不可能是都城平面几何中心的标志。元大都中轴线北抵齐政楼、钟楼，中心台在齐政楼东侧，也不可能是中轴线的终点。

古代文献未详记中心台制度，但《日下旧闻考》引《图经志书》："鼓楼在金台坊，旧名齐政"，"钟楼在金台坊，东即万宁寺之中心阁。"又引《五城坊巷胡同集》："金台坊九铺，有万宁寺、法通寺、净土寺、千佛寺"。[17]《永乐大典·顺天府》引《图经志书》："万宁寺在金台坊。"[18] 知齐政楼、钟楼、万宁寺皆在金台坊，紧临万宁寺的中

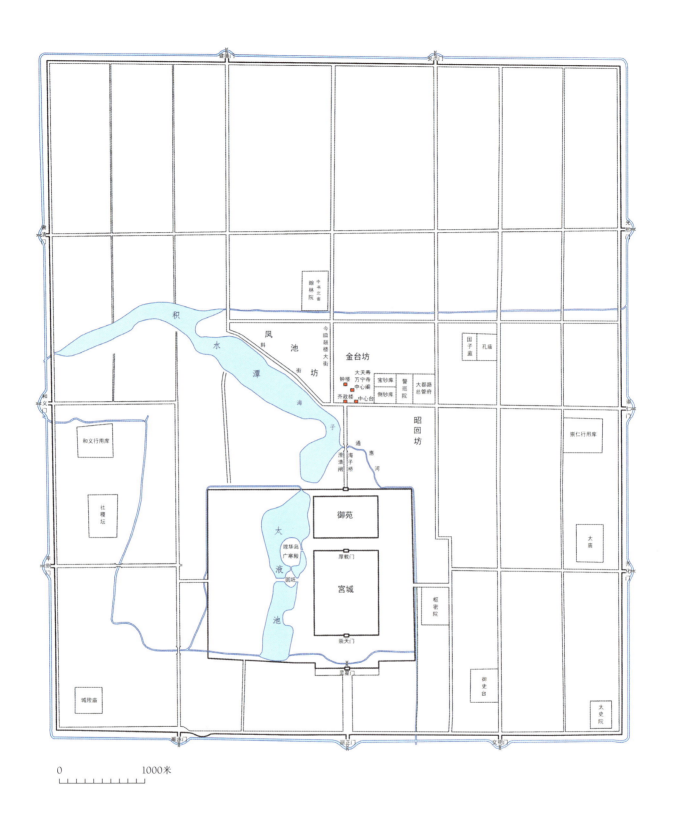

图甲5-5　元大都平面示意图。(摹自《北京历史地图集》,27—28页。图中标注了本文涉及的主要建筑地点。笔者对齐政楼、钟楼、万宁寺中心阁的位置做了调整,据《南村辍耕录》的记载,以9∶7比例对宫城平面做了调整)

心台必在此坊之内。[19]

《元一统志》记:"金台坊,按燕昭王筑黄金台以礼贤士,取此义以名。"[20] 知金台坊名出燕昭王之黄金台,取礼贤纳士之义。元人纳延撰《京城杂言六首》咏唱大都,有谓:"千金筑高台,远致天下士。郭生去千载,闻者尚兴起。"[21] 徐世隆《广寒殿上梁文》记元大都:"金台南峙,玉泉西流。"[22] 知元大都建有取义黄金台的高台,这处高台必在金台坊之内。中心台筑于金台坊,形制如《析津志》《明一统志》所记,是"以墙缭绕""缭以垣"的"方幅一亩"之台,如同壝墙周匝的方丘,就应该是这处象征黄金台的礼制性建筑,因为位于元大都中央之区,故称"中心台"。

此前,金人曾在金中都城内建造了这样的建筑,见《日下旧闻考》引《燕山八景图诗序》:

> 昔燕昭王尊郭隗,筑宫而师事之,置千金于台上,以延天下士,遂以得名。其后金人慕其好贤之名,亦建此台,今在旧城内。后之游客,往往极目于斜阳古木之中,徘徊留恋,以寄其遐思,故曰金台夕照。[23]

"燕山八景"之"金台夕照"名出于此。燕京遂有"金台"之谓。[24]《元一统志》记元大都南城招提寿圣寺:"有比丘尼通辩大师德行碑在焉。师讳慧善,赵氏,益都人。有净行。戊寅岁来金台,住燕京甘泉坊寿圣寺。"[25] 即以"金台"称燕京。[26]

位于易水河畔燕下都故城的黄金台是幽燕一带名胜古迹,为历代文人墨客咏唱,"燕地借是为重"[27]。唐陈子昂写《登幽州台歌》:"前不见古人,后不见来者。念天地之悠悠,独怆然而涕下!"[28] 即为传世名篇。

《析津志》存刘秉忠《秦楼月》词一首,对黄金台有如下咏唱:

> 琼花岛,卢沟残月西山晓。西山晓,龙蟠虎踞,水围山绕。昭王一去音尘杳,遥怜弓剑行人老。(行人老),黄金台上,几番秋草。[29]

即记在太液池琼华岛望卢沟晓月,易水河畔,黄金台宛在眼前。"龙蟠虎踞,水围山绕",是燕山一带的山水形势,于此胜境营造大都,设金台坊于都中,筑中心台于坊中,其间心绪,当是"黄金台上,几番秋草"。

《战国策》记燕昭王闻古之国君以重金购千里马之尸骨而千里马纷至,遂起而行之,筑宫纳士,一时之间,"乐毅自魏往,邹衍自齐往,剧辛自赵往,士争凑燕"[30],

终成大业。昭王所筑纳士宫台，后世称"黄金台"，又称"贤士台""招贤台"。[31]

礼贤纳士素被古人视为关乎国运的大事。《尚书·尧典》"克明俊德"即为此义。《墨子·亲士》："入国而不存其士，则亡国矣。"[32]《尸子·发蒙》："国之所以不治者三：不知用贤，此其一也；虽知用贤，求不能得，此其二也；虽得贤，不能尽，此其三也。"[33]《史记·太史公自序》："士贤能而不用，有国者之耻。"[34]

何以养士用贤？刘秉忠上疏忽必烈有言：

> 国家广如天，万中取一，以养天下名士宿儒无营运产业者，使不致困穷。或有营运产业者，会前圣旨，种养应输差税，其余大小杂泛并行蠲免，使自给养，实国家养才励人之大也。[35]

又谓：

> 君子不以言废人，不以人废言，大开言路，所以成天下、安兆民也。天地之大，日月之明，而或有所蔽。且蔽天之明者，云雾也；蔽人之明者，私欲佞说也。常人有之，蔽一心也；人君有之，蔽天下也。常选左右谏臣，使讽谕于未形，忖量于至密也。[36]君子之心，一于理义，怀于忠良；小人之心，一于利欲，怀于谗佞。君子得位，有容于小人；小人得势，必排于君子。明君在上，不可不辨也。[37]

对刘秉忠的建议，《元史》有记："世祖嘉纳焉。"[38]

取燕昭王筑黄金台之义，将象征元帝受命于天的齐政楼所在之坊，命名为"金台坊"，筑中心台于坊中，作为黄金台的标志，实是"克明俊德"、招纳天下贤士意志的体现。

彼时之大都，笼罩在黄金台的气氛之中。宋幼主居此，即以"黄金台下客"自谓，感而缀诗：

> 寄语林和靖，梅花几度开；黄金台下客，应是不归来。

陶宗仪《南村辍耕录》收录此诗，叹曰："含蓄无限凄戚意思，读之而不兴感者几希。"[39]

在此之前，蒙古太宗七年（1235年），在燕然山南麓的蒙古帝国统治中心和林，已有"卜筑金台坊"之事。

来自燕地、先后辅佐成吉思汗和窝阔台的耶律楚材，在《赠高善长一百韵》中写道："君本辽阳人，家居华表傍。随任来燕然，卜筑金台坊。"并题"高善长本书生也，屡入御闱而不捷，乃翻然医隐，悉究《难》《素》之学，后进咸师法焉"[40]等语。知高善长是精通《难经》《素问》的儒士，被召至和林为修建金台坊占卜。

耶律楚材于蒙古太宗七年（1235年）写作此诗。[41] 正是在这一年，太宗窝阔台兴建和林。[42] 将金台坊纳入和林的建设计划，应该出自耶律楚材的建议，表明礼贤纳士得到了窝阔台的重视。

太宗八年，和林万安宫落成。九年，耶律楚材上疏窝阔台，建议"守成者必用儒臣"，获允校试，"得士凡四千三十人"。《元史·耶律楚材传》记：

> （丙申秋七月）丁酉，楚材奏曰："制器者必用良工，守成者必用儒臣。儒臣之事业，非积数十年，殆未易成也。"帝曰："果尔，可官其人。"楚材曰："请校试之。"乃命宣德州宣课使刘中随郡考试，以经义、词赋、论分为三科，儒人被俘为奴者，亦令就试，其主匿弗遣者死。得士凡四千三十人，免为奴者四之一。[43]

其间亦有波折，《元故领中书省耶律公神道碑》记：

> 太原路课税使、副，以赃罪闻，上让公曰："卿言孔子之教可行，儒者皆善人，何故亦有此辈？"公曰："君父之教臣子，岂欲陷之于不义，而不义者亦时有之。三纲五常之教，有国有家者莫不由之，如天之有日月星辰也，岂可因一人之过，使万世常行之道独见废于我朝乎？"上意乃解。[44]

王国维感叹："蒙古之制，凡攻城而抗拒者屠之。故蒙古入中原所屠名城不可胜计。……加以蒙古入主中夏，武人专横，其君臣又绝不知有治民之术，若此时无文正（按：耶律楚材谥'文正'）人之类，正有不知其何如者！"[45]（图甲5-6）

刘秉忠在燕地规划元大都，再造金台坊，续写了耶律楚材的故事。此举延续了和林的制度，还使金台坊荣归故里。

今鼓楼及鼓楼东大街以北，元大都金台坊胡同格局清晰可见，中心台不知所踪。《日下旧闻考》编纂者于敏中等按：

> 《析津志》所载中心阁、中心台旧迹俱无考。今旧鼓楼大街北城墙有中心台

之名,盖元朝都城偏北,以鼓楼大街之中心台为东西南北之中也。[46]

这里有将明清北京内城北城墙中心台与元大都中心台混淆之嫌。奉宽《燕京故城考》已指其谬:"今京城内垣,两门相距之间,各建有八字形马道,所以乘城者。俗以其在两门之中,呼其名为某门之中心台。《旧闻考》以旧鼓楼大街尽北依城之安定德胜门中心马道,为上述元城之中心台,非也。"[47]

明清城墙有中心台之制。城墙的中心台设于相邻两处城门之间的居中墙段,以马道上下。《日下旧闻考》引《图经志书》"中心台敌楼一十二座"[48],实指此制。《明太监武俊自述碑》记宛平城"城楼二座、闸楼二座、瓮城二座、敌楼二座、角台四座、角楼四座、中心台二座"[49],也言及此制。

《清实录》记道光五年十二月道光帝谕内阁:"嗣后各城大楼九座、马道口十八处,角楼四座、马道口八座,中心台十五座、马道口三十处,着责成八旗满洲蒙古汉军,按期均匀分段看守","所有城下栅栏、城门马道,及中心台、角楼、马道口,即责成城门领及派出之步军校认真管辖。"[50] 又记咸丰十一年十月同治帝谕内阁交刑部会同宗人府审办玉连等明火抢劫致人死并"由朝阳门中心台马道上俵分赃物"罪行,[51] 皆提到城墙的中心台,此中心台与元大都的中心台实非一类。(图甲5-7,图甲5-8)

元大都中心台位于何处?徐苹芳指出,在古今重叠的现代城市中,一般都保留

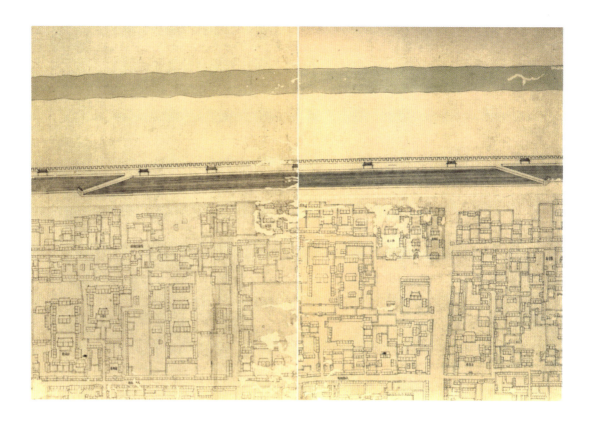

图甲5-6　位于北京颐和园内的耶律楚材祠，今为颐和园研究院址。王军摄于2020年5月

图甲5-7　乾隆《京城全图》描绘的安定门与德胜门之间的城墙中心台，其东部南对的南北向街道，即今旧鼓楼大街，时称"药王庙街"。（来源：中国第一历史档案馆、故宫博物院，《清乾隆内府绘制京城全图》，2009年）

图甲5-8　1924年在伦敦出版的《北京的城垣与城门》（喜龙仁著）刊印之北京朝阳门与东直门之间的城墙中心台。喜龙仁摄。（来源：Osvald Siren. *The Walls and Gates of Peking*. 1924）

着古代城市的街道等痕迹，在不可能大面积考古发掘的情况下，唯一的方法是考察分析这些痕迹，据以复原被埋在地下的古代城市的平面规划和布局。[52]这为我们寻找中心台的确切位置指明了方向。

前文已经考证，中心台位于万宁寺中心阁以南偏东十五步处。考察草厂胡同12号院万宁寺旧址以南偏东地段，会看到今鼓楼东大街以北，草厂胡同南段以西，草厂胡同折往12号院路段以南，道路绕出一块方地。

卫星图测距显示，这块方地东西广约44米，南北深约38米。折算为元步，则东西广约28步，南北深约24步，面积约672方步，合2.8亩，正可容纳"方幅一亩"之台并"以墙缭绕"。其西界距草厂胡同12号院子午中线约24米，恰合15步，与《析津志》的记载完全一致。（图甲5-9，图甲5-10）

乾隆《京城全图》显示，这块方地是一处连排房屋围合的大院。（图甲5-11）2019年10月，笔者前往现场调查，发现此处大院已被析为草厂胡同2号、4号、6号、8号四处院落，院内地面明显高出周围胡同，须登阶而入。（图甲5-12）

"从周围的地势来看，就我们这几个院子高，四周都是低的，墙脚比胡同地面高了五六十公分！"6号院的居民告诉笔者，院内曾设花台，颇为宏敞，20世纪80年代之后，院内空地渐被侵占盖房。

整个大院筑在一块台地之上，这块台地很可能就是元大都中心台的遗址。（图甲5-13）

二、中轴线为何东偏

今旧鼓楼大街及北延长线皆元大都旧街，元大都子午中线（正南北向穿过都城平面几何中心点）与此街相贴，在都城平面上清晰可见。（图甲5-1）[53]元大都中轴线居此线之东，不与之重合，实乃有意为之，这是以东为尊、任德远刑观念的体现。[54]

在中国古代时空观中，居东之卯位是春的授时方位，春为生为德为阳；居西之酉

图甲5-9 1959年航拍图上的中心台可能位置（标蓝框处）与万宁寺旧址（标红框处）。（底图来源：中国国家博物馆考古部）

图甲5-10 2019年卫星图上的中心台可能位置（标蓝框处）与万宁寺旧址（标红框处）。（底图来源：Google Earth）

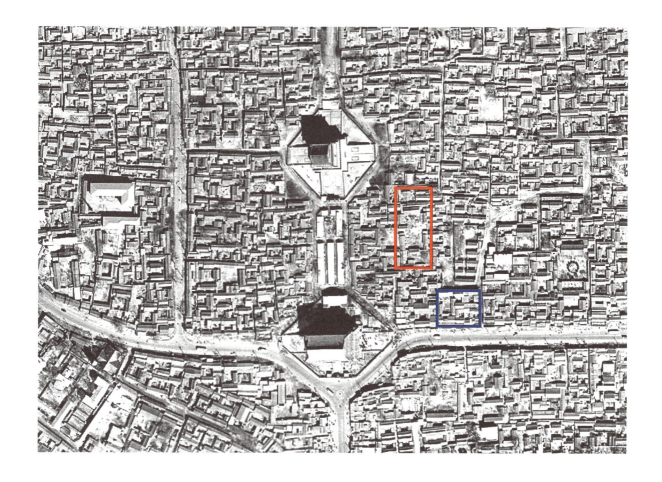

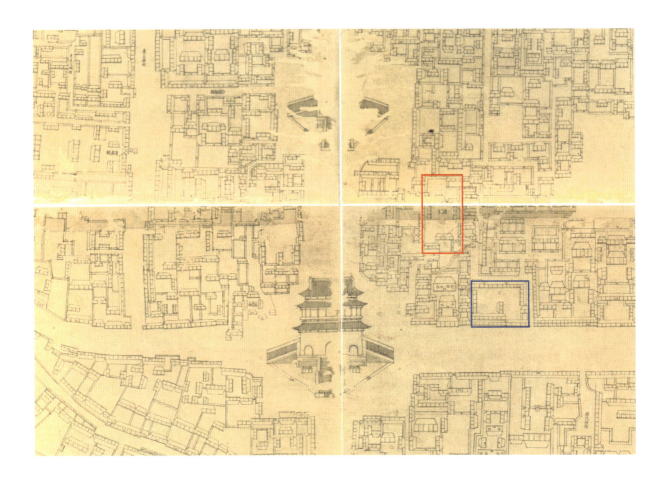

图甲5-11　乾隆《京城全图》上元大都中心台的可能位置（标蓝框处）与万宁寺院落（标红框处）。（底图来源：中国第一历史档案馆、故宫博物院，《清乾隆内府绘制京城全图》，2009年）

图甲5-12　草厂胡同8号院入口。王军摄于2019年10月

图甲5-13　草厂胡同2号、4号、6号、8号院内情况。王军摄于2019年10月

位是秋的授时方位，秋为杀为刑为阴。祈生避杀，就要任德远刑、贵阳贱阴，居东之卯位遂尊于居西之酉位。

《春秋繁露·王道通三》记云：

> 阳，天之德；阴，天之刑也。阳气暖而阴气寒，阳气予而阴气夺，阳气仁而阴气戾，阳气宽而阴气急，阳气爱而阴气恶，阳气生而阴气杀。是故阳常居实位而行于盛，阴常居空位而行于末。天之好仁而近，恶戾之变而远，大德而小刑之意也。先经而后权，贵阳而贱阴也。[55]

《春秋繁露·如天之为》又记：

> 为人主者，予夺生杀，各当其义，若四时；列官置吏，必以其能，若五行；好仁恶戾，任德远刑，若阴阳。此之谓能配天。[56]

就是说，阳是天之德，阴是天之刑。天好仁而近之、恶戾而远之，是因为德为大、刑为小。经义纲常为先，权衡利弊为后，是因为阳为贵、阴为贱。为人之主，予夺生杀要像四时那样符合天道，列官置吏要像五行那样各使其能，好仁恶戾要像阴阳那样亲近德而远离刑。只有这样，才能与天相配。

基于此种刑德观，东尊于西、左尊于右成为一种建筑现象。建于南宋的泉州开元寺东塔高48.27米，西塔高45.06米，东塔即高于西塔（图甲5-14）；[57]《淮南子》记"西益宅不祥"[58]，说房子往西边扩不吉利；[59]故宫文华殿、武英殿东西相对，中轴线更靠近东侧的文华殿（图甲5-15），[60]皆体现了任德远刑的观念。元大都中轴线整体东偏，情同于此。

在十二时辰中，卯时乃日出之时，太阳携阳

图甲5-14　1935年哈佛大学出版之英文著作《刺桐双塔》（艾克、戴密微著）刊印之泉州开元寺双塔。近者为西塔（仁寿塔），远者为东塔（镇国塔）。（来源：G. Ecke, P. Demiéville. *The Twin Pagodas of Zayton*. 1935）

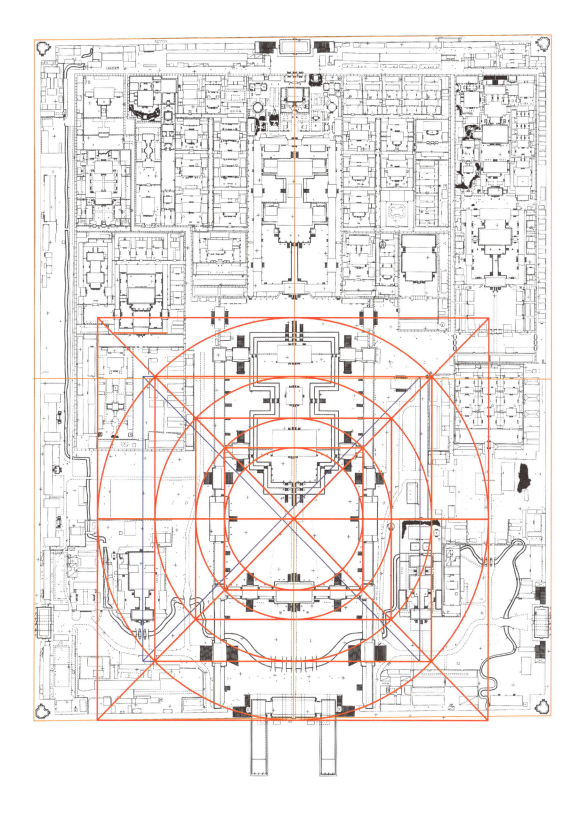

图甲5-15　王南绘北京紫禁城平面分析图，显示紫禁城外朝区域建筑以太和殿庭院为中心，以$\sqrt{2}$比例扩张布局的情况。其中，中轴线东至文华殿建筑东墙的距离，与中轴线西至武英殿建筑东墙的距离相等。经此规划，中轴线更靠近其东侧的东华殿。（来源：王南，《规矩方圆，天地之和——中国古代都城、建筑群与单体建筑之构图比例研究》，2018年）

金中都　　　元大都　　　明洪武元年至永乐十七年　　　明永乐
（1272—1368年）（1267—1368年）　（1368—1419年）

气从地平线上喷薄而出，与北斗初昏指卯、春回大地颇为相似。在元大都中轴线北端，齐政楼东偏于都城平面几何中心，如同北极星卯时行卯位，不但符合《周髀算经》所记北极星冬至的标准星象，还具有日出东方、长养万物的象征意义，这也是任德远刑观念的体现。

时间赋予了不同的空间不同的人文意义，这是都城规划匠心所在。所以，《周礼》诸官开篇即言"惟王建国，辨方正位"。只有测定了方位，才能根据不同方位的人文意义，安排相应的建筑功能。辨方正位必立中，必先确定中心点，以此为基点测定四方五位、八方九宫，为规划工作提供空间依据。

《析津志》记："至元四年二月己丑，始于燕京东北隅，辨方位，设邦都，以为天下本。"[61] 这是在天地环境之中，在金中都旧城的东北，通过辨方正位，确定元大都城址。（图甲5-16）

《析津志》又记："中书省：至元四年，世祖皇帝筑新城，命太保刘秉忠辨方位，得省基，在今凤池坊之北，以城制地，分纪于紫微垣之次。"[62] 这是在元大都城郭范围确定之后，再"以城制地"，辨方正位，划定都城中央之区，与紫微垣相配，立中书省于其中。（图甲5-17）

明嘉靖八年 明嘉靖九年至嘉靖三十一年 明嘉靖三十二年
年） （1530—1552年） （1553年）

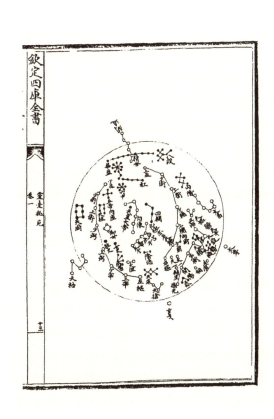

图甲5-16 岳升阳绘北京城址变迁图。岳升阳提供
图甲5-17 北周庾季才原撰、宋王安礼等重修《灵台秘苑》刊印之紫微垣图。（来源：《影印文渊阁四库全书》第807册，1986年）

《析津志》又记："太庙在震位，即青宫。"[63] 元大都的太庙在齐化门（明清朝阳门）内，位于宫城御苑之东，居相对于后者的八卦震位。这是以居元大都南半城中央区域的宫城御苑为中心做出的规划。（图甲5-18）

齐政楼与中轴线整体东偏，就是在确定了都城平面几何中心之后，再通过辨方正位，进一步规划设计的结果。

元大都的规划是在不同层级的空间范围内，由中到中，不断辨方正位的过程，时间成了空间的"规划师"。这也是中国古代建筑设计与城市规划的通用之法。[64]

在元大都中央之区，都城平面几何中心隐而不见，未做任何标志，却是"万法不离中"的"中"之所在，在设计者刘秉忠的心中灼然可见。

这个中心点是都城规划的坐标原点，如同其所对应的北极，"理而无形，不可以名寻，不可以形睹"，却是无为而不为，"去无入有"，定义了整个城市的时空秩序。

三、中轴线为何微旋

正南正北的正子午线，是先人测定太阳年周期最重要的观测轴，立表测日中之影须以此线为准，初昏观南中天星象须以此线为坐标，"圣人南面而听天下，向明而治"的人文观念由此衍生，这对中国古代建筑与城市以轴线对称的"中"字形平面布局产生了深刻影响。[65]

作为观象授时的空间基础，正子午线必须精确测定。《周礼·考工记》所记"昼参诸日中之影，夜考之极星，以正朝夕"辨方正位之法，显示了先人规划此种空间的卓越能力。

可是，明清北京城中轴线暨元大都中轴线与正子午线并不重合，而是逆时针微旋两度有余。学者推测，这是朝向元上都之故，其中存在一定偏差，与元上都中轴线不能相接，或是测量微差所致。[66] 惜无史料可证。

事实上，中国古代建筑和城市的南北轴线与正子午线存在不同程度的角度差，是一个普遍现象，这是先人在具备了精确测量能力的情况下做出的选择，包含了深刻的环境思想因素。

（一）丙午之位

关于元大内规划，《析津志》有这样一条记载：

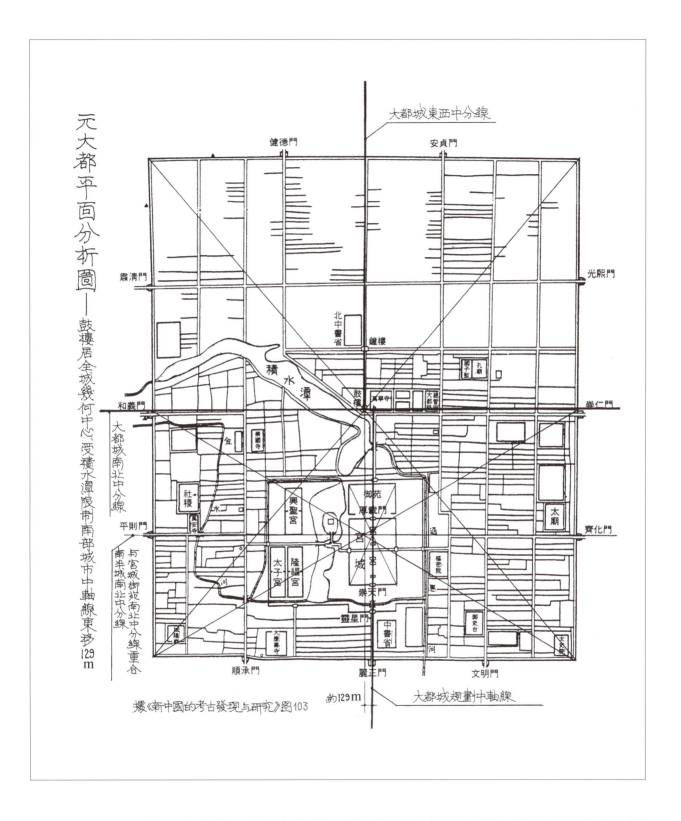

图甲5-18　傅熹年绘元大都平面分析图。(来源：傅熹年,《中国古代城市规划、建筑群布局及建筑设计方法研究》下册, 2001 年)

> 世皇建都之时，问于刘太保秉忠定大内方向。秉忠以今丽正门外第三桥南一树为向以对，上制可，遂封为独树将军，赐以金牌。[67]

大内方向即都城轴线方向。刘秉忠奉命规划元大都，以拟建中的丽正门以南的一棵树确定大内方向，忽必烈予以批准，并封此树为"独树将军"，赐以金牌，元大都的中轴线由此确定。

刘秉忠为什么选定了这棵树？《析津志》未予说明，但接下来的记载给出一条解读线索：

> 每元会、圣节及元宵三夕，于树身悬挂诸色花灯于上，高低照耀，远望若火龙下降。[68]

在元会（元旦大朝会）、圣节（皇帝生日）、元宵这三天晚上，"独树将军"被各色花灯扮成火龙，这一形象与其出现的时间、"独树将军"所居方位，阴阳意义完全一致。

先看时间。元会、元宵时在正月，值立春前后，阳气生发。皇帝又是阳的化身，其生日（圣节）同样具有阳气生发的意义。

在《易经》所记时代，立春之后的标准星象是乾卦九二爻辞所记"见龙在田"[69]——初昏时东宫苍龙的角宿从东方地平线上升起，即"二月二，龙抬头"，春回大地，龙也就成为阳的象征。

元会、圣节、元宵这三天晚上，"独树将军"被装扮成火龙，火与龙皆为阳，火龙即阳中之阳，这既是对立春之后龙星昏见的表现，又允合元会、圣节、元宵的阴阳意义。

再看方位。中国古代以天干、地支与方位相配，十天干方位是，东方甲乙木，南方丙丁火，中央戊己土，西方庚辛金，北方壬癸水；十二地支则以北方为起点周行相配；再以四维经卦相配，就形成了二十四山方位体系。[70]（图甲5-19）

在这一方位体系中，元大都中轴线逆时针微旋，形成子午兼壬丙之向（图甲5-2），"独树将军"执其南端，略居丙午之位。丙位在午位之东属阳，午位在正南属阳；在十天干中，丙排第三位，序位为奇数属阳。丙与午皆为阳，丙午之位即阳中之阳，这与"独树将军"的火龙形象及其出现时间的阴阳意义完全吻合。今北京工匠沿用传统说法，仍形象地称南偏东的丙午朝向为"抢阳"。

此外，"独树将军"五行属木，其居丙午火位，又体现了木生火、万物竞相生长之理。

丙午是天子明堂之位。宇文恺《明堂议表》："臣闻在天成象，房心为布政之宫，在地成形，丙午居正阳之位。"[71]《孝经》邢昺《疏》引郑玄云："明堂居国之南，南是明阳之地，故曰'明堂'。"[72]《逸周书·作雒解》孔晁《注》："明堂，在国南者也。"[73]即记明堂居都城之南丙午之位，取向明而治之义。

《尚书璇玑钤》："房为明堂，主布政。"[74]《春秋文曜钩》："房、心为天帝之明堂，布政之所出。"[75]《周礼·春官·大司乐》郑玄《注》："房心为大辰，天帝之明堂。"[76]《史记·天官书》："东宫苍龙，房、心。心为明堂"。[77]

东宫苍龙的房、心二宿具有重要的授时意义。房宿旦中天时为立春，[78]心宿昏见时为季春，[79]心宿昏中天时为夏至，[80]皆古代文献记录的早期星象。观测房、心二宿昏旦之时的运行位置，便可获得春耕夏耘的指导时间，顺时施政，所以称房、心为布政之宫，亦即明堂。

太微垣有明堂三星，《步天歌》记之曰："宫外明堂布政宫。"[81]明堂三星位于太微垣南偏西，与丙午之位镜像对应。（图甲5-20）

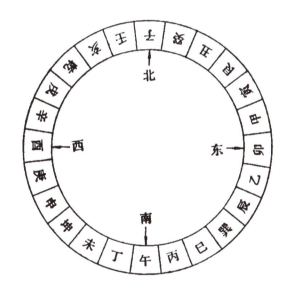

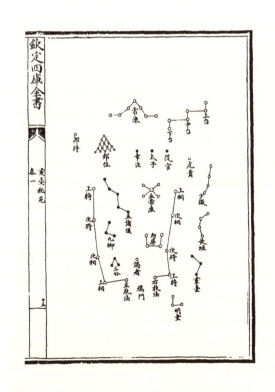

图甲5-19 二十四山地平方位图。（来源：中国天文学史整理研究小组，《中国天文学史》，1981年）

图甲5-20 北周庾季才原撰、宋王安礼等重修《灵台秘苑》刊印之太微垣图。（来源：《影印文渊阁四库全书》第807册，1986年）

天帝有明堂，天子亦有明堂。《孝经·圣治章》："昔者周公郊祀后稷以配天，宗祀文王于明堂以配上帝。"李隆基《注》："明堂，天子布政之宫也。"[82]

周人明堂的建筑制度见载于《周礼·考工记》：

> 周人明堂，度九尺之筵，东西九筵，南北七筵，堂崇一筵，五室，凡室二筵。[83]

就是说，周人明堂是以边长为九尺的筵席为度量单位，东西广九筵，南北深七筵，堂高一筵，有五室，每室二筵。

《大戴礼记》记之更详：

> 明堂者，古有之也。凡九室，一室而有四户八牖，三十六户，七十二牖。以茅盖屋，上圆下方。明堂者，所以明诸侯尊卑。外水曰辟雍。南蛮，东夷，北狄，西戎。明堂月令。赤缀户也，白缀牖也。二九四、七五三、六一八。堂高三尺，东西九筵，南北七筵，上圆下方。九室十二堂，室四户，户二牖，其宫方三百步。在近郊，近郊三十里。或以为明堂者，文王之庙也。朱草日生一叶，至十五日，生十五叶，十六日一叶落，终而复始也。周时德泽洽和，蒿茂大以为宫柱，名蒿宫也。此天子之路寝也，不齐不居其屋。待朝在南宫，揖朝出其南门。[84]

就是说，明堂方三百步，有九室十二堂，每一堂的堂高为三尺（与《考工记》"堂崇一筵"即九尺相异），东西广九筵，南北深七筵。明堂九室以九宫布局，以"二九四""七五三""六一八"三组数字相叠。明堂的每一室设四门八窗，每一门有两窗，九室共三十六门、七十二窗。门用赤色装饰，窗用白色装饰，以茅草为屋盖，建筑造型上圆下方。

以上建筑数据，具有重要的象征意义。其中，"九尺之筵"当取义黄钟；"九室"当取义九宫、九州；"十二堂"当取义十二月、十二辰；"五室"当取义五行；"凡室二筵""户二牖"当取义阴阳；"室四户"当取义四时；"八牖"当取义分至启闭八节；"三十六户"当取义"一期三十六旬"，[85] 即一岁三十六旬、六个甲子；"七十二牖"当取义七十二候或五行各配一岁七十二天；"堂高三尺"当取义天地人三才、阴阳和三气；"其宫方三百步"即为一个井田。[86]

其中，明堂九室配九数之法，又见《黄帝九宫经》："戴九履一，左三右七，二四为肩，六八为足，五居中宫，总御得失。"[87] 这是"洛书"九宫之数（图甲1-22下图，图甲1-23右图，图乙2-14之"天盘"图），纵横斜三宫之数相加皆为十五，《五行大义》释之曰："三宫相对，止十五者，为一气之数，成二十四气也。"[88]《大戴礼记》记朱草十五日日生一叶，又十五日日落一叶，终而复始，也合于二十四节气的周期。

《考工记》《大戴礼记》皆记明堂"东西九筵，南北七筵"，这是明堂"九室十二堂"之一堂的平面尺度，广深比为9∶7；《考工记》又记"堂崇一筵"。其中的"九""七""一"三个数字，是《周易乾凿度》描述宇宙生化、元气生成的五行方位数，有谓：

> 昔者圣人因阴阳定消息，立乾坤以统天地也。夫有形生于无形，乾坤安从生？故曰：有太易，有太初，有太始，有太素也。太易者，未见气也；太初者，气之始也；太始者，形之始也；太素者，质之始也。气形质具而未离，故曰浑沦。浑沦者，言万物相浑成而未相离。视之不见，听之不闻，循之不得，故曰易也。易无形畔。易变而为一，一变而为七，七变而为九。九者，气变之究也，乃复变而为一。一者，形变之始，清轻者上为天，浊重者下为地。[89]

郑玄注"易变而为一"：

> 一主北方，气渐生之始，此则太初气之所生也。

又注"一变而为七"：

> 七主南方，阳气壮盛之始也，万物皆形见焉，此则太始气之所生者也。

又注"七变而为九"：

> 西方阳气所终，究之始也，此则太素气之所生也。

又注"九者，气变之究也，乃复变而为一"：

> 此一，则元气形见而未分者。夫阳气内动，周流终始，然后化生一之形气也。[90]

即记易周行北、南、西三个方位，经过太易、太初、太始、太素的生化过程，最后形成了浑沌元气，进而造分天地。

易为虚无，即"道生一"之"道"，"视之不见，听之不闻，循之不得"。"易变而为一，一变而为七，七变而为九"的"一""七""九"，是表示北、南、西的洛书五行方位数。易周行这三个方位，犹若由冬而夏，由夏而秋，往复于冬，从太易的"未见气"演化为太初的"气之始"，再演化为太始的"形之始"、太素的"质之始"，最后"复变而为一"，完成了"道生一"的过程。

以一、七、九表示北、南、西，见载于《尚书·洪范》《礼记·月令》。《洪范》记："五行：一曰水，二曰火，三曰木，四曰金，五曰土。"[91] 即以一、二、三、四、五配北、南、东、西、中。《月令》记春月"其数八"、夏月"其数七"、中央土"其数五"、秋月"其数九"、冬月"其数六"[92]。即以六、七、八、九、五配北、南、东、西、中。

《礼记·月令》孔颖达《疏》引郑玄注《易系辞》：

> 天一生水于北，地二生火于南，天三生木于东，地四生金于西，天五生土于中。阳无耦，阴无配，未得相成。地六成水于北，与天一并；天七成火于南，与地二并；地八成木于东，与天三并；天九成金于西，与地四并；地十成土于中，与天五并也。[93]

这就形成了以生数一、二、三、四、五和成数六、七、八、九、十标识四方五位的洛书方位体系。其中，一、六配北方为水，二、七配南方为火，三、八配东方为木，四、九配西方为金，五、十配中央为土。每个方位皆以生成数、阴阳数相配。(图甲1-22上图，图甲1-23左图)

《周易乾凿度》基于这一方位体系，描述了"道生一"的过程。与"道生一"建立联系，也就与"去无入有"的北极璇玑发生了对应，也就沟通了天地。所以，周人明堂以上圆下方的建筑造型表现通天统地，以"东西九筵，南北七筵"的9∶7平面比例寓意元气化生。

笔者在近期的研究中发现，9∶7明堂比例可溯源至五六千年前的新石器时代。大地湾、半坡、姜寨、大河村仰韶文化，以及牛河梁红山文化、凌家滩文化、良渚文化，均在重要的建筑、器物、图案的设计中运用了这一比例。(图版I-1至图版I-15)

距今三千多年以降，二里头宫城、殷墟墓葬、凤雏西周宗庙、曲阜鲁故城、凤翔秦雍城宗庙、临淄齐故城、楚纪南城皆运用了这一比例。(图版I-16至图版I-24)

唐人李吉甫《元和郡县图志》引华延儁《洛阳记》，谓晋都洛阳城"东西七里，南北九里"；又记前燕慕容儁统治的幽州蓟城"南北九里，东西七里"。[94] 城市平面皆为9∶7明堂比例。

及至明代，北京内城[95]、紫禁城[96]、太庙、社稷坛、永乐天地坛、嘉靖天坛核心区，平面比例皆为9∶7（图版1-25至图版1-31）。明北京内城设九门，外城设七门，老北京称之为"里九外七"，即为明堂之数。

元大都亦不例外。《南村辍耕录·宫阙制度》记元大内："东西四百八十步，南北六百十五步。"[97] 深广比为615步∶480步≈1.281，约合整数比9∶7（≈1.286），与明堂比例高度一致。

元帝布政之宫称大明殿，居大内南区；元大内在都城南部偏东，适"居国之南"、丙午之位；元大内、都城轴线以"独树将军"为准，略成丙午之向，皆符合明堂制度。

（二）四正之忌

风水术有"忌四正"之说，认为建筑朝向不宜正南北或正东西。对此，刘维国在《试论桓仁八卦城的易学思想》一文中介绍道："中国的建筑传统上都是避开正子午的。子午向只适合祭祀建筑，子是天帝（北极星）所向，只有庙宇和碑堂可见。"[98]

古代建筑布局方正，建筑朝向避开了正子午，也就避开了正卯酉。子午为正，则卯酉为正，反之亦然，这就有四正之忌。

为了避开四正朝向，风水师先要测定正子午线，再据此调整轴线方向。对此，王其明在《北京四合院》一书中介绍道：

> 风水先生根据建房主人的生辰八字，决定住宅的中轴线的角度，就是用罗盘定准正南北之后，再向左或右偏一些角度，叫作抢阴或抢阳几分。这是怕宅主的命不够硬，朝正南，承受不了。[99]

抢阳即建筑的朝向南偏东，抢阴即建筑的朝向南偏西，抢阳、抢阴都是为避免正子午朝向。此种观念极为古老，东汉王充《论衡》有记：

> 《移徙法》曰："徙抵太岁，凶；负太岁，亦凶。"抵太岁名曰岁下，负太岁名曰岁破，故皆凶也。假令太岁在甲子，天下之人皆不得南北徙，起宅嫁娶亦皆避之。其移东西，若徙四维，相之如者皆吉。何者？不与太岁相触，亦不抵太岁之冲也。[100]

就是说，移徙的方向不能冲着太岁，也不能背着太岁；起宅嫁娶不能与太岁相冲；太岁在甲子，就不能与子位相直，往两边调整一下方向才是吉利的。

何为太岁？《广雅》："青龙、天一、太阴，太岁也。"[101]《五行大义·论诸神》："又别有青龙，行十二辰，即太岁之名也。古者名岁曰青龙。"[102] 王引之《太岁考》："太岁、太阴、岁阴、天一、青龙，名异而实同也。"[103]《史记索隐》："《乐汁征图》曰：'天宫，紫微。北极，天一、太一。'宋均云：'天一、太一，北极神之别名。'"[104]《淮南子·天文训》："紫宫者，太一之居也。"[105]《史记·天官书》："中宫天极星，其一明者，太一常居也。"[106]《史记正义》："泰一，天帝之别名也。刘伯庄云：'泰一，天神之最尊贵者也。'"[107]

太岁本是古人虚拟之星体，又称岁阴或太阴，其与木星反向而行，顺行一辰即一岁，以此纪年。太岁纪年如同天帝、青龙巡天，太岁又称天一，天一即太一（泰一），乃天帝（北极神）的别名。所以，太岁又指天帝。天帝常居北极，若人与子位相直，就与北极相冲，这就触犯了天帝。

王充以为迂腐，驳之曰："太岁之气，天地之气也，何憎于人，触而为害？""工伎之人，见今人之死，则归祸于往时之徙。俗心险危，死者不绝，故太岁之言，传世不灭"。[108]

可是，此种观念导源于敬天信仰，只要文化上的天帝存在，对北极的敬畏就不会消失。

及至元代，这一观念依然根深蒂固。《元史·祭祀志》记天坛制度：

> 神位：昊天上帝位天坛之中，少北，皇地祇位次东，少却，皆南向。[109]

又记：

> 凡从祀位皆内向，十二次微左旋，子居子陛东，午居午陛西，卯居卯陛南，酉居酉陛北。[110]

天地神位皆南向，即与子位相直，与天帝对应，这是为了沟通天地。而供人升降的四陛则有四正之忌。

所谓"子居子陛东，午居午陛西，卯居卯陛南，酉居酉陛北"，是指子陛在子午中线之西，午陛在子午中线之东，卯陛在卯酉中线之北，酉陛在卯酉中线之南。

十二次是古人将天赤道等分为十二份而建立的天文观测坐标体系。古人以左行为顺，右行为逆，逆行为忌，便以"十二次微左旋"代指四陛微右旋。经此调整，四陛就避开了四正朝向，子陛与午陛就不与天帝相冲。（图甲5-21）

元大都的中轴线逆时针微旋，连接崇仁门、和义门的都城卯酉线顺时针微旋，也是因为四正之忌。

这两条轴线的微旋之态，还表现了阴阳。其中，中轴线逆时针微旋，呈子午兼壬丙之向。在十天干中，壬、丙的序位为奇数属阳（壬序九、丙序三），中轴线即为阳轴；都城卯酉线顺时针微旋，呈卯酉兼乙辛之向。在十天干中，乙、辛的序位为偶数属阴（乙序二、辛序八），都城卯酉线即为阴轴。

此阴阳二轴交会于齐政楼前，即如《文子》所记："阴阳交接，乃能成和。"[111] 亦如《荀子》所云："天地合而万物生，阴阳接而变化起。"[112] 齐政楼又与北极璇玑对应，表现了"去无入有"，"道生一，一生二，二生三，三生万物"就得以诠释。（图甲5-22，图甲5-23）

这样的时空法式在明清北京城的平面布局中也有经典呈现。明清北京城的中轴线继承了元大都的中轴线，为子午兼壬丙的阳轴；明清北京城的卯酉线是日坛与月坛的连接线，[113] 顺时针微旋，为卯酉兼乙辛的阴轴。此阴阳二轴交会于紫禁城太和殿庭院，同样体现了"阴阳交接，乃能成和"，并赋予太和殿庭院"道生一"的哲学意义。（图甲5-24，图版Ⅲ-12）

值得注意的是，今旧鼓楼大街及北延长线皆元大都旧街，其与元大都子午中线相贴，顺时针微旋，呈子午兼癸丁之向。在十天干中，癸、丁的序位为偶数属阴（癸序十、丁序四），该线即为阴轴。元大都中轴线与之交错于都城平面几何中心的东西两侧，同样演绎了阴阳交接，并体现了都城平面几何中心与北极对应所具有的"道生一"、分化阴阳的哲学意义。

在元大都阴阳交接的时空格局之中，齐政楼以北极星"东游所极"之态，标志了"太一常居"。每年立春前三日，齐政楼之南都会举行迎太岁、神牛的盛大仪式。《析

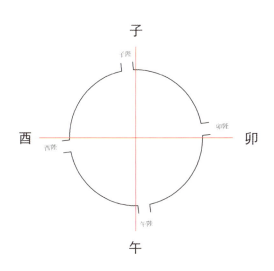

图甲5-21　元大都天坛子午中线、卯酉中线与四陛方位示意图。王军绘

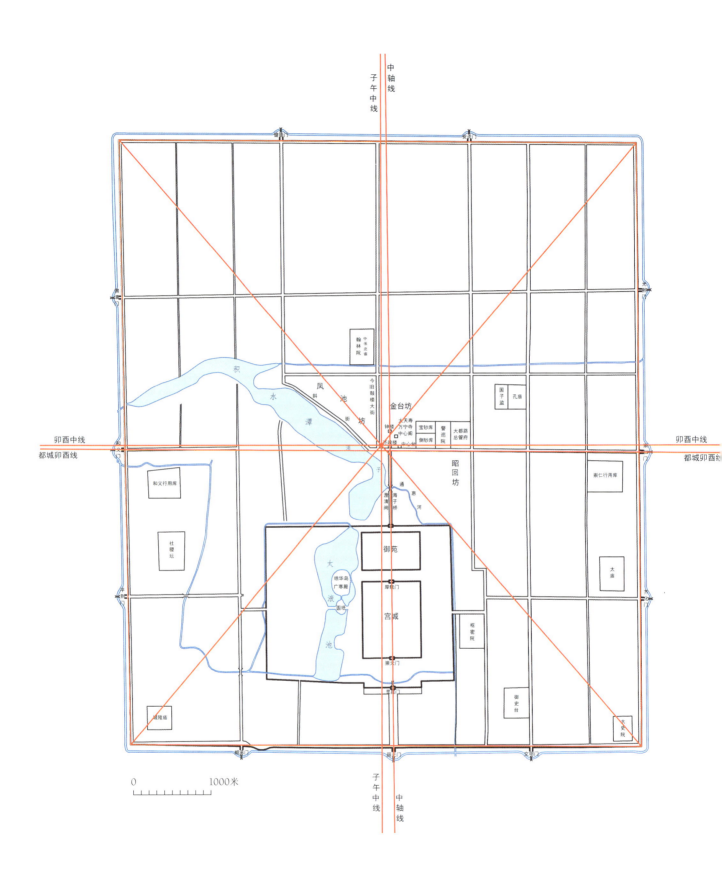

图甲5-22　元大都子午中线、卯酉中线与都城中轴线、卯酉线分析图一。王军绘

图甲5-23　元大都子午中线、卯酉中线与都城中轴线、卯酉线分析图二。王军绘

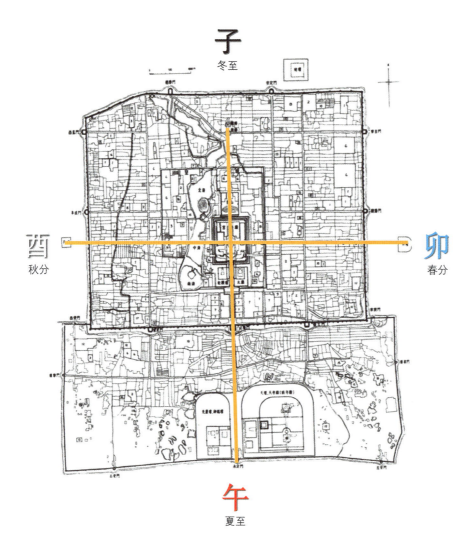

图甲5-24 明清北京城子午卯酉时空格局。王军绘(来源:王军,《建极绥猷——北京历史文化价值与名城保护》,2019年)

津志》记:

> 立春,太史院奏某日得春,移文赤县以是年立春支干。宛平县或大兴县依上年故事塑春牛、勾芒神。比及未立春三日前,太史院、司农司使请都堂宰辅合府正官、司属官,迎太岁神牛于齐政楼之南,香花灯烛祀如常。[114]

就是说每年立春节气前，太史院要奏报立春的具体时间，知会京师所辖赤县——宛平县、大兴县。宛平县或大兴县要像往年那样塑春牛和勾芒神。立春三日前，太史院、司农司要请中书省都堂宰辅和全府正官、司属官，到齐政楼之南迎太岁神牛，像往常那样供奉香花灯烛。

立春又称打春，这一天要鞭打泥塑的春牛（又称神牛）劝农春耕。此风俗可追溯至周代。《礼记·月令》记季冬之月"出土牛以送寒气"[115]。《古今事物考》："前十二月建丑，丑为牛，故出土牛以送寒气，且升阳也。周制。"[116]

立春之后，北斗初昏渐向东指，万物冒地而出，这被视为天帝之德。东方即八卦震位，齐政楼居都城平面几何中心东侧之震位，象征了"帝出乎震""万物出乎震"[117]。在齐政楼之南迎太岁、神牛，理义通达。

出于对天帝的敬畏，元大都的建筑规划对象征北极的都城平面几何中心予以避让。齐政楼、中轴线东偏，旧鼓楼大街顺时针微旋，都城卯酉线南偏，皆避让了该中心点，不与天帝相冲。

同样的情形在明清北京紫禁城的平面布局中也能看到。紫禁城平面几何中心位于保和殿与中和殿之间的丹陛露台，未加盖任何房屋。这是因为紫禁城是天子之宫，天子是天帝之臣，须行避让之礼。(图甲5-25)

相比之下，与紫禁城同期建成的永乐天地坛则将大祀殿（今祈年殿位置）建于坛区（天坛内坛西墙以东、斋宫南墙东西线以北）的平面几何中心；[118]明嘉靖皇帝扩建天坛，则将圜丘建于斋宫北墙东西线以南、天坛内坛西墙以东区域的平面几何中心，将皇穹宇（初称泰神殿）建于大享殿（原大祀殿、今祈年殿位置）以南、内坛西墙以东区域的平面几何中心。这是因为大祀殿、圜丘是祭昊天上帝的场所，皇穹宇是昊天上帝牌位存放处，须与北极对应，与天帝相通。(图甲5-26)

（三）格龙之道

古代堪舆家为建筑选址必先考察山脉走势，此即"格龙"，亦称"寻龙"。称山为龙，是因为山脉蜿蜒起伏似龙。所选定的建筑基址称"龙穴"或"真龙入首之地"。此种堪舆法，包含了古人对地理环境的朴素认识，是决定建筑与城市朝向的重要因素。

旧题刘秉忠述《平砂玉尺经》记：

> 水交砂会之方，乃见真龙入首之地。水交于局前，砂会于左右，此见龙势歇泊之处。而寻龙必须先看其局前后左右之势何如，然后详其体制之美恶方可，以

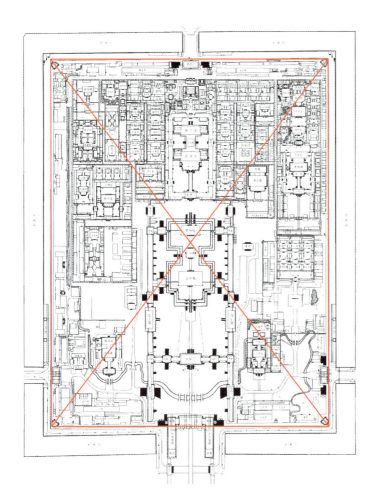

图甲5-25 紫禁城平面几何中心位于中和殿、保和殿之间的丹陛露台。(底图来源：故宫博物院古建部)

图甲5-26 明永乐天地坛大祀殿（今祈年殿位置），明嘉靖天坛圜丘、皇穹宇位置分析。(底图来源：刘敦桢，《中国古代建筑史》，1980年)

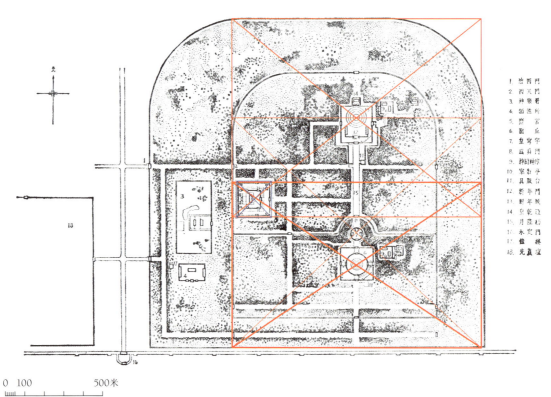

得其情状吉凶休咎之迹也。[119]

"真龙入首之地"是山体没入平原处,其前有水,其后有山,左右环山,才是理想的建设地点。其中要义,见郭璞《葬书》:

> 地贵平夷,土贵有支。支龙贵平坦夷旷,为得支之正体,而土中复有支之纹理,平缓恬软,不急不燥,则表里相应。[120]

支即支龙,山之余脉也,其隐入平原延伸为"龙脉",城郭舍室筑于其上才固若金汤,所以,"土贵有支"。建筑轴线与山梁相顺,才能最充分利用此种地质条件。因此,轴线方向循山脉而定,是营城筑室的重要原则。[121]

明南京宫城南北轴线呈北偏东方向,即为顺应北山之势;明十三陵诸陵朝向皆不相同,即因诸陵靠山来势不同,清承德外八庙诸庙亦然。(图甲5-27至图甲5-29)

此种规划法极为古老。距今五千年前的辽宁朝阳牛河梁红山文化"女神庙"遗址的南北轴线,南偏西20度,即与牛河梁山脊走向一致。(图甲5-30)考古报告指出:"这应是'女神庙'和山台在选择方向时采取了与山梁走向一致的方向。"[122]

同样是距今五千年前的大地湾仰韶文化建筑遗址,南北轴线亦与山势相顺。(图甲5-31)考古报告指出:"由于山体面向东北,此中轴线大约北偏东25度。"[123]

在仰韶文化中晚期的陕西凤翔水沟遗址,亦清晰可见聚落文化遗迹沿山脊走向分布的情况。[124](图甲5-32)

明清北京城中轴线暨元大都中轴线北越小汤山,抵燕山山脉,亦与山梁相顺,且左右环山,负阴抱阳;中轴线向南伸延,便是河道纵横的开阔地带。这正是《平砂玉尺经》所记"水交于局前,砂会于左右"的理想形势。(图甲5-33,图甲5-34)

《南村辍耕录·宫阙制度》记元大都山水胜势如下:

> 至元四年正月,城京师,以为天下本。右拥太行,左注沧海,抚中原,正南面,枕居庸,奠朔方,峙万岁山,浚太液池,派玉泉,通金水,萦毂带甸,负山引河。壮哉帝居!择此天府。[125]

此种择地之法又包含了丰富的哲学理念。古人勘察九州形势,认为万山一贯,起于西北之昆仑,昆仑通天,乃元气所出,顺山因势,方可顺天行气。

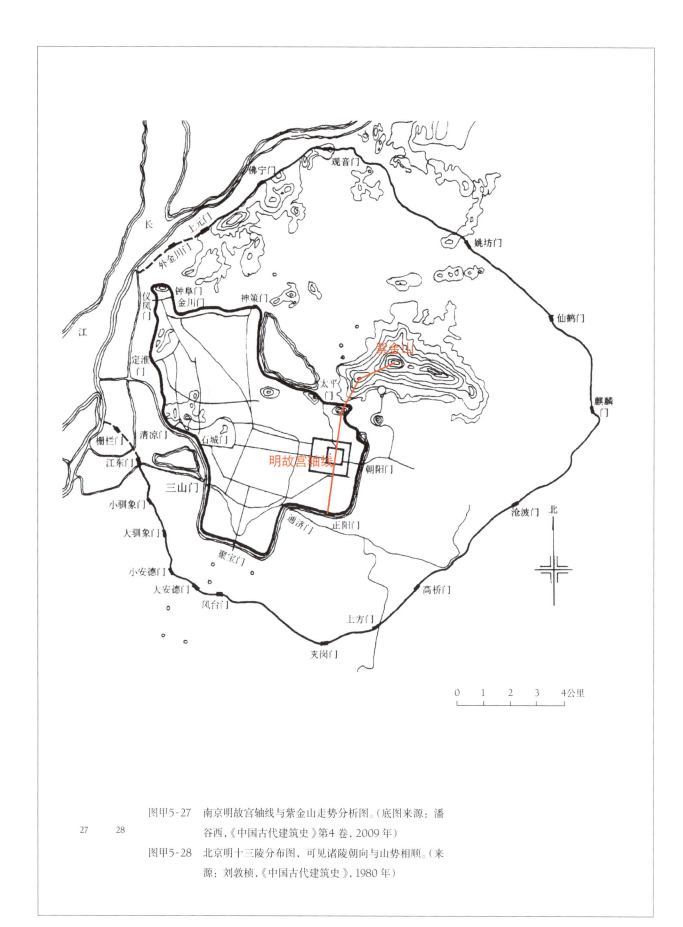

图甲5-27 南京明故宫轴线与紫金山走势分析图。(底图来源:潘谷西,《中国古代建筑史》第4卷,2009年)

图甲5-28 北京明十三陵分布图,可见诸陵朝向与山势相顺。(来源:刘敦桢,《中国古代建筑史》,1980年)

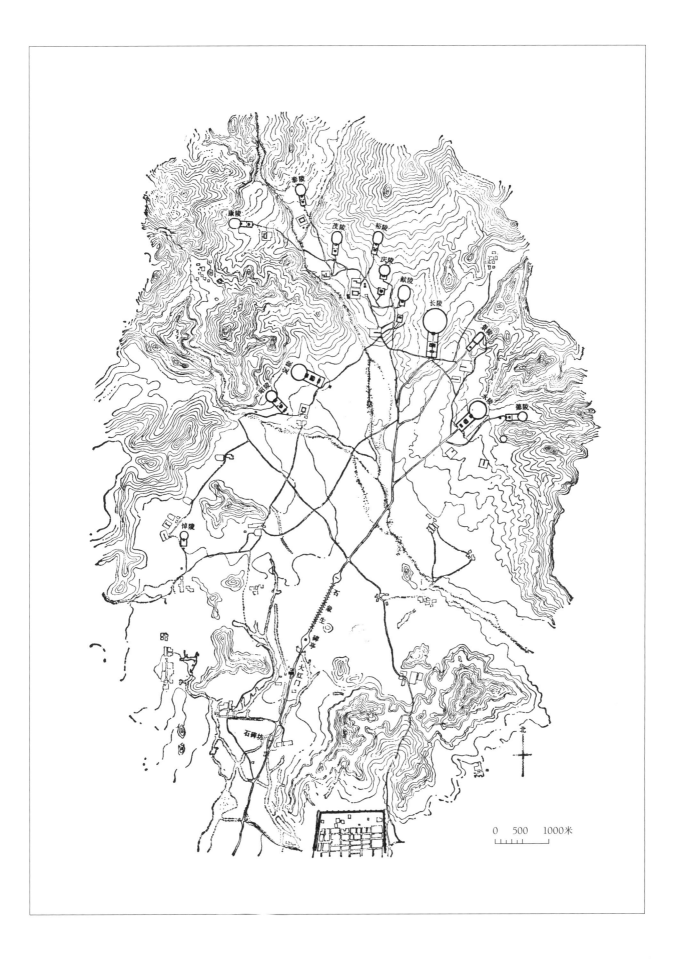

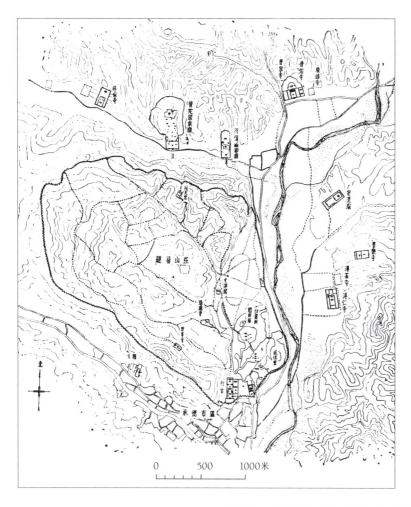

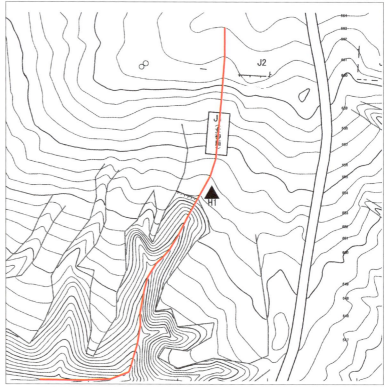

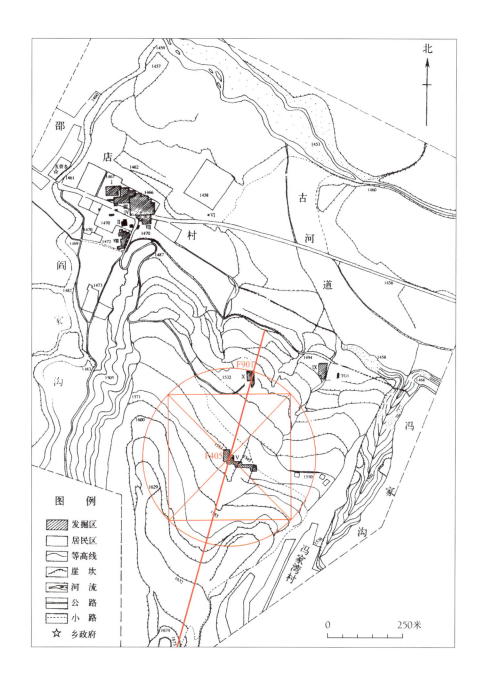

图甲5-29 河北承德避暑山庄和外八庙总平面,可见诸寺朝向与山势相顺。(来源:刘敦桢,《中国古代建筑史》,1980年)

图甲5-30 辽宁牛河梁"女神庙"轴线与山脉走势分析图。[底图来源:辽宁省文物考古研究所,《牛河梁——红山文化遗址发掘报告(1983—2003年度)》上册,2012年]

图甲5-31 甘肃秦安大地湾遗址F405—F901建筑轴线与山脉走势分析图,可见F405—F901建筑轴线与山势相顺,并居两侧山脊之中。(底图来源:甘肃省文物考古研究所,《秦安大地湾——新石器时代遗址发掘报告》上册,2006年)

32
33
34

图甲5-32 陕西凤翔水沟遗址西王村类型文化遗存分布图。可见聚落遗迹沿山脊走向分布情况。（来源：张天恩，《渭河流域仰韶文化聚落状况观察》，2010年）

图甲5-33 明清北京城中轴线暨元大都中轴线经小汤山北抵燕山分析图。（底图来源：Google Earth）

图甲5-34 明清北京城中轴线暨元大都中轴线北抵燕山分析图。（底图来源：Google Earth）

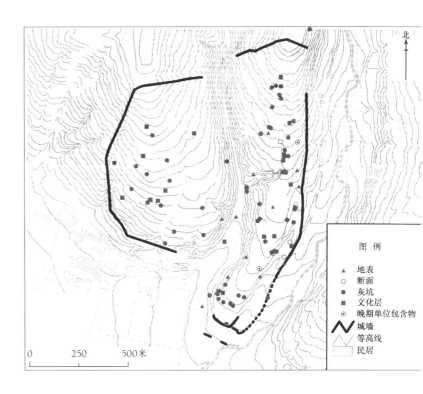

对此,《平砂玉尺经》记云:

> 凡山脉,起自昆仑,为山之首。而气脉之行,因山而见,犹人有体骨之格;气络流行,分布而散漫为土皮,犹人之肌肉;土不离山,犹肉不离骨也。[126]

《葬书》有谓:

> 丘垄之骨,冈阜之支,气之所随。……夫气行乎地中。其行也,因地之势;其聚也,因势之止。[127]

皆视山脉为气脉,与山脉相顺,便是与元气相通。故《析津志》曰:

> 内外城制与宫室、公府,并系圣裁,与刘秉忠率按地理经纬,以王气为主。故能匡辅帝业,恢图丕基,乃不易之成规,衍无疆之运祚。自后阅历既久,而有更张改制,则乖戾矣。盖地理,山有形势,水有源泉。山则为根本,水则为血脉。自古建邦立国,先取地理之形势,生王脉络,以成大业,关系非轻,此不易之论。[128]

在中国古代的创世观念中,昆仑被视为大地生成之始。《春秋命历序》有谓:"天地开辟,万物浑浑,无知无识,阴阳所凭。天体始于北极之野,地形起于昆仑之墟。"宋均《注》:"北极,为天之枢。昆仑,为地之柄。"[129]《河图括地象》:"昆仑山为天柱,气上通天。"[130]《淮南子·天文训》钱塘《补注》:"然则昆仑在于阗东,明即临羌之昆仑。盖天家见中国之山,唯此最高,用为地中,以应辰极,故曰天如欹车盖。"[131]

即言天地开辟之时,万物浑沌,北极为天生之始,昆仑为地生之始,北极与昆仑对应,为天旋地转之轴。

关于天地的开辟,前引《周易乾凿度》有记:"一者,形变之始,清轻者上为天,浊重者下为地。"《淮南子·天文训》:"道始于虚廓,虚廓生宇宙,宇宙生气,气有涯垠,清阳者薄靡而为天,重浊者凝滞而为地。"[132]《文子·十守》:"老子曰,天地未形,窈窈冥冥,浑而为一,寂然清澄,重浊为地,精微为天,离而为四时,分而为阴阳。"[133]

即言天地由浑沌为一的元气所生,此气一分为二,清阳者生天,重浊者生地,四时、阴阳亦随之而生。

如上所述,北极为元气之清阳者最先生出的天,昆仑为元气之重浊者最先生出的地，元气造分天地、生养万物，城郭舍室依山而建，就是与昆仑相连，与元气相通，就具有了沟通天地、化育生命的意义。

古人认为昆仑与天中北极对应，为地理意义上的"地中"，它与文化意义上的"地中"——天子之都，皆具有通天地的意义。在都城规划中，将这两个"地中"通过山体建立联系，是堪舆家"寻龙点穴"费尽心力之事。

元大都与北部燕山相距三十余公里，实难想象经此距离，北山余脉还在地下延伸直贯而来。尽管如此，元大都中轴线仍以小汤山为准，与北山山梁相顺，直取"龙脉"南延、元气畅达之义。显然，规划这条轴线，观念重于实际。

（四）朝天之礼

古代城市还有以轴线方向朝敬天子的情况，《晏子春秋》记录了这样一则故事：

> 景公新成柏寝之台，使师开鼓琴，师开左抚宫，右弹商，曰："室夕。"公曰："何以知之？"师开对曰："东方之声薄，西方之声扬。"公召大匠曰："室何为夕？"大匠曰："立室以宫矩为之。"于是召司空曰："立宫何为夕？"司空曰："立宫以城矩为之。"明日，晏子朝公，公曰："先君太公以营丘之封立城，曷为夕？"晏子对曰："古之立国者，南望南斗，北戴枢星，彼安有朝夕哉！然而以今之夕者，周之建国，国之西方，以尊周也。"公蹴然曰："古之臣乎！"[134]

即记齐景公建成了柏寝台，令师开弹琴，师开左手抚宫音，右手弹商音，说："房子朝西偏了，因为东方的宫音低沉，西方的商音高扬。"景公遂查问此事，大匠告诉他："房子朝西偏了，是因为宫城朝西偏了。"司空告诉他："宫城朝西偏了，是因为城池朝西偏了。"第二天，晏子来朝见，景公问："先君太公被封在营丘建城，朝向为何偏西？"晏子答："古时建国城，南望南斗，北仰极星，测方向是十分准确的，怎么会偏呢！如今宫室城池朝向偏西，是因为周朝王邑在西方，是为了尊周。"景公颇受触动，感叹道："你真是古代的臣啊！"

今考燕下都城址、临淄齐故城、曲阜鲁故城、楚纪南城址，确实存在城市朝向偏西的情况（图甲5-35，图版1-20，图版1-21，图版1-24）。其中，齐故城、鲁故城、燕下都故城朝向偏西，即向西南迎洛邑方向；楚纪南故城朝向偏西，即向东北迎洛邑方向。其原因或如晏子所言，是为了尊周。若然，这就是周朝的诸侯国制度。元大都已是天子之都，其轴线微旋当不属此种情况。

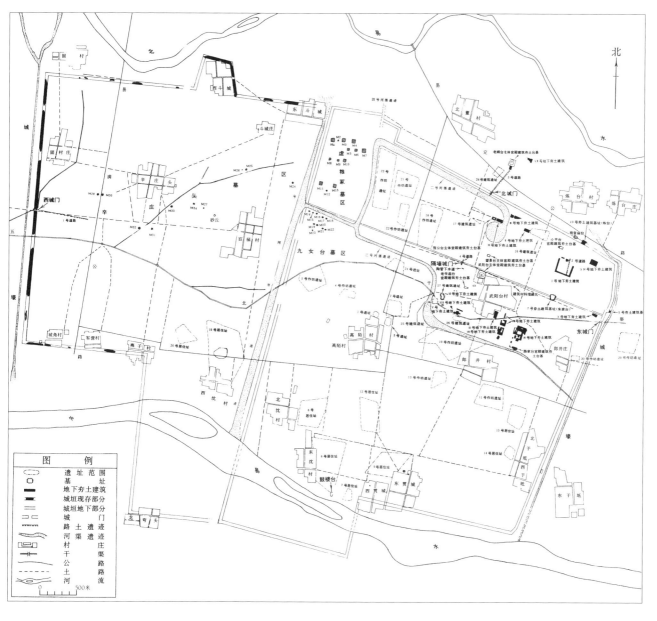

图甲5-35　燕下都城址、遗址、墓区图。(来源：河北省文物研究所，《燕下都》上册，北京：文物出版社，1996年)

综上所述，中国古代建筑与城市的轴线制度，既是观象授时时空体系之投影，又是阴阳哲学、敬天信仰、环境地理、宇宙观念、礼仪规范之塑造。明清北京城中轴线暨元大都中轴线东偏微旋，是天文、地理、人文因素叠加影响的结果。位于这条轴线之上，象征元帝受命于天的齐政楼，因此获得了更加纯正的道统意义。

注 释

1 [元]熊梦祥著,北京图书馆善本组辑:《析津志辑佚·古迹》,108页。按:引文中的书名号、引号为笔者添加。

2 "西十五步"应该写为"东十五步",详见后文。

3 [元]熊梦祥著,北京图书馆善本组辑:《析津志辑佚·古迹》,104页。按:笔者略改句读。

4 [明]李贤等撰:《大明一统志》卷一《京师·宫室》,10—11页。

5 [清]缪荃孙抄录:《顺天府志》卷七《寺》,5页。

6 冯时:《中国古代的天文与人文》修订版,31、45—46页;冯时:《中国古代物质文化史·天文历法》,39—40页。

7 [清]于敏中等编纂:《日下旧闻考》卷五十四《城市》,868页。

8 [明]沈应文、张元芳纂修:《顺天府志》卷一《地理志·古迹》,明万历刻本,41页。

9 [清]周家楣、缪荃孙等编纂:《光绪顺天府志》京师志十三《坊巷上》,382页;[清]朱一新:《京师坊巷志稿》卷上《旧鼓楼大街》,《京师五城坊胡同集·京师坊巷志稿》,165页。

10 [清]吴长元辑:《宸垣识略》卷六《内城二》,110页。

11 陈宗蕃编著:《燕都丛考》第六章"内五区各街市",383页。

12 奉宽:《燕京故城考》,《燕京学报》1929年第5期,903页。

13 [清]于敏中等编纂:《日下旧闻考》卷五十四《城市》,868页;《钦定日下旧闻考》卷五十四《城市》,《影印文渊阁四库全书》第497册,752页。

14 闻人军:《中国古代里亩制度概述》,《杭州大学学报》1989年第19卷第3期,129页。按:明人长谷真逸辑《农田余话》卷上记:"古人建步立亩,六尺为步,百步为亩。至唐始以二百四十步为亩,百亩为顷。"(2页)查《说文》徐锴本释"畮"(畮同亩):"六尺为步,百步为畮,秦田二百四十步为畮。"(《说文解字系传》,270页)《说文》徐铉本无"秦田二百四十步为畮"之句)段玉裁注"秦田二百四十步为畮":"秦孝公之制也。商鞅开阡陌封疆,则邓展曰:'古百步为畮。'汉时二百四十步为畮,按汉因秦制也。"(《汉小学四种》,707页)《盐铁论·未通篇》:"古者,制田百步为亩,民井田而耕,什而籍一,义先公而后己,民臣之职也。先帝哀怜百姓之愁苦,衣食不足,制田二百四十步而一亩,率三十而税一。"(校注本卷三,176页)王利器《校注》引汪之昌《青学斋杂著》曰:"周显王时,秦孝公用商鞅计,始开阡陌,说者谓改井田旧制,定以二百四十步为亩。"(181页)知240方步为1亩始于秦,汉代因之而成制度。

15 傅熹年:《中国古代城市规划、建筑群布局及建筑设计方法研究》上册,11页。

16 此说广为流行,见侯仁之《元大都城与明清北京城》:"元大都的规划是在太液池上游另一处叫作积水潭的大湖东北岸,选定了全城平面布局的中心。在这个中心点上竖立了一个石刻的测量标志,题为'中心之台'","在城市设计的同时,把实测的全城中心做了明确的标志,在历代城市规划中,还没有先例,这也反映了当时对精确的测量技术用在城市建设上的极大重视"。(《故宫博物院院刊》1979年第3期,3页)侯仁之《试论元大都城的规划设计》:"大都城的规划设计,就首先选择了积水潭东北岸上预定为全城中心的一点,立'中心台'又建'中心阁'","从'中心台'向南,紧傍积水潭东岸,垂直南下,形成设计上的中轴线。"(《城市规划》1997年第3期,11页)陈高华《元大都》:"中心台是全城的真正中心,在城市设计和建造时,把实测的全城中心做出明确的标志,这在我国城市建设史上是没有先例的创举。"(59页)杨宽《中国古代都城制度史》:"在元大都设计规划中,最重要的就是中心台位置的选定","在都城的设计建设中,建立中心台作为全城中心点的标记，是元大都首创的。这个中心台所以要在正面建立的石碑上刻曰中心之台，因为这是全城南北向中轴线的终点。"（465页）陈学霖《刘伯温与哪吒城——北京建城的传说》："（元大都）大城设计最突出的，是以在太液池东边的宫城为中心而开始建筑。这处恰好位于全城的中轴线上，沿宫城的中心线向北延伸，一直到太液池上游名积水潭（海子）的大湖东北岸，便选定全城平面布局的中心。这个中心点上竖着一石刻的测量标志，题名'中心之台'，位置相当于今日北京城内鼓楼所在地。"（24页）

17　[清]于敏中等编纂：《日下旧闻考》卷五十四《城市》，866页。

18　[清]缪荃孙抄录：《顺天府志》卷七《寺》，5页。

19　关于元大都的坊名、坊数，《析津志》与《元一统志》的记载不尽相同。《析津志》："坊名：元五十，以大衍之数成之，名皆切近。乃翰林院侍书学士虞集伯生所立。外有数坊，为大都路教授时所立。"（《析津志辑佚·城池街市》，2页）即记元大都设五十坊，坊名、坊数经虞集的笔墨得以确定。《元史》记虞集："大德初，始至京师。以大臣荐，授大都路儒学教授。"（卷一百八十一，4175页）知此事发生于元成宗大德年间。但是，较早编撰的《元一统志》已记元大都四十九个坊名，其中就包括金台坊。《元一统志》始修于元世祖至元二十二年（1285年），同年二月，忽必烈"诏旧城居民之迁京城者，以赀高及居职者为先，仍定制以地八亩为一分；其或地过八亩及力不能作室者，皆不得冒据，听民作室"（《元史》卷十三，274页），知当时必已立坊名。《析津志》所载坊名、坊数与《元一统志》不尽相同，表明随着时间的推移，坊名、坊数发生了变化。值得注意的是，《元一统志》记四十九坊，《析津志》记五十坊，皆体现了《周易·系辞上》："大衍之数五十，其用四十有九。"对此，王璞子认为："如非移录时有所遗漏，或者即按照大衍之数五十，其用四十九的说法，有意缺其一坊。"（王璞子：《元大都城平面规划述略》，《故宫博物院院刊》1960年第2期，74页）

20　[元]孛兰肹等撰、赵万里校辑：《元一统志》卷一《中书省统山东西河北之地·大都路·坊郭乡镇》，7页。按：笔者略改句读。

21　[元]纳延：《金台集》卷一《京城杂言六首》，《影印文渊阁四库全书》第1215册，280页。

22　[元]徐世隆：《广寒殿上梁文》，[清]于敏中等编纂：《日下旧闻考》卷三十二《宫室》，471页。

23　[清]于敏中等编纂：《日下旧闻考》卷八《形胜》，126页。

24　北京古有燕京之谓，始于辽。《辽史·地理志》："自唐而晋，高祖以辽有援立之劳，割幽州等十六州以献。太宗升为南京，又曰燕京。"（卷四十，493—494页）《金史·地理志》："中都路，辽会同元年为南京，开泰元年号燕京。"（卷二十四，572页）《永乐大典·顺天府》卷十一《宛平县建置沿革》："辽会同元年升幽州为南京，……开泰二年更号燕京。"（缪荃孙抄本，257页）

25　[元]孛兰肹等撰、赵万里校辑：《元一统志》卷一《中书省统山东西河北之地·大都路·古迹》，29页。

26　于杰、于光度在《金中都》一书中称金中都有金台坊，所据史料，一是《永乐大典·顺天府》："万寿寺，在金台坊，当旧城之中。"二是《永乐大典·顺天府》引《析津志》："胜严寺在南城金台坊西街北。"进而认为："按胜严寺在仙露坊，故金台坊当在仙露坊之东，今菜市口十字路口西北方。"（39页）查缪荃孙《永乐大典·顺天府》抄本，这两条史料的原文是："万宁寺在金台坊，旧当城之中"（5页）；《析津志》：(胜严寺)在城南春台坊西街北"。（30页）前者记万宁寺在元大都新城的金台坊，是"旧当城之中"，而非"当旧城之中"；后者记胜严寺在金中都旧城的春台坊，并不是金台坊。再查《元一统志》记金中都旧城六十二坊名，并无金台坊。所以，金中都有金台坊的论断不能成立。

27 [明]蒋一葵:《长安客话》卷一《皇都杂记》,《长安客话·酌中志》,4页。

28 [清]蘅塘退士编,陈婉俊补注:《唐诗三百首》卷二《登幽州台歌》,1页。

29 [元]熊梦祥著,北京图书馆善本组辑:《析津志辑佚·河闸桥梁》,100页。按:辑佚本"琼花隖"应为"琼花岛",径改。另据《秦月楼》词牌体例,"黄金台上"之前应叠上一句"行人老"。

30 [汉]高诱注,[宋]鲍彪校注:《战国策》卷二十九《燕一》,《宋本战国策》第3册,145—147页。

31 [明]刘侗、于奕正:《帝京景物略》卷二《城东内外·黄金台》,89页。

32 [周]墨翟撰,[清]毕沅校注:《墨子》卷一《亲士第一》,《二十二子》,225页。

33 [周]尸佼撰,[清]汪继培辑:《尸子》卷上《发蒙》,《二十二子》,370页。

34 [汉]司马迁:《史记》卷一百三十《列传第七十·太史公自序》,3299页。

35 [明]宋濂等撰:《元史》卷一百五十七《列传第四十四·刘秉忠》,3691页。

36 1976年标点本将"忖量"写为"忖畫","畫"乃"量"之讹,径改。

37 [明]宋濂等撰:《元史》卷一百五十七《列传第四十四·刘秉忠》,3691—3692页。

38 同上书,3692页。

39 [元]陶宗仪:《南村辍耕录》卷二十《宋幼主诗》,246页。

40 [元]耶律楚材著,谢方点校:《湛然居士集》卷十二《赠高善长一百韵》,266页。按:燕然即今蒙古境内的杭爱山,班固撰有《封燕然山铭》,刻于该山石壁之上,今存,为著名的边塞纪功碑。

41 [元]耶律楚材著,谢方点校:《湛然居士集》卷十二《赠高善长一百韵》,266、360—361页;王国维:《耶律文正公年谱》,《王国维遗书》第7册,180页。

42《元史·太宗纪》:"七年乙未春,城和林,作万安宫。"[明]宋濂等撰:《元史》卷二《本纪第二·太宗》,34页。

43 [明]宋濂等撰:《元史》卷一百四十六《列传第三十三·耶律楚材》,3461页。

44 [元]宋子贞:《元故领中书省耶律公神道碑》,[元]苏天爵编:《元文类》卷五十七《神道碑》,任继愈主编:《中华传世文选》第7册,904页。按:《元史·列传第三十三·耶律楚材》亦记此事:"太原路转运使吕振、副使刘子振,以赃抵罪。帝责楚材曰:'卿言孔子之教可行,儒者为好人,何故乃有此辈?'对曰:'君父教臣子,亦不欲令陷不义。三纲五常,圣人之名教,有国家者莫不由之,如天之有日月也。岂得缘一夫之失,使万世常行之道独见废于我朝乎!'帝意乃解。"(卷一百四十六,3462页)

45 王国维:《耶律文正公年谱余记》,《王国维遗书》第7册,208页。

46 [清]于敏中等编纂:《日下旧闻考》卷五十四《城市》,868页。

47 奉宽:《燕京故城考》,《燕京学报》1929年第5期,903页。

48 [清]于敏中等编纂:《日下旧闻考》卷五十四《城市》,868页。

49 周进:《宛平沧桑》,《前线》2005年第7期,60页。

50《宣宗实录》卷九十三《道光五年十二月下》,《清实录》第34册,498页。

51《穆宗实录》卷六《咸丰十一年十月上》,《清实录》第45册,156页。

52 徐苹芳:《现代城市中的古代城市遗痕》,《中国城市考古学论集》,17页。

53 傅熹年:《中国古代城市规划、建筑群布局及建筑设计方法研究》下册,7—8页。

54 关于中国古代阴阳刑德的思想观念,参见冯时:《陶寺圭表及相关问题研究》,刘庆柱主编《考古学集刊》第19集,33—35页。

55 [汉]董仲舒撰:《春秋繁露》卷十一《王道通三第四十四》,《二十二子》,794—795页。按:这段文字清人苏舆撰《春秋繁露义证》录于卷十一《阳尊阴卑第四十三》。

56 [汉]董仲舒撰:《春秋繁露》卷十七《如天之为第八十》,《二十二子》,808页。按:这段文字清人苏舆撰《春秋繁露义证》录于卷十七《天地阴阳第八十一》。

57 泉州开元寺东塔名镇国塔，西塔名仁寿塔，两塔通高数据笔者抄自现场说明牌。笔者近年在北京、广东、安徽的农村调查发现，西邻房屋不能超过东邻，所谓"白虎"不能压过"青龙"，仍是顽固的乡土观念。

58 [汉]刘安撰，[汉]高诱注：《淮南子》卷十八《人间训》，《二十二子》，1294 页。

59 关于"西益宅不祥"，王充《论衡》有谓："不祥者，义理之禁，非吉凶之忌也。夫西方，长老之地，尊者之位也。尊长在西，卑幼在东。尊长，主也；卑幼，助也。主少而助多，尊无二上，卑有百下也。西益主，益主不增助，二上不百下也，于义不善，故谓不祥。不祥者，不宜也。于义不宜，未有凶也。"（卷二十三《四讳篇》，《宋本论衡》卷五，127 页）《风俗通义》："宅不西益。俗说西者为上，上益宅者，妨家长也。原其所以西上者，《礼记》：'南向北向，西方为上。'《尔雅》曰：'西南隅谓之隩。'尊长之处也。不西益者，难（一作'恐'）动摇之耳。审西益有害，增广三面，岂能独吉乎？"（《风俗通义校注·佚文》，562 页）《礼记·曲礼上》："席南乡北乡，以西方为上；东乡西乡，以南方为上。"郑玄《注》："布席无常，此其顺之也。上，谓席端也。坐在阳则上左，坐在阴则上右。"孔颖达《疏》："'席南乡北乡，以西方为上'者，谓东西设席，南乡北乡，则西方为上头也。所以然者，凡坐随于阴阳，若坐在阳则贵左，坐在阴则贵右，南坐是阳，其左在西，北坐是阴，其右亦在西也，俱以西方为上。'东乡西乡，以南方为上'者，谓南北设席，皆以南方为上者。坐在东方西乡，是在阳，以南方为上。坐若在西方东乡，是在阴，亦以南方为上，亦是坐在阳则上左，坐在阴则上右。此据平常布席如此，若礼席则不然。"（卷二《曲礼上》，《十三经注疏》，2683 页）又记："为人子者，居不主奥，坐不中席，行不中道，立不中门。"郑玄《注》："谓与父同宫者也，不敢当其尊处。室中西南隅谓之奥。"孔颖达《疏》："'居不主奥'者，主犹坐也。奥者，室内西南隅也。室乡南户近东南角，则西南隅隐奥无事，故呼其名为奥。常推尊者于闲乐无事之处，故尊者居必主奥也。既是尊者所居，则人子不宜处之也。"（卷一《曲礼上》，《十三经注疏》，2669 页）《尔雅》记："西南隅谓之奥。"郭璞《注》："室中隐奥之处。"邢昺《疏》引孙炎云："古者为室，户不当中而近东，则西南隅最为深隐，故谓之奥。而祭祀及尊者常处焉。《曲礼》云：'凡为人子者，居不主奥'是也。"又记："室中四隅无取阴阳之义。"（卷五《释宫第五》，《十三经注疏》，5649 页）综上所述，可知：（1）所谓"夫西方，长老之地，尊者之位也"，是指祭祀及尊者常处室内西南隅，这是因为朝南之门户近东，西南隅隐奥无事，故尊者居此闲乐无事之处，这是从使用功能出发，并无阴阳之义。（2）《礼记》记"席南乡北乡，以西方为上"，又记"东乡西乡，以南方为上"，是取义"坐在阳则上左，坐在阴则上右"，乃平常布席的安排，"西方为上"只是其中的一种情况。王充以"夫西方，长老之地，尊者之位也"来讨论"西益宅不祥"，局限于居室之内，未从建筑总体布局所涉及的阴阳刑德加以解释，于理稍逊。《风俗通义》引《礼记》"席南乡北乡，以西方为上"予以解释，则有断章取义之嫌，更是难以说通。《黄帝宅经》有谓："刑祸之方缩复缩，犹恐灾殃枉相逐；福德之方拓复拓，子子孙孙受荣乐。"注云："刑祸之方戒侵拓"（卷上，8—9 页），这当是"西益宅不祥"意义所在。

60 王南：《象天法地，规矩方圆——中国古代都城、宫殿规划布局之构图比例探析》，贾珺主编《建筑史》第40辑，113 页。

61 [元]熊梦祥著，北京图书馆善本组辑：《析津志辑佚·朝堂公宇》，8 页。

62 同上书，32 页。

63 同上书，33 页。

64 对于这一方法，单士元在《宫廷建筑巧匠——"样式雷"》一文中写道："一位在官木工厂服务过的老工人说:设计初步首先是定中线(轴线),这是中国建筑平面布局传统方法,过去有'万法不离中'的术语,就是在一大片方正或不规则的土地上先以罗盘针定方向,而确定出建筑群的中线位置,用野墩子为标志。野墩子钉在中线的终点处,这样便于以起点为纲,自近及远,旁顾左右而考虑全区规划。同现在设计一样,先绘制地盘样(平面图)。在现存雷氏图样里,这种轴线的安排看得很清楚。"(单士元:《故宫札记》,283—284 页)于倬云在《宫殿建筑是古代建筑技术的重要鉴证》一文中写道:"中国古代建筑的配置方法是用若干座建筑物组合而成。由单体建筑围成庭院,设计时先定中轴线,正房(或正殿)多布置在轴线分中位置,在正房之前分别左右立面相向的房屋称厢房(或配殿),这三栋房子再加上前面的院墙,就可以组成三合院,如果再加上倒座或过厅就成为简单的四合院。"(于倬云著:《中国宫殿建筑论文集》,93 页;山西省古建筑保护研究所编:《中国古建筑学术讲座文集》,108 页)王其明在《北京四合院》一书中写到,四合院的设计是"在决定了中线方位之后,在正房的明间中心部位外侧各设一个'中墩子',在上面放一条'中线',这条中线一经放定之后,全宅的平面就都从这条中线上来找。所以中线是非常重要。瓦、木工常常自称自己是'中线行',可见它在没有经纬仪等设备时,在建筑施工中是多么的重要","风水先生用罗盘找出正南北,然后抢阴或抢阳若干,定下中线角度。在正房明间中点前后立'中墩'。在中墩上放这条中线,再用直角尺找出与中线成直角的正房的前后檐柱的中心线。角立'野墩子',把线钉在野墩子上,再依各横线定出各开间的面阔来"。(91、95 页)

65 王军:《建极绥猷——北京历史文化价值与名城保护》,28 页。

66 夔中羽在《北京中轴线偏离子午线的分析》一文中指出,经量测和计算,北京中轴线与子午线的夹角为2度多。在地形图上测得,北京中轴线的延伸线,在上都南北中轴线以东6.3公里处掠过,距上都东城墙5.6公里,这说明北京城中轴线向北延伸,经过270多公里的长途跋涉,很靠近上都城,由上都东关厢旁通过,就好像由北京(大都)发出一支神箭,飞向上都,未中10环。"未中10环,也许因为当初元朝时测量的微小误差所造成。北京南北中轴线的北端点应是元上都。"(参见夔中羽:《北京中轴线偏离子午线的分析》,《地球信息科学》2005年第7卷第1期,25—27页)

67 [元]熊梦祥著,北京图书馆善本组辑:《析津志辑佚·岁纪》,213 页。

68 同上书。

69 冯时:《〈周易〉乾坤卦爻辞研究》,《中国文化》2010年第2期,72 页。

70 罗盘二十四山方位可追溯至《淮南子·天文训》。《天文训》称四维为"报德之维""常羊之维""背阳之维""蹄通之维",尚未以乾、坤、艮、巽相配,其余配法与二十四山一致。

71 [唐]魏征等撰:《隋书》卷六十八《列传第三十三·宇文恺》,1588 页。

72 [唐]李隆基注,[宋]邢昺疏:《孝经注疏》卷五《圣治章第九》,《十三经注疏》,5552 页。

73 [晋]孔晁注:《逸周书》卷五《作雒解》,《元本汲冢周书》,105 页。

74 (日)安居香山、中村璋八辑:《纬书集成》,377 页。

75 同上书,663 页。

76 [汉]郑玄注,[唐]贾公彦疏:《周礼注疏》卷二十二《大司乐》,《十三经注疏》,1705 页。

77 [汉]司马迁:《史记》卷二十七《天官书第五》,1295 页。

78 《国语·周语》:"农祥晨正,日月底于天庙,土乃脉发。"韦昭《注》:"农祥,房星也。晨正,谓立春之日,晨中于午也。农事之候,故曰农祥。"([三国吴]韦昭注:《国语·周语上第一》,《宋本国语》第1册,17 页)

79 心宿又称"大火"。《礼记·郊特牲》:"季春出火为焚也。"郑玄《注》："谓焚莱也。凡出火,以火出。建辰之月,火始出。"(《十三经注疏》,3140页)即言在季春之月(夏历三月,即建辰之月)初昏时大火星(心宿二)从东方地平线上升起,见此天象即可烧荒。

80 《尚书·尧典》："日永星火以正仲夏。"(《十三经注疏》,251页)

81 [宋]郑樵撰:《通志》卷三十九《天文略第二·太微宫》,535页。

82 [唐]李隆基注,[宋]邢昺疏:《孝经注疏》卷五《圣治章第九》,《十三经注疏》,5551页。

83 [汉]郑玄注,[唐]贾公彦疏:《周礼注疏》卷四十一《匠人》,《十三经注疏》,2007页。

84 [汉]戴德著:《大戴礼记》卷八《明堂第六十七》;[清]王谟辑:《增订汉魏丛书·汉魏遗书钞》第1册,497—498页。

85 《旧唐书·礼仪志》记明堂制度:"外面周回三十六柱。按《汉书》,一期三十六旬,故法之以置三十六柱。"[后晋]刘昫等撰:《旧唐书》卷二十二《志第二·礼仪二》,859页。

86 《穀梁传·宣公十五年》:"古者三百步为里,名曰井田,井田者九百亩。"(《十三经注疏》,5242页)《周礼·地官·小司徒》郑玄《注》引《司马法》曰:"六尺为步,步百为晦,晦百为夫。"(同上书,1533页)晦,古同"亩"。明堂九室每室面积一百亩,为"一夫"之地,是一个成年男子的授田面积。《管子》说"一农之量壤百亩也"(《二十二子》,175页),即言此制。

87 [隋]萧吉撰:《五行大义》卷一《第三明数·第五论九宫数》,24页。

88 同上。

89 又见《列子·天瑞》:"子列子曰:昔者圣人因阴阳以统天地,夫有形者生于无形,则天地安从生?故曰:有太易,有太初,有太始,有太素。太易者,未见气也;太初者,气之始也;太始者,形之始也;太素者,质之始也。气形质具而未相离,故曰浑沦。浑沦者,言万物相浑沦而未相离也。视之不见,听之不闻,循之不得,故曰易也。易无形埒。易变而为一,一变而为七,七变而为九。九变者,究也,乃复变而为一。一者,形变之始也,清轻者上为天,浊重者下为地。"([晋]张湛注:《列子》卷一《天瑞第一》,《二十二子》,195页)学者多认为这段文字抄自《周易乾凿度》。

90 [汉]郑玄注:《周易乾凿度》卷上,4—5页。

91 [唐]孔颖达疏:《尚书正义》卷十二《洪范》,《十三经注疏》,399页。

92 [汉]郑玄注,[唐]孔颖达疏:《礼记正义》卷十四至卷十七《月令第六》,《十三经注疏》,2927—2998页。

93 [汉]郑玄注,[唐]孔颖达疏:《礼记正义》卷十四《月令第六》,《十三经注疏》,2932页。

94 [唐]李吉甫撰,贺次君点校:《元和郡县图志》,131、1048页。

95 关于明北京内城城垣,《明会典》卷一百八十七《工部七·营造五》记:"永乐中定都北京,建筑京城周围四十里,为九门,南曰丽正、文明、顺成,东曰齐化、东直,西曰平则、西直,北曰安定、德胜。正统初,更名丽正为正阳,文明为崇文,顺成为宣武,齐化为朝阳,平则为阜成,余四门仍旧。南一面长二千二百九十五丈九尺三寸(按:原文误写为一千二百九十五丈九尺三寸,径改),北二千二百三十二丈四尺五寸,东一千七百八十六丈九尺三寸,西一千五百六十四丈五尺二寸。"(2549页)即内城南城垣长2295.93丈,北城垣长2232.45丈,东城垣长1786.93丈,西城垣长1564.52丈。以南城垣、东城垣的长度计算内城平面广深比例,则2295.93/1786.93≈1.285,与9∶7明堂比例(≈1.286)几乎完全一致。

96 关于明北京紫禁城平面广深,《明会典》卷一百八十七《工部七·营造五》记:"紫禁城起午门,历东华、西华、玄武三门,南北各二百三十六丈二尺,东西各三百二丈九尺五寸。"(2549页)知宫城深广比为302.95/236.2≈1.286,与9∶7明堂比例(≈1.286)完全一致;今测明清北京紫禁城东西墙外皮间距平均值为964.69米、南北墙外皮间距平均值为754.01米,深广比为964.69/754.01≈1.279,亦合于明堂比例(吻合度99.5%)。

97 [元]陶宗仪:《南村辍耕录》卷二十一《宫阙制度》,250页。

98 刘维国:《试论桓仁八卦城的易学思想》,桓仁八卦城编纂委员会编《桓仁八卦城》,115页。

99 王其明:《北京四合院》,90页。

100 [汉]王充:《论衡》卷二十四《难岁篇》,《宋本论衡》第5册,176页。

101 [三国魏]张揖:《广雅》卷九《释天》,112页。

102 [隋]萧吉撰:《五行大义》卷五《第二十论诸神》,4页;[日]中村璋八:《五行大义校注》,171页。

103 [清]王引之:《经义述闻》卷二十九《第一论太岁之名有六名异而实同》,684页。

104 [汉]司马迁:《史记》卷二十八《封禅书》,1386页。

105 [汉]刘安撰,[汉]高诱注:《淮南子》卷三《天文训》,《二十二子》,1216页。

106 [汉]司马迁:《史记》卷二十七《天官书第五》,1289页。

107 同上书,1290页。

108 [汉]王充:《论衡》卷二十四《难岁篇》,《宋本论衡》第5册,184—185页。

109 [明]宋濂等撰:《元史》卷七十二《志第二十三·祭祀一》,1794页。

110 [明]宋濂等撰:《元史》卷七十二《志第二十三·祭祀一》,1797页。

111 [宋]杜道坚撰:《文子缵义》卷十《上仁》,《二十二子》,867页。

112 [周]荀况撰,[唐]杨倞注:《荀子》卷十三《礼论篇第十九》,《二十二子》,336页。

113 王军:《建极绥猷——北京历史文化价值与名城保护》,28页。

114 [元]熊梦祥著,北京图书馆善本组辑:《析津志辑佚·风俗》,202页。按:笔者对标点略有调整。

115 [汉]郑玄注,[唐]孔颖达疏:《礼记正义》卷十七《月令第六》,《十三经注疏》,2996页。

116 [明]王三聘辑:《古今事物考》卷一《春牛》,9页。

117 [魏]王弼、[晋]韩康伯注,[唐]孔颖达疏:《周易正义》卷九《说卦》,《十三经注疏》,196—197页。

118 傅熹年:《中国古代城市规划、建筑群布局及建筑设计方法研究》上册,50页。

119 《平砂玉尺经》卷三《审龙篇》,[元]刘秉忠述,[明]刘基解,[明]赖从谦发挥:《新刻石函平砂玉尺经》,258—259页。按:清代堪舆家蒋大鸿写有《平砂玉尺辨伪》,认为《平砂玉尺经》是后人假托之作,可备一说。

120 [晋]郭璞撰:《葬书》内篇,《四库术数类丛书》(六),18页。

121 宋李诫《营造法式》卷三《壕寨制度·筑基》亦记:"凡开基址,须相视地脉虚实。"梁思成注:"'相视地脉虚实',就是检验土质的松紧虚实。"(梁思成:《〈营造法式〉注释》,59—60页)王其亨在《清代陵寝地宫金井研究》一文中,揭示了清代陵寝选址时"相视地脉虚实"之法:"作为清代陵寝地宫核心的金井,实际是根据风水在选址时被用作地质探井,并以此确定为设计和施工的基准控制点而形成的","在勘察陵寝基址时,一项十分重要的工作是挖掘探井,以判明工程地质方面的情况,这就是所谓'点穴'。点穴工作的中心,是在根据山向、地势而准备选为地宫基址的所谓区穴中央,挖掘一个中心探井,称为穴中,即金井。金井的挖掘深度,以能判明地宫地面所在水平面的地质情况为限;金井的下底标高,将用作地宫地平设计标高依据,金井后部,另挖一更深的探井,又叫样坑,用以判明、确定地宫基础的合宜深度。此外,穴中两翼地势低下处,也挖有探井。"(王其亨主编:《风水理论研究》,182、186页)程建军认为商周墓葬之"腰坑"即金井前身:"早在商周之际的墓葬坑中,在棺椁的正中底下,就有一个深洞,其中常有人殉葬遗骨和青铜玉器等,这就是用以探明墓葬地下土质水文情况而挖的探井,是后世金井的前身，考古学界称其为'腰坑'，因为其位置正当墓主人尸体腰部之下。"（程建军：《中国古代建筑与周易哲学》，114页）孙宗文亦谓："腰坑恰在棺下的中心，与清金井位置十分相符，是殷墓的腰坑殆即清陵金井的前身，盖二者均是为了观察地下土质水文之情况也。"（孙宗文：《中国建筑与哲学》，562页）

122 辽宁省文物考古研究所：《牛河梁——红山文化遗址发掘报告（1983—2003年度）》中册，479页。

123 甘肃省文物考古研究所：《秦安大地湾——新石器时代遗址发掘报告》上册，649页。

124 张天恩：《渭河流域仰韶文化聚落状况观察》，中国社会科学院考古研究所、郑州市文物考古研究院编《中国聚落考古的理论与实践（第一辑）：纪念新砦遗址发掘30周年学术研讨会论文集》，108页。

125 [元]陶宗仪：《南村辍耕录》卷二十一《宫阙制度》，250页。

126 《平砂玉尺经》卷一《审势篇》，[元]刘秉忠述，[明]刘基解，[明]赖从谦发挥：《新刻石函平砂玉尺经》，49页。

127 [晋]郭璞：《葬书》，《四库术数类丛书》（六），14、16页。

128 [元]熊梦祥著，北京图书馆善本组辑：《析津志辑佚·朝堂公宇》，32—22页。

129 （日）安居香山、中村璋八辑：《纬书集成》，885页。

130 同上书，1091页。

131 引自何宁撰：《淮南子集释》卷三《天文训》，169页。

132 [汉]刘安撰，[汉]高诱注：《淮南子》卷三《天文训》，《二十二子》，1215页。

133 [宋]杜道坚撰：《文子缵义》卷三《十守》，《二十二子》，836页。

134 [周]晏婴撰，[清]孙星衍校并撰音义：《晏子春秋》卷六《杂下》，《二十二子》，575页。

第六章 结 语

"在璇玑玉衡，以齐七政"是《尚书·尧典》所记舜得天命的方式，也是中国古代观象授时之法，意为观测北极周围北极星、北斗的运行状态，推算甲子、冬至、朔旦、夜半齐同，日、月、五星同起牵牛初度的理想时刻，推定历元，制定历法。齐政楼由此得名，矗立于元大都的中央，是表现元帝受命于天的标志性建筑。

在中国古代，观象授时是天子事务，齐政楼取义"在璇玑玉衡，以齐七政"，实已决定其必居相对于元大内的子位之区，在中轴线上与元大内一线相直。这是齐政楼所承载的顺天承命、敬授人时象征意义的必然要求。

《析津志》《元一统志》的相关记载已确切显示齐政楼、钟楼位于元大都中轴线上，元大都中轴线与明清北京城中轴线重合。1972年元大都考古队发表《元大都的勘查和发掘》，通过考古钻探证实元明清三代都城轴线相沿未变；1985年王灿炽发表《元大都钟鼓楼考》，指出元大都与明清北京城钟鼓楼的位置也相沿未变，皆是元大都都城制度研究的里程碑式贡献。

元大都在中国古代都城建设史上，首次将独立的报时用鼓楼和钟楼建设于京师市井之中、东西南北干道交会之处，这是忽必烈采纳刘秉忠的建议"令京府州郡置更漏，使民知时"的结果，意在表明"新君即位，颁历改元"，并通过钟鼓报时将元帝受命于天昭告天下。这不但创新了都城制度，使钟鼓楼成为独立的城市景观，还体现了正统文化的天命观对蒙古族统治者的深刻影响。忽必烈以齐政楼的建设显示他所获得的天命上承尧舜，是中国古代王朝更迭"继道统而新治统"的体现，表明元朝与历朝历代一样，是中华统绪延绵不绝、不可分割的重要组成部分。

古代文献并不支持万宁寺中心阁或中心台位于元大都中轴线北端的判断，而是明确显示，齐政楼、钟楼居中轴线北端，与海子桥、御苑、宫城一线相直，构成了与秦都咸阳相似的"天极阁道绝汉抵营室"的轴线格局，由此表现了天命的抵达；齐政楼与钟楼南北相望的布局，还体现了木生火、金生水的五行观念，并构成《周易》随卦之象，表现了"随时之义大矣哉""得时则天下随之"等意义。

今鼓楼楼台之下有元代基础，楼台门洞三开，形制与齐政楼相同，很可能就是齐政楼的原物。通过古代文献与建筑实际分析可知，齐政楼、中心阁、中心台自西向东依次排列于元大都平面几何中心的东侧。古代文献称这三处建筑均位于元大都都城之中，所谓都城之中，是指都城中央之区，非指中心一点。古代文献关于"中心台在中心阁东十五步"的记载是准确的，所谓"中心台在中心阁西十五步"乃传写之误。

万宁寺中心阁是奉安元成宗、元宁宗御容的神御殿，寺阁今已不存，其旧址位于今鼓楼与钟楼东侧，与古代文献记载的万宁寺中心阁与齐政楼、钟楼的位置关系一致。中心台位于万宁寺以南偏东位置，墙墉周匝，状若方丘，是取义礼贤纳士、象征黄金台的礼制性建筑。今北京市东城区草厂胡同南口西侧院落，筑于一块台地之上，与文献记载的中心台位置相合，很可能就是中心台的遗址。

中国古代观象授时以地平方位为时间"刻度"，由此形成了东南西北即春夏秋冬、时间与空间为一的观念，深刻定义了营造制度。基于此种时空观，元大都齐政楼及中轴线整体东偏，体现了以东为尊、祈生避杀、任德远刑的观念。元大都中轴线逆时针微旋，连接崇仁门与和义门的都城卯酉线顺时针微旋，今旧鼓楼大街所在的元大都街道与都城子午中线相贴，顺时针微旋，皆是对阴阳的表现，体现了"阴阳交接，乃能成和"的思想。

元大都规划避让正子午、正卯西朝向，避让都城平面几何中心，是不与天帝相冲、敬天信仰的体现；元大都的中轴线以"独树将军"为准，形成子午兼壬丙之向，元大内居都城南部，平面比例为9∶7，皆符合明堂制度；元大都中轴线越小汤山与北部山梁相顺，体现了建筑轴线据山势定向以获得稳定地质条件的规划理念，以及依托山脉与昆仑相通、顺天行气的文化观念。

元大都的规划设计是在不同层级的空间范围辨方正位，根据不同方位的时间属性明确其空间意义，进而匹配相应的城市功能。在这一过程之中，时间成了空间的定义者，这是中国古代建筑规划的基本方法。元大都的规划以齐政楼对应北极璇玑，以子午卯酉时空格局表现阴阳交接，高度诠释了宇宙生成、万物化生的哲学理念，表明中国固有之思想精神是元大都的规划者塑造城市空间形态所遵循的根本。

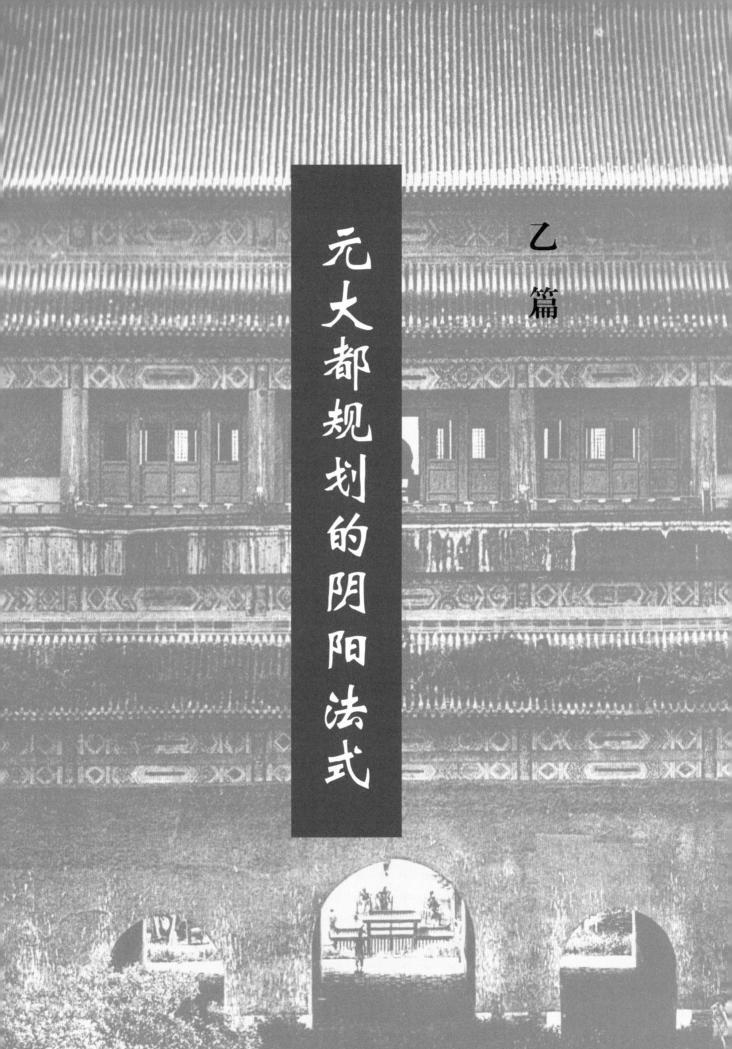

元大都规划的阴阳法式

乙篇

第一章 阴阳哲学与营造制度

一、营造制度的思想基础

以齐政楼标志北极璇玑的空间形态一经确立，北极璇玑所具有的"道生一"的哲学意义，就必然投射于元大都的时空格局之中。之所以称其为时空格局，乃是因为时间与空间为一，城市的中心点一旦确定，前后左右、南北东西就据此排定，不同的空间对应着不同的时间，时间又是用事制度的根本依据，其所具有的阴阳属性就必然对城市空间形态的塑造产生影响。

关于"道生一"与万物化生，《淮南子·天文训》有这样的论述：

> 道曰规始于一，一而不生，故分而为阴阳，阴阳合和而万物生。故曰一生二，二生三，三生万物。

这段话对《老子》的宇宙生成论做了阐释，认为"道生一"并不能直接化生万物，只有将道所生出的一，也就是浑沌元气，分化为阴阳，通过阴阳二气相互作用，达到阴阳合和的境界，万物才会化生。这就在"道生一"的基础上，进一步强调了阴阳的意义。

阴阳哲学是中华先人对生命现象的总体解释，深刻定义了古代营造制度。《礼记·礼运》曰："故圣人作则必以天地为本，以阴阳为端。"[2] 即将天地阴阳视为一切法则的根本遵循，反映在营造制度中，就是宋《营造法式》将《周髀算经》的圆方图和方圆图印为首图，称"圜方方圜图"，以表示天地阴阳合和乃法式之所源出。（图乙1-1，图乙1-2）

在中国古代文化的语境中，方为地，圆为天，分属阴阳；方圆合即天地合、阴阳合。"圜方方圜图"的外接圆的直径（相当于内接方的对角线，即斜长）与内接方的边长之比，外接方的斜长与内接圆的直径（相当于外接方的边长）之比，皆为（$\sqrt{2}:1 \approx 1.414$）。《营造法式·看详·取径围》记此法式曰："方一百，其斜一百四十有一"（141/100=1.41），"圜径内取方，一百中得七十有一"（100/71≈1.408）。[3] 匠人常以"方五斜七"（7/5=1.4）或"方七斜十"（10/7≈1.429）名此比例。在梁思成整理的清代匠人抄本《营造算例》中，屡见"用一四一四加斜""用一四一四斜"这样的法式，已经精确到了1.414:1。[4]

汉代流行人首蛇身交尾之伏羲女娲像，常见伏羲女娲各执"图画天地"[5]之规矩，表现阴阳交合。（图乙1-3）匠人手执规矩，亦如伏羲女娲，秉持天地阴阳之道。规画圆，圆为天，天属阳；矩画方，方为地，地属阴；"规矩→方圆→天地→阴阳"遂成一大系，由表及里地定义了中国古代建筑空间的形态与意义。

关于规矩方圆与匠作制度，《周髀算经》有谓："万物周事而圆方用焉，大匠造制而规矩设焉。"[6] 清光绪十九年（1893年），末代"样式雷"雷廷昌有言："样式房之差，五行八作之首，案规矩、例制之法绘图、烫样。"[7] 足见规矩方圆之道贯通古代营造，其所依托的阴阳哲学，实乃中国古代营造制度的思想基础。

二、规矩方圆之道

王南在《规矩方圆，天地之和——中国古代都城、建筑群与单体建筑之构图比例研究》（下称《比例研究》）一书中，对中国五千年时间跨度的四百五十九个城市与建筑实例做了研究，发现基于规矩方圆作图的一系列构图比例，尤其是$\sqrt{2}$与$\sqrt{3}/2$比例，在中国古代都城规划、建筑群布局以及单体建筑设计中得到了极为普遍的运用。

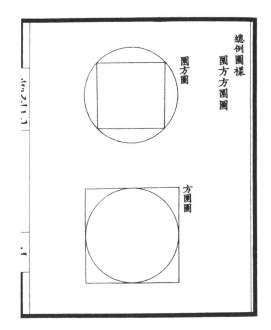

图乙1-1　宋嘉定六年本《周髀算经》刊印之"圆方图"及"方圆图"。（来源：《宋刻算经六种》，1981年）
图乙1-2　宋代《营造法式》刊印之"圜方方圜图"。（来源：李诫，《营造法式》，2006年）
图乙1-3　山东嘉祥武斑祠画像石中的伏羲女娲。（来源：巴黎大学北京汉学研究所，《汉代画像全集·二编》，1951年）

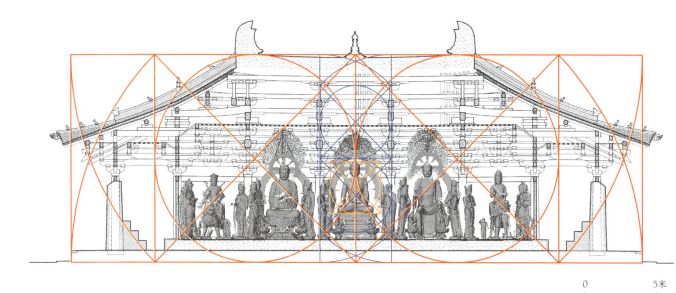

《比例研究》深入揭示了《周髀算经》《营造法式》刊载的"圜方方圜图"所蕴含的$\sqrt{2}$比例关系,指出这一比例可以当之无愧地称为"天地之和比";$\sqrt{3}/2$比例在《营造法式》中被表述为87:100,即"六棱径八十有七,每面五十,其斜一百"。这一比例接近于整数比6:7或7:8,《营造算例》第一章"斗拱大木大式做法"就有檐柱高与明间面阔为6:7的相关规定。

《比例研究》引用并分析的案例上迄新石器时代红山文化,下至民国时期,涵盖了都城规划、宫殿、坛庙、墓葬、寺观、石窟、民居、祠堂、园林等绝大部分建筑类型,在地域分布上遍及中国二十个省(区、市),选择的案例包括唐代佛光寺、辽代独乐寺、明清紫禁城等中国古代建筑经典之作。

《比例研究》还发现,在宗教建筑的营造中,古代匠人甚至"度像构屋",将方圆作图比例运用于建筑空间与塑像的整体设计之中。(图乙1-4)

自20世纪30年代中国营造学社系统开展中国古代建筑调查、测绘与研究以来,对中国古代建筑设计规律的探索,经历了几代学者的努力,其中包括梁思成对《营造法式》"以材为祖"模数制度的研究,刘敦桢对古代佛塔构图比例的研究,陈明达对《营造法式》大木作制度及应县木塔、蓟县独乐寺等个案的研究,傅熹年对中国古代城市规划、建筑群布局与建筑设计方法的研究,王贵祥对唐宋建筑立面与平面设计比例的研究,王其亨对古代建筑外部空间设计模数的研究,孙大章对承德普宁寺平面构图与视觉分析的研究,王树声对隋唐长安城规划方法的研究,张十庆对传统数理背景下的古代建筑技术的研究,张杰对古代空间文化的研究等。

其中,王贵祥1980年发现唐宋建筑的设计中存在$\sqrt{2}$比例关系,[8]并在后续研究中明确指出,方圆关系涉及中国古代"天圆地方"宇宙观念,具有相当的广延性(图乙1-5,图乙1-6);王树声2009年在隋唐长安城的规划研究中,将内含等边三角形的矩

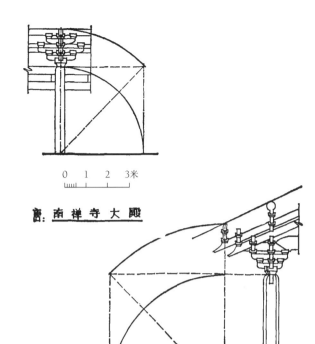

图乙1-4 王南绘五台山佛光寺东大殿设计理念分析图。(来源：王南,《规矩方圆，天地之和——中国古代都城、建筑群与单体建筑之构图比例研究》,2018年)

图乙1-5 王贵祥绘五台唐代南禅寺大殿（左）、宁波宋代保国寺大殿（右）檐柱比例图，显示檐高与柱高之比为$\sqrt{2}:1$。(来源：王贵祥,《$\sqrt{2}$与唐宋建筑柱檐关系》,1984年)

图乙1-6 1980年王贵祥硕士论文《福州华林寺大殿》载《华林寺大殿比例分析图》。(来源：王贵祥,《当代中国建筑史家十书·王贵祥中国建筑史论选集》,2013年)

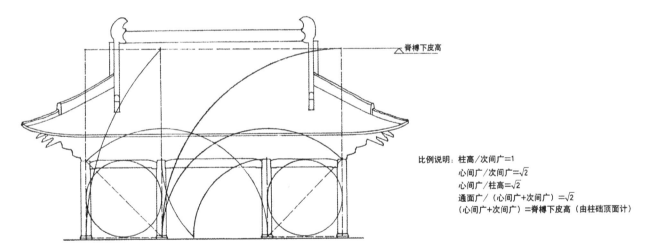

比例说明：柱高/次间广=1
心间广/次间广=$\sqrt{2}$
心间广/柱高=$\sqrt{2}$
通面广/（心间广+次间广）=$\sqrt{2}$
（心间广+次间广）=脊槫下皮高（由柱础顶面计）

正 立 面

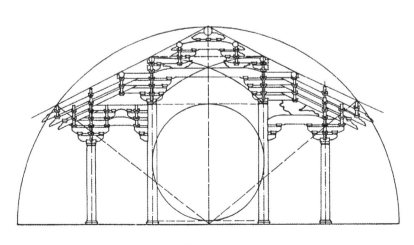

比例说明：内柱高/内柱间距=1
中平槫上皮高/内柱高=$\sqrt{2}$
脊槫上皮标高=地面中点至前后橑檐方上皮距离

横 剖 面

形（即$\sqrt{3}/2$矩形）这一重要的构图手法纳入中国古代建筑史研究的视野。（图乙1-7）

冯时1993年发表《红山文化三环石坛的天文学研究——兼论中国最早的圜丘与方丘》，2001年出版《中国天文考古学》，2006年出版《中国古代的天文与人文》，持续深入揭示了牛河梁红山文化三重祭天圜丘的$\sqrt{2}$构图比例，以及三重祭地方丘以内方为模数的设计方法，将中国古代建筑规矩模数制度溯源至五千年前的新石器文化时代。（图乙1-8至图乙1-12）

《比例研究》对以上研究成果做了梳理与总结，进而在广度与深度上掘进，充分运用古代文献、古建筑实测和考古学资料，通过几何作图、数据分析，取得了具有规律性的认识与发现，揭示了规矩方圆所体现的阴阳哲学对中国古代建筑形态的深刻影响。

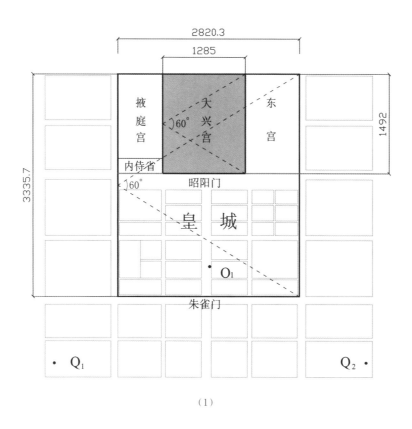

（1）

图乙1-7　王树声绘隋唐长安城规划设计方法分析图。（1）隋大兴宫与宫城、皇城关系分析；（2）长安城外郭关系分析；（3）长安城宫城与外郭模数关系分析。（来源：王树声，《隋唐长安城规划手法探析》，2009年）

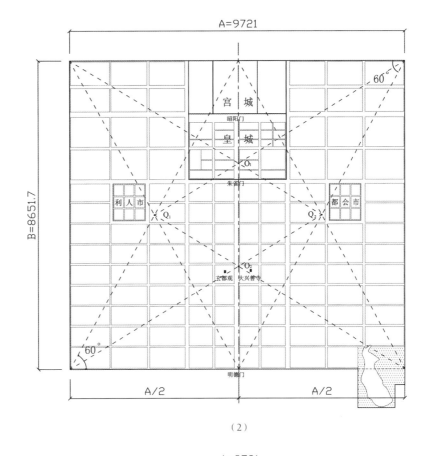

（2）

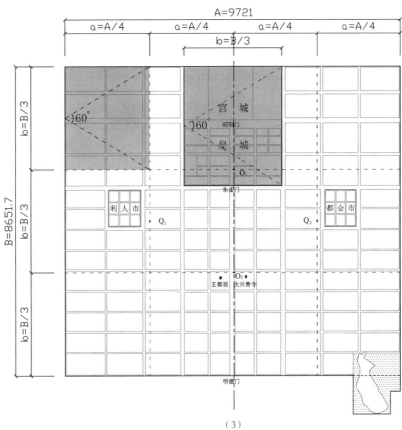

（3）

| 8 | 9 10 | 图乙1-8 | 红山文化牛河梁大型祭祀遗址鸟瞰，祭天圜丘、祭地方丘清晰可见。（来源：良渚博物院展示图片）
| | 11 12 | | |

图乙1-9　冯时绘红山文化圜丘图形分析。（来源：冯时，《中国古代的天文与人文》修订版，2006年）

图乙1-10　红山文化圜丘√2:1示意图。王军据冯时论述增绘

图乙1-11　冯时绘红山文化方丘复原图。（来源：冯时，《中国古代的天文与人文》修订版，2006年）

图乙1-12　红山文化方丘以内方为模数示意图。王军据冯时论述增绘

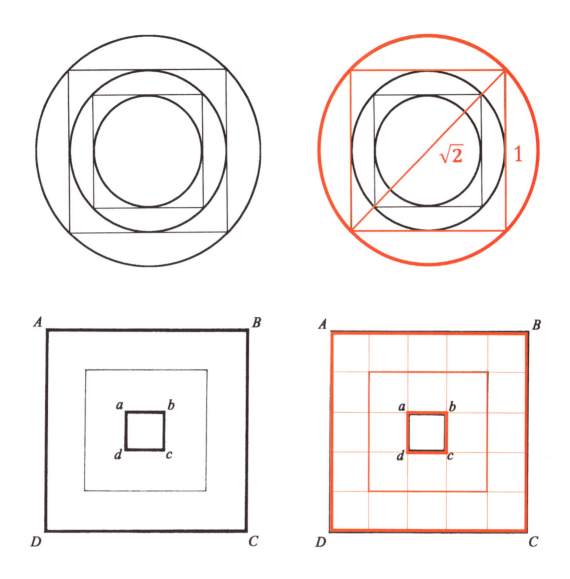

三、传统建筑的阴阳法式

冯时指出,考古学证据显示,中国古人对于阴阳的思辨至少已有八千年的历史[9](图乙1-13),在这一思辨完成之后,他们便开始以阴阳标注世界,从而使一切事物都具有了阴阳意义;中国古代的建筑法式深刻地体现着规矩阴阳的思想;中国古人重视阴阳,就像规矩体现着阴阳,法式也必然体现着阴阳。《周髀算经》刊载的圆方、方圆二图呈现的$\sqrt{2}$等比关系是对阳的表现,同书刊载的"七衡六间图"呈现的等差关系是对阴的表现(图乙1-14);发现于陕西西安的唐代圜丘遗址呈四层圆坛结构,内三圆等比为阳，外三圆等差为阴，综合阴阳两种法式于一体，巧妙地表现了天垂象以生万物的阴阳观念（图乙1-15），这就是传统建筑的阴阳法式。[10]

冯时的这一论述振聋发聩，对中国古代建筑史研究具有重要的指导意义。阴阳哲学是中国文化的根柢，只有表现了阴阳，才可能溯源"道生一"，而"几于道"。"道也者，不可须臾离也，可离非道也。"[11] 道是统御一切的，这也决定了建筑营造必须表现阴阳。

显然，元大都的规划设计要体现忽必烈受命于天、其所创立的元朝是中华正统的延续，仅仅以齐政楼象征北极璇玑、以中轴线寓意天命的抵达是远远不够的，对阴阳的表现是设计者更加繁重的任务。

本书甲篇第五章分析的元大都中轴线、卯酉线制度，已是对阴阳的表现。如再做分析，我们还能看到，阴阳法式以更多的方式定义了元大都的空间形态。

元大都的设计者刘秉忠是一位精通阴阳数术的饱学之士。《元史·刘秉忠传》记云：

> 秉忠于书无所不读，尤邃于《易》及邵氏《经世书》，至于天文、地理、律历、三式六壬遁甲之属，无不精通，论天下事如指诸掌，世祖大爱之。[12]

刘秉忠为忽必烈设计典章制度，奏建国号曰大元，设计上都、大都，"举朝仪，给俸禄，定官制，皆自秉忠发之，为一代成宪"[13]。

至元十一年（1274年），刘秉忠去世，享年五十九岁。忽必烈给予他这样的评价：

> 秉忠事朕三十余年，小心慎密，不避艰险，言无隐情，其阴阳术数之精，占事知来，若合符契，惟朕知之，他人莫得闻也。[14]

术数亦称数术，刘秉忠精通此术，必然会把它应用到元大都的规划设计之中。其中的奥秘，固然是"惟朕知之，他人莫得闻也"。但是，数术包含的易学、天文、地理、律历、占卜等方面的知识，皆源于中国古代文化固有的时间与空间法式，看似神秘，却极为朴素。

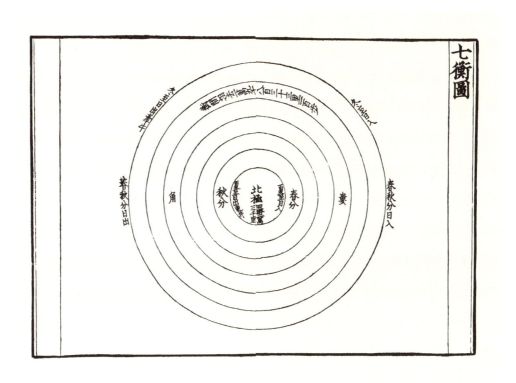

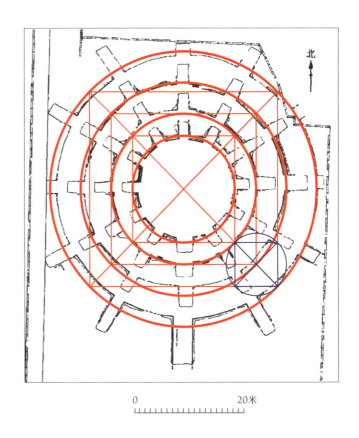

图乙1-13 河南舞阳贾湖新石器时代墓葬出土的约八千年前的骨律,已有阴阳雌雄律制之分。(来源:冯时,《中国古代物质文化史·天文历法》,2013年)

图乙1-14 《周髀算经》之"七衡图",亦称"七衡六间图"。(来源:《宋刻算经六种》,1981年)

图乙1-15 唐长安圜丘四层圆坛等比、等差分析图。王军据冯时论述绘制。(底图来源:中国社会科学院考古研究所西安唐城工作队,《陕西西安唐长安城圜丘遗址的发掘》,2000年)

注 释

1. [汉]刘安撰，[汉]高诱注：《淮南子》卷三《天文训》，《二十二子》，1218页。
2. [汉]郑玄注，[唐]孔颖达疏：《礼记正义》卷二十二《礼运第九》，《十三经注疏》，3085页。
3. [宋]李诫撰：《营造法式·看详·取径围》，2页。
4. 详见《营造算例》第一章"斗拱大木大式做法"第五节"梁"；梁思成：《清式营造则例》，140—141页。
5. "图画天地"见[东汉]王延寿《鲁灵光殿赋》："图画天地，品类群生；杂物奇怪，山神海灵；写载其状，托之丹青；千变万化，事各缪形；随色象类，曲得其情；上纪开辟，遂古之初；五龙比翼，人皇九头；伏羲鳞身，女娲蛇躯。"伏羲女娲手执规矩，表现方圆天地阴阳，正是"图画天地，品类群生"。参阅[东汉]王延寿：《鲁灵光殿赋》，[梁]萧统编《文选》卷十一，171页。
6. [汉]赵爽注，[北周]甄鸾重述：《周髀算经》卷下，28页。
7. 故宫博物院：《营造之道——紫禁城建筑艺术展》，2015年。
8. 参见王贵祥著《福州华林寺大殿研究》《√2与唐宋建筑柱檐关系》，这两篇论文出自王贵祥师从莫宗江教授于1980年完成的硕士学位论文《福州华林寺大殿》，皆收入《当代中国建筑史家十书·王贵祥建筑史论选集》（沈阳：辽宁美术出版社，2013年）。其中，《福州华林寺大殿研究》原文部分发表于《建筑史论文集》1989年第9辑；《√2与唐宋建筑柱檐关系》经修改补充，发表于《建筑历史与理论》第3、第4合辑（南京：江苏人民出版社，1984年）。
9. 冯时指出，河南舞阳贾湖新石器时代墓葬所出约八千年前的骨律，已有阴阳雌雄律制之分。这些骨律已具备黄钟、大吕、太蔟、姑洗、蕤宾、夷则、南吕、应钟八律。由于传统的十二律乃取三分损益法相生而成，这暗示了八律的存在必然意味着十二律已经出现的事实。十二律以律吕之分，别为阳阴，纪以历月。而贾湖所见二十二支骨律，其中十四支律管呈两支一组分别随葬于七座墓穴，而同墓所葬之两支骨律，其宫调恰好呈现大二度音差，明确证明当时的律制具有雌雄之分，这与律吕阴阳并以其纪月的本质完全相合，显然，律管的这种阴阳属性无疑说明其本具有效验阴阳的特殊用途，这一用途便是候气验时。参见冯时：《中国古代物质文化史·天文历法》第十二章"天文仪器"，317页。
10. 冯时：《失落的规矩》，《读书》2019年第12期；《中国建筑规矩方圆之道——〈规矩方圆，天地之和——中国古代都城、建筑群与单体建筑之构图比例研究〉学术研讨会综述》，《建筑学报》2019年第7期。
11. [汉]郑玄注，[唐]孔颖达疏：《礼记正义》卷五十二《中庸第三十一》，《十三经注疏》，3527页。
12. [明]宋濂等撰：《元史》卷一百五十七《列传第四十四·刘秉忠》，3688页。
13. 同上书，3694页。
14. 同上。

第二章 乾坤交泰格局

位于元大都北垣的健德门、安贞门，名出《周易》乾坤二卦。

《周易·说卦》："乾，健也。"[1]《周易·系辞下》："夫乾，天下之至健也，德行恒易以知险。"[2]健德门居都城西北之乾位，名称与《说卦》《系辞下》关于乾的解释相合。

坤卦卦辞："坤，元亨，利牝马之贞。君子有攸往，先迷后得主，利。西南得朋，东北丧朋，安贞吉。"[3]安贞门居都城东北之艮位，与西南坤位相对，是西南得朋之坤在东北丧朋之所，以"安贞吉"得名。

健德门、安贞门取义乾坤，又居元大都北部的壬、癸之位，与月体纳甲"壬癸配甲乙，乾坤括始终"相合。

以上意蕴，关乎易学与天文历法，试分析如下。

一、取义乾坤

《周易》的八个经卦——乾、坤、震、巽、坎、离、

157

艮、兑，与五行、五色、洛书一样，是极为古老的时空标识之法。

《周易·说卦》记八卦方位如下：

> 帝出乎震，齐乎巽，相见乎离，致役乎坤，说言乎兑，战乎乾，劳乎坎，成言乎艮。万物出乎震，震东方也。齐乎巽，巽东南也，齐也者，言万物之絜齐也。离也者，明也，万物皆相见，南方之卦也，圣人南面而听天下，向明而治，盖取诸此也。坤也，地也，万物皆致养焉，故曰致役乎坤。兑，正秋也，万物之所说也，故曰说言乎兑。战乎乾，乾，西北之卦也，言阴阳相薄也。坎者，水也，正北方之卦也，劳卦也，万物之所归也，故曰劳乎坎。艮，东北之卦也，万物之所成终，而所成始也，故曰成言乎艮。[4]

就是说上帝使万物在东方的震位生出，在东南的巽位新洁整齐地生长，在南方的离位也就是阳明之位盛长，彼此相见。圣人面向南方治理天下，向明而治，取义于此。坤是地的象征，地使万物得到生养，有其劳役之功，所以说"致役乎坤"。兑是正秋之卦，万物生长成熟，悦于此时，所以说"说言乎兑"[5]。乾是西北之卦，阴阳相薄于此，所以说"战乎乾"。坎是正北方之卦，五行属水，不舍昼夜，又称劳卦，是万物闭藏归隐之处，所以说"劳乎坎"。艮是东北之卦，阴气于此成终，阳气于此成始，所以说"成言乎艮"。

中国古代时间与空间为一，《说卦》记录的八卦所标识的四正四维八个方位的状态，实为这八个方位所对应的分至启闭八节的时间状态。

关于八卦所配的时间与空间，《五行大义》引《易通卦验》给予了明确解释：

> 艮，东北，主立春；震，东方，主春分；巽，东南，主立夏；离，南方，主夏至；坤，西南，主立秋；兑，西方，主秋分；乾，西北，主立冬；坎，北方，主冬至。[6]

《周易乾凿度》进而将八卦与十二月相配，有谓：

> 天地有春秋冬夏之节，故生四时；四时各有阴阳刚柔之分，故生八卦；八卦成列，天地之道立，雷风水火山泽之象定矣。其布散用事也，震生物于东方，位在二月；巽散之于东南，位在四月；离长之于南方，位在五月；坤养之于西南方，

位在六月；兑收之于西方，位在八月；乾制之于西北方，位在十月；坎藏之于北方，位在十一月；艮终始之于东北方，位在十二月。八卦之气终，则四正四维之分明，生长收藏之道备，阴阳之体定，神明之德通，而万物各以其类成矣，皆易之所苞也。至矣哉，易之德也！孔子曰：岁三百六十日而天气周，八卦用事，各四十五日，方备岁焉。故艮渐正月，巽渐三月，坤渐七月，乾渐九月，而各以卦之所言为月也。[7]

根据以上记载，将八卦对应的时间与空间制表如下：

八卦	八节	夏历月	十二辰	四时
坎	冬至	十一月	子	仲冬
艮	立春	十二月	丑	季冬
		正月	寅	孟春
震	春分	二月	卯	仲春
巽	立夏	三月	辰	季春
		四月	巳	孟夏
离	夏至	五月	午	仲夏
坤	立秋	六月	未	季夏
		七月	申	孟秋
兑	秋分	八月	酉	仲秋
乾	立冬	九月	戌	季秋
		十月	亥	孟冬

其中，乾在西北，坤在西南，分别代表了天地。对此，《五行大义》解释道：

乾居西北者，乾卦，纯阳之象，生万物者，莫过乎天，乾为生物之首，阳气起子，乾是阳气之本，故先子之位。[8]

坤居西南者，坤卦，纯阴之象，能养万物，莫过于地也，阴体卑顺，不敢当首，阴动于午，至未始著，故坤后午之位。地体积阴，坤既纯阴象地，《礼》以中央土在未，[9] 地即土也，故在西南，以配土也。[10]

就是说乾是纯阳之象、天的象征，能生万物的莫过于天。乾统领万物之生，生养万物的阳气起于子位，所以，乾在子位之先，居西北之位；坤是纯阴之象、地的象征，能养万物的莫过于地，阴气在午位萌动，在未位显现，阴体卑顺，不敢当先，所以，坤在午位之后，居西南之位，这与《礼记·月令》将中央土配于西南的未位相同。

《周易乾凿度》又记：

> 孔子曰：乾坤，阴阳之主也。阳始于亥，形于丑，乾位在西北，阳祖微据始也。阴始于巳，形于未，据正立位，故坤位在西南阴之正也。[11]

郑玄注：

> 阳气始于亥，生于子，形于丑，故乾位在西北也。
> 阴气始于巳，生于午，形于未，阴道卑顺，不敢据始以敌，故立于正形之位。[12]

就是说，阴阳二气皆须经历初始、萌生、成形三个阶段，北方的亥、子、丑三个方位所对应的十月、十一月、十二月，分别是阳气初始、萌生、成形的三个时段；南方的巳、午、未三个方位所对应的四月、五月、六月，分别是阴气初始、萌生、成形的三个时段。乾是阳气之主，所以居阳气初始之亥位，位在西北；坤是阴气之主，但阴道卑顺，坤不敢居阴气初始之巳位，因为巳位与乾位相冲，所以，坤居阴气成形之未位，位在西南。

乾居西北，坤居西南，即如《周易·系辞上》所记："乾知大始，坤作成物。"[13] 大始即万物生养之始，也就是长养万物的阳气之始。冬至一阳生，十一月冬至与子位相配，乾居西北，位在十月，在子位之先，主管阳气之始，这就是"乾知大始"；万物生成须阴阳用事，夏至一阴生，五月夏至与午位相配，坤居西南，位在六月，在午位之后，居阴气成形之位，负责万物生养之成，这就是"坤作成物"。（图乙2-1，图乙2-2）

八卦的乾位与坤位，对应了一岁之中阳气初始、阴气成形的时段，这两个时段对于万物生养具有极为重要的意义。乾坤是阴阳之主，"一阴一阳之谓道"[14]，表现了乾坤也就表现了道。

将八个经卦两两相重即得六十四个别卦，其中，六爻皆阳的乾卦☰是第一卦，六爻皆阴的坤卦☷是第二卦。

乾卦的卦爻辞写道：

> 乾，元亨利贞。
> 初九，潜龙，勿用。

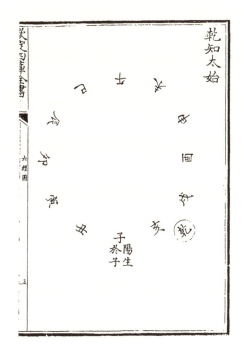

图乙2-1　宋代杨甲《六经图》刊印之《乾知太始》图。（来源：《影印文渊阁四库全书》第183册，1986年）
图乙2-2　宋代杨甲《六经图》刊印之《坤作成物》图。（来源：《影印文渊阁四库全书》第183册，1986年）

　　九二，见龙在田，利见大人。

　　九三，君子终日乾乾，夕惕若厉，无咎。

　　九四，或跃在渊，无咎。

　　九五，飞龙在天，利见大人。

　　上九，亢龙，有悔。

　　用九，见群龙无首，吉。[15]

坤卦的卦爻辞写道：

　　坤，元亨，利牝马之贞。君子有攸往，先迷后得主，利。西南得朋，东北丧朋，安贞吉。

　　初六，履霜，坚冰至。

　　六二，直方，大不习，无不利。

　　六三，含章可贞，或从王事，无成有终。

　　六四，括囊，无咎无誉。

六五，黄裳，元吉。

上六，龙战于野，其血玄黄。

用六，利永贞。[16]

《彖传》对乾卦做了这样的解释："大明终始，六位时成，时乘六龙以御天。"王弼注："大明乎终始之道，故六位不失其时而成，升降无常，随时而用，处则乘潜龙，出则乘飞龙，故曰'时乘六龙'也。"[17]

就是说一年的终始成于六时六位，时间与龙偕行，龙升降周行于六时六位之中，万物随时而用，歇息时乘潜龙，毕出时乘飞龙。

这就需要回答一个关键问题：龙为何物？

《说文解字》对"龙"的解释是："龙：鳞虫之长，能幽能明，能细能巨，能短能长，春分而登天，秋分而潜渊。"[18] 黄宗羲《易学象数论》称乾卦之龙为："东方苍龙七宿：角、亢、氐、房、心、尾、箕。"[19] 闻一多《古典新义》认为："乾卦言龙者六（内九四'或跃在渊'虽未明言龙，而实指龙），皆谓东方苍龙之星，故《彖传》曰'时乘六龙以御天'也。"[20]

1990年，冯时在《中国早期星象图研究》一文中指出：

> 当我们将殷周古文字中龙的形象与东宫七宿星图比较之后发现，如果我们以房宿距星（Scorpius π）作为连接点而把七宿诸星依次连缀的话，那么，无论选用什么样的连缀方式，其所呈现的形象都与卜辞及金文"龙"字的形象完全相同。所以，殷周古文字的"龙"字，实际取象于东宫七宿。[21]（图乙2-3）

原来，龙就是二十八宿的东宫苍龙，甲骨文、金文的"龙"字就是东宫苍龙的星图。在西方古代天文学中，与东宫苍龙相对应的黄道十二宫星象包括天秤宫（Libra）、天蝎宫（Scorpius）和人马宫（Sagittarius）。

东宫苍龙与北斗具有相同的授时意义。《史记·天官书》："杓携龙角。"[22] 即记北斗的斗杓指向东宫苍龙的角宿，二者相互拴系。这意味着，北斗所指即苍龙所在，北斗在东南西北指示着春夏秋冬，东宫苍龙亦然。

初昏之时，北斗东指，东宫苍龙在东方毕现，时为春分；北斗西指，东宫苍龙在西方隐没，时为秋分。所以，《说文》将龙描述为"春分而登天，秋分而潜渊"。（图乙2-4）

东宫苍龙登天，即春回大地，万物毕出，这就是"出则乘飞龙"。东宫苍龙潜渊，

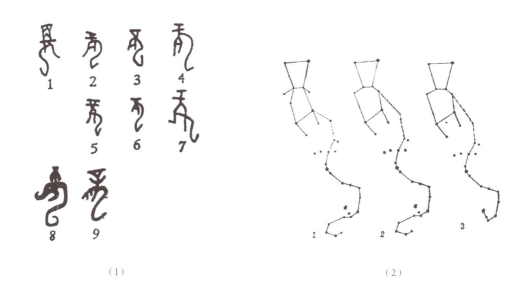

(1) (2)

图乙2-3　冯时绘甲骨文及金文"龙"字与苍龙之象构想图。(1)甲骨文及金文"龙"字，1-7.甲骨文，8-9.金文；(2)苍龙之象构想图。(来源：冯时，《中国早期星象图研究》，1990年)

图乙2-4　北京紫禁城太和殿南御路上的升龙与降龙石雕，呈现"春分而登天，秋分而潜渊"的东宫苍龙形象。王军摄于2018年5月

则秋气肃杀，万物闭藏，这就是"处则乘潜龙"。东宫苍龙周行于天，其升降起伏之态，又如《说文》所记"能幽能明，能细能巨，能短能长"。冯时指出，古以龙为鳞虫之长，是因为鳞虫为水物，龙星于黄昏尽现是雨季来临的标准天象，于是水物所具有的鳞的特征成为指示雨水季候来临的龙的特征。《左传·桓公五年》："龙见而雩。"以龙星尽现而祈雨，即是这一传统的孑遗。[23]

冯时在《〈周易〉乾坤卦爻辞研究》一文中考证，乾卦爻辞所记六龙，实为四千年前初昏的授时天象。其中，初九"潜龙"，为秋分东宫苍龙隐入地下的天象；九二"见龙在田"，即"二月二，龙抬头"，为立春之后东宫苍龙的角宿从地平线上升起的天象；九四"或跃在渊"，为春分东宫苍龙毕现东方的天象；九五"飞龙在天"，为立夏之后东宫苍龙昏中天的天象；上九"亢龙"，为夏至东宫苍龙西斜流下的天象；用九"群龙无首"，为立秋之后日躔东宫苍龙的"龙首"——角、亢二宿的天象；九三"君子终日乾乾，夕惕若厉，无咎"，表现了古人在授时活动中对龙星的观测。

冯时还指出，坤卦爻辞记录了四千年前东宫苍龙的房宿在黎明时的运行位置，及其所提示的时间与相应的用事制度。其中，初六"履霜，坚冰至"，指房宿朝见时为霜降，此后隆冬盛寒渐至；六二"直方，大不习，无不利"，指房宿旦中天，时为冬至，占事无须习卜，无有不利；六四"括囊，无咎无誉"，指冬至当行闭藏之令；六五"黄裳，元吉"，指春分祭社，其时房宿晨伏西方；上六"龙战于野，其血玄黄"，描述的是黎明日躔房宿的天象，时值秋分，须祭社报功；用六"利永贞"，意为龙星终而复始，天行不息，卜事利于长久；六三"含章可贞，或从王事，无成有终"，阐释了因观象授时制度所导致的地载万物的用事结果，体现了乾主坤顺的易理。[24]

作为授时主星，东宫苍龙健行于天，周行不始，提示着一系列重要的时间节点，春耕、夏耘、秋敛、冬藏得其时用，生产生活赖以维系，灾害凶险得以预察，所以，《周易·系辞下》说："夫乾，天下之至健也，德行恒易以知险。"这就是元大都健德门的名称本义。

元大都的安贞门取义"西南得朋，东北丧朋，安贞吉"，则是易学阴阳思想的体现。王弼注：

> 西南致养之地，与坤同道者也，故曰"得朋"。东北反西南者也，故曰"丧朋"。阴之为物，必离其党，之于反类，而后获安贞吉。[25]

孔颖达《正义》：

"西南得朋"者，此假象以明人事。西南坤位是阴也，今以阴诣阴乃得朋，俱是阴类，不获吉也。犹人既怀阴柔之行，又向阴柔之方，是纯阴柔弱，故非吉也。"东北丧朋，安贞吉"者，西南既为阴，东北反西南即为阳也。以柔顺之道，往诣于阳，是丧失阴朋，故得安静贞正之吉，以阴而兼有阳故也。[26]

就是说，坤位于西南，其周围的巽、离、兑皆为阴卦，为其朋类，可是阴与阴不能成事，坤须反往东北，那里的震、艮、坎皆为阳卦，非其朋类，但是阴阳相配能够成事，获得吉占，所以说"西南得朋，东北丧朋，安贞吉"。

健德门、安贞门取义乾坤，乾坤即天地，天地即两仪。这两个城门与位于元大都中央的齐政楼相望，形成三足鼎立之势，后者又对应北极，这就演绎了"易有太极，是生两仪"，赋予了城市空间万物化生的人文意义。

二、月体纳甲

月体纳甲是以八卦描述昏旦之时的月相并标注其天干方位的计时方法，东汉魏伯阳《参同契》详记如下：

三日出为爽，震庚受西方；八日兑受丁，上弦平如绳；十五乾体就，盛满甲东方；蟾蜍与兔魄，日月气双明；蟾蜍视卦节，兔者吐生光；七八道已讫，屈折低下降；十六转受统，巽辛见平明；艮直于丙南，下弦二十三；坤乙三十日，东北丧其朋；节尽相禅与，继体复生龙；壬癸配甲乙，乾坤括始终。[27]

"三日出为爽，震庚受西方"，是说每月三日初昏，月亮从西方的庚位升起，状若蛾眉，如同一阳初生的震卦☳。

"八日兑受丁，上弦平如绳"，是说每月八日初昏，月亮行至南方的丁位，其上弦月的形象，如同二阳一阴的兑卦☱。

"十五乾体就，盛满甲东方"，是说每月十五日初昏，月亮行至东方的甲位，其望月的形象，如同三爻皆阳的乾卦☰。

"蟾蜍与兔魄，日月气双明；蟾蜍视卦节，兔者吐生光；七八道已讫，屈折低下降"，是说观察月相（蟾蜍与兔是月亮的象征）可知八卦记录的节气移行的情况，《周易》的少阳之数七与少阴之数八相加等于十五，这是一个节气的日数，"十五乾体就"是一个节气点，这之后，月亮初昏于东方下沉，进入下一个节气的周期。

"十六转受统，巽辛见平明"，是说每月十六日转入新的节气周期，月亮在黎明的时候从西方的辛位升起，如同一阴初生的巽卦☴。

"艮直于丙南，下弦二十三"，是说每月二十三日黎明，月亮行至南方的丙位，其下弦月的形象，如同二阴一阳的艮卦☶。

"坤乙三十日，东北丧其朋"，是说每月三十日黎明，月亮行至东方的乙位与太阳重合，其晦月形象，如同三爻皆阴的坤卦☷。这之后，月亮继续移行，隐没于东北方向，即如坤卦卦辞所言"东北丧其朋"。

"节尽相禅与，继体复生龙"，是说"坤乙三十日"又到了一个节气点，两个节气于此交接，循环往复。

"壬癸配甲乙，乾坤括始终"，是说日月在北方的壬、癸之位交会，朔望月终而复始，进入下一个周期。对此，《周易集解》引虞翻曰："乾主壬，坤主癸，日月会北。"[28] 日月北会，时为夜半，这是两个朔望月的交接时刻。这之后，就由晦而朔，进入了下月初一。

壬、癸之位为朔望月的终始，一个朔望月包含了"十五乾体就，盛满甲东方"和"坤乙三十日"两个节气点，将壬癸与甲乙、乾坤相配，就体现了一月两气不断循环的理想状态。十天干的甲为阳始、壬为阳终，乙为阴始、癸为阴终，将壬癸与甲乙、乾坤相配，也就是阴阳始终相配。

接续以上文字，《参同契》又写道：

> 七八数十五，九六亦相应；四者合三十，阳气索灭藏。八卦布列曜，运移不失中。[29]

这就进一步强调了《周易》的少阳七与少阴八、老阳九与老阴六相加皆为十五的意义。十五日为一个节气，三十日是两个节气，月亮盈缺与之相应；一节气十五日而成一岁二十四节气，这是农业生产的依据。十五之数极为重要，所以，《周易乾凿度》有谓："易一阴一阳，合而为十五之谓道。"[30]

以月相纪节气，又见《礼记·礼运》：

> 故天秉阳垂日星，地秉阴窍于山川，播五行于四时，和而后月生也，是以

三五而盈三五而阙。³¹

月亮三五而盈三五而缺，三五一十五，即为一个节气，这与月体纳甲同义，也体现了以月相纪时的方便之处——月亮的盈缺在两个节气之间，欲知节气移行，仰望月相可知。

先人对月相变化周期的认识，在距今六千年的仰韶文化半坡类型的彩陶图案中已能看到。陆思贤、李迪在《天文考古通论》一书中指出，半坡类型五种"人面鱼纹"图案的细部，就表现了月亮晦朔弦望的变化周期，包括：

1. 额部突出两道蛾眉，即月眉，表示新月始生。

2. 额部分成左右两半，左侧涂黑，右侧底部做半圆形弧面，其余留空白，寓意上弦月亮呈半圆形，在天穹的右方，即西方天穹上。

3. 额部正中作三角形留白，中分两侧呈扇面状涂黑，寓意皓月当空，中分一个月为上半月与下半月，今言望月。

4. 额部也分成左右两半，右侧涂黑，左侧底部作半圆形弧面，其余留空白，寓意下弦月亮也呈半圆形，在天穹的左方，即东方天穹上。

5. 额部全部涂黑，寓意晦朔不见月亮。³²（图乙2-5）

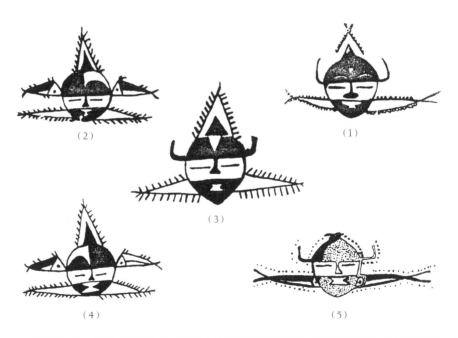

图乙2-5　陆思贤、李迪《天文考古通论》载仰韶文化半坡类型人面鱼纹《月相变化图》。(1)新月；(2)上弦；(3)望；(4)下弦；(5)晦朔。（来源：陆思贤、李迪，《天文考古通论》，2006年）

两位学者的这一分析极具创见。在半坡时代，农业生产已是生活资料的主要来源，半坡氏族聚落居住区总面积约三万平方米，按照房屋密度推测，可住五六百人。[33] 当时的农业已经发展到足以支撑相当规模人口定居的水平。如果不能够准确测定并管理时间，这一切就无从谈起。

耐人寻味的是，以上五种图案，均能与月体纳甲对应，其中，第一种"蛾眉月"图案，可对应"三日出为爽，震庚受西方"；第二种"上弦月"图案，可对应"八日兑受丁，上弦平如绳"，图案中的"上弦月"居右，与丁位在子午线之西一致；第三种"望月"图案，可对应"十五乾体就，盛满甲东方"；第四种"下弦月"图案，可对应"艮直于丙南，下弦二十三"，图案中的"下弦月"居左，与丙位在子午线之东一致；第五种"晦月"与"朔月"图案，可对应"坤乙三十日，东北丧其朋"，"壬癸配甲乙，乾坤括始终"。

陆思贤、李迪认为，第一种图案上方的纹饰为数字"五"的原始字，以表示天地阴阳交午而始生明月。查该纹饰与甲骨文的"五"字十分相似，虽然现在没有足够的资料证明半坡时代已经产生了文字，但"五"是一手五指之数，掐指而算，屈指而数，皆基于五指。《礼记·礼运》记月亮"三五而盈三五而阙"，即有以五指之数计时之意，以数记事早于文字的诞生，极为古老。半坡彩陶图案与月亮"三五而盈三五而阙"相合，很可能就是半坡先人对时间加以规划的体现。

但是，一个朔望月的盈缺周期并不能与节气完全密合，因为一个朔望月是29.53天，并不是两个完整的十五日，月相盈缺反映的是阴历周期，二十四节气则是阳历周期，一个太阴年（十二个朔望月）比一个太阳年（365又1/4天）少了约十一天，以月相盈缺表示节气必然出现误差。可是，月亮如同悬于空中的历书，观察月相便于纪时，古人又追求阴阳合和，便将二十四节气的阳历挂在十二个朔望月的阴历之上，通过添加闰月协调二者的周期，这就形成了阴阳合历。

距今五千年的良渚反山12号墓，被认为"良渚国王"之墓，其出土的玉柱形器（M12∶87）刻有十二神徽，神兽搭配，有奇有偶，阴阳交错（图乙2-6，图乙2-7），[34] 已与

图乙2-6　良渚反山12号墓出土的神人兽面纹玉柱形器（M12:87）。王军2019年10月摄于"良渚与古代中国"展

图乙2-7　良渚反山12号墓出土的神人兽面纹玉柱形器（M12:87）。（1）拓本；（2）纹饰。（来源：浙江省文物考古研究所，《良渚遗址群考古报告之二：反山》上卷，2005年）

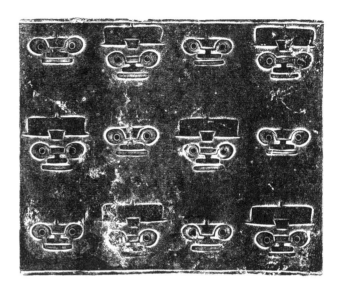

（1）

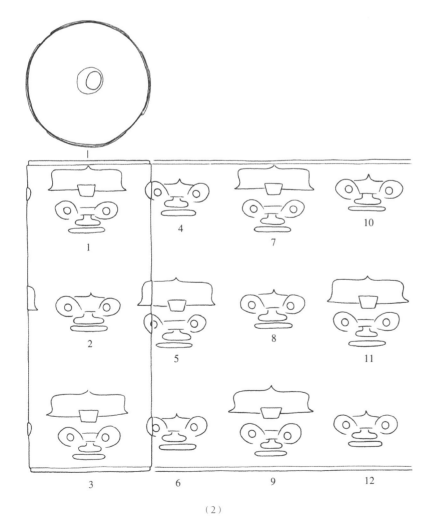

（2）

《礼记·月令》《吕氏春秋·十二月纪》《淮南子·时则训》所记十二律以六个阳律和六个阴吕纪月之法相合，如下表：

十二月	十二律	律吕	阴阳属性
正月（孟春之月）	太蔟	律	阳
二月（仲春之月）	夹钟	吕	阴
三月（季春之月）	姑洗	律	阳
四月（孟夏之月）	中吕	吕	阴
五月（仲夏之月）	蕤宾	律	阳
六月（季夏之月）	林钟	吕	阴
七月（孟秋之月）	夷则	律	阳
八月（仲秋之月）	南吕	吕	阴
九月（季秋之月）	无射	律	阳
十月（孟冬之月）	应钟	吕	阴
十一月（仲冬之月）	黄钟	律	阳
十二月（季冬之月）	大吕	吕	阴

同墓出土的三叉形器上的玉长管（M12∶82）刻有二十四节，三节一组，共有八组，已然是分至启闭八节，一节三气，共二十四气。[35]（图乙2-8，图乙2-9）良渚文化玉琮还有十五节之数，恰合一个节气。（图乙2-10）

良渚瑶山11号墓，被认为"良渚王后"之墓，其出土的玉璜圆牌组佩（M11∶53—62）共有十二个圆牌。[36]（图乙2-11）良渚文化遗址还出土了十二节玉琮。（图乙2-12）这提示我们思考：很可能早在良渚文化时代，先人就已经将十二月与二十四节气相配，创立了阴阳合历的雏形。

我们没有理由认为先人对十二月、二十四节气的规划是在较晚时期完成的，因为测定了太阳年的周期如果不加以管理，这个周期对于农业生产来说是没有意义的。考古工作者2010—2012年在良渚古城莫角山宫殿区东坡一灰坑（H11）中，发现大量炭化稻谷，经分析，约有2.6万斤稻谷填埋；2017年，在池中寺遗址再次发现炭化稻谷堆积，经测算，稻谷量可逾39万斤。[37]（图乙2-13）良渚文化已经产生了如此规模的农业剩余，表明当时必已能精细化管理农业周期，必已建立了相应的历法体系，上述良渚墓葬里的"国之重器"即其见证。

二十四节气有两种规划方法，一是平气法，即将一个太阳年的时长均分为24个时段，每段约15.22日为一个节气，为记忆之便，古人以15个整日记一个节气；二是定气法，即以冬至为起点，将黄道均分为24份，太阳每经过一份为一个节气。由于

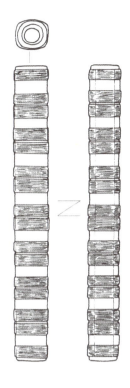

图乙2-8　良渚反山12号墓出土的三叉形器上的玉长管（M12∶82）刻有二十四节，三节一组，共有八组。王军2019年10月摄于"良渚与古代中国"展

图乙2-9　良渚反山12号墓出土的三叉形器上的玉长管（M12∶82）线图、拓本。（来源：浙江省文物考古研究所，《良渚遗址群考古报告之二：反山》上卷，2005年）

　　（1）　　　　（2）

　　（1）　　　　（2）

10　12

11　13

图乙2-10　良渚文化十五节玉琮。（1）故宫博物院藏；（2）上海博物馆藏。王军摄

图乙2-11　良渚瑶山11号墓出土的玉璜圆牌组佩（M11：53—62）共有十二个圆牌。王军2019年10月摄于"良渚与古代中国"展

图乙2-12　良渚文化十二节玉琮。（1）故宫博物院藏；（2）江苏武进寺墩出土。王军2019年10月摄于"良渚与古代中国"展

图乙2-13　浙江余杭池中寺良渚文化遗址出土的炭化稻谷。王军2019年10月摄于"良渚与古代中国"展

地球以椭圆形轨道绕日公转，太阳周年视运动不均匀，以定气法确定的节气时长也就不等，冬至前后一个节气时长14日有余，夏至前后一个节气时长16日有余。定气法更准确地反映了季节的变化，但平气法以15日计算一个节气极为简易，是古人常用之法。

可是，平气法确定的一个节气的实际时长约15.22日，在15个整日之外，尚余0.22日，以15个整日记一个节气虽然容易，但余数不断积累，五个节气便超一日，任其发展，节气就会失据。所以，必须加以管理，这就需要解决两个问题：

（一）准确推算交节时间

东汉赵爽注《周髀算经》："节候不正十五日，有三十二分日之七。"[38] 即将一岁365又1/4日除以24，得15又7/32日，约15.22日，这是一个节气的实际时长。超出15日的7/32日，分子为7，这是相邻两气的小余增数，以此为等差值不断积累，数满32计为一日，就能够准确推算各个节气的交节时间。[39]

《南村辍耕录》记录了另一种计算方式：

> 推节气歌括云："中气与节气，但有半月隔，若要知仔细，两时零五刻。"谓如正月甲子日子时初初刻立春，则数至己卯日寅时正一刻，则是雨水节也。[40]

又记：

> 又一年约法云："一周年，三百六十五日零三时。一月节，三十日零五时二刻。半月一气，十五日零二时五刻。"[41]

就是说，一个节气的时长为15日2时5刻，两个节气的时长为30日5时2刻，以一个节气的时长为等差值不断叠加，即可推定各个节气的交节时间。

（二）协调节气日数与交节周期

古人以15日计算一个节气，二十四节气便是360日，也就是六个甲子，与干支纪日的周期一致，十分方便记忆。所以，古人以360日为一岁之大数。可是，这比实际岁长少了5又1/4日，如何协调便是问题。

《史记·历术甲子篇》："大余五，小余八。"司马贞《索隐》："大余者，日也。小余者,日之奇分也。"[42] 即言大余为一个整日,小余为不满一个整日的时长。一岁之中,比六个甲子多出的5又1/4日中的五个整日是"大余五",1/4日是"小余八"。称1/4日为"小余八",是因为一个节气的实际时长被记为15又7/32日,将分母统一,1/4即8/32,分子之数8就是"小余八"。将每年的"小余八"不断积累,数满32计为一日,如此循环往复,就能够准确规划太阳年的周期。这一方法,与积累相邻两气的小余增数以推算交节时间的计算方式一致。

接下来的问题是,如何把"大余五,小余八"分配到二十四节气之中?这个问题不解决,二十四节气就会与太阳年周期脱轨,失去其存在的意义。古人使用的方法包括:

1. 在八节之中加入5日或6日以归除余数

1977年,安徽阜阳西汉汝阴侯墓出土太一九宫式盘（图乙2-14）,其铭文从子位顺行至西北维,依次记录了八节的时长。冯时释文如下:

冬至,汁蛰。四十六日废,明日立春。
立春,天溜。四十六日废,明日春分。

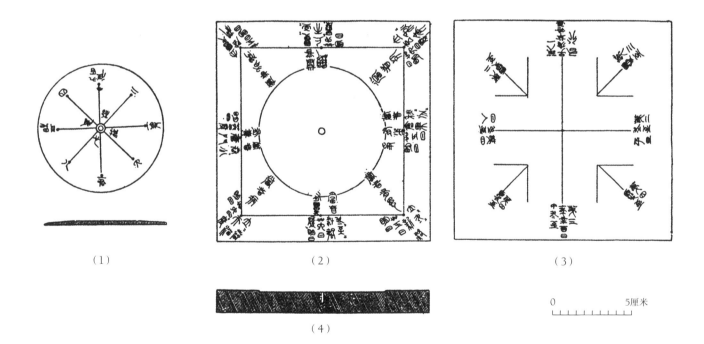

图乙2-14　安徽阜阳双古堆西汉汝阴侯墓出土有太一九宫式盘。（1）天盘；（2）地盘正面；（3）地盘背面；（4）地盘剖面。（来源：冯时,《中国古代物质文化史·天文历法》,2013年）

春分，苍门。四十六日废，明日立夏。

立夏，阴洛。四十五日，明日夏至。

夏至，上天。四十六日废，明日立秋。

立秋，玄委。四十六日废，明日秋分。

秋分，仓果。四十五日，明日立冬。

立冬，新洛。四十五日，明日冬至。

冯时指出，铭文所记八节之中有五个"废日"，以此记录历年，则岁实长度为365日。与之相比，《淮南子·天文训》记二十四节气每节气长度为15日，但归之八节，有五节的长度为46日，与太一九宫式盘所记系统近合，具体分配是：

冬至 四十六日

立春 四十五日

春分 四十六日

立夏 四十六日

夏至 四十六日

立秋 四十五日

秋分 四十六日

立冬 四十五日

同样是在八节之中加入5日，以归除5日大余，使交节周期与15日节气之数保持协调。冯时又引《灵枢经·九宫八风》记录的在八节之中加入6日之法：

太一常以冬至之日居叶蛰之宫。四十六日，明日居天留。四十六日，明日居仓门。四十六日，明日居阴洛。四十五日，明日居天宫。四十六日，明日居玄委。四十六日，明日居仓果。四十六日，明日居新洛。四十五日，明日复居叶蛰之宫，曰冬至矣。太一日游，以冬至之日居叶蛰之宫数所在，日从一处，至九日复反于一，常如是无已，终而复始。

这段经文与汝阴侯墓太一九宫式盘铭文内容几乎相同。冯时指出，与式盘铭文相比，《灵枢经》增加了一日，即秋分居仓果而为46日，以此计算历年，则岁实长度为

366日。[43]

在八节之中加入6日，则5日大余、1/4日小余一并归除，也可协调交节周期与节气日数。兹将上述方法列表如下：

	汝阴侯墓太一九宫式盘	淮南子·天文训	灵枢经·九宫八风
冬至—立春日数	46	46	46
立春—春分日数	46	45	46
春分—立夏日数	46	46	46
立夏—夏至日数	45	46	45
夏至—立秋日数	46	46	46
立秋—秋分日数	46	45	46
秋分—立冬日数	45	46	46
立冬—冬至日数	45	45	45

一岁为365又1/4日，在八节共360日之中加入5日，尚余1/4；加入6日，则有出超。实际运用时，当以二法兼用为优，即加入5日所余1/4日历四年积为一日之时，再加入6日予以归除。以干支纪日推其大数，则如《淮南子·天文训》所记："日冬至子午，夏至卯酉，冬至加三日，则夏至之日也。岁迁六日，终而复始。"高诱《注》："冬至后三日，则明年夏至之日"，"迁六日，今年以子冬至，后年以午冬至也。"[44]就是说，今年的冬至为子日，则接下来的夏至为卯日（加入了3日），再接下来的冬至为午日（加入了6日）。如此循环往复。这是以366日计岁实的简易之法，十分方便记忆。

2. 通过添加一节气15日以归除余数

这就是奇门遁甲的"闰奇"之法，黄宗羲《易学象数论》有谓：

> 《遁甲》《太一》《六壬》三书，世谓之三式，皆主九宫以参详人事，而《甲》尤注意于兵。其术自以为精者，在超神、接气、置闰之间。超神者，节气未到而甲子、己卯之符头先到，则借用未到节气之上局，故谓之超。接气者，甲子、己卯之符头未至，而节气先至，则仍用已过节气之下局，故谓之接。盖一月节气必三十日零五时二刻，积之而符头、节气遂相参差，至于顺将变逆，逆将变顺。在芒种大雪之后，有超九日十日者，则为之置闰。芒种后则叠芒种上中下三局，大雪后则叠大雪上中下三局，以归每节气所余五时二刻，而后二至之顺逆始分，于是节先局后不得不以接气继之矣，是欲与历法相符。……
>
> 三元者，上中下三局也。以甲、己二将为符头。符头所临之支直子、午、卯、

酉为上元，直寅、申、巳、亥为中元，直辰、戌、丑、未为下元。五日一换，符头半月一气，而三局周。……

《奇门》之法，有正授，有超神，有闰奇，有接气。正授之后，超神继之；超神之后，闰奇继之；闰奇之后，接气继之；接气之后，复为正授。符头甲己正对节气，谓之正授。此后则符渐过节，而为超神矣。超至九日及十余日，则当置闰。以其离后节气太远，故必有闰，然后可配气候，与历法闰法同。然置闰必在芒种、大雪之后，二至之前。其余节气虽遇超九日之外，不可置闰也。[45]

就是说，当超出15个整日的节气小余积为大余，累积至9日、10日，就需要在夏至之前的芒种节气或者冬至之前的大雪节气，添加一节气15日予以归除，从而与交节周期保持协调。

具体而言，就是先将一个节气分为上中下三元，亦称上中下三局，每局五日，对应干支纪日六十甲子，列表如下：

上元（上局）	甲子	己卯	甲午	己酉	上元符头
	乙丑	庚辰	乙未	庚戌	
	丙寅	辛巳	丙申	辛亥	
	丁卯	壬午	丁酉	壬子	
	戊辰	癸未	戊戌	癸丑	
中元（中局）	己巳	甲申	己亥	甲寅	中元符头
	庚午	乙酉	庚子	乙卯	
	辛未	丙戌	辛丑	丙辰	
	壬申	丁亥	壬寅	丁巳	
	癸酉	戊子	癸卯	戊午	
下元（下局）	甲戌	己丑	甲辰	己未	下元符头
	乙亥	庚寅	乙巳	庚申	
	丙子	辛卯	丙午	辛酉	
	丁丑	壬辰	丁未	壬戌	
	戊寅	癸巳	戊申	癸亥	

六十甲子（亦称一甲子，即两个甲子日之间的日数）包括了四个节气（一个节气为15日，一甲子即4×15=60日）。甲子、己卯、甲午、己酉是上元符头，也是一个节气的符头；己巳、甲申、己亥、甲寅是中元符头；甲戌、己丑、甲辰、己未是下元符头。

协调节气日数与交节周期，主要看15日一循环的上元符头。上元符头跑到了交节时间之前称超神，落在了交节时间之后称接气，与交节时间同日称正授。上元符头超出9日，就需要增加一个节气上中下三局共15日加以协调，这就是闰奇。闰奇只能选择在夏至之前、芒种之后，或冬至之前、大雪之后。闰奇之后便是接气，接气之后便是正授，正授之后便是超神，超神之后又是闰奇，如此循环。

黄宗羲认为这一方法还有改进的余地，因为"节气三十日所零者，五时二刻耳。积之一百八十日之久，则为时三十为刻十二，盖不及三日也。符头五日一换，所差不过半局，略为消息便可符合。今以超神而太过者，九日、十日以置闰，而不及者五日、六日，气序不清，局法重出。《甲》之所重者，在二至置闰。归除于其前半年之中必有超神，超神之后必且置闰，闰闰之局必侵二至，是二至必不能正其始也。顺者反逆，逆者反顺"[46]。

但是，以一个节气上、中、下三局为置闰单位，并规定在二至之前闰奇，有其简易之处。虽然所闰节气会侵入二至，却能使春分与秋分的超神、接气不至于太宽，后者尤其是春分，对农业生产十分重要。说到底，以符头纪节气是为了方便纪时，农时的择定终还是要以交节时间的推算为准，就没有必要过于频繁地调整了。

另外，节气的上元符头，天干甲、己五日一换，地支子午卯酉十五日一换，记住了子午卯酉也就记住了节气。以一节气十五日为置闰单位就能够保持此种简易的纪时方法，有其合理之处。

将一个节气分为上、中、下三元或三局，就是一气三候，每候五日。《逸周书·时训解》已记七十二候，[47]这是对太阳年周期更加精细的规划。从数理上说，一气三候即一气三五，《史记·天官书》："为国者必贵三五"，"为天数者，必通三五。"[48]关于三五，古人有多种解释，但三五一节气至为根本，因为这是农业生产赖以维系的历法基础，是古人安身立命之本。中国古代建筑与器物造型常用3∶5比例（3/5=0.6），与西方黄金分割比例（≈0.618）近似，即与此义相通。(图版Ⅱ)

综上所述，元大都的健德门、安贞门居都城北垣壬、癸之位，取义"壬癸配甲乙，乾坤括始终"，实具有深厚的文化背景与丰富的人文意义。月体纳甲以月相盈缺记录节气与朔望月周期，关乎阴阳合历、闰月闰奇诸历法根本问题。这两个城门寓意"乾主壬，坤主癸，日月会北"，表示了朔旦与夜半相齐、月首与日首相合；连接齐政楼与元大内的都城轴线，又似冬至北斗所中之绳；齐政楼居轴线北端，又是冬至岁首的象征；再加上齐政楼名曰齐政——甲子、冬至、朔旦、夜半齐同，日、月、五星同起牵牛初度，就在元大都的城市空间得以尽情演绎，"在璇玑玉衡，以齐七政"的宏大乐章而达到高潮。

三、乾坤交泰

正如《周易》以乾坤二卦为起始推演六十四卦，取义乾坤的健德门与安贞门在元大都的规划布局中也发挥着乾坤定位般的支撑作用。

在《北京历史地图集》刊载的《元大都城》图上，将都城东部的太庙、太史院、崇仁行用库（下称"崇仁库"）的平面几何中心与健德门画线连接，再将都城西部的社稷坛、都城隍庙、和义行用库（下称"和义库"）的平面几何中心与安贞门画线连接，即呈现由健德门、安贞门统领的分别通往太庙与社稷坛、太史院与都城隍庙、崇仁库与和义库的三组交叉连线，交叉点皆位于都城子午中线。（图乙2-15）显然，这是对天地交泰思想的演绎，内蕴易学阴阳理念，试分析如下。

1. 健德门至太庙、安贞门至社稷坛交叉连线

太庙、社稷坛分别位于元大内的东、西方向，遵循了《周礼·考工记》"左祖右社"之制。忽必烈曾于中统四年（1263年）诏建燕京太庙，至元元年（1264年）建成。至元十一年（1274年）元大都宫阙告成，至元十四年（1277年）忽必烈又诏建太庙于大都新城，至元十七年（1280年）建成，自燕京旧庙迁入神主。[49]《元一统志》记："太庙：在都城齐化门之北。岁祀有彝，礼乐大备，所以崇奉先之敬，彰孝治于天下也。"[50]

太庙是元帝祭祖大享之庙，其与健德门对应，与乾卦卦辞"元亨利贞"的意义相通。《说文》："元，始也。"[51]乾卦《彖》曰："大哉乾元！万物资始，乃统天。"[52]健德门居都城乾位，也就是乾元所在；鼎卦《彖》曰："圣人亨，以享上帝。"[53]亨与享通，意为祭祀飨献。元帝祭祖，享于太庙，太庙与健德门相通，即寓意"元""亨"相通而获吉占，这就是"元亨利贞"。

社稷坛建设于至元三十年（1293年）。《元史·祭祀志》："至元七年十二月，有诏岁祀太社太稷。三十年正月，始用御史中丞崔彧言，于和义门内少南，得地四十亩，为墙垣，近南为二坛，坛高五丈，方广如之。社东稷西，相去约五丈。"[54]社稷坛是元帝祭土神、谷神的大社，统属于坤，位于都城西南的坤域，其与都城东北的安贞门对应，就体现了坤卦卦辞"西南得朋，东北丧朋，安贞吉"。

2. 健德门至太史院、安贞门至都城隍庙交叉连线

太史院创立于至元十五年（1278年），与中统元年（1260年）创立的司天台并立，执掌天文历数、观象授时之事。《元史·百官志》："太史院，秩正二品。掌天文历数之事。至元十五年，始立院，置太史令等官七员。"[55]又记："司天监，秩正四品。掌凡历象之事"，"中统元年，因金人旧制，立司天台，设官属。至元八年，以上都承

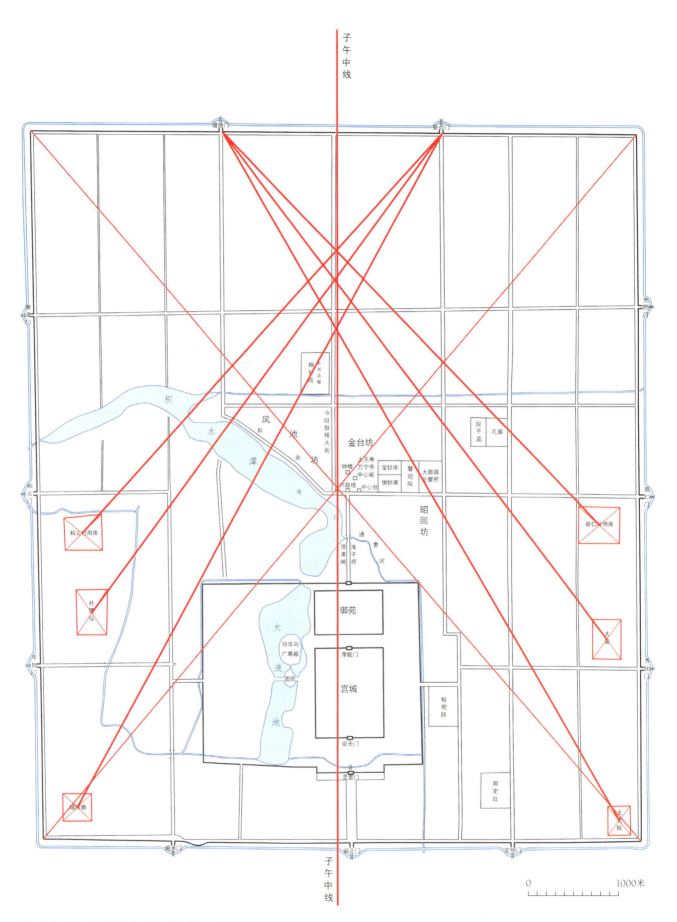

图乙2-15 元大都乾坤交泰分析图。王军绘

应阙官，增置行司天监。十五年，别置太史院，与台并立，颁历之政归院，学校之设隶台。二十三年，置行监。二十七年，又立行少监。"[56]

至元十六年（1279年），太史院在元大都东南隅择地而建。杨桓《太史院铭》："（至元）十六年春，择美地，得都邑东墉下，始治役，垣纵二百布武，横减四分之一。中起灵台余七丈，为层三，中下皆周以庑。"[57]至元十七年（1280年）冬至，当时世界最先进的历法《授时历》于此编成。[58]

《授时历》的编制对于元朝来说，具有革命创制的意义，太史院附近的明时坊即因此而得名，《元一统志》记云："明时坊，地近太史院，取《周易》革卦君子治历明时之义以名。"[59]

天子的观象台称灵台，太史院建有三层灵台，居大都城的东南隅，与太微垣西南隅的灵台三星镜像对应。（图甲5-20）太史即大史，据《周礼·春官·大史》，太史之职包括"大祭祀，与执事卜日"[60]，即与掌管卜事的官员为国之大祭占卜吉日。基于此义，太史院与健德门对应，同样体现了"元亨利贞"。

都城隍庙位于大都城的西南隅（图乙2-16），与元大都的建设密切相关。至元四年（1267年）元大都开始建设，至元七年（1270年）刘秉忠等奏请忽必烈建设都城隍庙以护佑大都。《虞集大都城隍庙碑》记云：

> 世祖圣德神功文武皇帝至元四年，岁在丁卯，以正月丁未之吉，始城大都，立朝廷宗庙社稷官府库庾，以居兆民，辨方正位，井井有序，以为子孙万世帝王之业。七年，太保臣刘秉忠、大都留守臣段贞、侍仪奉御臣和坦伊苏、礼部侍郎臣赵秉温言：大都既成，宜有明神主之，请立城隍神庙。上然之，命择地建庙，如其言。得吉兆于城西南隅，建城隍之庙，设像而祠之，封曰佑圣王，以道士段志祥筑宫其旁，世守护之。自内廷至于百官庶人，水旱疾疫之祷，莫不宗礼之。[61]

城隍之"城"即城墙，"隍"即护城河，城隍之祭甚古。《礼记·郊特牲》："天子大蜡八，伊耆氏始为蜡。"郑玄《注》："蜡祭有八神，先啬一，司啬二，农三，邮表畷四，猫虎五，坊六，水庸七，昆虫八"，"伊耆氏，古天子号也"，"或云即帝尧是也。"[62]孙承泽《春明梦余录》："水庸居七，水则隍也，庸则城也，此正城隍之祭之始。春秋传：郑灾，祈于四鄘；宋灾，用马于四鄘。皆其证也。鄘字不同，古通用耳。由是观之，城隍之祭，盖始于尧矣。"[63]

秦蕙田《五礼通考》："夫圣王之制祀也，功施于民则祀之，能御灾捍患则祀之，

图乙2-16　北京西城区成方街33号清代重建之都城隍庙后殿（寝祠）。王军摄于2014年6月

况有一物则有一物之神，近而居室饮食，如门、井、户、灶、中霤，尚皆有祀，矧夫高城深沟，为一方之屏翰者哉！孟子曰，三里之城，七里之郭，环而攻之而不胜，是天时不如地利。又曰，筑斯城也，凿斯池也，与民守之，效死而民弗去。是城隍直与地方民物相依为命，诚不殊社稷矣。民为贵，社稷次之，其祀顾不重欤？！但社稷所以养人，而城隍所以卫人，且浚隍为城，亦土之功用，则社宜足该之。"[64]

根据以上考证，城隍之祭可能始于传说中的帝尧时代，天子蜡祭八神当中的水庸就是城隍。人们祭祀城隍，是因为城墙与护城河守卫着人民。修筑城墙的土是挖护城河得到的，这显示了土的功用，社是土神，与城隍皆统属于坤。社稷养人，城隍卫人，这是坤土之德。都城隍庙位于元大都社稷坛之南，居大城的西南坤隅，与安贞门对应，同样体现了坤卦卦辞"西南得朋，东北丧朋，安贞吉"。

3. 健德门至崇仁库、安贞门至和义库交叉连线

崇仁库、和义库建于至元二十六年（1289年），隶属户部行用六库。《元史·百官志》记"行用六库"，有谓："至元二十四年，京师改置库者三：曰光熙，曰文明，曰顺承。因城门之名为额。二十六年，又置三库：曰健德，曰和义，曰崇仁。并因城

门以为名。"⁶⁵ 行用库负责兑换钞币，全称行用交钞库，亦称交钞库、钞库。元朝发行纸钞，通行全国，开世界货币史先河，行用库是纸钞的大本营。

崇仁库、和义库因各靠近崇仁门、和义门而得名，它们与健德门、安贞门交叉对应，就形成了仁义与乾坤相通、天仁与地义交午的格局。《周易·说卦》："是以立天之道曰阴与阳，立地之道曰柔与刚，立人之道曰仁与义。"⁶⁶ 追求天道、地道与人道的和谐，是这一规划布局的立意所在。

"和义"之名出自《周易·文言》关于乾卦卦辞的阐释：

> 元者，善之长也；亨者，嘉之会也；利者，义之和也；贞者，事之干也。君子体仁足以长人，嘉会足以合礼，利物足以和义，贞固足以干事。君子行此四德者，故曰："乾，元亨利贞。"⁶⁷

对此，李鼎祚论述如下：

> 夫"在天成象"者，乾元亨利贞也，言天运四时，以生成万物。"在地成形"者，仁义礼智信也，言君法五常，以教化于人。元为善长，故有体仁，仁主春生，东方木也；亨为嘉会，足以合礼，礼主夏养，南方火也；利为物宜，足以和义，义主秋成，西方金也；贞为事干，以配于智，智主冬藏，北方水也。故孔子曰"仁者乐山，智者乐水"，则智之明证矣。不言信者，信主土而统属于君，故中孚云"信及豚鱼"，是其义也。若"首出庶物"而"四时不忒"者，乾之象也。"厚德载物"而五行相生者，土之功也。土居中宫，分王四季，亦由人君无为皇极，而奄有天下。水火金木，非土不载；仁义礼智，非君不弘。信既统属于君，故先言乾而后不言信，明矣。⁶⁸

即将乾元亨利贞与天地四时、五常、五行相配，如下表：

乾卦卦辞	天地四时	五常	五行
乾	天地	信	土
元	春	仁	木
亨	夏	礼	火
利	秋	义	金
贞	冬	智	水

在中国古代时空体系中，四方与四时相配，中央与天中相配，四方五位就代表了天地四时，再以五行、五常、五色、生成数、天地数等相配，就形成了在中国古代文化中最具基础性的天文与人文范式。《周礼》六篇即以天地四时为纲，分为《天官》《地官》《春官》《夏官》《秋官》《冬官》。对此，郑玄解释道：

> 古周礼六篇者，天子所专秉以治天下，诸侯不得用焉。六官之记可见者，尧育重黎之后，羲和及其仲叔四子，掌天地四时。[69]

就是说，《周礼》六篇是天子垄断的治理天下的根本大法，《尧典》所记重黎之后——羲和及其仲叔四子，就是掌管天地四时的六官，那时，基于天地四时的人文制度已经具备。

这并非虚言。考古学资料已经表明，在与古史传说时代相对应的新石器时代，中华先人已经创造了高度的文化与文明，五千年前的良渚遗址、牛河梁遗址便是明证。对天地四时的认识，关乎文明的发生，农业生产须以此为据，国家形态须以此架构，认识不了天地四时，这一切就无从谈起了。

正是因为天地四时具有崇高意义，《文言》才会把乾元亨利贞纳入这一体系加以阐释，并赋予其五气以立、五常以行的精神特质。崇仁库、和义库与健德门、安贞门交叉对应，显然是这一文化范式的投影。

由健德门、安贞门统领的三组建筑连线交会于元大都子午中线，后者贯穿都城平面几何中心，齐政楼在其左近，对应北极璇玑，这就演绎了"乾坤成列，而易立乎其中矣"[70]。健德门、安贞门在子午中线两侧并不完全对称，与它们交叉联系的三组建筑亦然，但交叉点皆位于都城子午中线，这样的规划布局显然是有意为之。

三组建筑之中，健德门、安贞门、都城隍庙建设于刘秉忠在世之时。至元十一年（1274年）刘秉忠去世之后，健德门、安贞门依然在元大都的规划建设中发挥着乾坤定位般的作用。

拥有了乾坤也就拥有了天下，这就是健德门、安贞门承载的意义。也正是因为如此，明大将军徐达洪武元年（1368年）攻占元大都之后，立即南缩北城，改健德门为德胜门、安贞门为安定门，[71]一举瓦解元大都乾坤交泰格局，以显示明朝德胜天下，乾坤易主，安定厥邦。（图甲5-16）

中国的历史进入了另一个王朝的周期，但支撑元大都规划的思想体系，并未因改朝换代而中断。明永乐迁都北京之后，德胜门、安定门同样在都城规划中发挥着乾坤定位般的作用，与这两处城门对应的建筑与建筑群，甚至包括了遥居都城西北约四十公里的明帝陵；明嘉靖皇帝改制，设天、地、日、月四坛于京城南、北、东、西，又将永乐北京的规划体系发展到一个新的高度。（图版Ⅲ-6至图版Ⅲ-16）试分述如下。

1. 以德胜门定位的建筑连线

连线一（L1）：德胜门 —— 紫禁城午门 —— 大祀殿（明永乐天地坛主体建筑，明嘉靖改为大享殿，今天坛祈年殿）

连线二（L2）：德胜门 —— 奉天殿（明嘉靖称皇极殿，今太和殿）庭院 —— 太庙平面中心

2. 经德胜门之区，以明帝陵总门户大红门定位的建筑连线

连线三（L3）：大红门 —— 德胜门 —— 紫禁城午门 —— 大祀殿

连线四（L4）：大红门 —— 德胜门 —— 奉天殿庭院 —— 太庙平面中心

连线五（L5）：大红门 —— 德胜门 —— 承天门（今天安门）—— 皇穹宇（昊天上帝牌供奉处，明嘉靖建，初称泰神殿）

在以上五组建筑连线中，L3与L1、L4与L2几乎重合，前者可视为后者的延伸；大红门遥居西北乾位，与德胜门同为京师乾元的标志，由其统领的建筑连线分别穿过紫禁城午门、奉天殿庭院、承天门，抵达国家大祭所在 —— 大祀殿、太庙、皇穹宇，合于"元亨利贞"之义，又体现了以祖配天，以及《礼记》所记："文王之祭也，事死者如事生"[72]，"事死如事生，事亡如事存，孝之至也"[73]。

3. 以安定门定位的建筑连线

连线六（L6）：安定门 —— 奉天殿 —— 社稷坛平面中心

连线七（L7）：安定门 —— 太庙平面中心 —— 山川坛（今先农坛）平面中心

社稷、山川皆统属于坤，此二坛居相对于紫禁城的西南坤域，与居都城东北的安定门对应，合于"西南得朋，东北丧朋，安贞吉"之义。奉天殿、太庙分别位于这两组建筑连线之上，就被赋予了顺天承命、安定社稷江山的意义。

4. 对乾坤交泰的多种表现方式

明嘉靖改制，设天、地、日、月四坛于京城南、北、东、西，呈现以下建筑布局：

连线八（L8）：日坛平面中心 —— 皇极殿（原奉天殿）庭院 —— 月坛平面中心

连线九（L9）：德胜门 —— 大高玄殿中轴线南端 —— 皇极殿庭院 —— 太庙平面中心

连线十（L10）：社稷坛平面中心 —— 皇极殿庭院 —— 地坛平面中心

连线十一（L11）：天坛大享殿（原天地坛大祀殿，今祈年殿）—— 地坛平面中心

其中，L8、L9、L10三组建筑连线与城市中轴线均交会于皇极殿庭院；L8与城

市中轴线（设为L12）形成子午卯酉格局。卫星图测距显示，L1、L8、L12与L11长度均为7.8公里，这四条等长的建筑连线取义《周易》《周礼》，分别是对"元亨利贞"、天地四时的表现（L1表示了《周易》乾卦"元亨利贞"；L11表示了天地，L12表示了冬夏，L8表示了春秋，呈现了《周礼》六官体系）；L9与L10形成乾坤交泰布局，分别体现了"元亨利贞""西南得朋，东北丧朋，安贞吉"。

卫星图测距显示，L8、L9、L10三组建筑连线在皇极殿庭院的交会点（下称"皇极殿交会点"），与天坛皇穹宇、地坛平面中心、西直门等距，均为4.3公里。以皇极殿交会点为圆心、4.3公里为半径画圆，即连通这三处建筑，并与内城城墙西北抹角墙段相交，将此处交点与皇极殿交会点画线连接并向东南延伸（设为连线十三，L13），即穿过外城城墙东南抹角墙段，这就形成了"天门"与"地户"相对的格局。

古人认为日月星辰西行、江河东流，是因为天倾西北、地不满东南。[74]所以，称西北为"天门"、东南为"地户"。汉长安城西北与东南皆为缺角（图乙2-17），就是对"天门"与"地户"的表现，班固《两都赋》称之为"体象乎天地"[75]；明北京城内城西北墙段与外城东南墙段皆为抹角，紫禁城护城河西北岸也为抹角（图乙2-18），同样是对"天门"或"地户"的表现。西直门紧邻西北城墙抹角，与皇穹宇、地坛平面中心同为一圆，其门道与内城前三门（正阳门、崇文门、宣武门）形制相同，皆为不加方框结构的券洞，取纯阳之义，显然是"天门"的标志。（图乙3-21）

经此规划，皇极殿庭院成为天地对应的中心，也就是象征明帝受命于天的场所。明北京城以更加宏阔的尺度塑造了全新的乾坤交泰布局，对元大都的规划有继承又有发展，实是"继道统而新治统"在都城规划中的直观体现。

相似的案例在明中都、明南京也可看到。明中都祭地方丘设于西北郊乾位，如同昆仑居九州乾隅与北极对应，表现了天地交通、元气化生；明中都圜丘设于南郊丙午之位，其与方丘的连接线穿过宫城平面中心，表现了"元亨利贞"；明中都皇陵正红门（北门）顺时针旋转，朝向东北方向的圜丘，表现了以祖配天；明中都鼓楼和钟楼的连接线，与都城中轴线交会于承天门前，形成子午卯酉格局，表现了天地四时。（图版Ⅲ-1，图版Ⅲ-2，图乙2-19）

明南京宫城前朝乾隅与巽隅的连接线通往太庙平面中心，表现了"元亨利贞"；前朝艮隅与坤隅的连接线通往社稷坛平面中心，表现了"西南得朋，东北丧朋，安贞吉"。（图版Ⅲ-3）朱元璋孝陵居都城东北艮位，总平面为北斗造型。将孝陵中轴线南端的御河桥与宫城右前方居坤位的社稷坛平面中心画线连接，宫城午门在此线上。（图版Ⅲ-4，图版Ⅲ-5）前述明北京帝陵大红门——德胜门——紫禁城午门——天地坛

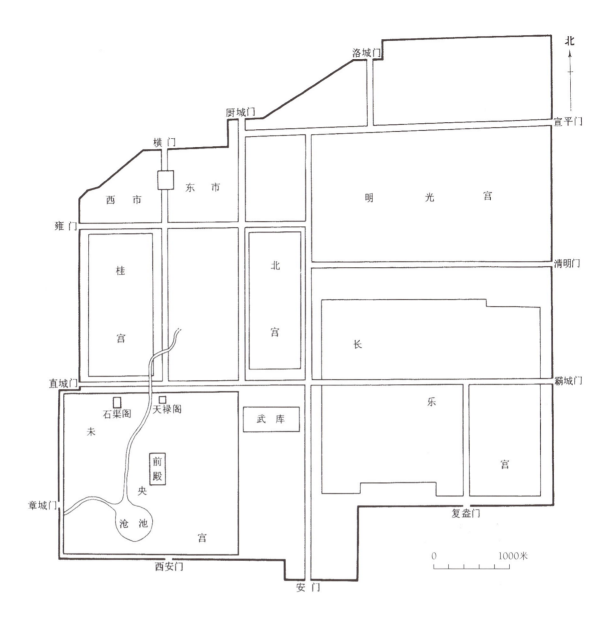

图乙2-17 汉长安城平面图。（来源：中国社会科学院考古研究所，《汉长安城未央宫：1980—1989年考古发掘报告》上册，1996年）

图乙2-18 北京紫禁城护城河西北岸为抹角造型。王军摄于2020年5月

大祀殿的建筑连线（L3）与之相似，也是将帝陵、宫城、坛庙建立联系。显然，明南京孝陵、宫城、社稷坛的这一格局，体现了以祖配天、"事死者如事生"、"西南得朋，东北丧朋，安贞吉"的意义。

此种规划方法，在西汉长安城超长距离的子午中线格局中也能看到。考古工作者1995年发现的这条绵延七十四公里的子午中线，[76]南至秦岭子午谷口，北至天齐祠遗址，纵穿长陵、长安城，汉高祖陵与吕后陵、未央宫与长乐宫分布其两侧，陵区、宫殿、都城一体化设计（图乙2-20，图乙2-21），也蕴含了丰富的人文理念：

1.《汉书·高帝纪》记刘邦"崩于长乐宫"[77]。长乐宫居长安东南"地户"之位，高祖陵居长安西北"天门"之位，这一格局体现了天地对应、魂气归天的寓意。

2.《五行大义》："乾为天门。"[78]高祖陵居西北"天门"乾位，与居西南"坤灵之正位"[79]的未央宫南北相望，又形成了"乾知大始，坤作成物"的经卦格局。

3.帝后为坤，吕后陵以坤诣阳，位居东北，体现了"西南得朋，东北丧朋，安贞吉"。

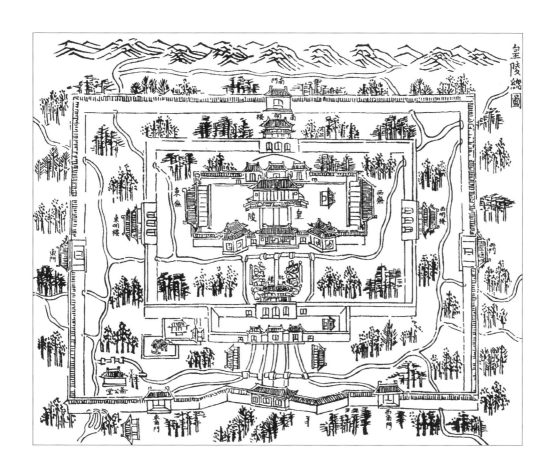

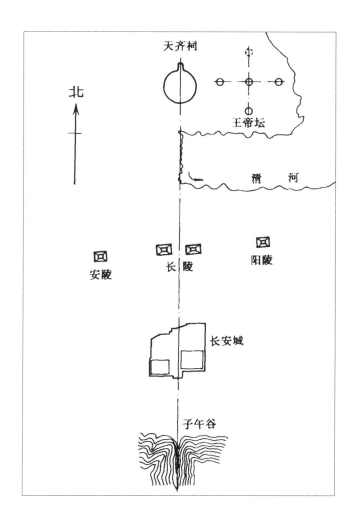

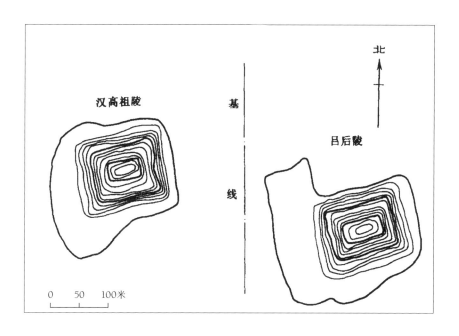

图乙2-19 加摹《中都志》载《皇陵总图》(上南下北)显示明中都皇陵正红门向东北旋转情况。(来源：潘谷西,《中国古代建筑史》第4卷,2009年)

图乙2-20 汉长安城基线及汉代遗迹示意图。(来源：秦建明、张在明、杨政,《陕西发现以汉长安城为中心的西汉南北向超长建筑基线》,1995年)

图乙2-21 汉长安城基线及长陵地形图。(来源：秦建明、张在明、杨政,《陕西发现以汉长安城为中心的西汉南北向超长建筑基线》,1995年)

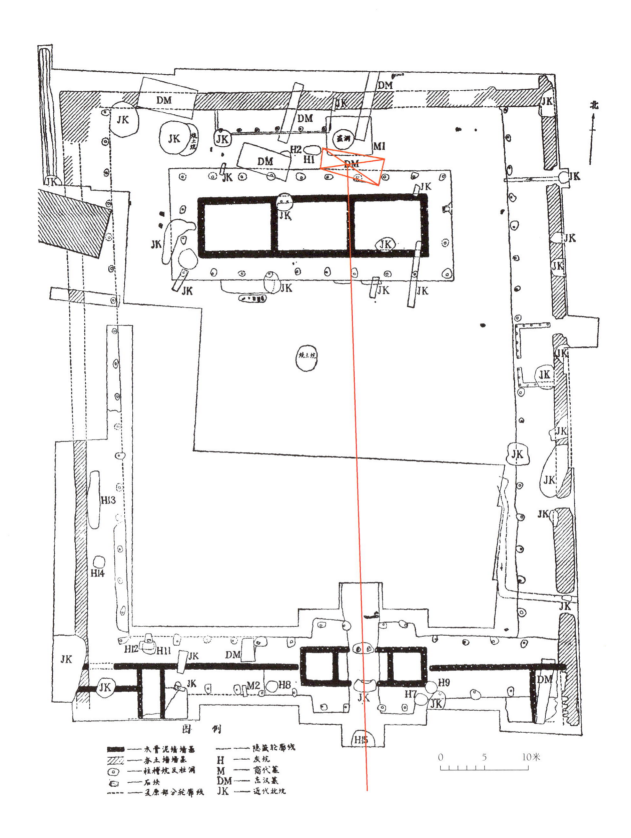

图乙2-22 二里头二号宫殿大墓至南大门轴线分析图。(底图来源：中国社会科学院考古研究所二里头队,《河南偃师二里头二号宫殿遗址》,1983年)

图乙2-23　辽宁朝阳牛河梁红山文化第2地点1号冢4号墓（N2Z1M4）的交泰葬式。[来源：辽宁省文物考古研究所，《牛河梁——红山文化遗址发掘报告（1983—2003年度）》下册，2012年]

　　类似的规划方法，还可追溯到二里头二号宫殿。该宫殿北部偏东有一处大墓（M1），其南北中线穿越中心殿堂中部偏东位置，直抵南大门门道正中，[80]也是墓葬与宫殿一体化设计，"事死者如事生"。（图乙2-22）

　　古人表现阴阳常用交泰图式，以天地交为泰，天地不交为否。考古学资料表明，交泰思想在新石器时代已经形成。

　　冯时指出，辽宁朝阳牛河梁红山文化第2地点1号冢4号墓（N2Z1M4）墓主人两腿膝部相叠交的葬式即如古文字的"交"字。（图乙2-23）类似的交泰图像于甘肃秦安大地湾新石器时代遗存所见地画也有发现，画中绘有男女二人，人之双胫叠交而呈"交"形（图乙2-24，图版I-3），其表示阴阳交合以祈生育的主旨鲜明，说明交泰的本义乃在阐明阴阳之气的交通。此种图像可上溯至距今七千年的安徽蚌埠双墩遗址，其出土的陶器绘有同体二首方向反向的双猪造型，显然表现了雌雄交合、阴阳相生的观念。[81]（图乙2-25）

　　由是而观，河姆渡遗址出土的双鸟交合图案（T21④:18、T226③:79）[82]、大河村仰韶文化遗址出土的彩陶双连壶（F1:29）[83]、凌家滩遗址出土的双猪合体鹰形玉雕（M29:6）[84]，也体现了交泰的观念。（图乙2-26至图乙2-28）

　　天地交合，万物蕃兴。中国古代文化以"天地之大德曰生"为根本价值追求，这

24　26
　　27
25　28

图乙2-24　甘肃秦安大地湾仰韶文化F411房屋基址上的交泰式地画。(来源：甘肃省文物考古研究所，《秦安大地湾——新石器时代遗址发掘报告》，2006年)

图乙2-25　安徽蚌埠双墩遗址出土陶器上的双猪刻画。(来源：安徽省文物考古研究所、蚌埠市博物馆，《蚌埠双墩——新石器时代遗址发掘报告》上册，2008年)

图乙2-26　浙江余姚河姆渡遗址出土的双鸟交合图案象牙器（河姆渡遗址博物馆藏）。王军摄于2018年5月

图乙2-27　河南郑州大河村仰韶文化遗址出土的彩陶双连壶（F1：29）。（来源：郑州市文物考古研究所，《郑州大河村》下册，2001年）

图乙2-28　安徽含山凌家滩遗址出土的双猪合体鹰形玉雕（98M29：6）。（来源：安徽省文物考古研究所，《凌家滩——田野考古发掘报告之一》，2006年）

是不同民族宗教信仰的最大公约数，诚然是至大无外，至小无内。此乃中国古代文化包容性与适应性所在，亦是中国古代统一多民族国家在有元一代进一步发展壮大的文化支撑。元大都规划所呈现的乾坤交泰布局，就是此种价值追求的见证。

注　释

1. [魏]王弼、[晋]韩康伯注，[唐]孔颖达疏：《周易正义》卷九《说卦》，《十三经注疏》，197页。
2. [魏]王弼、[晋]韩康伯注，[唐]孔颖达疏：《周易正义》卷八《系辞下》，《十三经注疏》，189页。
3. [魏]王弼、[晋]韩康伯注，[唐]孔颖达疏：《周易正义》卷一《坤》，《十三经注疏》，31页。
4. [魏]王弼、[晋]韩康伯注，[唐]孔颖达疏：《周易正义》卷九《说卦》，《十三经注疏》，196—197页。
5. 说与悦通。
6. [隋]萧吉撰：《五行大义》卷四《第十七论八卦八风》，21页。
7. [汉]郑玄注：《周易乾凿度》卷上，2—3页。
8. [隋]萧吉撰：《五行大义》卷四《第十七论八卦八风》，22页。
9. 《礼记·月令》将中央土设于季夏与孟秋之间，孔颖达《疏》对此的解释是，土与春夏秋冬四时之末的十八日相配，"虽每分寄，而位本末，宜处于季夏之末、金火之间，故在此陈之也。"（《十三经注疏》，2970页）就是说，土虽分王四季，但其本位在未位，所以《月令》将其配于季夏之末、金水之间。
10. [隋]萧吉撰：《五行大义》卷四《第十七论八卦八风》，21页。
11. [汉]郑玄注：《周易乾凿度》卷上，3页。
12. 同上。
13. [魏]王弼、[晋]韩康伯注，[唐]孔颖达疏：《周易正义》卷七《系辞上》，《十三经注疏》，157页。
14. 同上书，161页。
15. [魏]王弼、[晋]韩康伯注，[唐]孔颖达疏：《周易正义》卷一《乾》，《十三经注疏》，21—23页。
16. [魏]王弼、[晋]韩康伯注，[唐]孔颖达疏：《周易正义》卷一《坤》，《十三经注疏》，31—33页。
17. [魏]王弼、[晋]韩康伯注，[唐]孔颖达疏：《周易正义》卷一《乾》，《十三经注疏》，23页。
18. [汉]许慎撰，[宋]徐铉校定：《说文解字》，245页。
19. [清]黄宗羲撰，郑万耕点校：《易学象数论》卷三《原象》，117页。
20. 闻一多：《古典新义·璞堂杂识》，《闻一多全集》（二），584页。
21. 冯时：《中国早期星象图研究》，《自然科学史研究》1990年第9卷第2期，112页。
22. [汉]司马迁：《史记》卷二十七《天官书第五》，1291页。
23. 冯时：《文明以止——上古的天文、思想与制度》，295—296页。
24. 冯时：《〈周易〉乾坤卦爻辞研究》，《中国文化》2010年第2期，65—93页。按：沈括《梦溪笔谈》谓："登明者，正月三阳始兆于地上，见龙在田，天下文明，故曰登明。"（《梦溪笔谈》卷七《象数一》，5—6页）已有东宫苍龙立春之后昏见东方之意。关于乾卦六龙所对应的方位与时间，黄宗羲《易学象数论》认为："子丑月，黄昏苍龙入地，故曰'潜'。寅卯月，角宿昏见天渊之分，故曰'在渊'。辰巳月，苍龙昏见天田星下，故曰'见龙在田'。午未月，龙星昏中于天，故曰'在天'。申酉月，大火西流，龙将入地，故曰'夕惕'。戌亥月，平旦龙见于东北，昼晦其形，故曰'亢'。"（117—118页）即认为初九"潜龙"为十一月（子月）、十二月（丑月）黄昏时的天象；九四"或跃在渊"是正月（寅月）、二月（卯月）黄昏时角宿升起的天象；九二"见龙在田"是三月（辰月）、四月（巳月）黄昏时东宫苍龙出现在天田星下的天象；九五"飞龙在天"是五月（午月）、六月（未月）东宫苍龙昏中天的天象；九三"夕惕"是七月（申月）、八月（酉月）大火星西流，东宫苍龙将落入地平线下的天象；上九"亢龙"是九月（戌月）、十月（亥月）东宫苍龙朝觐东北方、昼不见其形的天象。黄宗羲从天文学的角度，以东宫苍龙的运行阐释乾卦爻辞，极具创见，但他认为东宫苍龙黄昏没入地平线下，时值十一月、十二月，即在冬至前后及小寒、大寒节气，与《说文》"秋分而潜渊"不合；他对各爻爻辞的解释，爻序不合于时序，不符合易卦的内在秩序。闻一多则根据《说文》关于龙的解释，认为乾卦六龙即东宫苍龙，"飞龙在天"是春分之龙，"潜龙勿用""或跃在渊"是秋分之龙。（《闻一多全集》卷二《古典新义·璞堂杂识》，584页）这一解释也存在爻序与时序不合的问题。夏含夷认为，初九"潜龙"指冬天，即东宫苍龙全体处于地平线之下；九二"见龙在田"指春分，龙角始见于地平线之上，即"二月二，龙抬头"；九四"或跃在渊"是四月底到五月中"大火星"初现的天象；九五"飞龙在天"是夏天之象，即东宫苍龙全体陈列在天上；上九"亢龙"是秋天之象，指亢宿刚处于西方地平线之上；用九"见群龙无首"指亢宿处于西方地平线上之时，角宿已经潜入地平线下，暗示了同一个季节。（《〈周易〉乾卦六龙新解》，《文史》第二十四辑，9—10页）夏含夷的这一解释，爻序与时序相合，但他认为"潜龙"是冬天的天象，与《说文》"秋分而潜渊"不合；他认为上九"亢龙"与用九"见群龙无首"表示了同一个季节，也值得商榷，因为如果是这样，乾卦六龙就只对应了五个时段，不能尽合六位六时。陈久金认为，乾卦为阳卦，"即阳气上升活动时期之卦，在季节上正好位于自春分至秋分的半年之中"；六龙所对应的时间，包括初九"潜龙"为正月，九二"见龙在田"为春分，九五"飞龙在天"为夏至，用九"见群龙无首"为秋分等；亢龙是东宫苍龙升至高位之后开始下行的天象，是位于西南方、逐渐西沉的苍龙之象。（《〈周易·乾卦〉六龙与季节的关系》，《自然科学史研究》1987年第6卷第3期）他关于亢龙的解释极具创见，但他认为乾卦为阳卦"即阳气上升活动时期之卦"并对应了春分至秋分的半年时段，值得商榷，因为属性为阳的经卦——乾、坎、艮、震，分别对应立冬、冬至、立春、春分，表现的是立冬至春分阳气生发的过程，而不是春分至秋分"阳气的上升活动"，所以，不能说乾卦只对应了春分至秋分的半年时段。另，孔颖达《周易正义》记诸儒将乾卦爻辞分配于一年之中，已有东宫苍龙周行于天与阳气相偕之义，有谓："潜者隐伏之名，龙者变化之物，言天之自然之气起于建子之月，阴气始盛，阳气潜在地下，故言初九潜龙也，此自然之象，圣人作法言于此"，"诸儒以九二当太蔟之月，阳气发见，则九三为建辰之月，九四为建午之月，九五为建申之月，为阴气始杀，不宜称飞龙在天。上九为建戌之月，群阴既盛，上九不得言'与时偕极'。于此时阳气仅存，何极之有？诸儒此说，于理稍乖。"（《十三经注疏》，21—22页）即记诸儒以初九"潜龙"为十一月（建子），九二"见龙"为正月（律配太蔟），九三"夕惕"为三月（建辰），九四"在渊"为五月（建午），九五"飞龙"为七月（建申），上九"亢龙"为九月（建戌）。孔颖达认为其中有难以说通之处，比如，七月入秋，阴气始杀，龙既为阳，就不宜称"飞龙在天"；九月即将入冬，群阴既盛，无阳极可言，这就与《文言》所记"亢龙有悔，与时偕极"对不上了。诸家关于乾卦爻辞的解释，皆面对一大难题，即初九"潜龙"与《说文》"秋分而潜渊"如何对应。"潜龙"既为初九，就应该是岁首。可是，古有三正之说，分别以建寅（正月）、建丑（十二月）、建子（十一月）为岁首，与秋分无涉，所以学者多认为"潜龙"为十一月或冬季的天象。在这个问题上，冯时完成了最为关键的考证，他指出殷历的岁首是在秋分之后的第一个月，与乾卦初九"潜龙"完全相合，乾卦初九实即早期历法的岁首标志。此论一出，初九难题即如冰释。可以作为例证的是，今居黔桂交界地带的水族使用的"新水历"以夏历八月水稻收割季节为年终，以适种小季作物的夏历九月为正月，仍在使用早期历法的岁首。（韦忠仕：《古今水族历法考略》，《贵州文史丛刊》1993年第3期）冯时通过岁差计算所考证的乾卦六龙所对应的时间，与《象传》所言"'潜龙勿用'，阳在下也；'见龙在田'，德施普也；'终日乾乾'，反复道也；'或跃在渊'，进无咎也；'飞龙在天'，大人造也；'亢龙有悔'，盈不可久也；'用九'，天德不可为首也"，以及《文言》所言"潜龙勿用，阳气潜藏；见龙在田，天下文明；终日乾乾，与时偕行；或跃在渊，乾道乃革；飞龙在天，乃位于天德；亢龙有悔，与时偕极"（《十三经注疏》，25、29页），皆极为吻合，实深明经义。（关于殷历岁首，参见冯时：《殷历岁首研究》，《考古学报》1990年第1期）

25 [魏]王弼、[晋]韩康伯注，[唐]孔颖达疏：《周易正义》卷一《坤》，《十三经注疏》，31页。
26 同上。
27 [汉]魏伯阳著：《参同契·圣人上观章第三》，[清]王谟辑《增订汉魏丛书·汉魏遗书钞》第5册，57—58页。
28 [唐]李鼎祚撰，王丰先点校：《周易集解》卷十一《归妹》，330页。
29 [汉]魏伯阳著：《参同契·圣人上观章第三》，[清]王谟辑《增订汉魏丛书·汉魏遗书钞》第5册，58页。
30 [汉]郑玄注：《周易乾凿度》卷上，5页。
31 [汉]郑玄注，[唐]孔颖达疏：《礼记正义》卷二十二《礼运第九》，《十三经注疏》，3081页。
32 陆思贤、李迪：《天文考古通论》，68—69页。按：陆思贤在《神话考古》一书中，对此亦有论述，参见该著122页。
33 中国科学院考古研究所、陕西省西安半坡博物馆：《西安半坡》，223、228页。
34 浙江省文物考古研究所：《良渚遗址群考古报告之二：反山》上卷，35—37页。
35 同上书，30—31页。
36 浙江省文物考古研究所：《良渚遗址群考古报告之一：瑶山》，154—159页。
37 浙江省文物考古研究所编著：《良渚王国》，文物出版社2019年版，152页；李力行、柯静：《稻作文明：五千年前的"稻花香"》，杭州网，2019年7月7日。
38 [汉]赵爽注、[北周]甄鸾重述：《周髀算经》卷下，14页。
39 刘洪涛：《古代历法计算法》，8页。
40 [元]陶宗仪：《南村辍耕录》卷五《授时历法》，58页。
41 同上书，59页。
42 [汉]司马迁：《史记》卷二十六《历书第四》，1264—1265页。
43 冯时：《中国古代物质文化史·天文历法》，218—220页。
44 [汉]刘安撰，[汉]高诱注：《淮南子》卷三《天文训》，《二十二子》，1217页。
45 [清]黄宗羲撰，郑万耕点校：《易学象数论》卷六《遁甲》，296—297、298、302—303页。
46 同上书，297页。
47 [晋]孔晁注：《逸周书》卷六《时训解第五十二》，《元本汲冢周书》，115—120页。
48 [汉]司马迁：《史记》卷二十七《天官书第五》，1344、1351页。
49 [明]宋濂等撰：《元史》卷七十四《志第二十五·祭祀三》，1831—1833、1835页；《元史》卷十一《本纪第十一·世祖八》，228页。
50 [元]孛兰肹等撰，赵万里校辑：《元一统志》

卷一《中书省统山东西河北之地·大都路·古迹》,21页。

51 [汉]许慎撰,[宋]徐铉校定:《说文解字》,1页。

52 [魏]王弼、[晋]韩康伯注,[唐]孔颖达疏:《周易正义》卷一《乾·彖》,《十三经注疏》,23页。

53 [魏]王弼、[晋]韩康伯注,[唐]孔颖达疏:《周易正义》卷五《鼎·彖》,《十三经注疏》,125页。

54 [明]宋濂等撰:《元史》卷七十六《志第二十七·祭祀五》,1879页。

55 [明]宋濂等撰:《元史》卷八十八《志第三十八·百官四》,2219页。

56 [明]宋濂等撰:《元史》卷九十《志第四十·百官六》,2296—2297页。

57 [元]杨桓:《太史院铭》,[元]苏天爵编:《元文类》卷十七《铭》,任继愈主编《中华传世文选》第7册,476页。

58 《元史·历志》:"十七年冬至,历成,诏赐名曰《授时历》。十八年,颁行天下。"[明]宋濂等撰:《元史》卷五十二《志第四·历一》,1120页。

59 [元]孛兰肹等撰,赵万里校辑:《元一统志》卷一《中书省统山东西河北之地·大都路·坊郭乡镇》,6页。

60 [汉]郑玄注,[唐]贾公彦疏:《周礼注疏》卷二十六《大史》,1765页。

61 [清]于敏中等编纂:《日下旧闻考》卷五十《城市》,793页。

62 [汉]郑玄注,[唐]孔颖达疏:《礼记正义》卷二十六《郊特牲第十一》,《十三经注疏》,3149页。

63 [清]孙承泽:《春明梦余录》卷二十二《都城隍庙》,317页。

64 [清]秦蕙田:《五礼通考》卷四十五《社稷》,《影印文渊阁四库全书》第135册,1153页。

65 [明]宋濂等撰:《元史》卷八十五《志第三十五·百官一》,2129页。

66 [魏]王弼、[晋]韩康伯注,[唐]孔颖达疏:《周易正义》卷九《说卦》,《十三经注疏》,196页。

67 [魏]王弼、[晋]韩康伯注,[唐]孔颖达疏:《周易正义》卷一《乾·文言》,《十三经注疏》,25页。

68 [唐]李鼎祚撰,王丰先点校:《周易集解》卷一《乾》,10页。

69 [汉]郑玄注,[唐]贾公彦疏:《周礼注疏》卷三十九《冬官考工记第六》,《十三经注疏》,1956页。

70 [魏]王弼、[晋]韩康伯注,[唐]孔颖达疏:《周易正义》卷七《系辞上》,《十三经注疏》,171页。

71 赵其昌主编:《明实录北京史料》第1册,8页。

72 [汉]郑玄注,[唐]孔颖达疏:《礼记正义》卷四十七《祭义第二十四》,《十三经注疏》,3456页。

73 [汉]郑玄注,[唐]孔颖达疏:《礼记正义》卷五十二《中庸第三十一》,《十三经注疏》,3535页。

74 此种观念包含了古人对中国所在地区地理环境的朴素认识。相关记载见《淮南子·天文训》:"昔者共工与颛顼争为帝,怒而触不周之山,天柱折,地维绝,天倾西北,故日月星辰移焉;地不满东南,故水潦尘埃归焉。"(《二十二子》,1215页)《山海经·大荒西经》:"西北海之外,大荒之隅,有山而不合,名曰不周。"郭璞《传》:"此山缺坏,不周帀也。"(《二十二子》,1382页)《河图录运法》:"天不足西北,故日月以西就;地不足东南,故水亦东趋也。"(《纬书集成》,1165页)《河图括地象》:"天不足西北,地不足东南。西北为天门,东南为地户。天门无上,地户无下。"(《纬书集成》,1090页)

75 [南朝宋]范晔,[唐]李贤等注:《后汉书》卷四十上《班彪列传第三十上》,1340页。

76 秦建明、张在明、杨政:《陕西发现以汉长安城为中心的西汉南北向超长建筑基线》,《文物》1995年第3期。

77 [汉]班固撰,[唐]颜师古注:《汉书》卷一下《高帝纪第一下》,79页。

78 [隋]萧吉撰:《五行大义》卷五《第二十四论禽虫·二者论三十六禽》,43页。

79 "坤灵之正位"是班固《两都赋》对未央宫方位的描述，见[南朝宋]范晔，[唐]李贤等注：《后汉书》卷四十上《班彪列传第三十上》，1340页。

80 中国社会科学院考古研究所二里头队：《河南偃师二里头二号宫殿遗址》，《考古》1983年第3期。

81 参见冯时：《文明以止——上古的天文、思想与制度》第六章第二节"天地交泰观的考古学研究"，553—572页。

82 浙江省文物考古研究所：《河姆渡——新石器时代遗址考古发掘报告》上册，285页。

83 郑州市文物考古研究所编著：《郑州大河村》（上），215页。

84 安徽省文物考古研究所：《凌家滩——田野考古发掘报告之一》。

第三章 阴阳模数与律吕爻象

一、元大都的模数体系

傅熹年在《中国古代城市规划、建筑群布局及建筑设计方法研究》一书中对元大都规划做了深入研究，独具慧眼地指出元大都总平面存在两组模数。(图乙3-1)

模数一：以宫城御苑为模数单位，东西九列，南北五列，共四十五个模数单位，组成大城总平面。

模数二：以宫城之广、皇城之深为模数单位，东西九列，南北四列，共三十六个模数单位，组成大城总平面。

傅熹年指出，元大都的规划在大城与宫城御苑之间的关系上取九和五的倍数显然是有意附会《周易》中九五利见大人，以九五象征贵位的意思，以这数字象征皇宫和都城；大都城以宫城、皇城之长宽为全城的模数，并使由干道划分成的主要街区（相当于市里制城市中的里坊或里坊集群）也和宫城、皇城的尺度有联系（比如，大城东西城墙各被三个城门等分的墙段约等于皇城之深），与唐代长安、洛阳规划中以宫城、皇城为全城及里

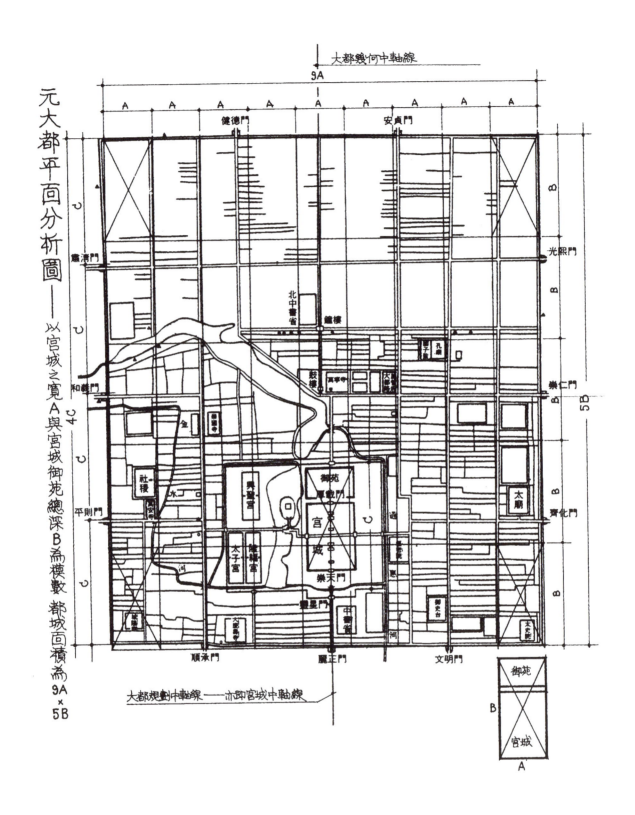

图乙3-1　傅熹年绘元大都平面分析图。(来源：傅熹年,《中国古代城市规划、建筑群布局及建筑设计方法研究》下册，2001年)

坊集群的模数和原则一脉相承；以宫城为面积模数是中国古代都城规划通用之法，是皇权统率一切的表现，这样的模数化设计有利于城市大规模快速建设。[1]

傅熹年对元大都模数体系的研究，对于进一步理解元大都规划布局的文化内涵具有重要的指导意义，试讨论如下。

1. 模数一：九五之尊与九宫之数

《周易》以九、六表示一爻的阴阳属性，阳为九，阴为六；六十四卦由两个经卦相重而成，自下而上六个爻位分别称初、二、三、四、五、上，上卦居中之爻，爻位为五，如果是阳爻，即称九五；六爻之中，奇数序位为阳，偶数序位为阴，九五爻是阳爻居阳位，又是上卦居中之爻，即居中正之位。古人以中正为尊，此即"九五之尊"。

乾卦九五爻辞："飞龙在天，利见大人。"即记东宫苍龙昏中天，行至天的最高处，也就是最尊处。观象授时是天子事务，龙星的观测者——天子——因此而成为龙的化身，乾卦九五爻辞所记"飞龙在天"，也即"九五之尊"，就成为天子的代称。

元大都规划的模数一，以九五之数生成大城总平面，诚如傅熹年所言，是有意附会"九五之尊"。值得注意的是，模数一还呈现了9×5=45的数理关系，四十五是九宫所配之数（一至九）的总和，九宫数与五行方位数共同组成了以生成数、天地数标识四方五位、八方九宫的数术体系，构成了中国古代空间规划的基本框架。

朱熹《周易本义》刊有以黑白圆点表示数字而组成的五位图与九宫图，前者称"河图"，后者称"洛书"。（图甲1-22）冯时考证，这两张图实际上都是标记地平方位的洛书，新石器时代文化中出现的特殊的八角图形，就是最原始的洛书图像（图乙3-2）；河图实为描绘东宫苍龙跃出银河回天运行的星象图，也就是"太极图"。[2]（图乙3-3）

冯时的这一论证，揭开了河图、洛书的千古之谜，使我们从天文学的角度认识了河图、洛书的本来面貌。《周易·系辞上》："河出图，洛出书，圣人则之。"[3]《周易集解》引侯果曰："圣人法河图、洛书，制历象以示天下也。"[4] 河图、洛书关乎治历明时，因为它们体现了中国古代观象授时的基本方法，即通过地平方位观测天体运行以获得时间。如冯时所言，河图描绘了龙星的运行，洛书标识了地平方位，二者就构成了东宫苍龙的观测体系。昏旦之时在地平方位上测定龙星的位置就可以获得时间，这就是《周易》乾坤两卦的基本内容。

洛书五位图以一、六配北方水，二、七配南方火，三、八配东方木，四、九配西方金，五、十配中央土，左旋即五行相生；这些数字配于洛书九宫（中宫配五不配十），右转即五行相克。（图甲1-22至图甲1-23）九宫所配之数，纵横斜三数相加皆为十五，表示了一个节气，数字的总和为四十五，这又是一节三气之数，对于记录历年十分重要。

图乙3-2 新石器时代八角图案。(1)(12)崧泽文化（实物于上海青浦崧泽出土）；(2)大溪文化（实物于湖南安乡汤家岗出土）；(3)仰韶文化（实物于江西靖安出土）；(4)马家滨文化（实物于江苏武进潘家塘出土）；(5)(7)(10)(13)—(15)(17)大汶口文化（实物于山东泰安、江苏邳州市大墩子、山东邹县野店出土）；(6)(8)(9)(11)良渚文化（实物于上海马桥、江苏澄湖、江苏海安青墩出土）；(16)小河沿文化（实物于内蒙古敖汉旗小河沿出土）。（来源：冯时，《中国天文考古学》，2001年）

图乙3-3 古彝文文献所载《太极图》。(1)—(3)A型；(4)—(9)B型；(10)C型。（来源：冯时，《中国天文考古学》，2001年）

《淮南子·天文训》记"五九四十五",有谓:

> 故五胜生一,壮五,终九,五九四十五,故神四十五日而一徙。以三应五,故八徙而岁终。[5]

《五行大义·论八卦八风》记"五九四十五",亦云:

> 今分八卦以配方位者,坎离震兑,各在当方之辰;四维四卦,则丑寅属艮,辰巳属巽,未申属坤,戌亥属乾。八卦既通八风、八方,以调八节之气。故坎生广莫风;四十五日至艮,生条风;四十五日至震,生明庶风;四十五日至巽,生清明风;四十五日至离,生景风;四十五日至坤,生凉风;四十五日至兑,生阊阖风;四十五日至乾,生不周风;四十五日又至坎。阳气生五极九,五九四十五,

故左行四十五日而一变也。⁶

皆以"五九四十五"记八节一节之时长。所谓"五胜生一，壮五，终九"，是指十二辰中，五行的生、壮、死皆相隔四辰，呈现一、五、九的序位关系；所谓"阳气生五极九"，是指天地数中共有五个阳数（即一、三、五、七、九），九是阳数之极；所谓"以三应五"，是指三五一十五为一个节气；所谓"八徙而岁终"，是指一岁八节，每节三气，共二十四节气；所谓"左行四十五日而一变"，是指从冬至开始，历四十五日而为一节。

古人赋予了九、五这两个数字多种意义，但"五九四十五"记一节三气至为根本，因为序四时之大顺以此为法。可见，元大都的大城为宫城御苑的四十五倍，不但是对"九五之尊"的表现，还是对洛书九宫、二十四节气的表现。

2. 模数二："一期三十六旬"当一岁之数

元大都规划的模数二，以宫城之广、皇城之深的三十六倍形成大城总平面，此三十六之数是中国古代表示一岁时长的律历之数。

《旧唐书·礼仪志》记明堂制度："外面周回三十六柱。按《汉书》，一期三十六旬，故法之以置三十六柱。"⁷《汉书·律历志》："终地之数，得六十，以地中数六乘之，为三百六十分，当期之日，林钟之实。"⁸《周易·系辞上》："乾之策二百一十有六，坤之策百四十有四，凡三百有六十，当期之日。"⁹《淮南子·天文训》："一律而生五音，十二律而为六十音，因而六之，六六三十六，故三百六十音以当一岁之日。故律历之数，天地之道也。"¹⁰ 皆以"一期三十六旬"，即三十六旬共三百六十日当一岁之数。

古人以三百六十日当一岁之数，是因为三百六十日能够被一节气十五日整除，并与六个甲子的周期相合。模数二取义于此，显然是对"律历之数，天地之道"的体现。

3. 模数一与模数二：阴阳合和，黄钟之数

模数一共有四十五个模数单位，模数二共有三十六个模数单位，四十五是阳数，三十六是阴数，两组模数叠成都城总平面，又体现了阴阳合和的理念。¹¹

古人以数记事，十分看重数字积累所表达的意义。模数一与模数二的模数总数相加，即45＋36＝81，这是九九八十一黄钟之数。《周礼·考工记》："匠人营国，方九里。"¹² 即以九九八十一黄钟之数确定王城的总面积。元大都的表现方式与之不同，但意义相通。

关于黄钟之数，《淮南子·天文训》记云："以三参物，三三如九，故黄钟之律九寸，而宫音调。因而九之，九九八十一，故黄钟之数立焉。"¹³《国语·周语下》韦昭《注》：

"黄钟，阳之变也。管长九寸，径三分，围九分，律长九寸，因而九之，九九八十一，故黄钟之数立焉，为宫。"[14] 古人以黄钟之数为度量衡和礼乐制度的基础。以黄钟律管长九寸自乘，即得九九八十一黄钟之数。

古代乘法表称九九表，最初就是从"九九八十一"开始的，至元代朱世杰编定《算经启蒙》才改从"一一如一"开始。[15] 清华大学藏战国竹书《算表》是今见世界最早的十进位乘法表，即以九九八十一为法式，可进行一百以内任意两位数的乘法，以及更为复杂的除法、开方运算，操作十分简便，计算功能优于古代其他地区出现的乘法表。[16]

黄钟以九为基数，先人对这一数字的认识极为古老。距今五千年前的良渚文化有九节玉琮（图乙3-4），同时期的秦安大地湾仰韶文化F901房屋基址面阔九间，皆合黄钟律数。（图版I-1）

《汉书·律历志》记录了积累子谷秬黍以确定黄钟之数以及度量衡单位的具体方法，有谓："度者，分、寸、尺、丈、引也，所以度长短也。本起黄钟之长。以子谷秬黍中者，一黍之广，度之九十分，黄钟之长。一为一分，十分为寸，十寸为尺，十尺为丈，十丈为引，而五度审矣"，"量者，龠、合、升、斗、斛也，所以量多少也。本起于黄钟之龠，用度数审其容，以子谷秬黍中者千有二百实其龠，以井水准其概。合龠为合，十合为升，十升为斗，十斗为斛，而五量嘉矣"，"权者，铢、两、斤、钧、石也，所以称物平施，知轻重也。本起于黄钟之重。一龠容千二百黍，重十二铢，两之为两。二十四铢为两，十六两为斤，三十斤为钧，四钧为石。"[17] 即以九十粒黍积累为黄钟律管之长，以一千二百粒黍填充黄钟律管，计其容量与重量，生成一系列度量衡单位。

黄钟律确定之后，通过三分损益，又可生成十二律，不但能够"律和声，八音克谐"[18]，还可候气知时，纪十二历月。《尚书·尧典》："协时月正日，同律度量衡。"伪孔《传》："律，法制。"孔颖达《疏》："律者，候气之管。而度量衡三者，法制皆出于律，故云'律，法制'也。"[19] 基于黄钟之数的度量衡、礼乐制度，是国家的基本制度，这一制度的定义者，当然就是天下的治理者。所以，《礼记·明堂位》记周公辅成王治理天下，"制礼作乐，颁度量而天下大服"[20]。《史记·律书》强调："王者制事立法，物度轨则，一禀于六律，六律为万事根本焉。"[21]（图乙3-5）

元大都的规划设计，以模数一、模数二叠成大城总平面，既表现了阴阳合和，又体现了黄钟之数，彰显了"同律度量衡""王者制事立法"的意义。

图乙3-4 故宫博物院藏良渚文化九节玉琮。王军2019年10月摄于"良渚与古代中国"展

图乙3-5 宋代杨甲《六经图》刊印之《六律六吕图》。(来源:《影印文渊阁四库全书》第183册,1986年)

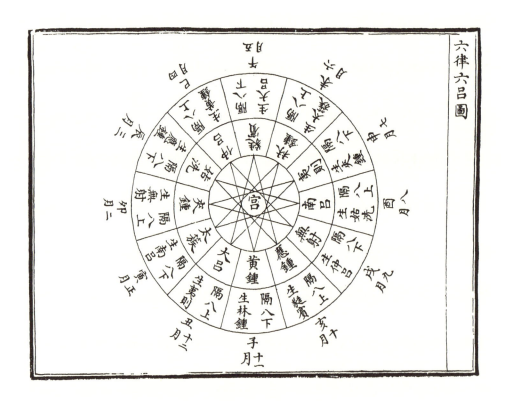

二、"参天两地而倚数"

模数一的四十五个模数单位，以九宫数三为一组的法式演绎，可合并为十五个扩大模块，并以孔庙、国子监北墙的东西一线为界，南为九个模块，北为六个模块；九个模块所在区域建筑密集，六个模块所在区域建筑稀少。这一布局合于乾元用九、坤元用六。

九个扩大模块南横三列，六个扩大模块北横二列，与元大都南三门、北二门呼应，又呈现了天南地北[22]、参天两地的格局，体现了"参天两地而倚数"的易学理念。（图乙3-6，图乙3-7）

"参天两地而倚数"见载于《周易·说卦》，古代注家有多种解释，分述如下。

1. 认为参天两地是指老阴老阳、少阴少阳

《周易·说卦》韩康伯《注》："参，奇也。两，耦也。七、九，阳数；六、八，阴数。"[23] 即以揲蓍求卦所得的四个数字——老阳九、老阴六、少阳七、少阴八来解释参天两地，认为参即三为奇数，两即二为偶数，老阴老阳、少阴少阳就是这样的奇偶关系。

2. 认为参天两地是指重卦六爻

《周易·系辞下》："《易》之为书也，广大悉备，有天道焉，有人道焉，有地道焉，兼三材而两之，故六。六者非它也，三材之道也。"[24]

《周易·说卦》："昔者圣人之作《易》也，将以顺性命之理，是以立天之道曰阴与阳，立地之道曰柔与刚，立人之道曰仁与义。兼三才而两之，故《易》六画而成卦。"[25]

《周易集解》引崔憬曰："言重卦六爻，亦兼天地人道，两爻为一材，六爻有三材，则是'兼三材而两之，故六'。六者，即三才之道也。"[26]

《周易集解》引虞翻曰："倚，立；参，三也。谓分天象为三才，以地两之，立六画之数，故'倚数'也。"[27]

就是说，重卦六爻分天、地、人三位，上两爻为天，下两爻为地，中两爻为人，此即天地人三材或三才，每材（才）两爻，三而两之，由此立卦，这就是"参天两地而倚数"。

3. 认为参天两地是指五个生数

杨甲《六经图》："乾元用九参天也，坤元用六两地也，故曰'参天两地而倚数'。九六者，止用生数也。"[28] 这是说生数中的奇数一、三、五是三个天数，此即"参天"，其和为九，所以乾元用九；生数中的偶数二、四是两个地数，此即"两地"，其和为六，所以坤元用六。"参天两地而倚数"是乾元用九、坤元用六"止用生数"的生成方式。

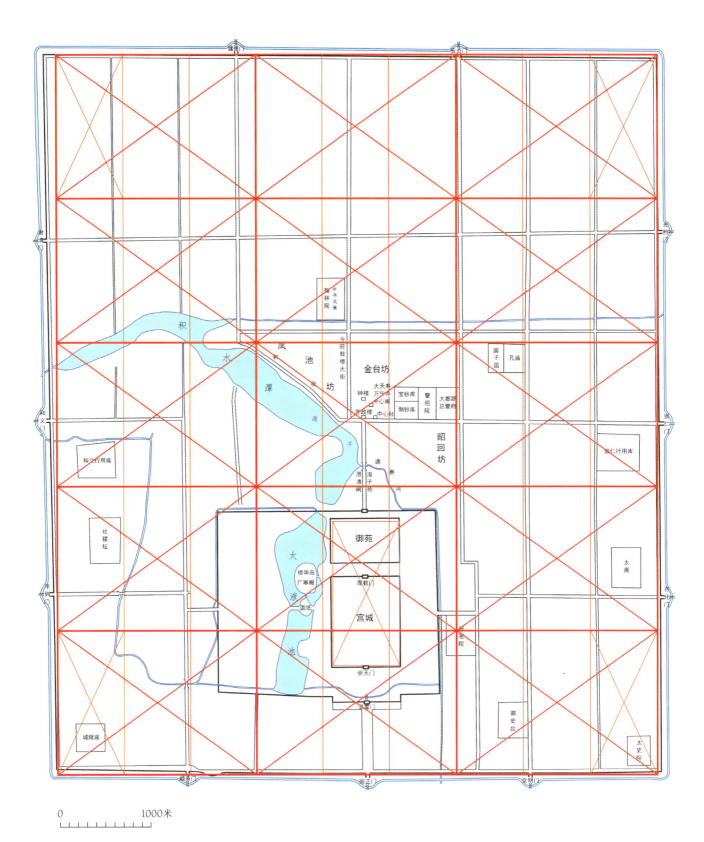

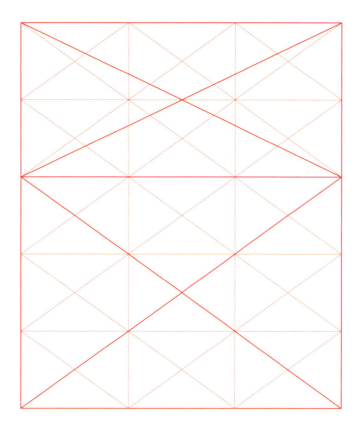

图乙3-6　元大都十五个扩大模块（乾九坤六布局）分析图。王军绘

图乙3-7　元大都十五个扩大模块（乾九坤六布局）示意图。王军绘

4. 认为参天两地是指天圆地方

朱熹《周易本义》释"参天两地而倚数"："天圆地方，圆者一而围三，三各一奇，故参天而为三。方者一而围四，四合二耦，故两地而为二，数皆倚此而起。"[29] 这是以"周三径一"的圆周古率来解释"参天"，以正方形"一而围四"、二二得四的数理关系来解释"两地"，认为方圆皆始于一，圆是"一而围三"，三即"参天"；方是"一而围四"，是两个地数二相加所得，也就是"两地"。

以上解释，从不同角度、不同层面讨论了"参天两地而倚数"，各家所言，自成一体，皆具有代表性，诚然是"《易》之为书也，广大悉备"。其中，杨甲的生数说、朱熹的天圆地方说，极为古朴，又涉及以下问题：

1. 五个生数即一手五指之数，参天两地表示了五个生数，也就表示了一手之数，这是前文字时代以数记事的文化余绪

在文字尚未诞生的时代，先人以数记事，必运用一手之数与两手之数。一手五指，两手十指，先人对五、十以及一至十的数字认知，正可谓"近取诸身"。古人称一、二、

三、四、五为生数,已有数字生于一手之数的寓意。五个生数分别与五相加,得成数六、七、八、九、十,两手之数由此生成,十进位制由此演绎。距今五千年前的良渚文化有十节玉琮,表明彼时先人对两手之数"十"已有了确切认识。(图乙3-8)

《周易·系辞上》:"天一,地二,天三,地四,天五,地六,天七,地八,天九,地十。"[30] 即将两手之数与天地相配。奇数配天,偶数配地,是因为"天先成而地后定"[31],"一者,数之始也"[32],所以,一与天配,二与地配。扩大这一认识,就是奇数配天,偶数配地。

一手之数的一、三、五是三个天数,总和为九;二、四是两个地数,总和为六;九六相加等于十五,表示了一个节气,就可以记录历年了。古人将一个节气分为上中下三局,每局五天;将二十四节气分为七十二候,每候五日,皆是以一手之数记录历年的表现。

《周易·系辞下》:"上古结绳而治,后世圣人易之以书契。"[33] "结绳"就是以数记事。汪宁生在《从原始记事到文字发明》一文中指出,世界上没有文字或文字使用不普遍的民族,仍在大量使用原始记事方法。其中,以物件记事最为简单的方式就是计数,少数民族计算数字常借助手指、足趾,或借助其他之物。[34]

可以引为例证的是,蒙古民族在成吉思汗下令创制畏兀儿体蒙古文之前,就是靠刻记、手指传递信息的。[35]

在新石器时代,中国所在地区的农业文化与文明已经有了相当可观的发展。考古工作者在良渚遗址发现了受益面积一百平方公里的水利系统,筑有高坝、低坝和长堤(图乙3-9);[36] 在距今七千年的河姆渡遗址发现了大约为一百二十吨以上的稻谷遗存。[37] (图乙3-10) 如果当时不能准确地测量空间与时间,如此大规模的水利设施与农业剩余就不可能出现。显然,相关的知识已经具备,但那时还没有文字,如何将其记录与传承,就是需要讨论的问题了。

正如汪宁生所言,计数是原始记事最为简单的方式。古代数术即导源于此。研究中国古代文化,数术是绕不过去的,诸子百家动辄以数言事,占蓍卜问每以策数告人。《汉书·艺文志》列数术一百九十家,分天文、历谱、五行、蓍龟、杂占、形法六种,评论道:

> 数术者,皆明堂羲和史卜之职也。史官之废久矣,其书既不能具,虽有其书而无其人。《易》曰:"苟非其人,道不虚行。"春秋时鲁有梓慎,郑有禆灶,晋有卜偃,宋有子韦。六国时楚有甘公,魏有石申夫。汉有唐都,庶得粗觕。盖有因

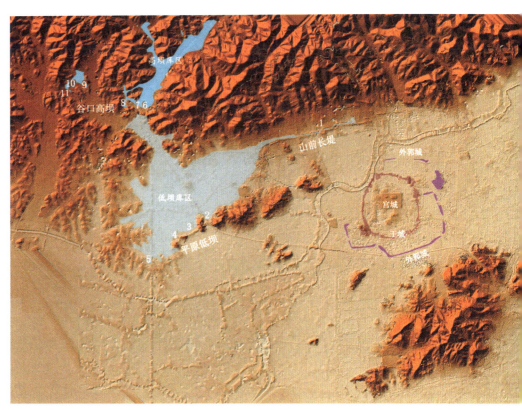

图乙3-8　故宫博物院藏良渚文化十节玉琮。王军2019年10月摄于"良渚与古代中国"展

图乙3-9　良渚古城外围水利系统。(来源:浙江省人民政府、故宫博物院,《良渚与古代中国——玉器显示的五千年文明》,2019年)

图乙3-10　河姆渡遗址第一期文化层出土的稻谷堆积。(来源:浙江省文物考古研究所,《河姆渡——新石器时代遗址考古发掘报告》上册,2003年)

而成易,无因而成难,故因旧书以序数术为六种。[38]

就是说两汉之际数术已是"有其书而无其人"了,即便是司马迁的父亲太史公司马谈的老师唐都那样的学者,也只是粗通而已,没有师传就难以为学了。数术之难,于是可知。

但是,数术是由负责明堂礼仪、天文历法、记史占卜的官员掌握的,他们所具备的知识,必然根植于与时间、空间密切相关的知识体系,基于这一知识体系,我们就能够以合乎逻辑的方式来讨论数术的本来意义。

理解数术,必先识数。《说文》:"数,计也。"[39]《广雅》:"数,术也。"[40] 就是说,对数字的认识是基于计算的需要,数字是一种技术。先人以数记事,将之发展为一门学问,这就是数术之学。数字承载了文化,就成为文化的表现方式。前文讨论的良渚墓葬中"国之重器"所显示的律历之数,即为文化的表现。以良渚文化已经取得的生产力成就而言,那个时代必已建立了相应的数术体系,否则就无法实现文化的传承与积累。

值得注意的是,良渚古城南设三门,北设二门,东西各二门,共九个城门(图乙3-11),与明清北京内城城门布局一致。这九个城门,已然是黄钟之数;南设三门,

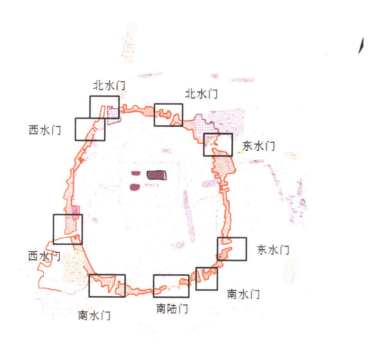

北设二门，已然是参天两地，元大都南北门制与之相同。

虽然不能确定关于参天两地的易学理念在良渚文化时代已经形成，但是，良渚文化遗址屡次出土的五节玉琮（图乙3-12）已经表明，彼时先人对数字五或一手之数的意义已经有了明确的认识，必然能够以其记录并表达相应的知识与思想内容。

数术并不会因为文字的诞生而消亡，因为它所承载的文化还在延续。只要此种文化还在，数术就会一如既往地以其恒定、明确的方式标注此种文化的意义。

2. 测量天地必用圆方，以参天两地表示天圆地方，见证了中华先人规划时间与空间的卓越能力

关于天圆地方，《大戴礼记·曾子天圆》记载了一则故事：

> 单居离问于曾子曰："天圆而地方者，诚有之乎？"曾子曰："离，而闻之云乎？"单居离曰："弟子不察，此以敢问也。"曾子曰："天之所生上首，地之所生下首，上首之谓圆，下首之谓方，如诚天圆而地方，则是四角之不掩也。且来！吾语汝。参尝闻之夫子曰：'天道曰圆，地道曰方。方曰幽而圆曰明。明者，吐气者也，是故外景；幽者，含气者也，是故内景，故火日外景，而金水内景，吐气者施而含气者化，是以阳施而阴化也。阳之精气曰神，阴之精气曰灵。神灵者，

图乙3-11　良渚古城平面图。（来源：浙江省文物考古研究所，《良渚王国》，2019年）

图乙3-12　故宫博物院藏良渚文化五节玉琮。王军2019年10月摄于"良渚与古代中国"展

品物之本也，而礼乐仁义之祖也，而善否治乱所兴作也。……'"[41]

单居离对天圆地方这一说法怀有疑问，便向曾子请教。曾子说，天生上首，地生下首，上首曰圆，下首曰方。如果天是圆的，地是方的，就会出现天地不能完全相合、四角不掩的情况。他曾听孔子说过"天道曰圆，地道曰方"，这关乎阳施阴化、礼乐仁义、善否治乱。在孔子看来，天圆地方并不是对天地形态的描述，而是一个哲学问题。

《周髀算经》刊载的圆方图、方圆图，正是四角不掩的天圆地方图。(图乙1-1)《周髀算经》对此说明如下：

> 万物周事而圆方用焉，大匠造制而规矩设焉。或毁方而为圆，或破圆而为方。方中为圆者，谓之圆方。圆中为方者，谓之方圆也。[42]

《周髀算经》又记：

> 平矩以正绳，偃矩以望高，覆矩以测深，卧矩以知远，环矩以为圆，合矩以为方。方属地，圆属天，天圆地方。[43]

赵爽《注》：

> 物有圆方，数有奇耦。天动为圆，其数奇；地静为方，其数耦。此配阴阳之义，非实天地之体也。天不可穷而见，地不可尽而观，岂能定其圆方乎？[44]

所记皆施画圆方、测量天地的技术方法。赵爽直言："此配阴阳之义，非实天地之体也。天不可穷而见，地不可尽而观，岂能定其圆方乎？"也是认为天圆地方不是对天地形态的描述，而是关乎阴阳之义。

《周髀算经》从技术层面对方圆之用做出的解释，表明天圆地方与时间、空间的测量有关。事实上，只有在一个圆周里，才能通过天文观测，方便地读出时间；只有在一个矩网里，才能"计里画方"(图乙3-13至图乙3-15)，准确地测量大地。测天用圆，测地用方，这就是"方属地，圆属天，天圆地方"。而读不出时间与空间，是无法做到"万物周事"的，更是无法迈入文明的门槛的。

难以想象如果不掌握大地测量的方法，良渚先民如何建设超大规模的水利设施。

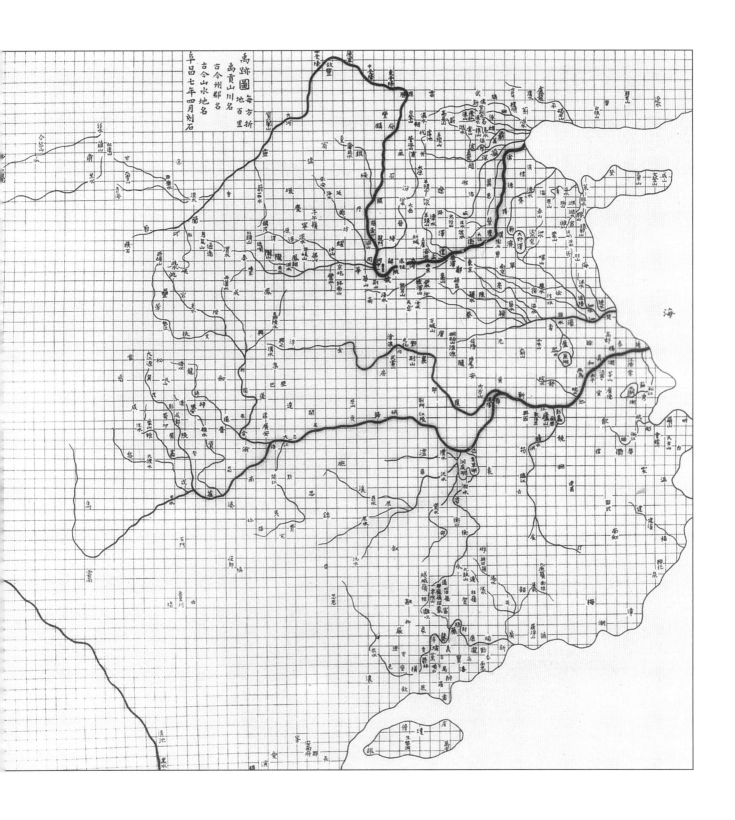

图乙3-13 《禹迹图》墨线图。刘豫阜昌七年（1136年）即南宋绍兴六年四月刻石，注明比例尺"每方折地百里"。原石藏陕西省博物馆。[来源：《中国古代地图集（战国—元）》，1990年]

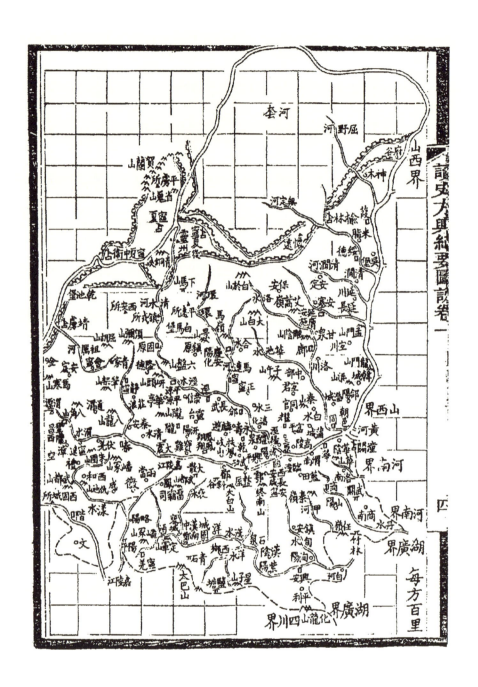

图乙3-14　清代顾祖禹撰《读史方舆纪要》载"每方百里"之《陕西舆图》。（来源：顾祖禹，《读史方舆纪要》第11册，2005年）

图乙3-15　样式雷《"普祥峪菩陀峪万年吉地约拟规制地盘丈尺全分样糙底"图》。（来源：王其亨，《清代陵寝风水：陵寝建筑设计原理及艺术成就钩沉》，1992年）

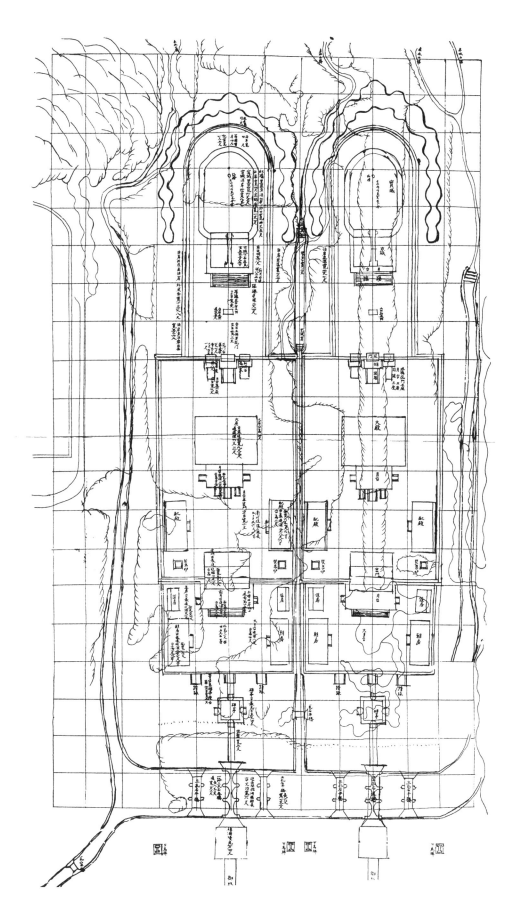

大地测量必立表参望，运算勾股。《周髀算经》记勾股定理，有谓："故禹之所以治天下者，此数之所生也。"赵爽《注》：

> 禹治洪水，决流江河，望山川之形，定高下之势，除滔天之灾，释昏垫之厄，使东注于海，而无浸逆，乃勾股之所由生也。[45]

这是说大禹治水，已懂得勾股运算。如果说这是一个无法证实的传说，那么，比传说中的大禹时代还早了一千年的良渚遗址的水利系统，就是一个"旁证"。因为不具备相应的数学知识，如此浩大的水利工程是造不出来的。值得重视的是，与良渚文化同时期的红山文化祭地方丘已显示了以内方为模数的平面设计方法——以方的积累来表示大地，已合乎"计里画方"之道。（图乙1-11，图乙1-12）

测量天地须用圆方，圆方之道就成为天地之道，圆方相合就是天地相合、阴阳合和，这就引申出了哲学意义，即如孔子所言："天道曰圆，地道曰方。"可见，哲学产生于生产实践，这就是格物致知。

正是因为"万物周事而圆方用焉"，所以"大匠造制而规矩设焉"。规矩方圆蕴含着中华先人的生存之道，也就成为中国古代建筑设计的基本法则。

冯时对距今五千年的牛河梁红山文化圜丘与方丘做了持续深入研究，指出圜丘的三环就是古代文献所说的表示分至日行轨道的"三天"，辅助设计这一图案的两个正方形即为"两地"，二者正好构成了"参天两地"的 $\sqrt{2}$ 图式，堪称易数思想体系的先驱（图乙1-10）；[46] 方丘由内向外的三个正方形的原始长度都是9的整数倍，这是以内方为基本单位逐步扩充的结果，方丘的设计正是利用了古人对勾股定理加以证明的"弦图"的基本图形，也就是九九标准方图。[47]（图乙1-11，图乙1-12）这一论证，极大地丰富了人们对牛河梁所代表的五千年前中华文明水平的认识。

王贵祥、王南的研究表明，$\sqrt{2}$ 比例是中国古代建筑设计的一个基本法式。笔者在近期研究中发现，诸新石器时代文化在建筑、器物、图案的设计中普遍运用了 $\sqrt{2}$ 比例（图版Ⅳ），良渚古城莫角山宫殿区为一长方形覆斗状高台，高台东西长约630米，南北宽约450米，[48] 长宽比630/450=1.4，恰合"方五斜七"比例（7/5=1.4）。江苏邳州市新石器时代大墩子遗址出土的彩陶钵（大M33:8，2/9）甚至直接画出了圆方方圆图。[49]（图乙3-16至图乙3-18）良渚玉琮就是此种图式的立体呈现。（图乙3-19）

明北京紫禁城门道顶部皆取外方内圆造型，与良渚玉琮相似（图乙3-20），明人金幼孜《皇都大一统赋》称其为"天地洞开，驰道相连"[50]；明北京城内城南三门（正阳

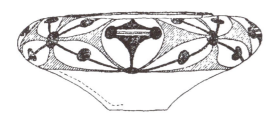

16 17

18 19

图乙3-16　江苏邳州市新石器时代大墩子遗址出土的彩陶钵（大M33：8, 2/9）绘有圆方方圆图案。（来源：南京博物院，《江苏邳县四户镇大墩子遗址探掘报告》，1964年）

图乙3-17　南京博物院藏大墩子遗址出土彩陶钵绘有圆方方圆图案。王军摄于2019年5月

图乙3-18　南京博物院藏大墩子遗址出土彩陶钵绘方圆相含图案。王军摄于2019年5月

图乙3-19　良渚博物院藏良渚文化玉琮。王军摄于2015年6月

门、崇文门、宣武门）皆为单一的圆券门洞，北二门（德胜门、安定门）、东二门（东直门、朝阳门）与西城墙阜成门的门洞则加方形门框（方框与门洞顶部圆券不交，这是为了突出方）；西城墙北部象征天门的西直门门道则与南三门形制相同。（图乙3-21至图乙3-23）这就以方圆造型表示了不同空间的阴阳意义。

明北京内城城门或圆或方，寓意阴阳分化；紫禁城城门方圆相含，寓意阴阳合和；内城与紫禁城平面皆取9：7明堂比例，寓意"道生一"。这就以方圆之道、建筑比例演绎了宇宙生成、万物化生。[51]

王树声将内含等边三角形的矩形（即$\sqrt{3}/2$矩形）构图手法纳入中国建筑史研究视野之后，张杰、王南相继在研究中指出，元大都平面即为此种图形。[52]

$\sqrt{3}/2$比例约合整数比7：6，按照这一比例推算，元大都的十五个扩大模块，每

图乙3-20　北京紫禁城神武门门道。王军摄于2016年9月

图乙3-21　20世纪30年代中国营造学社拍摄的北京西直门，可见其圆券门制。清华大学建筑学院资料室提供

图乙3-22　1969年准备拆除的安定门，可见其加方框结构的门制，德胜门、东直门、朝阳门、阜成门与之相同。罗哲文摄

图乙3-23　今存北京正阳门可见其圆券门制，崇文门、宣武门、西直门与之相同。王军摄于2002年10月

图乙3-24　元大都十五个√2比例（方七斜十）扩大模块示意图。王军绘

个模块的广深比为6/3:7/5≈1.429，与"方七斜十"比例完全一致（10/7≈1.429），这是对√2比例的运用，体现了"天地之和"的寓意。（图乙3-24）

　　这十五个扩大模块，源出九五之尊、洛书九宫，合于一个节气之数，又体现了"易一阴一阳，合而为十五之谓道"，实具有深刻而丰富的知识与思想内涵。

三、北疏南密之象

元大都南部建筑密集，北部建筑稀少，呈现北疏南密之象，其中原因未见史载。对此，王璞子《元大都城平面规划述略》记云：

> 有谓元城北部所以空旷，较少居民，原因当时各部族来朝京师，驼马车乘很多，所以预留空地，以为安顿，也有说预留空旷，是为了屯集兵马，以防意外，而究其实，或与当时地理形势，和城内居住户口蕃息情况，必有很大关系。北城自积水潭以北，就今日地形，颇多河道沼泽遗迹，穿插其间，原隰起伏，极不规则，地势不如南半部平坦，易于规方，有利于坊巷布置，限于地形自然条件，所以空旷较多。又据《元史》地理志，大都路包括所属州县在内，户口总数不过四十多万，远不如明代户口繁盛之状（明代顺天府户口总数是七十多万），而且当时迁居新城者，必多趋于城内繁华交通近便地方，而后逐渐向偏远发展，由点及面，由近而远，人情趋向，原是很自然的事，所以当时的高宅大第，繁华闹市，必然多在南半城和东西两城，北偏人烟自然较少。究竟真相如何，仍有待进一步的考证。[53]

观察元大都总平面十五个扩大模块布局，结合《周易》数理，或可做出以下解释：

1.元大都南部建筑密集，北部建筑稀少，是对阴阳的表现

如前所述，十五个扩大模块以孔庙、国子监北墙的东西一线为界，南为九个模块（九为老阳之数），所在区域建筑密集；北为六个模块（六为老阴之数），所在区域建筑稀少，即如《春秋繁露》所言："阳常居实位而行于盛，阴常居空位而行于末。"[54] 并将乾元用九、坤元用六、"参天两地而倚数"的易学思想，呈现在元大都的平面之中。

这一布局又体现了北宋邵雍《皇极经世书》关于"乾全用""坤全不用"的卦气学说。

邵雍"先天八卦"以乾南、坤北、离东、坎西为四正卦布局，其卦气说，是乾、坤、离、坎四卦不用，其余六十卦共三百六十爻，当一岁之数；如与岁实相配，则用乾不用坤，离坎用半，在三百六十爻的基础上增加六爻，配三百六十六天。《皇极经世书》释之曰：

> 阳主赢，故乾全用也。阴主虚，故坤全不用也。阳侵阴，阴侵阳，故离坎用半也。是以天之南全见，而北全不见，东西各半见也。[55]

在十五个扩大模块中，南部乾九之区居于实位，北部坤六之区居于空位，与邵氏

卦气说"乾全用""坤全不用"意义相合，这应该是刘秉忠对邵氏易学的发挥。[56]

2. 十五个扩大模块南九北六的布局呈现了泰卦之象

泰卦以乾下坤上相重成卦，十五个扩大模块南为乾九，北为坤六，这就形成了泰卦☷格局。（图乙3-6，图乙3-7）

泰卦《彖》曰："'泰，小往大来。吉，亨。'则是天地交而万物通也，上下交而其志同也。内阳而外阴，内健而外顺，内君子而外小人，君子道长，小人道消也。"[57]

泰卦《象》曰："天地交，泰。后以财成天地之道，辅相天地之宜，以左右民。"[58]

即言天地之气相交能够生养万物，君臣上下相交能够志同道合，泰卦内阳外阴、内健外顺，喻示着君子道长、小人道消。物得大通，就怕失去节制，就需要人君以天地之道裁度，辅助天地所宜之物，各安其性，各得其宜，使人民得以安生。

泰卦体现了长养万物、统御天下之道。元大都作为天子之都，以此卦布局，理义通达。

由此引出一个问题：徐达攻占元大都之后为何立即南缩北城？

先看相关史料。《明太祖实录》记，洪武元年（1368年）八月丁丑，"大将军徐达命指挥华云龙经理故元都，新筑城垣，北取径直，东西长一千八百九十丈"；己卯，"督工修故元都西北城垣"。[59] 经此改建，北城墙移至今北二环一线，元大都北部弃于城外。

《日下旧闻考》引《洪武北平图经志书》：

> 旧土城一座，周围六十里，克复后以城围太广，乃减其东西迤北之半，创包砖甃，周围四十里。其东南西三面各高三丈有余，上阔二丈；北面高四丈有奇，阔五丈。[60]

《日下旧闻考》又引《寰宇通志》：

> 洪武初，改大都路为北平府，缩其城之北五里，废东西之北光熙、肃清二门，其九门俱乃旧。[61]

《洪武北平图经志书》记徐达缩城是因为"城围太广"，但用意何在，未予明说。对此，学者有不同的认识。

侯仁之认为，这是为了便于防守：

元朝末代统治集团退走蒙古高原，伺机南侵。明朝驻军为了便于防守，遂将大都城内比较空旷的北部放弃，并在其南五里另筑新墙，仍然只设两个北门，东曰安定，西曰德胜。[62]

姜纬堂认为，这是出于政治需要：

朱元璋称帝建立明帝国后，以金陵（今南京）为京师，汴梁（今开封）为北京。克复元都，即显示了明帝国的"奉天承运"，代元为天下主，因而原来至高无上的元都，相应亦无可避免地被抑黜。用古人的迷信说法，叫作摧灭其"王气"。出于这种政治需要，于是有迁故元都在城军民于北京（开封）、以北平改隶于山东行省之类的举措。迫不及待地缩城，其实也是理顺京师、北京（开封）与北平等级体制的要着。[63]

通过元大都十五个扩大模块的布局观察，徐达新筑的北城墙约位于十五个扩大模块南九北六的交界处，对元大都的泰卦格局形成腰斩之势，大有摧毁旧朝王气，令其天地不交之意。这与改健德门为德胜门、安贞门为安定门一样，都是乾坤易主、改朝换代的革命行为。徐达此举，缩小了城围，也确实有利于防守。元大都北部本来就空虚，也没有必要消耗兵力加以保护。

很难说元大都北部建筑稀少是因为该区域颇多河道沼泽、地势不够平坦所致，因为元大都南部分布有积水潭、太液池，河道沼泽更为密集，建设难度似更大。

也很难说元大都北疏南密是城市由南向北自然生长使然，因为城市功能集中在南部区域才导致了这种情况，这是有意规划的结果。

泰卦以"天地交而万物通"昭示了天地之大德，素为帝王所重。邵雍《皇极经世书》有谓："天以始生言之，故阴上而阳下，交泰之义也"，"至哉！文王之作《易》也，其得天地之用乎？故乾坤交而为泰，坎离交而为既济也。"[64]泰卦体现了文王之德、天地之用，都城规划对此加以表现自在情理之中。明清紫禁城交泰殿南侧御路铺九块石板，北侧御路铺六块石板，同样以乾九坤六之数呈现了交泰之义，宛若元大都规划布局的写照。（图乙3-25）

傅熹年发现，隋唐长安城以皇城与宫城的东西之广、南北总深为模数划分全城，以东、中、西三路共十五个区块组成了都城总平面。[65]这十五个区块以皇城朱雀门东西一线为界，南为九个，北为六个，也构成了泰卦之象。（图乙3-26）显然，元大都的

图乙3-25　紫禁城交泰殿。王军摄于2020年5月

图乙3-26　傅熹年绘隋大兴、唐长安平面分析图。(来源：傅熹年，《中国古代城市规划、建筑群布局及建筑设计方法研究》下册，2001年)

规划继承了隋唐长安城的这一传统。虽然元大都的宫城、皇城在城市南部，隋唐长安城的宫城、皇城在城市北部，但南北皆有阴阳之义，皆可据易学通释。

元人李洧孙《大都赋并序》对元大都有这样的描述："爰取法于大壮，盖重威于帝京。"[66] 称元大都的营建取法了《周易》的大壮卦☰。大壮卦以乾下震上相重成卦，四个阳爻在下，两个阴爻在上。元大都南部阳实之区广于北部阴虚之域，与大壮卦颇为相似。

《彖》曰："大壮，大者壮也。刚以动，故壮。大壮利贞，大者正也。正大，而天地之情可见矣。"[67] 大壮卦寓意阳气大动、大者盛壮，这就是"重威于帝京"。

虽然元大都的十五个扩大模块不能导出大壮卦，但元大都的平面布局确实给人此种观感，这或也是规划用意。泰卦与大壮卦皆表现了天地化育万物之情，元大都总平面以这两卦相叠而成，也与前述阴阳模数相叠一样，阐释了阴阳的意义。

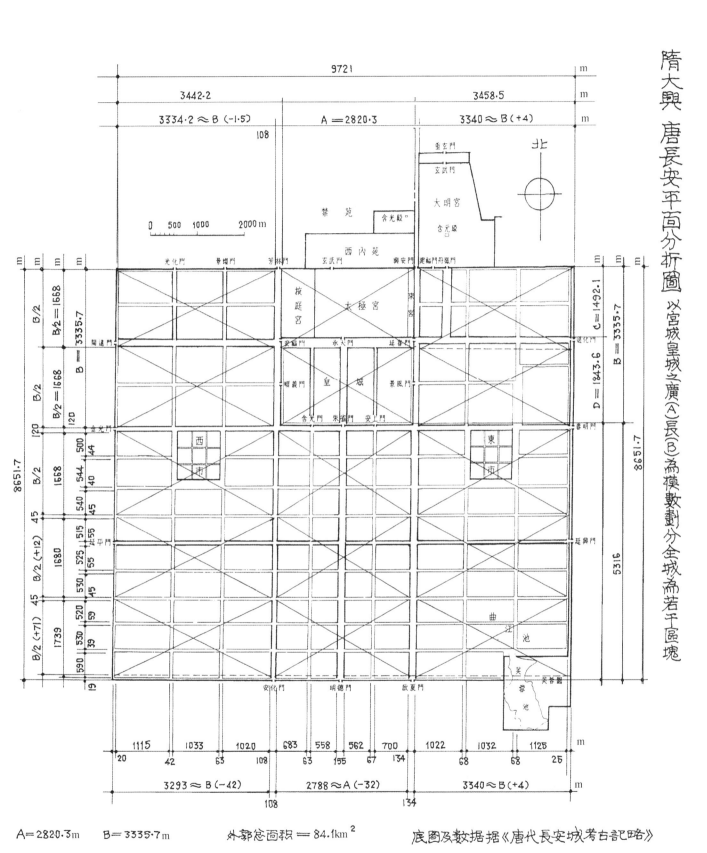

隋大興 唐長安平面分析圖 以宮城皇城之廣(A)長(B)為模數劃分全城為若干區塊

$A=2820.3$ m $B=3335.7$ m 外郭城面積 $=84.1 km^2$ 底圖及數據據《唐代長安城考古記略》

注 释

1. 傅熹年：《中国古代城市规划、建筑群布局及建筑设计方法研究》上册，3、11—13页。
2. 参见冯时：《中国天文考古学》第八章"天数发微"，356—394页。
3. [魏]王弼、[晋]韩康伯注，[唐]孔颖达疏：《周易正义》卷七《系辞上》，《十三经注疏》，170页。
4. [唐]李鼎祚撰，王丰先点校：《周易集解》卷十四《系辞上传》，439页。
5. [汉]刘安撰，[汉]高诱注：《淮南子》卷三《天文训》，《二十二子》，1219页。
6. [隋]萧吉撰：《五行大义》卷四《第十七论八卦八风》，33—34页。
7. [后晋]刘昫等撰：《旧唐书》卷二十二《志第二·礼仪二》，859页。
8. [汉]班固撰，[唐]颜师古注：《汉书》卷二十一上《律历志第一上》，963页。
9. [魏]王弼、[晋]韩康伯注，[唐]孔颖达疏：《周易正义》卷七《系辞上》，《十三经注疏》，166页。
10. [汉]刘安撰，[汉]高诱注：《淮南子》卷三《天文训》，《二十二子》，1219页。
11. 清华大学王南博士提示笔者注意这两组模数的阴阳关系，谨志铭感。
12. [汉]郑玄注，[唐]贾公彦疏：《周礼注疏》卷四十一《匠人》，《十三经注疏》，2005页。
13. [汉]刘安撰，[汉]高诱注：《淮南子》卷三《天文训》，《二十二子》，1218页。
14. [三国吴]韦昭注：《国语·周语下第三》，《宋本国语》第1册，120页。
15. 郭书春：《九章算术译注》，2页。按：《算经启蒙》编定于元大德三年（1299年），其将九九表改从"一一如一"始，详见该书《总括》之《释九数法》。
16. 清华大学出土文献研究与保护中心编，李学勤主编：《清华大学藏战国竹简（肆）》下册《算表》，135—148页。
17. [汉]班固撰，[唐]颜师古注：《汉书》卷二十一上《律历志第一上》，966、967、969页。
18. [唐]孔颖达疏：《尚书正义》卷三《舜典》（析自《尧典》），《十三经注疏》，276页。
19. 同上书，268—269页。
20. [汉]郑玄注，[唐]孔颖达疏：《礼记正义》卷三十一《明堂位第十四》，《十三经注疏》，3224页。
21. [汉]司马迁：《史记》卷二十五《律书第三》，1239页。
22. 在北半球中纬度地区观测天象，能清楚地看到北极明显高出地平线、天球赤道南偏，进而产生天体南倾、天南地北的认识。《尔雅》邢昺《疏》："浑天之体，虽绕于地，地则中央正平，天则北高南下，北极高于地三十六度，南极下于地三十六度。"（[晋]郭璞注，[宋]邢昺疏：《尔雅注疏》卷六《释天第八》，《十三经注疏》，5670页）河南濮阳西水坡45号墓之平面，南圆北方，与天南地北相合，或为六千五百多年前此种空间观念业已形成之证。（冯时：《河南濮阳西水坡45号墓的天文学研究》，《文物》1990年第3期，56页）另以阴阳观念觇之，南为夏至授时方位，夏至阳气极，南遂为阳，配天；北为冬至授时方位，冬至阴气极，北遂为阴，配地。这也衍生了天南地北的认识。
23. [魏]王弼、[晋]韩康伯注，[唐]孔颖达疏：《周易正义》卷九《说卦》，《十三经注疏》，195页。
24. [魏]王弼、[晋]韩康伯注，[唐]孔颖达疏：《周易正义》卷八《系辞下》，《十三经注疏》，188页。
25. [魏]王弼、[晋]韩康伯注，[唐]孔颖达疏：《周易正义》卷九《说卦》，《十三经注疏》，196页。
26. [唐]李鼎祚撰，王丰先点校：《周易集解》卷十六《系辞下传》，492—493页。
27. [唐]李鼎祚撰，王丰先点校：《周易集解》卷十七《说卦》，502页。

28 [宋]杨甲:《六经图》,《影印文渊阁四库全书》第183册,142页。

29 [宋]朱熹:《周易本义》卷四《说卦传》,261页。

30 [魏]王弼、[晋]韩康伯注,[唐]孔颖达疏:《周易正义》卷七《系辞上》,《十三经注疏》,168页。

31 [汉]刘安撰,[汉]高诱注:《淮南子》卷三《天文训》,《二十二子》,1215页。

32 [汉]郑玄注,[唐]贾公彦疏:《周礼注疏》卷一《天官冢宰第一》,《十三经注疏》,1373页。

33 [魏]王弼、[晋]韩康伯注,[唐]孔颖达疏:《周易正义》卷八《系辞上》,《十三经注疏》,181页。

34 汪宁生:《从原始记事到文字发明》,《考古学报》1981年第1期。

35 《蒙鞑备录》记:"今鞑之始起并无文书,凡发命令、遣使往来,止是刻、指以记之。"《黑鞑事略》记:"鞑人本无字书,然今之所用,则有三种,行于鞑人本国者,则只用小木,长三四寸,刻之四角,且如差十马,则刻十刻,大率只刻其数也。"《建炎以来朝野杂记乙集》记鞑靼"亦无文字,每调发兵马,即结草为约,使人传达,急于星火。或破木为契,上刻数画,各收其半。遇发军,以木契合同为验"。《长春真人西游记》记蒙古人"俗无文籍,或约之以言,或刻木为契"。(引自《王国维遗书》第8册,159、211—213页)

36 王宁远:《良渚古城及外围水利系统的遗址调查与发掘》,《遗产保护研究》2016年第5期。

37 严文明:《中国稻作农业的起源》,《农业考古》1982年第1期,22页。

38 [汉]班固撰,[唐]颜师古注:《汉书》卷三十《艺文志第十》,1775页。

39 [汉]许慎撰,[宋]徐铉校定:《说文解字》,62页。

40 [三国魏]张揖:《广雅》卷五《释言》,62页。

41 [汉]戴德著:《大戴礼记》卷五《曾子天圆第五十八》,[清]王谟辑《增订汉魏丛书·汉魏遗书钞》第1册,484—485页。

42 [汉]赵爽注,[北周]甄鸾重述:《周髀算经》卷下,28页。

43 [汉]赵爽注,[北周]甄鸾重述:《周髀算经》卷上,10页。

44 同上。

45 同上书,2页。

46 冯时:《文明以止——上古的天文、思想与制度》第六章第五节"参天两地与奇阳偶阴",615—624页;冯时:《红山文化三环石坛的天文学研究——兼论中国最早的圜丘与方丘》,《北方文物》1993年第1期,9—17页;冯时:《中国古代的天文与人文》修订版,292—336页。

47 冯时:《中国古代的天文与人文》修订版,292—336页。

48 浙江省文物考古研究所:《良渚王国》,37页。

49 南京博物院:《江苏邳县四户镇大墩子遗址探掘报告》,《考古学报》1964年第2期,34页。

50 [明]金幼孜:《皇都大一统赋》,[清]于敏中等编纂《日下旧闻考》卷六《形胜》,93页。

51 明嘉靖时期增建的北京外城门制则形成与内城相对应的一个体系,外城北沿东西两侧的东便门与西便门,门道顶部皆为方圆相含形式,盖因此二门介于外城与内城、南阳与北阴之间,具有阴阳交接、分化的意义。外城其余五门的门道顶部皆为单一的圆券形式,与内城前三门门制相同,这是因为外城在都城南部,居阳明之位。

52 张杰:《中国古代空间文化溯源》,60页;王南:《规矩方圆,天地之和——中国古代都城、建筑群与单体建筑之构图比例研究》(文字版),59—60页。

53 王璞子:《元大都城平面规划述略》,《故宫博物院院刊》1960年第2期,64页。

54 [汉]董仲舒撰:《春秋繁露》卷十一《王道通三第四十四》,《二十二子》,794—795页。

55 [宋]邵雍撰:《皇极经世书》卷十三《观物外篇上》,《影印文渊阁四库全书》第803册,1058页。

56 于希贤已注意邵雍此说,并以此解释元大都北开二门之制。若以此解释元大都北疏南密

57 [魏]王弼、[晋]韩康伯注,[唐]孔颖达疏:《周易正义》卷二《泰·象》,《十三经注疏》,54页。
58 同上书,55页。
59 《明太祖实录》卷三十四,《明实录》第1册,611—612、616页。
60 [清]于敏中等编纂:《日下旧闻考》卷三十八《京城总记》,604页。
61 同上书,605页。
62 侯仁之:《元大都城与明清北京城》,《故宫博物院院刊》1979年第3期,13页。
63 姜纬堂:《大都北垣为何南缩》,《旧京述闻》,51页。
64 [宋]邵雍撰:《皇极经世书》卷十三《观物外篇上》,《影印文渊阁四库全书》第803册,1064、1066页。
65 傅熹年:《中国古代城市规划、建筑群布局及建筑设计方法研究》上册,6—7页。
66 [元]李洧孙:《大都赋并序》,[清]于敏中等编纂《日下旧闻考》卷六《形胜》,89页。
67 [魏]王弼、[晋]韩康伯注,[唐]孔颖达疏:《周易正义》卷四《大壮·象》,《十三经注疏》,99页。

第四章 数术与"天地之中"

一、"天地之中"比例

（一）内含等边三角形的矩形构图

2009年，王树声在《隋唐长安城规划手法探析》一文中指出，隋唐长安城呈现了一系列相似等边三角形控制的形态结构，其中，太极宫、宫城与皇城、外郭城均由等边三角形控制，整个外郭由十二个内含等边三角形的矩形组成。(图乙1-7)对这种规划方法的渊源、相关的文献考证、所体现出的古代数学智慧及其所蕴含的文化意义，还有待进一步研究。[1]

2012年，张杰在《中国古代空间文化溯源》一书中，结合考古学资料，对内含等边三角形的矩形构图做了研究，指出此种矩形平面在中国新石器时代的建筑中已经得到了应用，其所包含的60°视角，是中国古代聚落、建筑群体空间组合控制的主要模式。元大都城郭就呈现了内含等边三角形的矩形平面。谷歌地球数据显示，元大都东西尺寸的平均值为6691米，南北尺寸的平均值为

7592米，二者之比为1∶1.13，以南北长为底边，以东西长为高，大致可作一60°等边三角形。[2]（图乙4-1）

2018年，王南在《比例研究》一书中指出，内含等边三角形的矩形边长所呈现的$\sqrt{3}/2$比例，不但广泛应用于中国古代建筑与城市的平面规划，还是建筑立面设计常用的构图手法。《北京考古四十年》数据显示，元大都北城墙长6730米，南城墙长6680米，西城墙长7600米，东城墙长7590米，周长28600米。元大都的平面可近似看作南北7595米、东西6705米的矩形，长宽比约等于$\sqrt{3}/2$；元大都大城的总平面与皇城的总平面为相似形，且相互呈90°旋转布局。

王南还敏锐地发现，元大都的设计者刘秉忠深谙$\sqrt{3}/2$矩形平面的几何特性，因为：1.以北墙二门、东西墙各三门为参照作图，显示元大都由十二个$\sqrt{3}/2$比例的矩形组成（图乙4-2）；2.如果以元大都各城门为顶点作等边三角形，则会发现这一系列等边三角形控制了元大都平面上各城门、城隅以及各条大街的端点，几何形式十分完美。[3]（图乙4-3）

关于此种图形的文化意义，张杰指出，从天文学上分析，60°视角与冬夏至太阳出入的角度以及雨水、处暑节气的测定相关；从视觉心理学上分析，在正常情况下双眼同时看景物时，能见视野范围为120°，在视线周围60°的视环境可以看得比较清

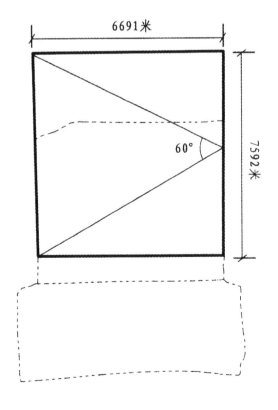

图乙4-1　张杰绘元大都城垣平面分析图。（来源：张杰，《中国古代空间文化溯源》，2012年）

图乙4-2　王南绘元大都总平面分析图一。（来源：王南，《规矩方圆，天地之和——中国古代都城、建筑群与单体建筑之构图比例研究》，2018年）

图乙4-3　王南绘元大都总平面分析图二。（来源：王南，《规矩方圆，天地之和——中国古代都城、建筑群与单体建筑之构图比例研究》，2018年）

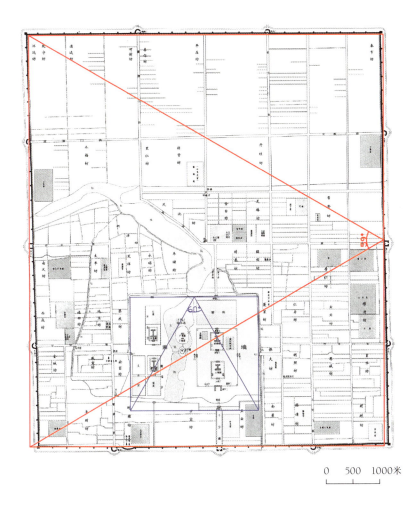

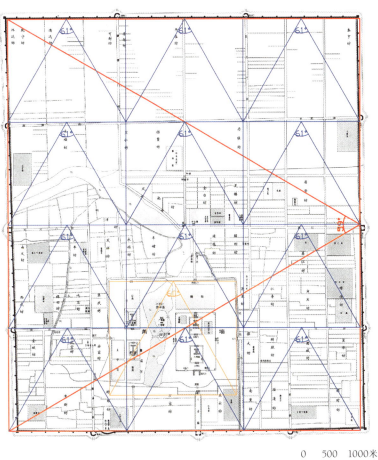

0　500　1000米

楚，更清楚的范围则为30°视野，在60°—120°的物体开始产生变形，而且越往外变形越明显。我们的祖先在长期的实践中认识并掌握了这些规律，60°视角得到了最广泛的应用。[4]

王南则结合匠作制度加以讨论，指出$\sqrt{3}/2$比例与$\sqrt{2}$比例都可以方便地通过方圆作图得到（图乙4-4），其背后所蕴含的则是中国古人"天圆地方"的宇宙观与追求天、地、人和谐的文化理念。古人在运用这些方圆作图产生的比例，常常是以整数比的近似值取代之。$\sqrt{3}/2$比例（≈0.866）在《营造法式》中被表述为87∶100，即"六棱径八十有七，每面五十，其斜一百"。这一比例接近于整数比6∶7（≈0.857）或7∶8（=0.875）。（图乙4-5）梁思成整理的清代匠人抄本《营造算例》第一章"斗拱大木大式做法"就有檐柱高与明间面阔为6∶7的相关规定。[5]

王南对《营造法式》《营造算例》的引用，为认识这一比例提供了重要的文献依据。《营造法式》的相关记载是从取径围的角度记录了六个等边三角形组成的六边形图案的内在数理（图乙4-6）；《营造算例》则以天地数7∶6的比例，将此种图式确定为建筑设计的立面法式。

《营造算例》"斗拱大木大式做法"相关规定如下：

【面阔】按斗拱定；明间按空当七份，次梢间各递减斗拱空当一份。如无斗拱歇山庑殿，明间按柱高六分之七，核五寸止；次梢间递减，各按明间八分之一，核五寸止。或临期看地势酌定。[6]

又谓：

【檐柱】高按斗口六十份。如无斗拱，按明间面阔七分之六。或临期再定。径按斗拱口数六份，如无斗拱歇山庑殿房，按高十分之一。[7]

根据这一法式，有斗拱的大式建筑，明间面阔为七个攒当（攒当指相邻两攒斗拱中到中的空当），次间面阔为六个攒当，梢间面阔为五个攒当。明间面阔与次间面阔的攒当比例为7∶6；无斗拱的建筑（包括无斗拱歇山、庑殿式建筑），明间面阔与檐柱高度的比例也是7∶6。

王南在《比例研究》中指出，$\sqrt{3}/2$比例在紫禁城的平面规划与建筑设计中得到了广泛运用。其中，紫禁城外朝的核心区域太和门北沿至三台北沿由两个$\sqrt{3}/2$矩形

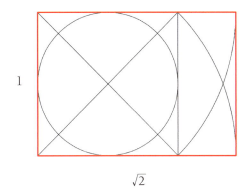
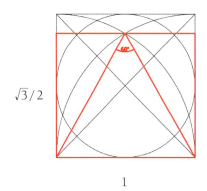

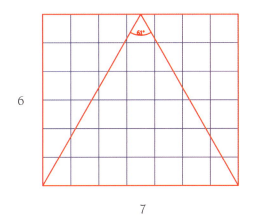
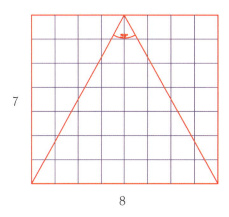

图乙4-4　王南绘方圆作图基本构图比例。（来源：王南，《规矩方圆，天地之和——中国古代都城、建筑群与单体建筑之构图比例研究》，2018年）

图乙4-5　王南绘7∶6和8∶7比例分析图。（来源：王南，《规矩方圆，天地之和——中国古代都城、建筑群与单体建筑之构图比例研究》，2018年）

图乙4-6　《营造法式》六棱平面构图示意。王军绘

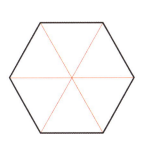
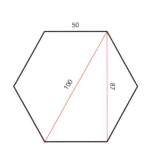
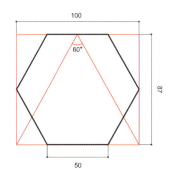

构成，各自的中心分别位于太和殿庭院中心和中和殿中心；午门与太和殿庭院、乾清宫庭院平面也是这一比例；三大殿之中，太和殿的正立面、平面为两个$\sqrt{3}/2$矩形，保和殿正立面为两个$\sqrt{3}/2$矩形、横剖面为一个$\sqrt{3}/2$矩形。（图乙4-7至图乙4-11）这样的构图手法，在紫禁城交泰殿、太和门、武英殿、武英门、英华殿、咸若馆、协和门、乾清门、吉安所大殿的建筑设计中也能看到。[8]

与此相呼应的是，三大殿区域的中和殿、体仁阁、弘义阁、昭德门、贞度门、中左门、中右门、后左门、后右门，乾清宫区域的乾清门、乾清宫、坤宁宫、景和门、隆福门，斗拱攒当数均明间为七，次间为六，与《营造算例》上述规定一致，这就以7：6的攒当数组合对应或表示了各自区域的平面规划与建筑设计所运用的$\sqrt{3}/2$比例。

作为三大殿建筑，太和殿、中和殿、保和殿的明间与次间斗拱攒当数组合皆不相同，列表如下：

殿名	明间攒当数	次间攒当数	攒当数组合
太和殿	9	6	9：6
中和殿	7	6	7：6
保和殿	9	7	9：7

其中，太和殿斗拱攒当"明九次六"显然表示了乾元用九、坤元用六，并寓意黄钟九生林钟六而成十二律，彰显"制礼作乐，颁度量而天下大服"，体现了太和殿作为天子布政之宫的建筑性质；保和殿斗拱攒当"明九次七"则与紫禁城总平面9：7比例相同。本书甲篇第五章已经讨论，9：7明堂比例体现了"道生一"的哲学意义。保和殿与中和殿之间的丹陛露台，是紫禁城平面几何中心所在，寓意天地之中于此交会。保和殿居此中心点之北，其斗拱攒当"明九次七"，显然是以明堂比例数表示这一空间元气化生、造分天地的意义。中和殿居此中心点之南，其斗拱攒当"明七次六"也应该具有相应的文化意义。

从更大的范围考察，可以看到紫禁城建筑的斗拱攒当与数术存在深刻联系。在外朝区域，午门、太和门的斗拱攒当"明九次六"，与太和殿相同，意义也相同。协和门、熙和门、左翼门、右翼门的斗拱攒当"明七次五"，合于"方五斜七"，是经典的$\sqrt{2}$——"天地之和"比例；在内廷区域，交泰殿位于乾清宫与坤宁宫之间，面阔三间为正方形平面，斗拱攒当"明七次四"，每面攒当总数为4+7+4=15，是一个节气之数，四面总数为4×15=60，是一个甲子四个节气之数，诚可谓"律历之数，天地之道"，允和交泰之义。

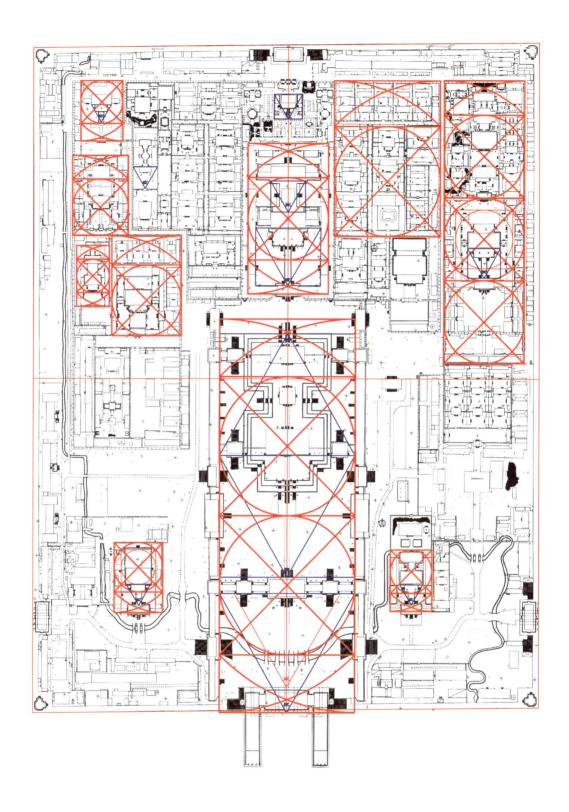

图乙4-7　王南绘北京紫禁城总平面分析图。(来源：王南,《规矩方圆，天地之和——中国古代都城、建筑群与单体建筑之构图比例研究》,2018年)

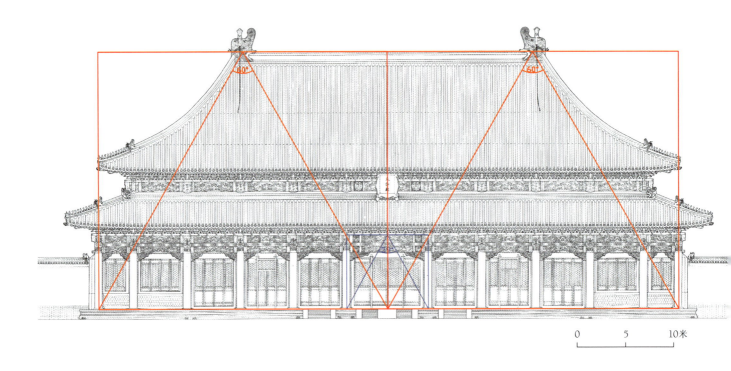

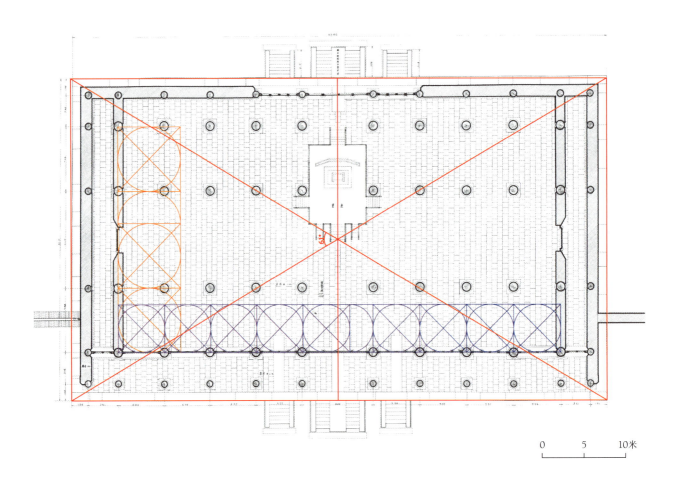

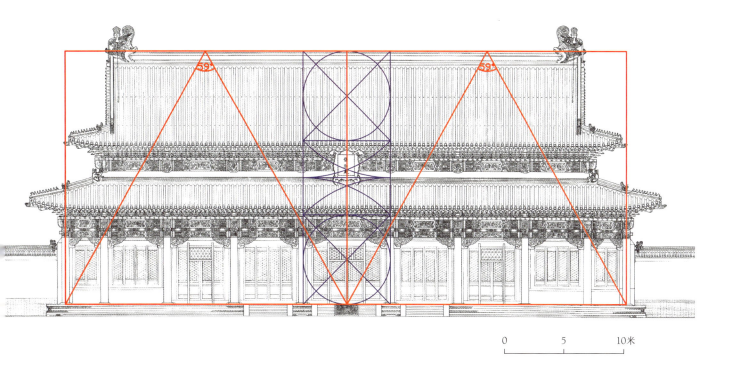

图乙4-8　王南绘北京紫禁城太和殿正立面分析图。(来源：王南，《规矩方圆，天地之和——中国古代都城、建筑群与单体建筑之构图比例研究》，2018年)

图乙4-9　王南绘北京紫禁城太和殿平面分析图。(来源：王南，《规矩方圆，天地之和——中国古代都城、建筑群与单体建筑之构图比例研究》，2018年)

图乙4-10　王南绘北京紫禁城保和殿正立面分析图。(来源：王南，《规矩方圆，天地之和——中国古代都城、建筑群与单体建筑之构图比例研究》，2018年)

可见，斗拱攒当与数术相通，《营造算例》记载的7∶6法式与中和殿、乾清宫、坤宁宫等紫禁城建筑的斗拱攒当"明七次六"，也必然拥有其特定的文化意义。

(二)"七"与"天以七纪"

中国古代数术常以"七"来表示天。《旧唐书》记唐高宗议建明堂，有司出九室样，奏曰："圆柱旁出九室四隅，各七尺，法天以七纪。"[9]

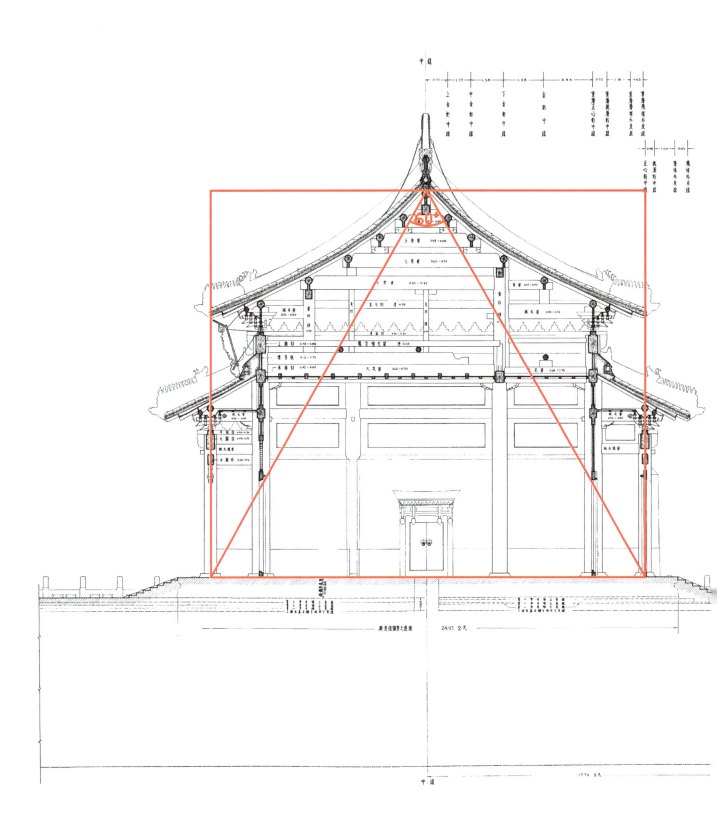

240　　苍风骤雨

"天以七纪"见载于《左传·昭公十年》：

> 十年春，王正月，有星出于婺女。郑裨灶言于子产曰："七月戊子，晋君将死。今兹岁在颛顼之虚，姜氏、任氏实守其地。居其维首，而有妖星焉，告邑姜也。邑姜，晋之妣也。天以七纪，戊子，逢公以登，星斯于是乎出。吾是以讥之。"
> ……
> 秋七月……戊子，晋平公卒。[10]

即记昭公十年春，周历正月，郑国史官裨灶发现有客星出现在婺女宿，就对郑国执政卿子产说，七月戊子，晋平公将死。因为岁星在颛顼之墟，也就是十二次的玄枵之次，那里是齐国姜氏、薛国任氏的分野。婺女居玄枵之首，被客星侵犯，必有灾殃。而岁星在齐国的分野，齐国将免于此灾。婺女象征既嫁之女，邑姜是齐大公的女儿、晋唐叔的母亲，所以，祸归邑姜，其子孙将死。天是以七来计数的，过去逢公居齐地时，客星来犯玄枵，但无岁星值守，逢公就在戊子日死了。由此可知，邑姜之后晋平公将

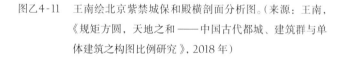

图乙4-11　王南绘北京紫禁城保和殿横剖面分析图。（来源：王南，《规矩方圆，天地之和——中国古代都城、建筑群与单体建筑之构图比例研究》，2018年）

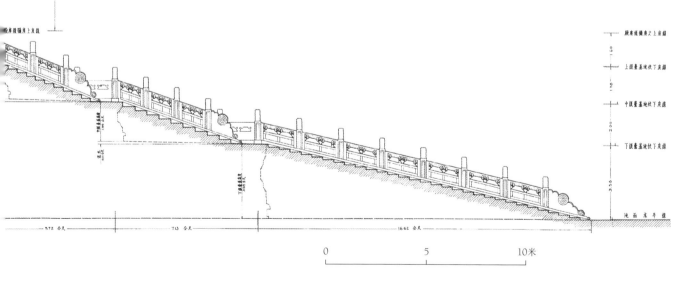

死于七月戊子。果然，到了这一天，晋平公死了。

这是一则著名的星占故事。在一般人看来，裨灶可谓通天神人。可是，子产不以为然。昭公十八年，彗星出现在房宿附近，裨灶又预言郑国将有火灾，须以禳除。子产未予理会，有言曰：

> 天道远，人道迩，非所及也，何以知之？灶焉知天道？是亦多言矣，岂不或信？[11]

子产认为，天道哪是人能够企及的，裨灶只是多言而已，话说多了就可能碰巧说中了。他没有听信裨灶，郑国也没有发生火灾。

关于裨灶所说的"天以七纪"，《左传》杜预《注》："二十八宿，面七。"[12]《孟子注疏》引杜预《注》则写为："二十八宿，四七。"[13] "面七"或是"四七"的讹抄，但不影响文意。按照杜预的说法，"天以七纪"是指二十八宿分布四方，每方七宿。

《五行大义·论七政》对"七"的纪天之义做了更多解释：

> 七者，数有七也。凡有三解：一云日、月、五星合为七政；二云北斗七星为七政；三云二十八宿布在四方，方别七宿，共为七政。[14]

焦循《孟子正义》举出了更多说法：

> 昭公十年《左传》郑裨灶云："天以七纪。"《注》云："二十八宿，四七。"按《白虎通·嫁娶篇》云："七，岁之阳也。"又云："阳数七。"《说文》云："七，阳之正也。"如日月五星为七政。《周髀算经》以日月运行之圆周为七衡。《易·复卦·象传》云："七日来复，天行也。"《国语·周语》云："自鹑及驷七列，南北之揆七同。"韦昭《注》云："鹑火之分，张十三度。驷，天驷。房，五度。岁月之所在，从张至房七列，合七宿，谓张、翼、轸、角、亢、氐、房也"，"岁在鹑火午，辰星在天鼋子。鹑火，周分野。天鼋及辰水星，周所出，自午至子，其度七同。"皆以七纪数也，不独二十八宿四七而已。[15]

就是说，"天以七纪"除了表示二十八宿、日月五星、北斗七星，还可以表示：

1. "岁之阳""阳之正"。在五行方位数中，"七"配正南，时为夏至。"七"就表示了"岁之阳""阳之正"。

2.《周髀算经》的"七衡",即表示十二个中气日行轨道的同心圆。

3.《周易》复卦☷☳的"七日来复"。《周易》卦气说以六十卦配365又1/4日,每卦值六日七分,大数为七日。剥卦☷☶阳气尽于九月之末,此后坤卦☷☷纯阴用事,六日七分之后,复卦☷☳用事,一阳复始,这就是"七日来复"。

4.《国语·周语》所记:"自鹑及驷七列,南北之揆七同。"这是对武王伐纣时天象的描述。《国语·周语下》:"昔武王伐殷,岁在鹑火,月在天驷,日在析木之津,辰在斗柄,星在天鼋。"[16] 其中,从鹑火的张宿到东宫苍龙的房宿(天驷),共有七宿;从鹑火所在的午位到玄枵(天鼋)所在的子位,形成南北一揆,相隔七律。

可见,"天以七纪"含义颇丰。数字"七"以多种方式表示了天,因而具有神圣意义。

《孟子》有七篇,孙奭《疏》:"然而篇所以七者,盖天以七纪,璇玑运度,七政分离,圣以布曜,故法之也。"[17]《孟子·离娄上》:"诸侯有行文王之政者,七年之内,必为政于天下矣。"赵岐《注》:"天以七纪,故云七年。"[18]

显然,古人在使用"七"这个数字时,对"天以七纪"了然于心。

(三)"六"与"天地之中"

古有"天六地五"之说,见《国语·周语下》:"天六地五,数之常也。经之以天,纬之以地。经纬不爽,文之象也。"韦昭《注》:"天有六气,谓阴、阳、风、雨、晦、明也。地有五行,金、木、水、火、土也。"[19]

又见《左传·昭公元年》:"天有六气,降生五味。"杜预注"天有六气":"谓阴、阳、风、雨、晦、明也。"又注"降生五味":"谓金味辛、木味酸、水味咸、火味苦、土味甘,皆由阴、阳、风、雨而生。"[20]

就是说,天有六气,地有五行,五行之味由阴、阳、风、雨而生,这体现了天地之道。"天六地五"具有经天纬地的意义,因而对人文制度造成影响。

《国语·周语下》记周景王将铸无射钟,向伶州鸠询问乐律之事,后者谓:

> 律所以立均出度也。古之神瞽考中声而量之以制,度律均钟,百官轨仪,纪之以三,平之以六,成于十二,天之道也。夫六,中之色也,故名之曰黄钟,所以宣养六气、九德也。[21]

韦昭以"天六地五"阐释了其中的意义:

> 十一月曰黄钟，乾初九也。六者，天地之中。天有六气，降生五味。天有六母，地有五子。十一而天地毕矣，而六为中。故六律、六吕而成天道。黄钟初九，六律之首，故以六律正色为黄钟之名，重元正始之义也。黄钟，阳之变也。管长九寸，径三分，围九分，律长九寸，因而九之，九九八十一，故黄钟之数立焉，为宫。法云：九寸之一得林钟初六，六吕之首，阴之变。管长六寸，六月之律，坤之始也。故九六，阴阳、夫妇、子母之道。是以初九为黄钟。黄，中之色也，钟之言阳气钟聚于下也。[22]

就是说，黄钟即乾卦初九，与十一月相配。六是天地之中，因为"天有六气，降生五味"，"天有六母，地有五子"，皆表示了"十一而天地毕"，六是十一的中位数，十二律又以六律、六吕纪十二月而成天道。黄钟初九是六律之首，以六律之正色而得名，这具有重元正始的意义。黄钟由阳气变生，管长九寸，径三分，围九分，以黄钟律九寸自乘，可确立九九八十一黄钟之数，以此为宫声。十二律以三分损益相生，将黄钟律九寸三分损一，得林钟六寸，这就是坤卦初六。林钟是六吕之首，由阴气变生，管长六寸，与六月相配，是坤卦之始。所以，黄钟九与林钟六、乾元九与坤元六，体现了阴阳、夫妇、子母之道。称乾卦初九为黄钟，是因为黄色表示了中，钟表示了阳气聚集于下。

其中的一个关键性表述是："夫六，中之色也。"韦昭解释，这是因为"六者，天地之中"，"黄，中之色也"。六气与五味相加，六母与五子相加，也就是"天六"与"地五"相加，总数皆为十一。六母、五子是指六十甲子中的六个甲与五个子，这是天干地支循环之数，与六气五味、"天六地五"一样，存在$5+6=11$的数理关系，表示了天地之道终而复始，即所谓"十一而天地毕"。十一的中位数是六，所以说，"六者，天地之中"。另外，十二律以六律六吕纪十二历月，六律为阳，六吕为阴，六为阴阳等分之数，这也体现了"天地之中"。

此种数术思想，又见《汉书·律历志》：

> 黄钟：黄者，中之色，君之服也；钟者，种也。天之中数五，五为声，声上宫，五声莫大焉。地之中数六，六为律，律有形有色，色上黄，五色莫盛焉。[23]

又谓：

> 天之中数五，地之中数六，而二者为合。六为虚，五为声，周流于六虚。虚者，爻律夫阴阳，登降运行，列为十二，而律吕和矣。[24]

又谓：

> 传曰"天六地五，数之常也"，"天有六气，降生五味"。夫五六者，天地之中合，而民所受以生也。故日有六甲，辰有五子，十一而天地之道毕，言终而复始。[25]

关于"夫五六者，天地之中合"，孟康云：

> 天阳数奇，一三五七九，五在其中。地阴数耦，二四六八十，六在其中。故曰天地之中合。[26]

关于"日有六甲，辰有五子"，孟康云：

> 六甲之中唯甲寅无子，故有五子。[27]

《汉书·律历志》认为"六为虚，五为声，周流于六虚"，即十二律用为五声，升降于六爻之中，[28] 这也是"天地之中合"的体现，并给出解释：五是天数一、三、五、七、九的中位数，即"天之中数"；六是地数二、四、六、八、十的中位数，即"地之中数"；五加六等于十一，十一即"天地之中合"。

在"天之中数五"与"地之中数六"、六气五行、六母五子、六虚五声之中，皆存在五加六等于十一，十一的中位数是六的数理关系；以十二律（六律六吕）、乾坤二卦（乾六爻，坤六爻，共十二爻）纪十二历月，又存在十二除二等于六，六为等分之数的数理关系。这两种数理关系都体现了天地之道终而复始，六为天地之中的数术思想由是而生。

可见，内含等边三角形的矩形（$\sqrt{3}/2$比例）所对应的7:6天地数比例，包含了"天以七纪""夫六，中之色也""六者，天地之中"的文化理念。

运用这一比例，正如张杰所指出的那样，能够获得60°的理想视域，以此营造和谐的建筑景观；亦如王南所指出的那样，体现了对天、地、人和谐关系的追求。

进一步追踪，我们可以看到，7:6比例在新石器时代诸多建筑遗址与器物造型中得到了广泛运用，是极为古老的构图比例。（图版Ⅴ）张杰已对此做出了重要揭示，他指出新石器时代兴隆洼文化房址、姜寨仰韶文化房址、秦安大地湾仰韶晚期房址（F411）等均存在内含等边三角形的矩形构图。[29]（图乙4-12）

7∶6比例在元大都、明清北京紫禁城得到了广泛的运用，并在紧邻紫禁城平面几何中心的中和殿斗拱攒当数上得以显示，使我们相信，在元明清时期，这一比例已经确切表达了"天地之中"的文化意义，堪称"天地之中"比例。(图乙4-13)

7∶6比例矩形是内含顶角为61°等腰三角形的矩形，与内含等边三角形矩形（$\sqrt{3}/2$比例）极为相似，王南已对此做出了精确的构图分析。(图乙4-5)

值得重视的是，距今五千三百年的凌家滩玉版八角图形的中心，就是一个7∶6比例的矩形。该玉版以隆起造型表现了天穹，7∶6比例矩形居"天穹"的顶点，显然是北极天中的标志。这一构图，实已发"天地之中"数术思想之先声。(图版V-9)

二、对"天地之中"的表现

表现"天地之中"是中国古代都城营造的重要内容。《周礼》诸官开篇即言："惟王建国，辨方正位，体国经野，设官分职，以为民极。"郑玄《注》："极，中也。令天下之人各得其中，不失其所。"[30]

贾公彦《疏》："释曰：'极，中也'，《尔雅》文。案《尚书·洪范》云：'皇建其有极，惟时厥庶民于汝极'，谓皇建其有中之道，庶民于之取中于下，人各得其中，不失所也。"[31] 又谓："极，中也。以居天之中，故谓之北极也。"[32]

就是说，天子遵循有"中"之道，人民才能各得其"中"，不失其所。"极"就是"中"，也就是北极天中，乃天帝之居、道之所在。得"中"就是得道，"中"是道的化身。天子受天明命，也就是得到了"中"，也只有得到了"中"，才能够"以为民极"。天子居中而治，与"天中"对应，才能顺天承命。所以，都城规划必须对"天地之中"加以表现。

（一）"昆仑—北极"与"天地终数"

元大都的规划以中轴线贯通齐政楼与元大内，齐政楼为"天中"的标志，元大内为"地中"的象征，这就表现了"天地之中"。元大都大城、皇城总平面以及大城内部区划，以内含等边三角形的矩形所呈现的7∶6比例为法式，也是对"天地之中"的表现。这样的比例在中国早期都城中也能看到，郑州商城即为这一比例。(图乙4-14)

关于"天地之中"，《淮南子·地形训》有这样的记载：

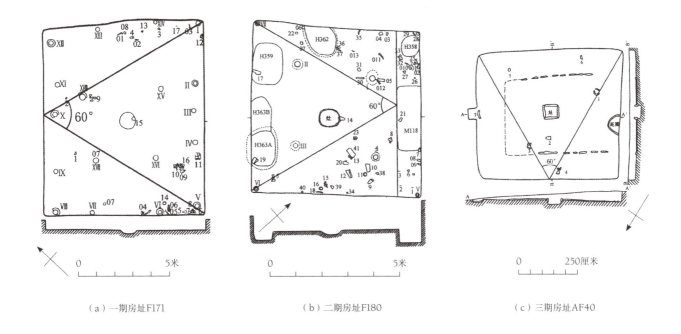

（a）一期房址F171　　　　　　　　　　（b）二期房址F180　　　　　　　　　　（c）三期房址AF40

图乙4-12　张杰绘兴隆洼文化房址构图分析。（来源：张杰，《中国古代空间文化溯源》，2012年）

图乙4-13　北京紫禁城中和殿。王军摄于2020年5月

> 昆仑之丘，或上倍之，是谓凉风之山，登之而不死。或上倍之，是谓悬圃，登之乃灵，能使风雨。或上倍之，乃维上天，登之乃神，是谓太帝之居。扶木在阳州，日之所曊。建木在都广，众帝所自上下，日中无景，呼而无响，盖天地之中也。[33]

昆仑在中国西北，是江河源出，被视为大地之中。在古人看来，昆仑与北极对应，就是"地中"与"天中"对应；昆仑通天，"众帝所自上下"，"登之乃神，是谓太帝之居"，这就是"天地之中"。

如果说天子之都是文化意义上的"地中"，昆仑则是地理意义上的"地中"。表现了昆仑，也就表现了"天地之中"。八卦乾居西北以为阳始，乾为天门，皆允合昆仑在西北通天之义。明中都将祭地方丘建于西北乾位（图乙4-15），清雍正皇帝在紫禁城西北乾隅建造蕴含坤土之德的城隍庙，皆营造了"昆仑—北极"的意境。（图乙4-16）

古人认为，北极为天枢，昆仑为地柄，二者相对，即为天旋地转之轴。王南在《比例研究》中指出，元大都的大城与皇城皆为内含等边三角形的矩形，且相互呈90°旋转布局。这就是对"昆仑—北极"的表现。《春秋元命包》："天左旋，地右动。"[34] 天旋地转于此，此即"天地之中"。所以，大城、皇城皆取7:6的"天地之中"比例，呈现旋转布局。

这样的表现手法在明北京城的规划设计中也能看到。《比例研究》指出，明北京内城与紫禁城为相似形（皆9:7比例矩形），也是互相呈90°旋转布局（图乙4-17）；[35] 笔者在研究中发现，明永乐天地坛与明嘉靖扩建的天坛核心区（外坛南墙至北墙、内坛西墙至外坛东墙区域），亦同为9:7比例矩形，互相呈90°旋转布局。（图版I-29，图版I-30）这样的设计方法，皆取义"昆仑—北极"天旋地转，以表示"天地之中"。

《比例研究》指出，元大都大城由十二个$\sqrt{3}/2$矩形组成。显然，这是法则十二律历之数。《礼记·郊特牲》："祭之日，王被衮以象天；戴冕璪十有二旒，则天数也；乘素车，贵其质也；旂十有二旒，龙章而设日月，以象天也。天垂象，圣人则之，郊所以明天道也。"郑玄《注》："天之大数，不过十二。"[36] 元大都以"天地之中"矩形累积"天之大数"，正是"则天数""以象天""明天道"。

元大都平面图测距显示，以十二之数组成大城总平面的$\sqrt{3}/2$矩形模块（2235米×1899米）与同比例的皇城（2467米×2125米），长边比（2467/2235≈1.104）、短边比（2125/1899≈1.119）均约为10:9（≈1.111），呈现了10:9伸缩比例，这就涉及十九为"天地终数"的数术思想。《汉书·律历志》记云：

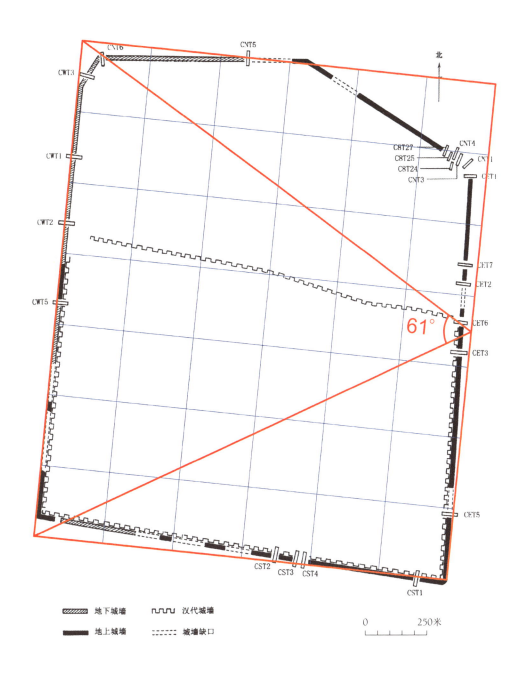

图乙4-14 郑州商城平面分析。(底图来源：河南省文物考古研究所,《郑州商城——1953—1985年考古发掘报告》,2001年)

图乙4-15 明中都方丘遗址。王军摄于2019年2月

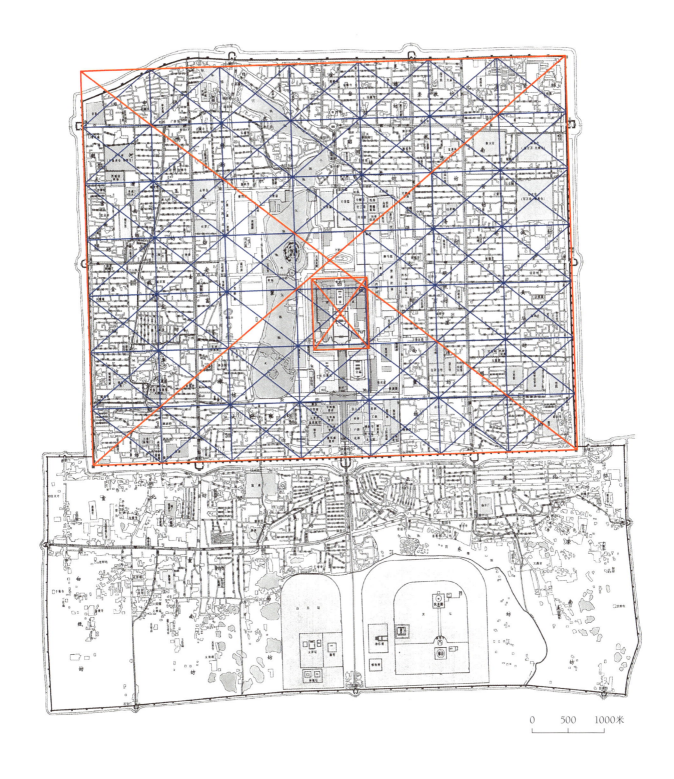

图乙4-16 北京紫禁城城隍庙院内。王军摄于2019年2月
图乙4-17 王南绘明北京总平面分析图。(来源：王南,《规矩方圆，天地之和——中国古代都城、建筑群与单体建筑之构图比例研究》, 2018年)

故《易》曰:"天一,地二,天三,地四,天五,地六,天七,地八,天九,地十。天数五,地数五,五位相得而各有合。天数二十有五,地数三十,凡天地之数五十有五,此所以成变化而行鬼神也。"并终数为十九,《易》穷则变,故为闰法。[37]

又谓:

闰法十九,因为章岁。合天地终数,得闰法。[38]

孟康曰:

天终数九,地终数十。穷,终也。言闰亦日之穷余,故取二终之数以为义。[39]

古以十九年为一章,称章岁,以十九年七闰为闰法,称"闰法十九"。在十个天地数中,九是最大的天数,称"天终数";十是最大的地数,称"地终数";九加十等于十九,十九即"天地终数"。"闰法十九"取义"天地终数",通过十九年七闰,使岁首、月首复归一日,阴历、阳历得以协调,十九就具有了天地终始、阴阳合和的意义。

此种数术思想极为古老。新石器时代凌家滩玉版大圆之广深为其中心矩形广深的 9×10 倍,已发十九"天地终数"之先声（图版V-9）；商代早期盘龙城一号宫殿（F1）面阔十九间（图乙4-18）,[40] 围棋棋盘以纵横各十九条线段布局,皆合十九数术之义。

魏坚《元上都城址的考古学研究》显示,元上都宫城东墙长605米,西墙长605.5米,北墙长542.5米,南墙长542米。[41] 据此,宫城东墙与西墙的平均长度为605.25米,北墙与南墙的平均长度为542.25米,平面比例为605.25/542.25≈1.116,即10:9比例（≈1.111,吻合度99.6%）。[42]

王剑英、王红在《论从元大都到明北京的演变和发展》一文中指出,明中都和南京的宫城长宽比是10:9,略呈长方形。[43] 王南在《比例研究》中指出,明北京紫禁城中和殿（现大木构架为明天启原物）的通面阔与总高之比、清北京天坛皇穹宇（乾隆十七年改建）的总高与檐柱圈直径之比,皆为10:9。[44]（图乙4-19,图乙4-20）显然,对这一比例的运用,是基于"天地终数"的天文与人文意义。

元大都规划以 $\sqrt{3}/2$ 矩形模块与相似形皇城的伸缩比例来表达数术思想,如同十二律旋宫转调。这样的规划方法,在明北京天坛的平面设计中也得到了运用。天坛斋宫平面与永乐天地坛 9×7 面积模块,就呈现了9:7伸缩比例。

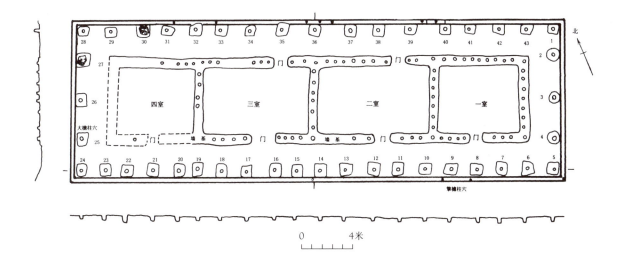

图乙4-18　盘龙城一号宫殿基址（F1）平、剖面图。（来源：湖北省文物考古研究所，《盘龙城：1964—1994年考古发掘报告》，2001年）

图乙4-19　王南绘北京紫禁城中和殿正立面分析图。（来源：王南，《规矩方圆，天地之和——中国古代都城、建筑群与单体建筑之构图比例研究》，2018年）

图乙4-20　王南绘北京天坛皇穹宇正立面分析图。（来源：王南，《规矩方圆，天地之和——中国古代都城、建筑群与单体建筑之构图比例研究》，2018年）

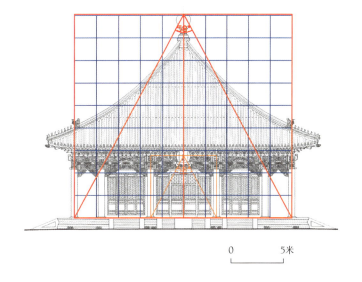

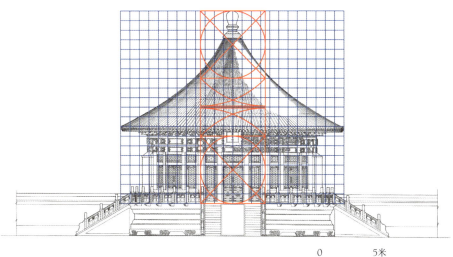

在《中国古代建筑史》（刘敦桢主编）刊载的《北京市天坛总平面》图上分析显示，永乐天地坛总平面（设为A）与嘉靖扩建的天坛核心区总平面——外坛南墙至北墙、内坛西墙至外坛东墙，包括了圜丘与永乐天地坛的区域（设为B），均为9∶7比例。

其中，斋宫平面约为正方形，设其边长为a，则9a×7a=B（图版I-30），9（a×7/9）×7（a×7/9）=A（图版I-29）。由此可知：

1. 斋宫平面是嘉靖扩建核心区9×7的面积模块（下称模块一）。

2. 斋宫边长的九分之七是永乐天地坛9×7面积模块（下称模块二）的边长。也就是说，模块一（斋宫平面）与模块二以9∶7的比例伸缩。

9∶7比例即明堂比例，这一比例甚至被斋宫、皇乾殿以斗拱的攒当数——明间为九，次间、梢间为七——明确记录下来。天坛冬至祭昊天上帝，冬至一阳生，万物化生，这就是明堂比例表达的意义。

另据傅熹年数据，天坛昭亨门以北区域，东西广1289.2米，南北深1496.6米，深广比1496.6/1289.2≈1.161，是一个标准的7∶6的"天地之中"比例（7∶6≈1.167，吻合度99.5%）。（图版I-31）

可见，嘉靖扩建的天坛核心区对永乐天地坛的规划思想，有继承又有发展，既体现了道生一、元气化生，又表现了"天地之中"。

（二）"允合乎五六天地之中"

《元史·地理志》记元大都城门制度：

> 城方六十里，十一门：正南曰丽正，南之右曰顺承，南之左曰文明，北之东曰安贞，北之西曰健德，正东曰崇仁，东之右曰齐化，东之左曰光熙，正西曰和义，西之右曰肃清，西之左曰平则。[45]

元大都设城门十一，并不遵循《周礼·考工记》王城十二门制度。对此，元人黄文仲《大都赋》有这样的解释：

> 辟门十一，四达憧憧，盖体之而立象，允合乎五六天地之中。[46]

于希贤在《〈周易〉象数与元大都规划布局》一文中指出，根据《大都赋》的这一记载，元大都设十一个城门，是"将阳数的中位数五和阴数的中位数六相加而得到

'十一'。这表示的意思是阴阳和谐相交，衍生万物，天地相衔，昼夜更替，天地间的变化尽在其中了"[47]。

侯仁之也指出其中包含的数术意义：

> 按《周易》称："天一、地二、天三、地四、天五、地六、天七、地八、天九、地十。"天地之数，阳奇阴偶。取天数一、三、五、七、九，和地数二、四、六、八、十，这些数的天地之中和，即将天数的中位数"五"，和地数的中位数"六"相加之和为"十一"。这取象为阴阳和谐相交，衍生万物，天地合和，自然变化之道尽在其中。大都城既是天子王位所在，众生所依，自当被视为天地之正中。其全城设计，共开十一门，即是取象为阴阳和谐相交，衍生万物之意。至于南墙开三门，为奇数，即天数；北墙开二门，为偶数，即地数，也就是说，在方位上，城南方向为天，城北方向为地，城南开三门，城北开二门，并用此二三错综之数，以示天地相交，万物相合之意。[48]

显然，元大都设十一门以取义"天之中数五"与"地之中数六"相加等于十一，以"合乎五六天地之中"，表现"天地之中合"，与前文已经讨论的《国语·周语》《汉书·律历志》关于"天地之中"的数术思想一脉相承。

十一之数在元大都宫殿建筑中也得到了运用。《南村辍耕录》记元大内"正南曰崇天，十一间，五门"，[49] 又记：

> 大明殿，乃登极正旦寿节会朝之正衙也，十一间，东西二百尺，深一百二十尺，高九十尺。[50]

又记：

> 太液池在大内西，周回若干里，植芙蓉。仪天殿在池中圆坻上，当万寿山，十一楹，高三十五尺，围七十尺，重檐，圆盖顶，圆台址，甃以文石，藉以花裀，中设御榻，周辟琐窗，东西门各一间，西北厕堂一间，台西向，列甃砖甓，以居宿卫之士。[51]

崇天门是元大内正门，大明殿是元大内前朝主殿，乃元帝布政之宫，皆面阔十一间；仪天殿是元帝起居之所，在圆坻即今北海团城上（图乙4-21），为一圆殿，以十一楹相围。这三处建筑皆以十一布数，取义"天地之中合"，以表示天子受命于天。

据《南村辍耕录》上述记载，大明殿、仪天殿的建筑比例还蕴藏了丰富的文化内涵：

1. 大明殿广深比200∶120=5∶3。此三五之比，体现了三五一十五为一个节气，"易一阴一阳，合而为十五之谓道"。

2. 大明殿深高比120∶90=4∶3。此三四之比，体现了三四一十二即一年十二月"天之大数"。

3. 大明殿广高比为两个10∶9（200/90=2×100/90=2×10/9）。此十九之比，体现了"天地终数""闰法十九"。

4. 仪天殿广高比（广取圆殿平面直径）35/（70/π）≈1.57，如取匠人习用的周三径一率，则广高比为35/（70/3）=1.50，即3∶2。此三二之比，体现了"参天两地"。

这些比例赋予了大明殿、仪天殿鲜明的正统文化意义，元帝居此"天地之中"，"居中而治"，俨然是尧舜传人。

"天地之中"是元人词赋咏唱元大都的一大主题。汪克宽《宣文阁赋》："作神京

图乙4-21　北京北海团城。王军摄于2020年5月

于燕蓟，贯北辰乎天中。"⁵² 徐世隆《广寒殿上梁文》："控河朔上流之上，居今日中原之中。是宜均贡赋于四方，定龟鼎于亿载。"⁵³ 李洧孙《大都赋并序》："天如盖倚而笠欹，帝车运乎中央。北辰居而不移，临制四方。下直幽都，仰观天文，则北乃天之中也。"⁵⁴ 元大都的规划设计则以确凿的建筑数据将"天地之中"的诗情画意凝固为都城形态。

对十一之数的运用，多见于中国古代高等级文物、建筑。

故宫博物院藏良渚玉琮有十一节之数（图乙4-22）；商代早期盘龙城二号宫殿（F2）面阔十一间（图乙4-23）；⁵⁵ 周代鲁国故城设十一座城门；⁵⁶ 北魏洛阳永宁寺塔，如将角柱与内侧附柱之广计为一间，则面阔十一间（图乙4-24）；⁵⁷ 唐长安大明宫含元殿、麟德殿以十一间为面阔（图乙4-25，图乙4-26）；⁵⁸《析津志》记金中都宫城"应天门十一楹"⁵⁹；明太祖朱元璋建南京天地坛大祀殿，面阔十一间；⁶⁰ 燕王朱棣据北平获准"燕

图乙4-22 故宫博物院藏良渚文化十一节玉琮。王军2019年10月摄于"良渚与古代中国"展

用元旧内殿"⁶¹，燕王府"承运殿，十一间"⁶²，即大明殿之旧，故"过于各府"⁶³。

今北京故宫太和殿、太庙大殿均面阔十一间。（图乙4-27，图乙4-28）前者重建于清康熙三十四年（1695年），⁶⁴ 后者据郭华瑜考证，主体构架为明嘉靖原物。⁶⁵

《日下旧闻考》引《大清会典》："太和殿基高二丈，殿高十有一丈，广十有一间，纵五间。"⁶⁶ 知太和殿面阔、殿高，皆取十一之数，总间数为11×5=55，这是天地数一至十相加之和，太和殿庭院御路石板总数也是五十五，这就进一步烘托了"天地之和"的意象，彰显"太和"之义。

清《工程做法》以十一之数定斗拱制度：1. 斗口分为十一等，最小者一寸，最大者六寸，半寸差一等；2. 十一个斗口为一个攒当。（图乙4-29）以此法式做模数化设计，即如梁思成所言："柱与柱的间距，进而至于全屋的面阔和进深，都必须相当于十一斗口的若干倍数。"⁶⁷

十一被确定为法式之数，正是因为它具有"天地之中合"的神圣意义。以十一之数规定只有高等级建筑才能使用的斗拱制度，这一数字也就成了权力的象征。

关于元大都设十一个城门，另有一种解释，认为这是模仿三头六臂两足的哪吒

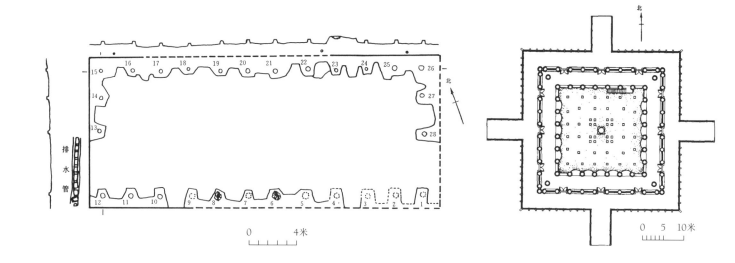

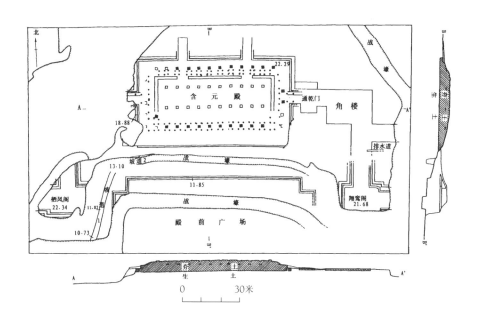

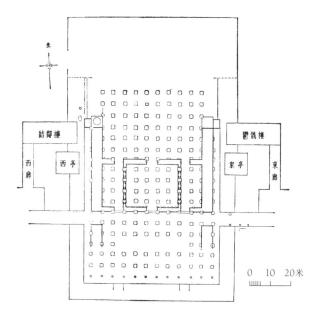

图乙4-23 商代盘龙城二号宫殿基址（F2）平、剖面图。（来源：湖北省文物考古研究所，《盘龙城：1964—1994年考古发掘报告》，2001年）

图乙4-24 钟晓青绘永宁寺塔底层平面复原图。（来源：钟晓青，《北魏洛阳永宁寺塔复原探讨》，1998年）

图乙4-25 西安唐大明宫含元殿遗址平、剖面图。（来源：中国社会科学院考古研究所西安唐城工作队，《唐大明宫含元殿遗址1995—1996年发掘报告》，1997年）

图乙4-26 西安唐大明宫麟德殿发掘平面图。（来源：刘敦桢，《中国古代建筑史》，1980年）

图乙4-27　梁思成20世纪30年代初拍摄的北京紫禁城太和殿。林洙提供
图乙4-28　1930年在伦敦出版的瑞典学者喜龙仁著《中国早期艺术史·建筑卷》刊印之北京太庙。喜龙仁摄
（来源：Osvald Siren. *A history of early Chinese art. Vol 4. Architecture*. 1930）

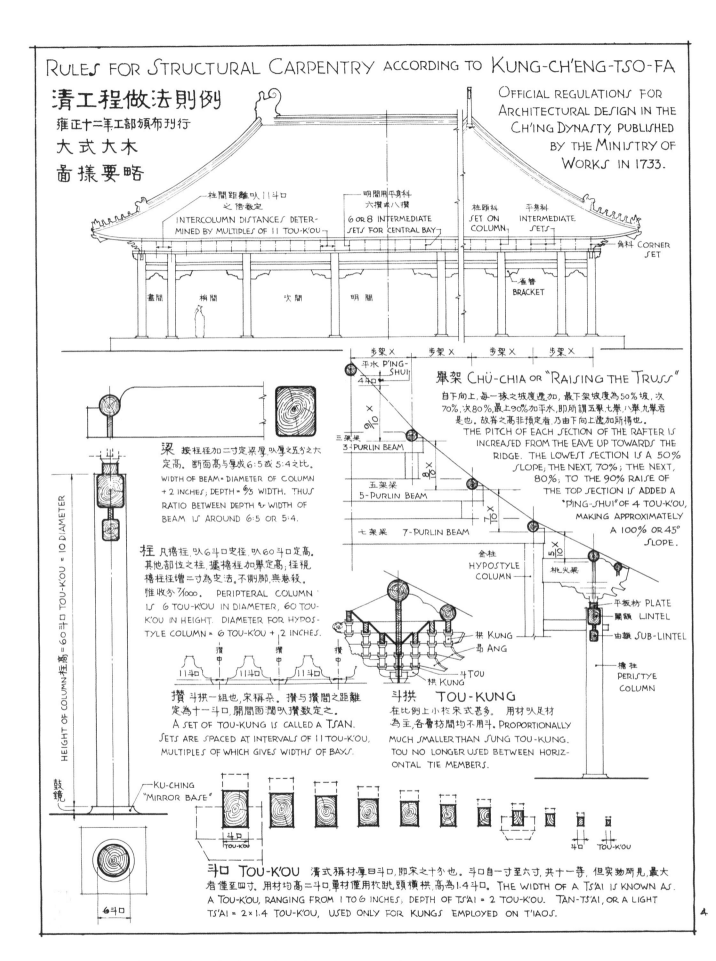

图乙4-29 梁思成著《图像中国建筑史》载《清工程做法则例大式大木图样要略》手稿，其中阐释了清代建筑斗口模数制。林洙提供

以厌胜。

此种说法，见载于元末明初张昱的《辇下曲》和长谷真逸辑《农田余话》，前者记："大都周遭十一门，草苫土筑那吒城，谶言若以砖石裹，长似天王衣甲兵。"[68] 后者记："燕城，系刘太保定制，凡十一门，作那吒三头六臂两足。世祖庚申即位，至国亡于戊申、己酉之间，经一百一十年也。"[69]

这是比附哪吒之躯，附会忽必烈即位之后，历一百一十年而元亡，显系谶纬之说，自有其文化背景，[70] 但于都城制度而言，不足为凭。

注　释

1　王树声：《隋唐长安城规划手法探析》，《城市规划》2009年第6期，55—58、72页。按：王南引用王树声的研究成果指出，据实测数据校核可知，隋大兴—唐长安的外郭进深：面阔=8651.7/9721=0.89≈$\sqrt{3}/2$（吻合度97.2%）；皇城（含宫城）面阔：进深=2820.3/3335.7=0.845≈$\sqrt{3}/2$（吻合度97.6%）；宫城面阔（推测1285米）：进深（1492.1米）=0.861≈$\sqrt{3}/2$（吻合度99.4%）。三个矩形之中，与$\sqrt{3}/2$矩形吻合度在98%以上的仅有宫城（而且宫城面阔是由学者推测的，未得到考古证实），皇城和外郭误差都超过了2%——尤其是皇城的宽长比0.845与外郭的宽长比0.89之间，误差更是超过了5%，很难再认为二者是相似形。尽管如此，该文却首次将内含等边三角形的矩形（即$\sqrt{3}/2$矩形）这一重要构图手法纳入了中国古代城市规划研究的视野（参见王南：《规矩方圆，天地之和——中国古代都城、建筑群与单体建筑之构图比例研究》，28、53页）。

2　张杰：《中国古代空间文化溯源》，44—65、274页。

3　王南：《规矩方圆，天地之和——中国古代都城、建筑群与单体建筑之构图比例研究》（文字版），59—60页。

4　张杰：《中国古代空间文化溯源》，33、56—57、274页。

5　王南：《规矩方圆，天地之和——中国古代都城、建筑群与单体建筑之构图比例研究》（文字版），15—20页。

6　梁思成编订《营造算例》，梁思成：《清式营造则例》，137页。

7　同上。

8　王南：《规矩方圆，天地之和——中国古代都城、建筑群与单体建筑之构图比例研究》（文字版），63、69—72、199—201、207、209—211、228页。按：张杰在《中国古代空间文化溯源》一书中，对紫禁城轴线重要控制点的视域角度做了分析，也指出乾清宫前庭院为60°视域平面。参见该书275页。

9　[后晋]刘昫等撰：《旧唐书》卷二十二《志第二·礼仪二》，854页。

10　[周]左丘明传，[晋]杜预注，[唐]孔颖达疏：《春秋左传正义》卷四十五《昭公十年》，《十三经注疏》，4470—4471页。

11　[周]左丘明传，[晋]杜预注，[唐]孔颖达疏：《春秋左传正义》卷四十八《昭公十八年》，《十三经注疏》，4529页。

12　[周]左丘明传，[晋]杜预注，[唐]孔颖达疏：《春秋左传正义》卷四十五《昭公十年》，《十三经注疏》，4470页。

13 [汉]赵岐注,[宋]孙奭疏:《孟子注疏》卷七下《离娄章句上》,《十三经注疏》,5920 页。

14 [隋]萧吉撰:《五行大义》卷四《第十六论七政》,9—10 页。

15 [清]焦循撰,沈文倬点校:《孟子正义》卷十五,514 页。

16 [三国吴]韦昭注:《国语·周语下第三》,《宋本国语》第1册,124—125 页。

17 [汉]赵岐注,[宋]孙奭疏:《孟子注疏·题辞解》,《十三经注疏》,5792 页。

18 [汉]赵岐注,[宋]孙奭疏:《孟子注疏》卷七下《离娄章句上》,《十三经注疏》,5919 页。

19 [三国吴]韦昭注:《国语·周语下第三》,《宋本国语》第1册,88 页。

20 [周]左丘明传,[晋]杜预注,[唐]孔颖达疏:《春秋左传正义》卷四十一《昭公元年》,《十三经注疏》,4396 页。

21 [三国吴]韦昭注:《国语·周语下第三》,《宋本国语》第1册,119—120 页。

22 同上。

23 [汉]班固撰,[唐]颜师古注:《汉书》卷二十一上《律历志第一上》,959 页。

24 同上书,964 页。

25 同上书,981 页。

26 同上书,982 页。

27 同上。

28 五声即宫、商、角、徵、羽,相当于七声音阶的do、re、mi、sol、la。七声音阶包含了十二个半音,即十二律。其中的五声是五个全音音阶,不包括两个半音——变徵(相当于fa)和变宫(相当于si)。古人以五声为主音,阴阳观念存焉,因为一个全音为两个连续的半音,包含了一律一吕,也就是一阴一阳,这就体现了阴阳之和。易卦六个爻位称六虚。乾卦为六律,坤卦为六吕,六律六吕交互而成十二律。十二律用为五声,升降于六爻之中,五六之数便有了律吕之和、阴阳之和的意义。

29 张杰:《中国古代空间文化溯源》,44—49 页。

30 [汉]郑玄注,[唐]贾公彦疏:《周礼注疏》卷一《天官冢宰第一》,《十三经注疏》,1373—1374 页。

31 [汉]郑玄注,[唐]贾公彦疏:《周礼注疏》卷一《天官冢宰第一》、《校勘记》,《十三经注疏》,1374、1385 页。

32 [汉]郑玄注,[唐]贾公彦疏:《周礼注疏》卷四十一《匠人》,《十三经注疏》,2005 页。

33 [汉]刘安撰,[汉]高诱注:《淮南子》卷四《地形训》,《二十二子》,1221 页。

34 《春秋元命包》,(日)安居香山、中村璋八辑:《纬书集成》,599 页。

35 王南:《规矩方圆,天地之和——中国古代都城、建筑群与单体建筑之构图比例研究》(文字版),63 页。

36 [汉]郑玄注,[唐]孔颖达疏:《礼记正义》卷二十六《郊特牲第十一》,《十三经注疏》,3148 页。

37 [汉]班固撰,[唐]颜师古注:《汉书》卷二十一上《律历志第一上》,983 页。

38 [汉]班固撰,[唐]颜师古注:《汉书》卷二十一下《律历志第一下》,991 页。

39 [汉]班固撰,[唐]颜师古注:《汉书》卷二十一上《律历志第一上》,986 页。

40 湖北省文物考古研究所编著:《盘龙城:1964—1994 年考古发掘报告》,43 页图23、44 页图24。

41 魏坚:《元上都城址的考古学研究》,《蒙古史研究》(第八辑),89 页。

42 清华大学王南博士提示笔者注意元上都宫城平面为10∶9比例,谨志铭感。

43 王剑英、王红:《论从元大都到明北京的演变和发展》,《燕京学报》1995年新1期,82页。按:该书称:"据《元大都城》图,(元宫城)南北和东西之间的比例是4∶3,明中都和南京的宫城是10∶9,略呈长方形,北京则取乎其中,6.5∶5,比明中都和南京的宫城略长一些,比元宫城则缩短了一些。"其中关于元宫与明北京宫城的比例,未注意到根据《南村辍耕录·宫阙制度》所记,元大内深广应为9∶7;明北京宫城深广比与之一致。

44　王南:《规矩方圆,天地之和——中国古代都城、建筑群与单体建筑之构图比例研究》(文字版),238—239页。

45　[明]宋濂等撰:《元史》卷五十八《志第十·地理一》,1347页。

46　[元]周南瑞编:《天下同文集》卷十六,《影印文渊阁四库全书》第1366册,636页。

47　于希贤:《〈周易〉象数与元大都规划布局》,《故宫博物院院刊》1999年第2期,22页。

48　侯仁之:《试论元大都城的规划设计》,《城市规划》1997年第3期,12页。

49　[元]陶宗仪:《南村辍耕录》卷二十一《宫阙制度》,250页。

50　同上书,251页。

51　同上书,256页。

52　[元]汪克宽:《宣文阁赋》,[清]于敏中等编纂《日下旧闻考》卷三十一《宫室》,464页。

53　[元]徐世隆:《广寒殿上梁文》,[清]于敏中等编纂《日下旧闻考》卷三十二《宫室》,471页。

54　[元]李洧孙:《大都赋并序》,[清]于敏中等编纂《日下旧闻考》卷六《形胜》,89页。

55　湖北省文物考古研究所编著:《盘龙城:1964—1994年考古发掘报告》,43页图23、44页图25。

56　山东省文物考古研究所、山东省博物馆、济宁地区文物组、曲阜县文管会编:《曲阜鲁国故城》,7页。

57　中国社会科学院考古研究所洛阳工作队:《北魏永宁寺塔基发掘简报》,《考古》1981年第3期。永宁寺塔底平面复原图见钟晓青:《北魏洛阳永宁寺塔复原探讨》,《文物》1998年第5期。

58　刘敦桢主编:《中国古代建筑史》,107页。

59　[元]熊梦祥著,北京图书馆善本组辑:《析津志辑佚·古迹》,111页。

60　傅熹年:《社会人文因素对中国古代建筑形成和发展的影响》,196页。

61　《明太祖实录》卷五十四,洪武三年秋七月辛卯,《明实录》第2册,1060页。

62　《明太祖实录》卷一百二十七,洪武十二年十一月甲寅,《明实录》第3册,2025页。

63　《明太宗实录》卷五,建文元年十一月乙亥,《明实录》第6册,48页。

64　《清史稿·圣祖纪》记康熙三十四年二月丁巳,"太和殿工成"。赵尔巽等撰:《清史稿》卷七《本纪七·圣祖本纪二》,241页。

65　郭华瑜:《北京太庙大殿建造年代探讨》,《故宫博物院院刊》2002年第3期。

66　[清]于敏中等编纂:《日下旧闻考》卷十一《国朝宫室》,148页。

67　梁思成著,费慰梅编,梁从诫译:《图像中国建筑史》,20页。

68　[元]张昱:《辇下曲》,《张光弼诗集》卷三,15页,《四部丛刊续编》(七二)。

69　[明]长谷真逸辑:《农田余话》卷上,6页。

70　陈学霖从历史学与民俗学的角度对"哪吒城"的传说做了开创性研究,参见其著《刘伯温与哪吒城——北京建城的传说》。另有学者认为元大都设十一门是受到藏传佛教的影响,是寓意元朝的护国神——藏传佛教的护法神玛哈噶拉。见张双智:《试从藏族文化视角解读元大都十一城门之谜》,《中国藏学》2010年第4期。

第五章 幽燕之地与析木之津

一、"广寒宫外接天潢"

元大内北为积水潭（又称海子），西为太液池，皆天然湖泊，将如此广阔的水域纳入城市之中，是元大都规划建设的一大壮举。(图乙5-1)

《元史》记郭守敬兴修京师水利，引北山白浮泉水，汇于积水潭，再东折向南，出南水门，入旧运粮河，每十里置一闸，抵达通州，入北运河，通往江南，积水潭成为京杭大运河的终点。至元三十年（1293年），忽必烈自上都返还，"过积水潭，见舳舻敝水，大悦，名曰通惠河"[1]。

京杭大运河将元大都与江南连为一体，海河、黄河、淮河、长江、钱塘江五大水系得以贯通，国家的统一与发展获得重要支撑。从此，各类物质源源不断运入大都，积水潭周边成为繁华市场。

据《析津志》记载，积水潭畔钟楼附近就设有段子市、皮帽市、帽子市、穷汉市、鹅鸭市、柴炭市、铁器

图乙5-1　北京什刹海。王军摄于2020年5月

图乙5-2　北京故宫慈宁宫花园东院遗址建筑基础工艺复原示意图。（1）基槽内打地钉；（2）铺排木，建桩承台；（3）铺土衬石，砖砌磉墩；（4）周边铺夯土层、夯砖层。（来源：徐华烽，《故宫慈宁宫花园东院遗址——揭秘紫禁城"地下宫殿"》，2017年）

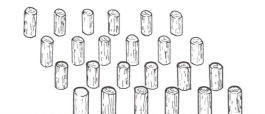

（1）

（2）

市等。[2]《周礼·考工记》关于"面朝后市"的规划理念由此呈现。

侯仁之指出，积水潭、太液池一带的湖泊原是古代永定河的故道，河流迁移之后，残余的一段河床积水成湖，并有发源于今紫竹院湖泊的一条小河——高梁河，经今什刹海（也同样是古代永定河故道的残余）分流灌注其中。[3]

岳升阳、马悦婷指出，今积水潭、后海、什刹海、北海、中海等水域，在四千多年前是古高梁河（永定河的干流或干流的一支）的河道。大约在东汉时期，河流向南摆动改道，其故道成为泉水汇聚的小河，《水经注》称之为高梁河或高梁水，即后期高梁河，其水量大减，河道沉积物由沙砾石变为以细沙和粉沙为主。[4]

在这样的冲积地带建设城池宫阙，遇到的一大挑战就是软质基础问题。故宫博物院考古研究所2014—2015年在故宫慈宁宫花园东院的发掘工作中，发现地下一处至迟始建于明早期的宫殿建筑基址，其底部基槽打木质地钉，上铺排木，建桩承台，再铺土衬石，其上砖砌磉墩，周围铺夯土层、夯砖层，就是要解决软质基础问题。[5]（图乙5-2）

可以想象，元大都城池、宫阙的建设，必然会遇到这样的挑战。可是，这并不能动摇忽必烈的决心。这些天然湖泊在规划师的笔下被赋予了灵魂，宛若天上银河、人间仙境，成为城市生活不可分割的部分。

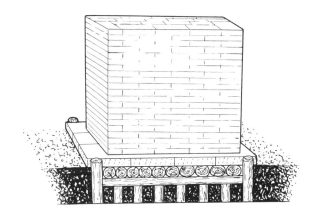

（3）

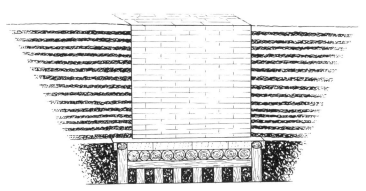

（4）

李洧孙《大都赋并序》对元大都的水系有这样的描述:

> 道高梁而北汇,堰金水而南萦,俨银汉之昭回,抵阁道而经大陵。[6]

《元一统志》记:

> 自至元三十年浚通惠河成,……诸水毕合,遂建澄清闸于海子之东,有桥南直御园,通惠河碑有云"取象星辰紫宫之后,阁道横贯天之银汉"也。[7]

就是说,元大都北部的积水潭与萦绕都城南部的金水河,如同银河经大陵星(也称太陵)而抵阁道星,海子桥纵跨通惠河南直御苑,连接齐政楼与宫域,就像阁道星横贯银河贯通天极、营室。

以元大都的水系比拟银河,又见《析津志》关于高粱河的记载:

> 高粱河:原出昌平县山涧。东南流至高梁店,经宛平县境,由和义门北水门入抄纸坊泓亭,逶迤自东坝流出高梁,入海子内,下万宁闸,与通惠河合流,出大兴县潞河。诗(百咏):
> 天上名山护北邦,水经曾见驻高梁。
> 一觞清浅出昌邑,几折萦回朝帝乡。
> 和义门边通辇路,广寒宫外接天潢。
> 小舟最爱南薰里,杨柳芙蕖纳晚凉。[8]

其中,"广寒宫外接天潢"是说琼华岛上的广寒殿与银河相接,天潢即银河,指环绕琼华岛的太液池。(图乙5-3)

法象银河是十分古老的传统。《古今事物考》曰:"帝王阙内置金水河,表天河银汉之义也,自周有之。"[9]《参同契》曰:"法象莫大乎天地分,玄沟数万里。"[10]玄沟亦指银河。中国古代都城、宫阙的金水河、太液池制度,是对银河的法象。

元大都以广阔的水域法象银河,又有其特定的文化背景。徐世隆《广寒殿上梁文》对太液池、琼华岛做了这样的描述:

> 析木星躔,临士马雄强之地;琼华仙岛,营帝王游豫之宫。盖因前代规模,便有内都气象。金台南峙,玉泉西流。[11]

图乙5-3　北京北海琼华岛。王军摄于2020年5月

即将"析木星躔"与"琼华仙岛"对应，意为琼华岛一带的水域如同析木之次星光灿烂。

在中国古代星土分野中，十二次的析木之次与幽燕之地相配。析木之次位于东宫苍龙的尾、箕二宿，那里是银河系的中央，星域极为辽阔。仰望星空，东宫苍龙七宿如同巨龙跃出银河。冯时考证，此即河图所表现的天象。[12] 元大都中轴线"龙脉"与积水潭东岸相切，即呈现了此种气象。[13]

关于银河的形态，《晋书·天文志》有这样的描述：

> 天汉起东方，经尾箕之间，谓之汉津。乃分为二道，其南经傅说、鱼、天籥、天弁、河鼓，其北经龟，贯箕下，次络南斗魁、左旗，至天津下而合南道。乃西南行，又分夹瓟瓜，络人星、杵、造父、腾蛇、王良、傅路、阁道北端、太陵、天船、卷舌而南行，络五车，经北河之南，入东井水位而东南行，络南河、阙丘、

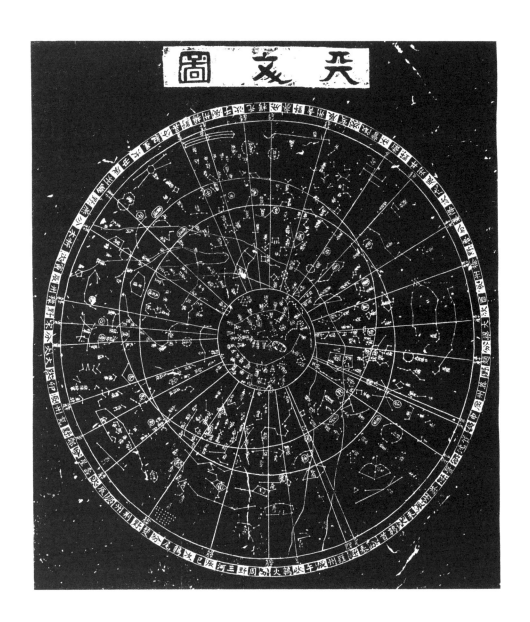

天狗、天纪、天稷，在七星南而没。[14]

即言银河起于东方，穿过尾宿、箕宿之间，此处称汉津，银河在这里分为两道，南道经过尾宿的傅说星、鱼星，斗宿的天籥星、天弁星，牛宿的河鼓星；北道经过尾宿的龟星，在箕宿下穿过，又经过斗宿的斗魁、牛宿的左旗星，在女宿的天津星下与南道汇合，向西南而行；又经过女宿的匏瓜星（又称瓠瓜），危宿的人星、杵星、造父星，室宿的腾蛇星，奎宿的王良星、傅路星（又称附路）、阁道星北端，胃宿的太陵星、天船星，昴宿的卷舌星，继而南行；又经过毕宿的五车星，井宿的北河星、水位星，向东南而行；又经过井宿的南河星、阙丘星，鬼宿的天狗星、天纪星，星宿的天稷星，没入星宿七星之南。

据其记载的地平方位可知,这是《尧典》所记时代春分初昏时的天象。今苏州文庙存南宋石刻《天文图》刻画的银河形态及其方位,与之一致。[15](图乙5-4)

尾宿与箕宿之间,是银河穿行之处,称汉津,也就是银河的渡口。尾宿与箕宿所在的析木之次,又称析木之津或析津。幽燕之地与析木之次相配,遂有析津之谓。辽代设析津府于此,熊梦祥撰元大都地方志称《析津志》,皆是星土分野的体现。

《吕氏春秋·有始览》曰:"天有九野,地有九州。"[16]《周礼·春官·保章氏》曰:"保章氏掌天星,以志星辰日月之变动,以观天下之迁,辨其吉凶,以星土辨九州之地所封,封域皆有分星,以观妖祥。"[17]古人认为天地存在对应关系,九州所封之地在天上皆有分星(图乙5-5),分星之象预示着封域吉凶。各式占法遂应运而生,成为一大文化景观。

《日下旧闻考》开篇即"星土",编纂者于敏中等按:

> 自《周礼·保章氏》以星土辨九州之地,而后世之言分野者,或以中宫斗杓,

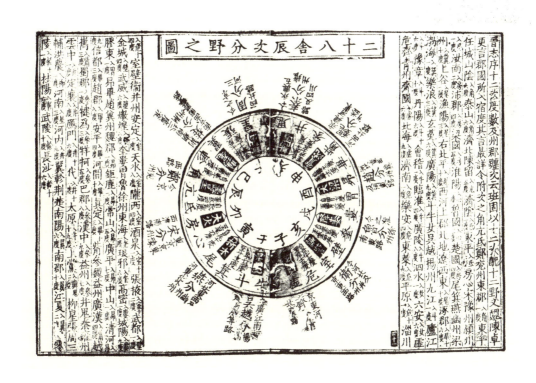

图乙5-4　苏州南宋石刻《天文图》拓本。(来源:中国社会科学院考古研究所,《中国古代天文文物图集》,1980年)

图乙5-5　二十八舍辰次分野之图。(来源:《宋本历代地理指掌图》,1989年)

或以二十八宿，或以天市垣，或以五星。至唐一行则又创为山河两戒之说。众议纷繁，立论各殊。[18]

在各种学说之中，将尾、箕二宿，析木之次，与幽燕相配，见载于《史记·天官书》："尾、箕，幽州。"[19]《史记正义》引《星经》："尾、箕，燕之分野，幽州。"[20]《淮南子·天文训》："尾、箕，燕。"[21]《周礼·春官·保章氏》郑玄《注》："析木，燕也。"[22]《汉书·地理志》："燕地，尾、箕分野也"，"自危四度至斗六度，谓之析木之次，燕之分也。"[23]

析木之次遂成为元大都规划表现的对象，积水潭、太液池的广阔水域派上了用场，成为天汉在人间的投影。

明改建元大都，将宫城南移，掘南海，水面一并南移，并在城市中轴线东西两侧的外金水河，筑牛郎桥、织女桥，以取象牛郎星、织女星分列银河两岸。[24] 这也是析木之次定下的基调。

二、星土分野探义

星占家认为星象的变化与人世的变化存在必然的联系，这是一种原始思维，是把先后关系理解为因果关系而产生的认识。

作为一种文化现象，星占活动又是敬天信仰的体现。先人通过天文观测获得了时间，生产生活得以维系，自然就产生了对天的敬畏，进而将星象与人间建立联系。

星占术导源于观象授时活动，与古代天文学密不可分，如同一枚硬币的两面。《周礼·春官》记冯相氏掌天文历法，"冬夏致日，春秋致月，以辨四时之叙"[25]；又记保章氏辨星土吉凶，"志星辰日月之变动，以观天下之迁"[26]。持续的天文观测是冯相氏、保章氏必须坚持的工作，他们虽有分工，但工作面高度重合。

正是因为如此，中国古代大量的天文现象是被星占家观察并记录下来的。星占家还以各式占法模拟天地行态，显示了古代天文学已经达到的高度。

星土分野将天上分星对应九州封域，就包含了中国古代天文观测的基本方法。时间需要通过空间来测定，而在极为古老的年代，先人是以星象来标识空间的。六千五百年前的河南濮阳西水坡45号墓即为明证，其墓主人身边环绕着蚌塑龙虎和北斗造型，龙东虎西，斗指龙首，就形成了一幅左青（苍）龙、右白虎的标准星图。[27]

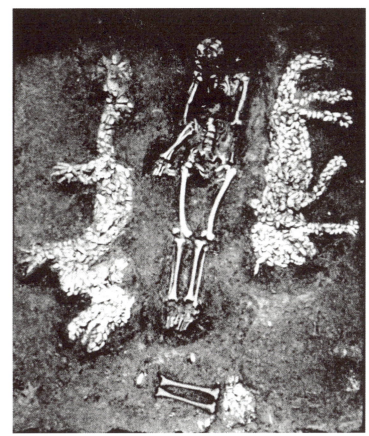

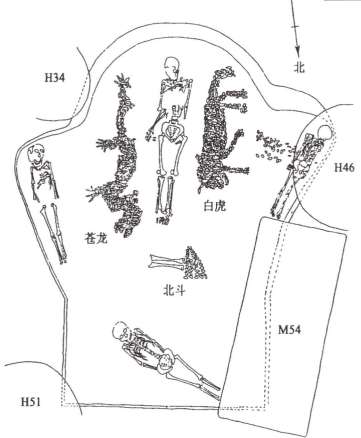

图乙5-6　河南濮阳西水坡45号墓实况。(来源：潘鼐,《中国古天文图录》, 2009年)

图乙5-7　河南濮阳西水坡45号墓平面图。(来源：冯时,《河南濮阳西水坡45号墓的天文学研究》, 1990年)

（图乙5-6，图乙5-7）

古人在春分的初昏，将二十八宿与四方相配，规划为四宫，并根据四宫星象的形态，分别名之为东宫苍龙、西宫白虎、南宫朱雀、北宫玄武。（图甲2-3）《尚书·尧典》所记"日中星鸟以殷仲春"（"星鸟"即南宫朱雀的张宿昏中天），《说文》释龙"春分而登天"，皆为彼时春分的天象。

二十八宿四宫与四方相配，也就标识了地平方位。春分初昏，四宫各居四方本宫，此后渐次移行，一岁复归本宫。根据这一规律，人们就可以通过地平方位观测四宫的运行以获得时间。初昏时，东宫苍龙在东方为春，在南方为夏，在西方为秋，在北方为冬，回到东方即为一个太阳年的周期。这就是《周易》乾卦《象传》所记"时乘六龙以御天"。

以四宫标识四方，又据四宫授时，这就形成了"天地二十八宿"观测体系。《史记·律书》有谓：

> 在旋玑玉衡以齐七政，即天地二十八宿。十母，十二子。[28]

孙星衍《尚书今古文注疏》释曰：

> 史公云"天地"者，兼分野言之，……云"十母，十二子"者，母为干，子为支。[29]

又引《淮南子·天文训》北斗建二十四节气之法，释曰：

> 此以十母、十二子配二十四气也。[30]

《史记·天官书》认为"旋玑玉衡以齐七政"即指北斗七星。[31]二十八宿在天上与北斗拴系，相偕而行，在地上又与天干地支配合，标识了空间，这就形成了"天地二十八宿"。

星土分野以分星标识封域，其中的十二次、二十八宿分野，虽然与四宫方位存在差异，但同样构建了天地对应的时空体系。

星占家手中的六壬式盘，有天盘和地盘，天盘上标有北斗、二十八宿，地盘上标有二十八宿四宫方位，即形成"天地二十八宿"。天盘旋指地盘，即可模拟授时。（图乙5-8）以此推断吉凶，在今人看来实不足取，而在古人心中，这却是极为严肃的事情，

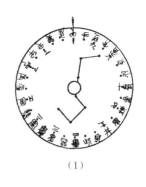
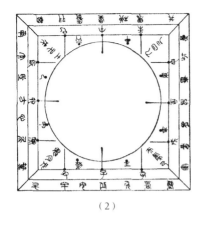
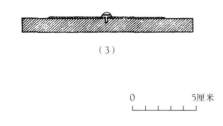

图乙5-8　安徽阜阳双古堆西汉汝阴侯墓出土的六壬式盘示意图，(1) 天盘，(2) 地盘，(3) 剖面（M1出土）。（来源：安徽省文物工作队、阜阳地区博物馆、阜阳县文化局，《阜阳双古堆西汉汝阴侯墓发掘简报》，1978年）

因为这样的活动包含了他们对时间、空间、宇宙的根本认识，以及对天的崇敬。

星土分野还蕴含了古人关于生命现象的终极思考。《礼记·郊特牲》："万物本乎天，人本乎祖，此所以配上帝也。"又记："魂气归于天，形魄归于地，故祭求诸阴阳之义也。"[32]《礼记·丧服小记》："王者禘其祖之所自出，以其祖配之，而立四庙。"郑玄《注》："禘，大祭也。始祖感天神灵而生，祭天则以祖配之。"[33]

古人以为，人本乎祖，犹如万物本乎天，王的始祖感天神之灵而生，所以，祭昊天上帝要以祖配享；死者灵魂归天，祖先之灵在天上与帝相伴，一旦出现异常星象，就是来自天的警示。

所以，董仲舒"屈君而伸天"[34]，将天置于人君之上，借灾异讲述天意，即所谓："灾者，天之谴也。异者，天之威也。谴之而不知，乃畏之以威。"[35]这就给帝王戴上了精神的枷锁。一遇到异常灾害，读书人就会要求天子"省天谴而畏天威，内动于心志，外见于事情，修身审己，明善心以反道"[36]。

古有谏官制度，皇帝是可以批评的。《白虎通》曰："君至尊，故设辅弼，置谏官"[37]，"明王所以立谏诤者，皆为重民而求己失也"[38]，"臣之谏君何取法？法金正木也"[39]。《孝经》曰："昔者天子有争臣七人，虽无道，不失其天下。"[40]这也是一种权力约束。

可见，星土分野源出观象授时知识体系与仰观俯察天地之法，与古代天文学互为表里，包含着古人极为丰富的精神活动，拥有深厚的文化背景。

星土分野的这一特质，赋予了元大都广阔的水域不同寻常的意义，这些天然湖泊、古永定河的孑遗，成为一种文化象征，在法象析木之时，还营造了经典的天文与人文意境。

1. 对二十八宿北宫玄武的表现

《析津志》记："厚载门乃禁中之苑囿也。内有水碾，引水自玄武池。"[41]又记："万宁桥在玄武池东","高梁河由铁平章桥流入玄武池"。[42] 知海子有玄武池之谓,这是因为海子在宫城之北,与二十八宿北宫玄武的方位相合。

以城市北部的水域法象北宫玄武,又见南京的玄武湖、济南的大明湖,前者以玄武命名,后者建北极阁供奉玄武。这些湖泊与海子一样,既是天然的造化,又是人文的塑造。

在建筑与城市周边,以山水环境营造二十八宿四宫意象,衍生了与天地环境统一规划的营造模式。古代建筑与城市以山水为依托,如同一幅幅铺展在大地上的二十八宿星图,濮阳西水坡45号墓是目前已知此类星图的最早实物。

此种空间遗产见证了中华先人规划时空的卓越能力,堪称农业文明发祥的纪念碑。

2. 对五行北为水的表现

元大都的规划将海子安排在宫城之北,又是对五行的表现。五行北为水,海子之水在宫城之北,就象征了五行之水。

古代文献关于五行的论述,首见《尚书·洪范》,有谓:

> 五行:一曰水,二曰火,三曰木,四曰金,五曰土。水曰润下,火曰炎上,木曰曲直,金曰从革,土爰稼穑。润下作咸,炎上作苦,曲直作酸,从革作辛,稼穑作甘。[43]

其中的一、二、三、四、五,是五行方位数,分别表示北、南、东、西、中;金、木、水、火、土与这五个方位相配,就与这五个数字一样,既记录了空间,又标识了时间。

根据《洪范》的解释,以这五种物质与五位相配,是出于其自然之性。东方木配春,是因为"木曰曲直",东是春的授时方位,春时万物冒地而出,由弯曲而挺直;南方火配夏,是因为"火曰炎上",南是夏的授时方位,夏时万物竞相生长,如火焰直上;西方金配秋,是因为"金曰从革",西是秋的授时方位,秋时阳气收敛、年谷顺成,如金属熔化收缩成形;北方水配冬,是因为"水曰润下",北是冬的授时方位,冬时阳气潜藏于地,如水浸润而下;土居中央,配于夏秋之际或四时之末,是因为"土爰稼穑",时间与土相互作用才会有耕种收获。

更为重要的是,中央土又是与天中对应的,这就形成了以五行标识天地四时的体系,建构了中国古代文化中最具基础性的时空与人文范式。

考古学资料表明,以五行、数字、星象标识时间与空间,是导源于新石器时代的文化传统,[44] 并没有因为文字的诞生而被遗弃,它们如同时空不会改变,在古代中国高度稳定。

元大都广阔的水域在与五行相配之时，还适应了蒙古族人民逐水草而居的生活习惯，体现了农耕文化与游牧文化的融合，彰显了中国古代文化的包容性与适应性。

张忠培指出，环渤海地区自新石器时代到秦汉帝国，经历的是一条"从文化多元一体到国家一统多元"的发展道路，"文化多元一体"指的是考古学文化的文化多元一体，"国家一统多元"指的是统一国家内的多元考古学文化，它们遵循"传承、吸收、融合、创新"这一文化演进规律向前发展。从文化多元一体的环渤海，到环渤海地区成为周王国及至发展为秦汉帝国之有机组成部分，这既是华夏族或汉族为主体的中华民族及其国家形成的部分历史，也是这部华夏族或汉族为主体的中华民族及其国家形成史的一个缩影。[45]

位于环渤海地区的元大都，以其无与伦比的都市计划，为中华民族及其国家的形成与发展，立下了一处伟大的地标。

注　释

1. [明]宋濂等撰：《元史》卷一百六十四《列传第五十一·郭守敬》，3852页。
2. [元]熊梦祥著，北京图书馆善本组辑：《析津志辑佚·城池街市》，4—7页。
3. 侯仁之：《北海公园与北京城》，《文物》1980年第4期，10页。
4. 岳升阳、马悦婷：《元大都海子东岸遗迹与大都城中轴线》，《北京社会科学》2014年第4期，104页。
5. 徐华烽：《故宫慈宁宫花园东院遗址——揭秘紫禁城"地下宫殿"》，《紫禁城》2017年第5期，24—35页。
6. [元]李洧孙：《大都赋并序》，[清]于敏中等编纂《日下旧闻考》卷六《形胜》，89页。
7. [元]孛兰肹等撰，赵万里校辑：《元一统志》卷一《中书省统山东西河北之地·大都路·山川》，15页。按：笔者略改句读并添加引号。
8. [元]熊梦祥著，北京图书馆善本组辑：《析津志辑佚·河闸桥梁》，96页。
9. [明]王三聘辑：《古今事物考》卷一《天文》，8页。
10. [汉]魏伯阳著：《参同契·法象成功章第三十一》，[清]王谟辑《增订汉魏丛书·汉魏遗书钞》第5册，65页。按：原文将玄沟写为元沟，避康熙玄烨之讳，今校正。
11. [元]徐世隆：《广寒殿上梁文》，[清]于敏中等编纂《日下旧闻考》卷三十二《宫室》，471页。
12. 参见冯时：《中国天文考古学》第八章"天数发微"第一节"'太极图'真原"，360—370页。
13. 王军：《建极绥猷——北京历史文化价值与名城保护》，63页。
14. [唐]房玄龄等撰：《晋书》卷十一《志第一·天文上》，307页。
15. 中国社会科学院考古研究所编著：《中国古代天文文物图集》，84—85页。按：席泽宗将宋皇祐（1049—1054年）、元丰（1078—1085年）和崇宁（1102—1106年）年间三次天文观测数据与苏州天文图比对，确认后者是根据宋元丰年间的观测结果绘制的。(参见席泽宗:《苏州石刻天文图》,《文物参考资料》1958年第7期)然其二十八宿方位,仍遵循了《尧典》所记春分初昏时的天象。

16 [秦]吕不韦撰,[汉]高诱注:《吕氏春秋》卷十三《有始览第一》,《二十二子》,665页。
17 [汉]郑玄注,[唐]贾公彦疏:《周礼注疏》卷二十六《保章氏》,《十三经注疏》,1768—1769页。
18 [清]于敏中等编纂:《日下旧闻考》卷一《星土》,1页。
19 [汉]司马迁:《史记》卷二十七《天官书第五》,1330页。
20 同上书,1346页。
21 [汉]刘安撰,[汉]高诱注:《淮南子》卷三《天文训》,《二十二子》,1219页。
22 [汉]郑玄注,[唐]贾公彦疏:《周礼注疏》卷二十六《保章氏》,《十三经注疏》,1769页。
23 [汉]班固撰,[唐]颜师古注:《汉书》卷二十八下《地理志第八下》,1657、1659页。
24 王军:《建极绥猷——北京历史文化价值与名城保护》,41页。
25 [汉]郑玄注,[唐]贾公彦疏:《周礼注疏》卷二十六《冯相氏》,《十三经注疏》,1767—1768页。
26 同上书,1768页。
27 冯时:《河南濮阳西水坡45号墓的天文学研究》,《文物》1990年第3期,52—60页。
28 [汉]司马迁:《史记》卷二十五《律书第三》,1253页。
29 [清]孙星衍撰:《尚书今古文注疏》卷一《尧典第一下·虞夏书一》,37页。
30 同上。
31 《天官书》有谓:"北斗七星,所谓'旋玑玉衡以齐七政'。"[汉]司马迁:《史记》卷二十七《天官书第五》,1291页。
32 [汉]郑玄注,[唐]孔颖达疏:《礼记正义》卷二十六《郊特牲第十一》,《十三经注疏》,3149、3156页。
33 [汉]郑玄注,[唐]孔颖达疏:《礼记正义》卷三十二《丧服小记第十五》,《十三经注疏》,3240页。
34 [汉]董仲舒撰:《春秋繁露》卷一《玉杯第二》,《二十二子》,770页。
35 [汉]董仲舒撰:《春秋繁露》卷九《必仁且智第三十》,《二十二子》,788页。
36 [汉]董仲舒撰:《春秋繁露》卷六《二端第十五》,《二十二子》,780页。
37 [汉]班固撰:《白虎通》卷四《谏诤》,《元本白虎通德论》第1册,147页。
38 同上书,145—146页。
39 同上书,144页。
40 [唐]李隆基注,[宋]邢昺疏:《孝经注疏》卷七《谏诤章第十五》,《十三经注疏》,5563页。
41 [元]熊梦祥著,北京图书馆善本组辑:《析津志辑佚·城池街市》,2页。
42 同上书,102页。
43 [唐]孔颖达疏:《尚书正义》卷十二《洪范》,《十三经注疏》,399页。
44 距今六千五百年的河南濮阳西水坡45号墓以玄、黄二色表示天、地,距今五千年的牛河梁第2地点1号冢4号墓之猪形玉器以青、白二色表现阴阳,距今四千年的陶寺圭表呈现青、赤、黑三种色彩,皆合于后世文献所记五行之色;濮阳西水坡45号墓以蚌塑虎、龙与北斗造型拴系,形成左青龙、右白虎之时空体系,是目前已知世界上最早的二十八宿星象组合;距今五千年的良渚文化玉器中的五节、九节、十节、十一节、十二节、十五节玉琮,二十四节玉长管、十二枚玉璜圆牌组佩等,以及良渚古城之九门、南三门、北二门之门制,皆与后世文献所记律历、阴阳、易学之数相合。(关于濮阳西水坡45号墓、第2地点1号冢4号墓、陶寺圭表的研究,参阅冯时的著作《文明以止——上古的天文、思想与制度》)
45 张忠培:《我认识的环渤海考古——在中国考古学会第十五次年会上的讲话》,《考古》2013年第9期,103页。

第六章 结 语

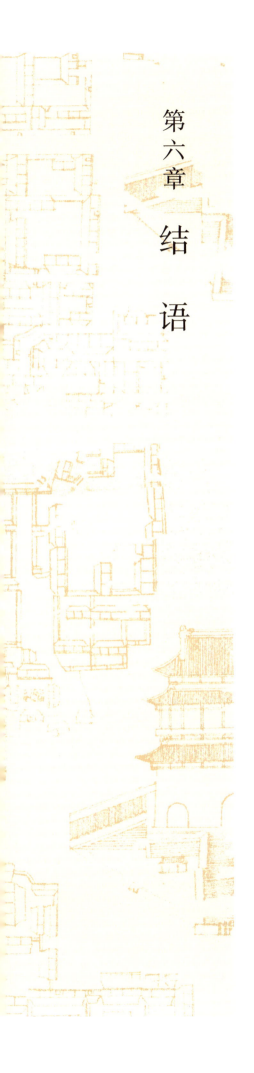

中国古代建筑与城市统一规划，与天地环境整体生成，是基于中国古代固有的时空观和宇宙观。此种空间形态的整体性，是思想文化整体性的反映，包含了中华先人对己身与世界的根本认识和终极思考。

阴阳哲学对生命现象做出了具有一般意义的解释，是中国古代文化之根柢，奠定了中国古代营造制度的思想基础。对阴阳的表现，是中国古代建筑营造匠心所在，衍生出一系列饱蘸文化精神的美学比例。古人据此塑造了极具思想性的体形环境。正如冯时指出，对阴阳的表现，催生了中国古代建筑的阴阳法式，这在五千年前的新石器时代建筑遗址已经清晰可见。

《周易·系辞上》曰："一阴一阳之谓道。"只有表现了阴阳，才可能溯源"道生一"，而"几于道"。这决定了元大都的规划设计要显示元帝受命于天，就不能满足于以齐政楼对应北极璇玑，也不能满足于以中轴线联系齐政楼、元大内以寓意天命的抵达，对阴阳的表现是更加繁重的任务。元大都的设计者刘秉忠精通阴阳数术，尤深于《周易》、邵雍《皇极经世书》以及天文、地理、律历、太一、六壬、遁甲三式，相关知识与思想体系深涉中国古代文化的核心领域，深刻定义了元大都的空间形态。元大都的规划设计，向我们展示了中国古代建筑与城市规划所依托的巨大思想资源。

元大都的健德门、安贞门分别名出《周易》乾坤二卦，健德门居西北乾位，安贞门居东北艮位，得名于坤卦卦辞，在都城平面规划中发挥着乾坤定位般的支撑作用。将元大都东部的太庙、太史院、崇仁行用库与健德门画线连接，再将元大都西部的社稷坛、都城隍庙、和义行用库与安贞门画线连接，就形成了三组由健德门、安贞门统领的建筑交叉连线，交叉点皆位于都城子午中线，分别演绎了乾卦卦辞"元亨利贞"和坤卦卦辞"西南得朋，东北丧朋，安贞吉"，并通过都城子午中线与齐政楼建立联系，表现了"易有太极，是生两仪""乾坤成列，而易立乎其中矣"，深刻阐释了中国古代文化的交泰思想与创世哲学观念。

健德门、安贞门所在之位，又分别是元大都的壬、癸之位，体现了月体纳甲"壬癸配甲乙，乾坤括始终"，象征"乾主壬，坤主癸，日月会北"，与齐政楼、中轴线共同营造了甲子、冬至、朔旦、夜半齐同、日、月、五星同起牵牛初度的空间意象，深刻阐释了"在璇玑玉衡，以齐七政"的天文与人文的双重内涵。

傅熹年指出，元大都规划运用了两组模数：一是以宫城御苑为模数单位，以 $9 \times 5 = 45$ 的数理关系形成大城总平面；二是以宫城之广、皇城之深为模数单位，以 $9 \times 4 = 36$ 的数理关系形成大城总平面。前者附会了《周易》九五利见大人，以九五象征贵位之意。这一重要发现，揭示了元大都规划的深层意义。

进一步研究，我们还能看到，$9 \times 5 = 45$ 的数理关系又是对洛书九宫的表现，$9 \times 4 = 36$ 数理关系合于"一期三十六旬"当一岁之数。45是阳数，36是阴数，两组模数叠成大城总平面，又体现了阴阳合和，并呈现 $45 + 36 = 81$ 的数理关系，确立了九九八十一黄钟之数，体现了"律历之数，天地之道""同律度量衡""王者制事立法"等理念。

以洛书九宫三为一组的法式演绎，元大都 $9 \times 5 = 45$ 模数体系，又可合并为十五个"方七斜十"比例的扩大模块，并以孔庙、国子监北墙的东西一线为界，南为九个模块，北为六个模块，呈现乾元用九、坤元用六的平面布局，与元大都南三门、北二门呼应，体现了"参天两地而倚数"等易学理念，并构成了泰卦之象，表现了"天地交而万物通""天地之大德曰生"。

元大都南部建筑密集，北部建筑稀少，呈现北疏南密之象，又合于规划者设定的乾元用九、坤元用六的平面布局，体现了"阳常居实位而行于盛，阴常居空位而行于末"；元大都南部阳实之区广于北部阴虚之域，又与《周易》大壮卦的卦象相合，营造了"爰取法于大壮，盖重威于帝京"的意象。

明洪武元年徐达攻占元大都，立即南缩北城，改健德门为德胜门、安贞门为安定门，瓦解元大都乾坤交泰格局，以表示明朝德胜天下、乾坤易主、安定厥邦，具有明显的政治意图。明永乐帝迁都北京，改建元大都，明嘉靖帝分设日、月、天、地四坛，乾坤二卦依然是都城规划的思想依据，形成了以德胜门、安定门为支撑，整体设计宫城、皇城、帝陵、坛庙的超大尺度乾坤交泰布局，继承并发展了元大都规划体系。这也表明，《周易》经卦方位及其内在思想对古代建筑与城市的平面规划具有极其重要的指导意义。

张杰、王南相继在研究中指出，元大都平面为内含等边三角形的矩形，即$\sqrt{3}/2$矩形。王南指出，元大都大城由十二个$\sqrt{3}/2$矩形组成，大城与皇城为两个互成90°旋转的$\sqrt{3}/2$矩形。$\sqrt{3}/2$约合整数比7:6，这一比例在梁思成整理的清代匠人抄本《营造算例》中得到了确切记载，并在明清北京紫禁城的规划设计中得到了广泛运用。

在中国古代数术中，数字七具有"天以七纪"的意义，数字六具有"天地之中"的意义，7:6比例被大量运用于元大都、明清北京紫禁城的规划设计，并在紧邻紫禁城平面几何中心的中和殿斗拱攒当数中得以呈现，表明在元明清时期，这一比例已确切表达了"天地之中"的文化观念，堪称"天地之中"比例。此种比例的矩形还可被析分为十五个"方七斜十"比例的矩形，进而表达"天地之和"的理念，并寓意"易一阴一阳，合而为十五之谓道"。

元大都规划以十二个$\sqrt{3}/2$矩形取义十二月"天之大数"，以大城与皇城的旋转布局表示昆仑"地中"对应北极"天中"，以十二个$\sqrt{3}/2$矩形的模块与相似形皇城的9:10伸缩比例表示"天地终数"，以十一个城门表示"五六天地之中"，以大明殿崇天门十一间，仪天殿十一楹表示"天地之中合"，皆体现了象天法地的营造理念以及对天、地、人和谐关系的追求，表明数术之学对营造制度产生了极为深刻的影响。

中国古代数术导源于以数记事的前文字时代，是"上古结绳而治"的文化余绪。在文字尚未诞生之时，数字是那个时代知识与思想的载体。考古学资料表明，早在新石器时代，中华先人已经创造了灿烂的农业文化与文明，他们对时间与空间的认识，对农业周期的测定与管理，对地理空间的测量与规划，对生命意义与宇宙本源的思考，已经粲然大备。相关知识与思想正是通过数字、比例、色彩、物件、图案等原始记事的方式得以保存、积累并不断传承的。

数术并不会因为文字的诞生而中断，因为它所承载的文化还在延续。中国古代营造制度习用的7∶5、7∶6、9∶7、9∶5、9∶10、7∶10、5∶3、3∶2、4∶3等天地数比例，皆具有确切的文化意义。明清建筑以斗拱攒当数表达丰富的数术理念，是导致这一时期建筑制度变革的重要因素。这也表明，对中国古代建筑的研究，除了结构技术层面的考察，还须结合数术之学，深入揭示其文化"基因"。

古代建筑与城市营造对天地的表现，也是对阴阳的表现。元大都的规划以广阔的水域法象银河，取义析木之次幽燕分野、二十八宿北宫玄武以及五行北为水，皆体现了古代文化对天地阴阳合和的追求。元大都的规划寄情山水营造人间胜境，还适应了蒙古族人民逐水草而居的生活习惯，见证了农耕文化与游牧文化的融合，彰显"从文化多元一体到国家一统多元"是中国古代统一多民族国家形成与发展之路。

古代中国之存在

余论

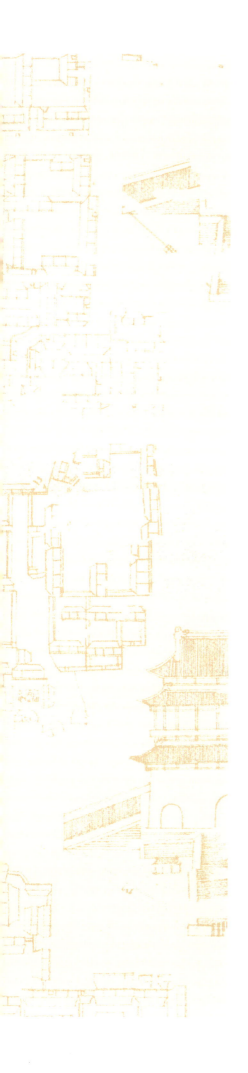

农耕文化与游牧文化的碰撞、交融,是中国古代历史的重头戏,由此引发一次次王朝的兴替与民族的迁徙。在这一过程中,中国固有之文化体系并未因改朝换代而中断,始终传承有序,得到了各民族的广泛认同。中国古代统一多民族国家赖以不断发展壮大,成为人类历史上唯一持续不间断发展的文明体。

作为蒙古族统治者,忽必烈遵用汉法,实非偶然。因为他的祖父、蒙古帝国的开创者成吉思汗就对中原心怀景仰。《元史·太祖纪》记云:

> 初,帝贡岁币于金,金主使卫王允济受贡于净州。帝见允济不为礼。允济归,欲请兵攻之。会金主璟殂,允济嗣位,有诏至国,传言当拜受。帝问金使曰:"新君为谁?"金使曰:"卫王也。"帝遽南面唾曰:"我谓中原皇帝是天上人做,此等庸懦亦为之耶,何以拜为!"即乘马北去。[1]

成吉思汗认为"中原皇帝是天上人做",卫王允济不为礼、生性庸懦,不配做金朝皇帝。他感到失望并愤怒,是因为他对中原心怀景仰。此种心态,在北方少数民族的政治家中并不鲜见。

宋人洪皓撰《松漠纪闻》记载了辽道宗的一则故事:

> 大辽道宗朝,有汉人讲《论语》至"北辰居[其]所而众星拱之",道宗曰:"吾闻北极之下为中国,此岂其地邪?"至"夷狄之有君",疾读不敢讲。则又曰:"上世獯鬻、猃狁荡无礼法,故谓之夷。吾修文物彬彬,不异中华,何嫌之有?"卒令讲之。[2]

辽道宗认为辽朝居北方在北极之下就应该是中国了。他听人讲《论语》至"夷狄之有君",不敢念下一句"不如诸夏之亡也",则认为不必回避,因为"吾修文物彬彬,不异中华",与过去的獯鬻、猃狁荡无礼法而为夷全然不同了。他的这一认识,也是基于对中华文化的认同。

《松漠纪闻续》又记一事:

> 初,汉儿至曲阜,方发宣圣陵,粘罕闻之,问高庆绪渤海人,曰:"孔子何人?"对曰:"古之大圣人。"曰:"大圣人墓岂可发?"皆杀之,故阙里得全。[3]

粘罕是金朝将领,是不知孔子为何人的一介武夫,但他听说有汉人在挖孔子的墓,孔子是古代大圣人,就把挖墓者捕杀了,并保全了孔子故里。这位女真人虽然没有读过圣贤书,却知道圣人的墓不能挖,对文化怀有朴素的情感。反倒是那些知孔子为何人的汉人,在干着摧毁民族文化共识的罪恶行径。

这不禁让人想起陈寅恪的著名论断——"胡汉分别不在种族而在文化"[4],此即有教无类;"此点为治吾国中古史最要关键,若不明乎此,必致无谓之纠纷"[5]。有谓:

> 我国历史上的民族,如魏晋南北朝时期的民族,往往以文化来划分,而非以血统来划分。少数民族汉化了,便被视为"杂汉""汉儿""汉人"。反之,如果有汉人接受某少数民族文化,与之同化,便被视为某少数民族人。南北朝时期,北方便有汉人因为久居鲜卑地区,接受鲜卑的文化,与之同俗,不仅被人们目为鲜卑人,他们自己也把自己视作鲜卑人。在少数民族中间也是这样。某一少

数民族如果接受另外一个少数民族的文化、风俗习惯，与之同化，便被视为另一个民族的人，他的本民族反而隐蔽不显。我们说的北魏的鲜卑族便是一个很杂的民族，在研究北朝民族问题的时候，不应该过多地去考虑血统的问题，而应注意"化"的问题。[6]

诚如陈寅恪所言，文化之"化"比血统问题更加本质，看一个人属于哪一个民族，关键要看他为哪一种文化所"化"，而非属于哪一个血统。同理，看一个王朝的属性，也要看其所宗奉的文化，而非统治者的血统。

正是因为文化的存在超越了血统，中华文明才没有因为民族的大迁徙而被中断。视中原为文化高地，在各民族之间拥有广泛的共识。正是在这样的文化背景之下，忽必烈接受了"儒教大宗师"的尊号，并展开了极不寻常的以儒治国的历程。

忽必烈在元大都的中央建造取义舜得天命的齐政楼，昭示他创立元朝受命于天，继承了尧舜以来的道统与治统，是中国古代统一多民族国家发展过程中的重大事件，彰显"继道统而新治统"是古代中国的演进方式，古代中国因此走出一条"从文化多元一体到国家一统多元"的发展道路。

在西方民族国家观念的驱使之下，有人或以为统治阶层族别的改变就意味着国家与文明性质的改变，但此种认识并不适用于中国历史的书写。中国自文明创建以来，就不断经历民族融合的过程，改朝换代接续不断，统治族群五湖四海，文化与制度却高度稳定。中国古代文化的包容性与适应性支撑了中华民族的发展壮大，正是在此种文化强大的吸引力之下，忽必烈从一位游牧民族的英雄成为中国的皇帝，入主中原的蒙古族融入了中华民族的大家庭。元大都就是见证这一传奇的丰碑，其规划设计全方位演绎了"祖述尧舜，宪章文武，上律天时，下袭水土"[7]，印证了"万世道统之传，即万世治统之所系也"。

中国所在地区一万多年前独立产生了种植农业，由长期生产实践孕育的人文制度与思想传统，超越了民族与宗教差异，适应并推动了生产力的发展，具有强大的生命力。这也决定了统治阶层无论来自何种族群，都必须以中国固有之文化与制度为归依，惟此方可长治久安。这是中国古代历史发展的内在逻辑。

种植农业以对时间的精确测定和管理为基础，正统文化导源于此；提供观象授时服务是权力的获得方式，天命观由此衍生。天命乃道统与治统合一的象征，政权的合法性表现为天命的存续，就必然表现为道统与治统所定义的主权继承。正是基于此种意义，天命代代相传，成为古代中国主权的象征，中华统绪赖此不绝，绵延为数千年不间断的文明史，成为人类历史之特例。

中国固有之宇宙生成思想并不认为上帝是世界的创造者，而是认为客观世界的生化过程衍生了上帝，上帝是人格化的天，被视为世俗权力的提供者，但不是造物主。这一朴素的唯物创世观，使中国古代文化对不同宗教信仰的至上神均具有极强的包容性，古代中国历史的演进并不以文明的冲突和力量的对比为当然模式。

中华先人以"天地之大德曰生"为基本价值诉求，以"尽人之性""尽物之性""赞天地之化育，则可以与天地参"[8]为崇高境界。此种价值观凝聚了不同宗教信仰的最大共识，支撑了多元文化与民族的融合，是"协和万邦"天下观念的思想基础，是"各美其美，美人之美，美美与共，天下大同"[9]的精神基石，对当今中国的国家治理与人类可持续和平发展具有重要意义。

由观象授时活动催生的时间与空间密合的观念深刻定义了中国古代营造制度，空间被时间赋予了意义，成为知识与思想的载体，塑造了与天地环境整体生成的建筑形态。元大都便是此种时空法式的产物，其所蕴含的人文信息直通农业文明的原点，经明清北京城的继承与发展，凝固为不朽的文化遗产，见证了中华文明源远流长。

中国古代营造制度的此种特质，决定了中国建筑史研究必须立足于中国固有之思想精神。1930年朱启钤在《中国营造学社缘起》一文中呼吁"沟通儒匠"[10]，已明此义；1943年梁思成在《中国建筑史》绪论中指出：

> 建筑显著特征之所以形成，有两因素：有属于实物结构技术上之取法及发展者，有缘于环境思想之趋向者。对此种种特征，治建筑史者必先事把握，加以理解，始不至淆乱一系建筑自身之准绳，不惑于他时他族建筑与我之异同。治中国建筑史者对此着意，对中国建筑物始能有正确之观点，不作偏激之毁誉。[11]

他提出的"环境思想"，有其鲜明的思想指向：

> 古之政治尚典章制度，至儒教兴盛，尤重礼仪。故先秦西汉传记所载建筑，率重其名称方位，部署规制，鲜涉殿堂之结构。嗣后建筑之见于史籍者，多见于五行志及礼仪志中。记宫苑寺观亦皆详其平面布署制度，而略其立面形状及结构。均足以证明政治、宗法、风俗、礼仪、佛道、风水等中国思想精神之寄托于建筑平面之……分布上者，固尤深于其他单位构成之因素也。[12]

"结构技术+环境思想"研究体系,是中国建筑史研究必须遵循的基本框架。惜先贤在授予我们这一宝贵的思想方法之后,即陷入复杂境遇而身处无为之地。本书试以元大都齐政楼的名称、方位以及元大都规划的阴阳法式为研究对象,揭橥其深层的环境思想因素,惟盼缵述前学,得以探入先贤开辟的学术天地。

诚拜"五四"新文化运动以来考古学发展所赐,吾辈在一处处考古发掘现场,亲眼得见中华浩瀚历史长河之中,涌动前行的考古学文化与文明实证。对己身文化做同情之了解,不做偏激之毁誉,此其时也。

注 释

1 [明]宋濂等撰:《元史》卷一《本纪第一·太祖》,15页。
2 [宋]洪皓:《松漠纪闻》,《长白丛书》(初集),22页。
3 [宋]洪皓:《松漠纪闻续》,《长白丛书》(初集),39页。
4 万绳楠整理:《陈寅恪魏晋南北朝史讲演录》,292页。
5 陈寅恪:《唐代政治史述论稿》,201页。
6 万绳楠整理:《陈寅恪魏晋南北朝史讲演录》,248页。
7 [汉]郑玄注,[唐]孔颖达疏:《礼记正义》卷五十三《中庸第三十一》,《十三经注疏》,3547页。
8 同上书,3583页。
9 费孝通:《东方文明和二十一世纪和平》,《费孝通文集》第14卷,6页。
10 朱启钤:《中国营造学社缘起》,《中国营造学社汇刊》1930年第1卷第1册,3页。
11 梁思成:《中国建筑史》油印本,3—4页。
12 同上书,8—9页。

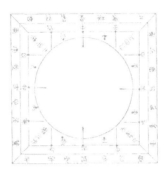

参考文献

古代文献

中华书局编辑部编:《历代天文律历等志汇编》,北京:中华书局,1976年。

[周]墨翟撰,[清]毕沅校注:《墨子》,[清]浙江书局辑刊:《二十二子》,上海:上海古籍出版社,1986年。

[周]尸佼撰,[清]汪继培辑:《尸子》,[清]浙江书局辑刊:《二十二子》,上海:上海古籍出版社,1986年。

[周]荀况撰,[唐]杨倞注:《荀子》,[清]浙江书局辑刊:《二十二子》,上海:上海古籍出版社,1986年。

[周]晏婴撰,[清]孙星衍校并撰音义:《晏子春秋》,[清]浙江书局辑刊:《二十二子》,上海:上海古籍出版社,1986年。

[周]庄子撰,[晋]郭象注,[唐]陆德明音义,[清]浙江书局辑刊:《庄子》,《二十二子》,上海:上海古籍出版社,1986年。

[周]左丘明传,[晋]杜预注,[唐]孔颖达疏:《春秋左传正义》,[清]阮元校刻:《十三经注疏》,北京:中华书局,2009年。

《六韬》卷二《武韬·发启》,《四部丛刊初编》(六○),上海:上海书店,1989年,第10页。

[秦]吕不韦撰,[汉]高诱注:《吕氏春秋》,[清]浙江书局辑刊:《二十二子》,上海:上海古籍出版社,1986年。

[汉]班固:《两都赋》,[南朝宋]范晔:《后汉书》卷四十上《班彪列传第三十上》,[汉]班固撰,[唐]颜师古注:《汉书》,北京:中华书局,1962年。

[汉]班固撰:《元本白虎通德论》,北京:国家图书馆出版社,2019年。

[汉]戴德著:《大戴礼记》,[清]王谟辑:《增订汉魏丛书·汉魏遗书钞》第1册,重庆:西南师范大学出版社,北京:东方出版社,2011年。

[汉]董仲舒撰:《春秋繁露》,[清]浙江书局辑刊:《二十二子》,上海:上海古籍出版社,1986年。

[汉]伏胜撰,[汉]郑玄注:《尚书大传》,上海涵芬楼藏左海文集本。

[汉]伏胜撰:《尚书大传》,[清]王谟辑:《增订汉魏丛书·汉魏遗书钞》第6册,重庆:西南师范大学出版社,北京:东方出版社,2011年。

[汉]高诱注,[宋]鲍彪校注:《战国策》,《宋本战国策》第3册,北京:国家图书馆出版社,2017年。

[汉]公羊寿传,[汉]何休解诂,[唐]徐彦疏:《春秋公羊传注疏》卷一《隐公元年》,[清]阮元校刻:《十三经注疏》,北京:中华书局,2009年。

[汉]刘安撰,[汉]高诱注:《淮南子》,[清]浙江书局辑刊:《二十二子》,上海:上海古籍出版社,1986年。

[汉]刘向撰:《五经通义》,[清]王谟辑:《增订汉魏丛书·汉魏遗书钞》第6册,重庆:西南师范大

学出版社，北京：东方出版社，2011年。
[汉]毛亨传，[汉]郑玄笺，[唐]孔颖达疏：《毛诗正义》，[清]阮元校刻：《十三经注疏》，北京：中华书局，2009年。
[汉]魏伯阳著：《参同契》，[清]王谟辑：《增订汉魏丛书·汉魏遗书钞》第5册，重庆：西南师范大学出版社，北京：东方出版社，2011年。
[汉]司马迁：《史记》，北京：中华书局，1959年。
[汉]王充：《宋本论衡》，北京：国家图书馆出版社，2017年。
[汉]王延寿：《鲁灵光殿赋》，[梁]萧统编：《文选》卷十一，北京：中华书局，1977年。
[汉]魏伯阳著，[清]袁仁林注：《古文周易参同契注》，北京：中华书局，1985年。
[汉]许慎撰，[宋]徐铉校定：《说文解字》，北京：中华书局，2013年。
[汉]扬雄撰，[晋]郭璞注：《方言》，北京：中华书局，2016年。
[汉]应劭撰，王利器注：《风俗通义校注》，北京：中华书局，2010年。
[汉]赵岐注，[宋]孙奭疏：《孟子注疏》，[清]阮元校刻：《十三经注疏》，北京：中华书局，2009年。
[汉]赵爽注，[北周]甄鸾重述：《周髀算经》，《宋刻算经六种》，北京：文物出版社，1981年。
[汉]郑玄注：《周易乾凿度》卷上，郑学汇函本。
[汉]郑玄注，[唐]贾公彦疏：《周礼注疏》，[清]阮元校刻：《十三经注疏》，北京：中华书局，2009年。
[汉]郑玄注，[唐]孔颖达疏：《礼记正义》，[清]阮元校刻：《十三经注疏》，北京：中华书局，2009年。
[汉]郑玄注，[清]王闿运补注：《尚书大传》，上海：商务印书馆，1937年。
[三国魏]张揖：《广雅》，上海：商务印书馆，1936年。
[三国吴]韦昭注：《宋本国语》，北京：国家图书馆出版社，2017年。
[魏]何晏注，[宋]邢昺疏：《论语注疏》，[清]阮元校刻：《十三经注疏》，北京：中华书局，2009年。
[魏]王弼、[晋]韩康伯注，[唐]孔颖达疏：《周易正义》，[清]阮元校刻：《十三经注疏》，北京：中华书局，2009年。
[魏]王弼注：《老子道德经》四章，[清]浙江书局辑刊：《二十二子》，上海：上海古籍出版社，1986年。
[晋]范宁集解，[唐]杨士勋疏：《春秋穀梁传注疏》，[清]阮元校刻：《十三经注疏》，北京：中华书局，2009年。
[晋]郭璞注，[宋]邢昺疏：《尔雅注疏》，[清]阮元校刻：《十三经注疏》，北京：中华书局，2009年。
[晋]郭璞：《葬书》，《四库术数类丛书》第6册，上海：上海古籍出版社，1991年。
[晋]孔晁注：《元本汲冢周书》，北京：国家图书馆出版社，2017年。
[晋]张湛注：《列子》，[清]浙江书局辑刊：《二十二子》，上海：上海古籍出版社，1986年。
[南朝宋]范晔撰，[唐]李贤等注：《后汉书》，北京：中华书局，1965年。
[隋]萧吉撰：《五行大义》，知不足斋本，清嘉庆十八年（1813年）。
[唐]段成式、[宋]黄休复、[元]佚名：《寺塔记·益州名画录·元代画塑记》，北京：人民美术出版社，2004年。
[唐]房玄龄注：《管子》，[清]浙江书局辑刊：《二十二子》，上海：上海古籍出版社，1986年。
[唐]房玄龄等撰：《晋书》，北京：中华书局，1974年。
[唐]韩愈撰，[宋]魏仲举集注：《五百家注韩昌黎集》，北京：中华书局，2019年。
[唐]李鼎祚撰，王丰先点校：《周易集解》，北京：中华书局，2016年。
[唐]李吉甫撰，贺次君点校：《元和郡县图志》，北京：中华书局，1983年。
[唐]李隆基注，[宋]邢昺疏：《孝经注疏》，[清]阮元校刻：《十三经注疏》，北京：中华书局，2009年。
[唐]孔颖达疏：《尚书正义》，[清]阮元校刻：《十三经注疏》，北京：中华书局，2009年。

[唐]瞿昙悉达:《开元占星》,北京:九洲出版社,2012年。

[唐]魏征等撰:《隋书》,北京:中华书局,1973年。

[北周]庚季才原撰,[宋]王安礼等重修:《灵台秘苑》,《影印文渊阁四库全书》第807册,台北:商务印书馆,1986年。

[后晋]刘昫等撰:《旧唐书》,北京:中华书局,1975年。

[宋]陈抟述,[宋]邵雍撰,柯誉整理:《河洛真数》,北京:九洲出版社,2013年。

[宋]杜道坚:《文子缵义》,[清]浙江书局辑刊:《二十二子》,上海:上海古籍出版社,1986年。

[宋]范镇撰、[宋]宋敏求:《东斋记事·春明退朝录》,北京:中华书局,1980年。

[宋]洪皓:《松漠纪闻》,李澍田主编:《长白丛书》(初集),长春:吉林文史出版社,1986年。

[宋]洪皓:《松漠纪闻续》,李澍田主编:《长白丛书》(初集),长春:吉林文史出版社,1986年。

[宋]李诫:《营造法式》,北京:中国建筑工业出版社,2006年。

[宋]陆佃解:《鹖冠子》,上海:商务印书馆,1937年。

[宋]邵雍撰:《皇极经世书》,《影印文渊阁四库全书》第803册,台北:商务印书馆,1986年。

[宋]沈括:《元刊梦溪笔谈》,北京:文物出版社,1975年。

[宋]苏颂,《新仪象法要》,上海:商务印书馆,1937年。

[宋]杨甲:《六经图》,《影印文渊阁四库全书》第183册,台北:商务印书馆,1986年

[宋]郑樵撰:《通志》,杭州:浙江古籍出版社,2000年。

[宋]朱熹:《周易参同契考异》,《周易参同契古注集成》,上海:上海古籍出版社,1990年。

[宋]朱熹,廖明春点校:《周易本义》,北京:中华书局,2009年。

[宋]朱熹集注:《宋本大学章句·宋本中庸章句》,北京:国家图书馆出版社,2016年。

《宋本历代地理指掌图》,上海:上海古籍出版社,1989年。

[元]孛兰肹等撰,赵万里校辑:《元一统志》,北京:中华书局,1966年。

[元]黄溍:《霁峰文集序》,李修生主编:《全元文》卷九四〇,第29册,南京:凤凰出版社,2004年。

[元]黄溍:《霁峰李先生墓志铭》,李修生主编:《全元文》卷九七四,第30册,南京:凤凰出版社,2004年。

[元]李洧孙:《大都赋并序》,[清]于敏中等编纂:《日下旧闻考》卷六《形胜》,北京:北京古籍出版社,1983年。

[元]刘秉忠:《新刻石函平砂玉尺经》,海口:海南出版社,2003年。

[元]宋子贞:《元故领中书省耶律公神道碑》,[元]苏天爵编:《元文类》卷五十七《神道碑》,任继愈主编:《中华传世文选》第7册,长春:吉林人民出版社,1998年。

[元]陶宗仪:《南村辍耕录》,北京:中华书局,1959年。

[元]脱脱等撰:《宋史》,北京:中华书局,1977年。

[元]脱脱等撰:《辽史》,北京:中华书局,1974年。

[元]脱脱等撰:《金史》,北京:中华书局,1975年。

[元]汪克宽:《宣文阁赋》,[清]于敏中等编纂:《日下旧闻考》卷三十一《宫室》,北京:北京古籍出版社,1983年。

[元]熊梦祥著,北京图书馆善本组辑:《析津志辑佚》,北京:北京古籍出版社,1983年。

[元]熊梦祥著,徐苹芳整理:《辑本析津志》,北京:北京联合出版有限责任公司,2017年。

[元]徐世隆:《广寒殿上梁文》,[清]于敏中等编纂:《日下旧闻考》卷三十二《宫室》,北京:北京古籍出版社,1983年。

[元]杨桓:《太史院铭》,[元]苏天爵编:《元文类》卷十七《铭》,任继愈主编:《中华传世文选》第
　　7册,长春:吉林人民出版社,1998年。
[元]杨奂:《汴故宫记》,[元]苏天爵编:《元文类》卷二十七《记》,任继愈主编:《中华传世文选》
　　第7册,长春:吉林人民出版社,1998年。
[元]耶律楚材著,谢方点校:《湛然居士集》,北京:中华书局,1986年。
[元]张昱:《辇下曲》,《张光弼诗集》,《四部丛刊续编》(七二),上海:上海书店,1985年。
[元]周南瑞编:《天下同文集》,《影印文渊阁四库全书》第1366册,台北:商务印书馆,1986年。
[元]朱世杰编撰:《算学启蒙》,江南机器制造总局藏版印本。
《明实录·太祖实录》第1、2、3册,"中央研究院"历史语言研究所校印,1962年。
《明实录·太宗实录》第6册,"中央研究院"历史语言研究所校印,1962年。
[明]长谷真逸辑:《农田余话》,《山房随笔(及其他八种)》,北京:中华书局,1991年。
[明]金幼孜:《皇都大一统赋》,[清]于敏中等编纂:《日下旧闻考》卷六《形胜》,北京:北京古籍
　　出版社,1983年。
[明]李东阳撰,申时行修:《大明会典》,台北:新文丰出版公司,1976年。
[明]李贤等撰:《大明一统志》,西安:三秦出版社,1990年。
[明]刘侗、于奕正:《帝京景物略》,北京:北京古籍出版社,1980年。
[明]梅鷟撰,姜广辉点校:《尚书考异·尚书谱》,上海:上海古籍出版社,2014年。
[明]宋濂等撰:《元史》,北京:中华书局,1976年。
[明]沈榜编著:《宛署杂记》,北京:北京古籍出版社,1983年。
[明]沈应文、张元芳纂修:《顺天府志》,北京图书馆藏明万历刻本。
[明]王圻、王思义编集,《三才图会》,上海:上海古籍出版社,1988年。
[明]王三聘辑:《古今事物考》,上海:上海书店,1987年。
[明]张爵、[清]朱一新:《京师五城坊胡同集·京师坊巷志稿》,北京:北京古籍出版社,1982年。
《清实录》第4册,北京:中华书局,1985年。
《清实录》第10册,北京:中华书局,1985年。
《清实录》第34册,北京:中华书局,1986年。
《清实录》第45册,北京:中华书局,1987年。
[清]段玉裁:《古文尚书撰异》,《段玉裁遗书》,台北:大化书局,1977年。
[清]顾炎武著,[清]黄汝成集释:《日知录集释(外七种)》,上海:上海古籍出版社,1985年。
[清]顾祖禹撰,《读史方舆纪要》,北京:中华书局,2005年。
[清]黄宗羲撰,郑万耕点校:《易学象数论(外二种)》,北京:中华书局,2010年。
[清]蘅塘退士编,陈婉俊补注:《唐诗三百首》,北京:中华书局,1959年。
[清]惠栋:《古文尚书考》,[清]张潮、杨复吉、沈懋德等编纂:《昭代丛书》壬集补编五十卷,上海:
　　上海古籍出版社,1990年。
[明]蒋一葵、刘若愚著:《长安客话·酌中志》,北京:北京古籍出版社,1994年。
[清]江永著,冯雷益整理:《河洛精蕴》,北京:九洲出版社,2011年。
[清]焦循撰,沈文倬点校:《孟子正义》,北京:中华书局,1987年。
[清]缪荃孙抄录:《顺天府志》,北京:北京大学出版社,1983年。
[清]秦惠田:《五礼通考》卷四十五《社稷》,《影印文渊阁四库全书》第135册,台北:商务印书馆,
　　1986年。
[清]阮元校刻:《十三经注疏》,北京:中华书局,2009年。

[清]孙承泽:《春明梦余录》,北京:北京古籍出版社,1992年。
[清]孙承泽:《天府广记》,北京:北京古籍出版社,1984年。
[清]孙家鼐:《钦定书经图说》,天津:天津古籍出版社,1997年。
[清]孙星衍撰:《尚书今古文注疏》,北京:中华书局,1986年。
[清]孙诒让:《周礼正义》,北京:中华书局,1987年。
[清]苏舆撰:《春秋繁露义证》:北京:中华书局,1992年。
[清]谈迁撰:《北游录》,北京:中华书局,1960年。
[清]王夫之:《读通鉴论》,北京:中华书局,2013年。
[清]王引之:《经义述闻》,南京:凤凰出版社,2000年。
[清]吴长元辑:《宸垣识略》,北京:北京古籍出版社,1983年。
[清]阎若璩撰,黄怀信、吕翊欣校点:《尚书古文疏证(附:古文尚书冤词)》,上海:上海古籍出版社,2013年。
[清]于敏中等:《日下旧闻考》,北京:北京古籍出版社,1983年。
[清]张廷玉等撰:《明史》,北京:中华书局,1974年。
[清]赵在翰辑,钟肇鹏、萧文郁点校:《七纬(附论语识)》,北京:中华书局,2012年。
[清]浙江书局辑刊:《二十二子》,上海:上海古籍出版社,1986年。
中国第一历史档案馆、故宫博物院编:《清乾隆内府绘制京城全图》,北京:紫禁城出版社,2009年。
[清]周家楣、缪荃孙等编纂:《光绪顺天府志》,北京:北京古籍出版社,1987年。
李学勤、张岂之主编:《鄜县志》,曲英杰分册主编:《炎黄汇典·祭祀卷》,长春:吉林文史出版社,2002年。
《黄帝内经(及其他三种)》,北京:中华书局,1991年。
(意)利玛窦:《交友论》,[明]李之藻编,黄曙辉点校:《天学初函·理编》,上海:上海交通大学出版社,2013年。
(意)利玛窦:《天主实义》,[明]李之藻编,黄曙辉点校:《天学初函·理编》,上海:上海交通大学出版社,2013年。
(法)沙海昂注,冯承钧译:《马可波罗行纪》,上海:上海古籍出版社,2014年。

考古报告

安徽省文物考古研究所:《凌家滩——田野考古发掘报告之一》,北京:文物出版社,2006年。
安徽省文物工作队、阜阳地区博物馆、阜阳县文化局:《阜阳双古堆西汉汝阴侯墓发掘简报》,《文物》1978年第8期。
安徽省文物考古研究所、蚌埠市博物馆编著:《蚌埠双墩——新石器时代遗址发掘报告》,北京:科学出版社,2008年。
朝阳市文化局、辽宁省文物考古研究所编:《牛河梁遗址》,北京:学苑出版社,2004年。
甘肃省文物考古研究所:《秦安大地湾——新石器时代遗址发掘报告》,北京:文物出版社,2006年。
河北省文物研究所:《燕下都》,北京:文物出版社,1996年。
河南省文物考古研究所编著:《郑州商城——1953—1985年考古发掘报告》,北京:文物出版社,

2001年。

河南省文物考古研究所编著:《舞阳贾湖》,北京:科学出版社,1999年。

湖北省荆州博物馆、北京大学考古学系、湖北省文物考古研究所石家河考古队编著:《天门石家河考古发掘报告之一:肖家屋脊》,北京:文物出版社,1999年。

湖北省荆州博物馆、北京大学考古学系、湖北省文物考古研究所石家河考古队编著:《天门石家河考古发掘报告之三:谭家岭》,北京:文物出版社,2011年。

湖北省博物馆:《楚都纪南城的勘查与发掘(上)》,《考古学报》1982年第3期。

湖北省文物考古研究所编著:《盘龙城:1964—1994年考古发掘报告》,北京:文物出版社,2001年。

南京博物院:《江苏邳县四户镇大墩子遗址探掘报告》,《考古学报》1964年第2期。

南京博物院、泗洪县博物馆编著:《顺山集——泗洪县新石器时代遗址考古发掘报告》,北京:科学出版社,2016年。

辽宁省文物考古研究所:《牛河梁——红山文化遗址发掘报告(1983—2003年度)》,北京:文物出版社,2012年。

群力:《临淄齐国故城勘探纪要》,《文物》1972年第5期。

陕西周原考古队:《陕西岐山凤雏村西周建筑基址发掘简报》,《文物》1979年第10期。

陕西省雍城考古队:《凤翔马家庄一建筑群遗址发掘简报》,《文物》1985年第2期。

山东省文物考古研究所、山东省博物馆、济宁地区文物组、曲阜县文管会编:《曲阜鲁国故城》,济南:齐鲁书社,1982年。

西安半坡博物馆、陕西省考古研究所、临潼县博物馆:《姜寨——新石器时代遗址发掘报告》上册,北京:文物出版社,1988年。

浙江省文物考古研究所:《良渚遗址群考古报告之一:瑶山》,北京:文物出版社,2003年。

浙江省文物考古研究所:《良渚遗址群考古报告之二:反山》,北京:文物出版社,2005年。

浙江省文物考古研究所:《河姆渡——新石器时代遗址考古发掘报告》,北京:文物出版社,2003年。

郑州市博物馆:《郑州大河村仰韶文化的房基遗址》,《考古》1973年第6期。

郑州市文物考古研究所编著:《郑州大河村》,北京:科学出版社,2001年。

中国科学院考古研究所、陕西省西安半坡博物馆:《西安半坡》,北京:文物出版社,1963年。

中国科学院考古研究所、北京市文物管理处元大都考古队:《元大都的勘查和发掘》,《考古》1972年第1期。

中国社会科学院考古研究所二里头队:《河南偃师二里头二号宫殿遗址》,《考古》1983年第3期。

中国社会科学院考古研究所编著:《汉长安城未央宫:1980—1989年考古发掘报告》,北京:中国大百科全书出版社,1996年。

中国社会科学院考古研究所西安唐城工作队:《唐大明宫含元殿遗址1995—1996年发掘报告》,《考古学报》1997年第3期。

中国社会科学院考古研究所洛阳工作队:《北魏永宁寺塔基发掘简报》,《考古》1981年第3期。

中国社会科学院考古研究所西安唐城工作队:《陕西西安唐长安城圜丘遗址的发掘》,《考古》2000年第7期。

中国社会科学院考古研究所二里头工作队:《河南偃师市二里头遗址宫城及宫殿外围道路的勘察与发掘》,《考古》2004年第11期。

近人著作（民国以降）

北京市档案馆编：《北京寺庙历史资料》，北京：中国档案出版社，1997年。
北京市东城区政协学习和文史委员会编：《钟鼓楼》，北京：文物出版社，2009年。
北平市政府秘书处编著：《旧都文物略》，北平市政府第一科发行，1935年。
蔡美彪等著：《中国通史》，北京：人民出版社，2009年。
蔡美彪：《辽金元史考察》，北京：中华书局，2012年。
曹婉如、郑锡煌、黄盛璋、钮仲勋、任金城、鞠德源编：《中国古代地图集（战国—元）》，北京：文物出版社，1990年。
陈高华：《元大都》，北京：北京出版社，1982年。
程建军：《中国古代建筑与周易哲学》，长春：吉林教育出版社，1991年。
陈学霖：《刘伯温与哪吒城——北京建城的传说》，北京：生活·读书·新知三联书店，2008年。
陈寅恪：《隋唐制度渊源略论稿》，陈美延编：《陈寅恪集》，北京：生活·读书·新知三联书店，2011年。
陈寅恪：《唐代政治史述论稿》，陈美延编：《陈寅恪集》，北京：生活·读书·新知三联书店，2011年。
陈垣编：《康熙与罗马使节关系文书》，台北：台湾学生书局，1973年。
陈宗蕃编著：《燕都丛考》，北京：北京古籍出版社，1991年。
陈遵妫：《中国天文学史》，上海：上海人民出版社，2006年。
戴季陶：《孙文主义之哲学的基础》，上海：民智书局，1927年。
费孝通：《东方文明和二十一世纪和平》，《费孝通文集》第14卷，北京：群言出版社，1999年。
冯时：《中国天文考古学》，北京：社会科学文献出版社，2001年。
冯时：《中国古代的天文与人文》修订版，北京：中国社会科学出版社，2006年。
冯时：《中国古代物质文化史·天文历法》，北京：开明出版社，2013年。
冯时：《文明以止——上古的天文、思想与制度》，北京：中国社会科学出版社，2018年。
冯友兰：《中国哲学史论文初集》，上海：上海人民出版社，1962年。
冯友兰：《中国哲学史新编》第1册，北京：人民出版社，1962年。
傅熹年：《中国古代城市规划、建筑群布局及建筑设计方法研究》，北京：中国建筑工业出版社，2001年。
傅熹年：《社会人文因素对中国古代建筑形成和发展的影响》，北京：中国建筑工业出版社，2015年。
高亨：《周易杂论》，济南：齐鲁书社，1962年。
高文编：《四川汉代画像砖》，上海：上海人民美术出版社，1987年。
故宫博物院、中国文化遗产研究院编，单霁翔、刘曙光主编：《北京城中轴线古建筑实测图集》，北京：故宫出版社，2017年。
国都设计技术专员办事处编：《首都计划》，南京：南京出版社，2006年。
国家地图集编纂委员会：《中华人民共和国国家历史地图集》第1册，北京：中国地图出版社、中国社会科学出版社，2012年。
郭书春：《九章算术译注》，上海：上海古籍出版社，2009年。
何宁：《淮南子集释》上册，北京：中华书局，1998年。
侯仁之主编：《北京历史地图集》，北京：北京出版社，1988年。

姜纬堂:《旧京述闻》,太原:山西人民出版社,2002年。
梁思成:《中国建筑史》油印本,上海:商务印书馆,1955年。
梁思成:《清式营造则例》,北京:中国建筑工业出版社,1981年。
梁思成著,费慰梅编,梁从诫译:《图像中国建筑史》,北京:中国建筑工业出版社,1991年。
梁思成:《〈营造法式〉注释》,北京:生活·读书·新知三联书店,2013年。
刘敦桢主编:《中国古代建筑史》,北京:中国建筑工业出版社,1980年。
刘洪涛:《古代历法计算法》,天津:南开大学出版社,2003年。
陆思贤、李迪:《天文考古通论》,上海:上海古籍出版社,2006年。
陆思贤:《神话考古》,北京:文物出版社,1995年。
潘谷西主编:《中国古代建筑史》第4卷,第2版,北京:中国建筑工业出版社,2009年。
潘鼐编著:《中国古天文图录》,上海:上海科技教育出版社,2009年。
齐心主编:《北京元代史迹图志》,北京:北京燕山出版社,2009年。
钱穆:《中国思想史》,北京:九洲出版社,2012年。
清华大学出土文献研究与保护中心编,李学勤主编:《清华大学藏战国竹简(壹)》,上海:中西书局,2010年。
清华大学出土文献研究与保护中心编,李学勤主编:《清华大学藏战国竹简(肆)》,上海:中西书局,2013年。
屈万里:《汉石经尚书残字集证》,台北:商务印书馆,1963年。
山西省古建筑保护研究所编:《中国古建筑学术讲座文集》,北京:中国展望出版社,1986年。
单士元:《故宫札记》,北京:紫禁城出版社,1990年。
孙大章:《承德普宁寺——清代佛教建筑之杰作》,北京:中国建筑工业出版社,2008年。
孙宗文:《中国建筑与哲学》,南京:江苏科学技术出版社,2000年。
谭伊孝编著:《北京文物胜迹大全·东城区卷》,北京:北京燕山出版社,1991年。
万绳楠整理:《陈寅恪魏晋南北朝史讲演录》,贵阳:贵州人民出版社,2007年。
王本兴:《甲骨文字典》修订版,北京:北京工艺美术出版社,2014年。
王贵祥:《当代中国建筑史家十书·王贵祥中国建筑史论选集》,沈阳:辽宁美术出版社,2013年。
王国维:《耶律文正公年谱》,《王国维遗书》第7册,上海:上海书店出版社,1983年。
王国维:《黑鞑事略笺证》,《王国维遗书》第8册,上海:上海书店出版社,1983年。
王国维:《蒙鞑备录笺证》,《王国维遗书》第8册,上海:上海书店出版社,1983年。
王南:《规矩方圆,天地之和——中国古代都城、建筑群与单体建筑之构图比例研究》,北京:中国城市出版社、中国建筑工业出版社,2018年。
王其明:《北京四合院》,北京:中国书店,1999年。
闻一多:《古典新义·璞堂杂识》,《闻一多全集》(二),北京:生活·读书·新知三联书店,1982年。
吴莉苇:《中国礼仪之争——文明的张力与权力的较量》,上海:上海古籍出版社,2007年。
徐苹芳:《中国城市考古学论集》,上海:上海古籍出版社,2015年。
许道龄编:《北平庙宇通检》;张次溪编:《北平庙宇碑刻目录》,北京:北京出版社,2017年。
杨伯峻编著:《春秋左传注》修订本,北京:中华书局,2009年。
杨宽:《中国古代都城制度史》,上海:上海人民出版社,2006年。
于杰、于光度:《金中都》,北京:北京出版社,1989年。
于倬云著:《中国宫殿建筑论文集》,北京:紫禁城出版社,2002年。
余荣昌:《故都变迁记略》,北京:北京燕山出版社,2000年。

张杰:《中国古代空间文化溯源》,北京:清华大学出版社,2012年。
赵尔巽等撰:《清史稿》卷七《本纪七·圣祖本纪二》,北京:中华书局,1976年。
赵其昌主编:《明实录北京史料》第1册,北京:北京古籍出版社,1995年。
浙江省文物考古研究所编著:《良渚王国》,北京:文物出版社,2019年。
浙江省人民政府、故宫博物院编:《良渚与古代中国——玉器显示的五千年文明》,北京:故宫出版社,2019年。
中国社会科学院考古研究所编著:《殷墟的发现与研究》,北京:科学出版社,1994年。
中国社会科学院考古研究所编著:《中国古代天文文物图集》,北京:文物出版社,1980年。
中国天文学史整理研究小组:《中国天文学史》,北京:科学出版社,1981年。
中华人民共和国科学技术部、国家文物局编:《早期中国——中华文明起源》,北京:文物出版社,2009年。
朱偰:《元大都宫殿图考》,上海:商务印书馆,1936年。
朱偰:《北京宫阙图说》,上海:商务印书馆,1938年。
朱文鑫:《天文学小史》,上海:商务印书馆,1935年。
(美)苏尔、诺尔编,沈保义、顾卫民、朱静译:《中国礼仪之争:西文文献一百篇(1645—1941)》,上海:上海古籍出版社,2001年。
(法)吕敏(Marianne Bujard)主编:《北京内城寺庙碑刻志》第3卷,北京:国家图书馆出版社,2013年。
巴黎大学北京汉学研究所,《汉代画像全集·二编》,上海:商务印书馆,1951年。
(美)伊史生:《与斯内夫利特谈话记录(关于1920—1923年的中国问题)》,《马林在中国的有关资料》增订本,北京:人民出版社,1984年。
(日)安居香山、中村璋八辑:《纬书集成》,石家庄:河北人民出版社,1994年。
(日)中村璋八:《五行大义校注》,东京:汲古书院,1984年。

G. Ecke, P. Demiéville. *The Twin Pagodas of Zayton*. Cambridge: Harvard University Press, 1935.

Osvald Siren. *A history of early Chinese art. Vol 4. Architecture*. London: Ernest Benn, Limited, 1930.

Osvald Siren. *The Walls and Gates of Peking*. London: John Lane, The Bodley Head Limited, 1924.

学术论文

陈久金:《〈周易·乾卦〉六龙与季节的关系》,《自然科学史研究》1987年第6卷第3期。
冯时:《殷历岁首研究》,《考古学报》1990年第1期。
冯时:《河南濮阳西水坡45号墓的天文学研究》,《文物》1990年第3期。
冯时:《中国早期星象图研究》,《自然科学史研究》1990年第9卷第2期。
冯时:《〈周易〉乾坤卦爻辞研究》,《中国文化》2010年第2期。
冯时:《陶寺圭表及相关问题研究》,刘庆柱主编:《考古学集刊》第19集,北京:科学出版社,2013年。
冯时:《〈保训〉故事与地中之变迁》,《考古学报》2015年第2期。

冯时:《自然之色与哲学之色——中国传统方色理论起源研究》,《考古学报》2016年第4期。
冯时:《失落的规矩》,《读书》2019年第12期。
奉宽:《燕京故城考》,《燕京学报》1929年第5期。
顾颉刚:《周易卦爻辞中的故事》,《燕京学报》1929年第6期。
郭华瑜:《北京太庙大殿建造年代探讨》,《故宫博物院院刊》2002年第3期。
侯仁之:《元大都城与明清北京城》,《故宫博物院院刊》1979年第3期。
侯仁之:《北海公园与北京城》,《文物》1980年第4期。
侯仁之:《试论元大都城的规划设计》,《城市规划》1997年第3期。
黄二宁:《元代南人献赋本事考》,《民俗典籍文字研究》2014年第2期。
姜纬堂:《〈洪武北平图经志书〉考》,苏天钧主编:《京华旧事存真》,北京:北京古籍出版社,1992年。
姜舜源:《论北京元明清三朝宫殿的继承与发展》,《故宫博物院院刊》1992年第3期。
江晓原:《〈周髀算经〉盖天宇宙结构》,《自然科学史研究》1996年第3期。
夔中羽:《北京中轴线偏离子午线的分析》,《地球信息科学》2005年第7卷第1期。
刘宝和:《汉书音义作者"臣瓒"姓氏考》,《文献》1989年第2期。
刘维国:《试论桓仁八卦城的易学思想》,桓仁八卦城编纂委员会编:《桓仁八卦城》,鞍山:鞍山利迪太平洋印务有限公司印刷,2005年。
潘鼐:《我国早期的二十八宿观测及其时代考》,《中华文史论丛》第3辑,上海:上海古籍出版社,1979年。
秦建明、张在明、杨政:《陕西发现以汉长安城为中心的西汉南北向超长建筑基线》,《文物》1995年第3期。
汪宁生:《从原始记事到文字发明》,《考古学报》1981年第1期。
王璧文:《元大都城坊考》,《中国营造学社汇刊》1936年第6卷第3期。
王璞子(王璧文)《元大都城平面规划述略》,《故宫博物院院刊》1960年第2期。
王璞子(王璧文)《燕王府与紫禁城》,《故宫博物院院刊》1979年第1期。
王灿炽:《元大都钟鼓楼考》,《故宫博物院院刊》1985年第4期。
王岗:《北京城市模式变迁述略》,王岗主编:《北京史学论丛·2015》,北京:群言出版社,2016年。
王贵祥:《$\sqrt{2}$与唐宋建筑柱檐关系》,《建筑历史与理论》第3、4辑,南京:江苏人民出版社,1984年。
王剑英、王红:《论从元大都到明北京的演变和发展》,侯仁之、周一良主编:《燕京学报》1995年新1期,北京:北京大学出版社,1995年。
王南:《象天法地,规矩方圆——中国古代都城、宫殿规划布局之构图比例探析》,贾珺主编:《建筑史》第40辑,北京:中国建筑工业出版社,2017年。
王南:《规矩方圆,佛之居所——五台山佛光寺东大殿构图比例探析》,《建筑学报》2017年第6期。
王宁远:《良渚古城及外围水利系统的遗址调查与发掘》,《遗产保护研究》2016年第5期。
王其亨:《清代陵寝地宫金井研究》,《风水理论研究》,天津:天津大学出版社,1992年。
王其亨:《清代陵寝风水:陵寝建筑设计原理及艺术成就钩沉》,《风水理论研究》,天津:天津大学出版社,1992年。
王树声:《隋唐长安城规划手法探析》,《城市规划》2009年第6期。
王仲殊:《论洛阳在古代中日关系史上的重要地位》,杜金鹏、钱国祥主编:《汉魏洛阳城遗址研究》,北京:科学出版社,2007年。
韦忠仕:《古今水族历法考略》,《贵州文史丛刊》1993年第3期。
闻人军:《中国古代里亩制度概述》,《杭州大学学报》1989年第19卷第3期。

魏坚:《元上都城址的考古学研究》,《蒙古史研究》(第八辑),呼和浩特:内蒙古大学出版社,
　　2005年。
席泽宗:《苏州石刻天文图》,《文物参考资料》1958年第7期。
夏鼐:《所谓玉璿玑不会是天文仪器》,《考古学报》1984年第4期。
萧良琼:《卜辞中的"立中"与商代的圭表测景》,《科技史文集》第10辑,上海:上海科学技术
　　出版社,1983年。
徐华烽:《故宫慈宁宫花园东院遗址——揭秘紫禁城"地下宫殿"》,《紫禁城》2017年第5期。
徐苹芳:《古代北京的城市规划》,侯仁之主编:《环境变迁研究》第1辑,北京:海洋出版社,
　　1984年。
严文明:《中国稻作农业的起源》,《农业考古》1982年第1期。
杨乃济:《乾隆京城全图考略》,《故宫博物院院刊》1984年第3期。
姚维斗、丁则勤:《马林在华活动纪要》,《马林在中国的有关资料》增订本,北京:人民出版社,
　　1984年。
于希贤:《〈周易〉象数与元大都规划布局》,《故宫博物院院刊》1999年第2期。
于倬云:《紫禁城始建经略与明代建筑考》,《故宫博物院院刊》1990年第3期。
岳升阳、马悦婷:《元大都海子东岸遗迹与大都城中轴线》,《北京社会科学》2014年第4期。
张双智:《试从藏族文化视角解读元大都十一城门之谜》,《中国藏学》2010年第4期。
张天恩:《渭河流域仰韶文化聚落状况观察》,中国社会科学院考古研究所、郑州市文物考古研究
　　院编:《中国聚落考古的理论与实践(第一辑):纪念新砦遗址发掘30周年学术研讨会论文
　　集》,北京:科学出版社,2010年。
张忠培:《我认识的环渤海考古——在中国考古学会第十五次年会上的讲话》,《考古》2013年第
　　9期。
赵志军:《中国稻作农业源于一万年前》,《中国社会科学报》2011年5月10日第5版。
赵华富:《西北藩王遣使入朝诘问忽必烈"遵用汉法"时间考》,《安徽史学》1999年第4期。
赵正之遗著:《元大都平面规划复原的研究》,《建筑史专辑》编辑委员会:《科技史文集》第2册,
　　上海:上海科学技术出版社,1979年。
钟晓青:《北魏洛阳永宁寺塔复原探讨》,《文物》1998年第5期。
《中国建筑规矩方圆之道——〈规矩方圆,天地之和——中国古代都城、建筑群与单体建筑之
　　构图比例研究〉学术研讨会综述》,《建筑学报》2019年第7期。
朱乃诚:《中国农作物栽培的起源和原始农业的兴起》,《农业考古》2001年第3期。
朱启钤、阚铎:《元大都宫苑图考》,《中国营造学社汇刊》1930年第1卷第2册。
朱启钤:《中国营造学社缘起》,《中国营造学社汇刊》1930年第1卷第1册。
(美)夏含夷:《〈周易〉乾卦六龙新解》,《文史》第24辑,北京:中华书局,1985年。

其他资料

北平特别市市政府秘书处编辑:《市政公报》1928年7月第1期。
《教会对非基督宗教态度宣言》,《梵二大公会议文献》,来源:www.catholicsh.org。
李力行、柯静:《稻作文明:五千年前的"稻花香"》,杭州网,2019年7月7日。
周进:《宛平沧桑》,《前线》2005年第7期。

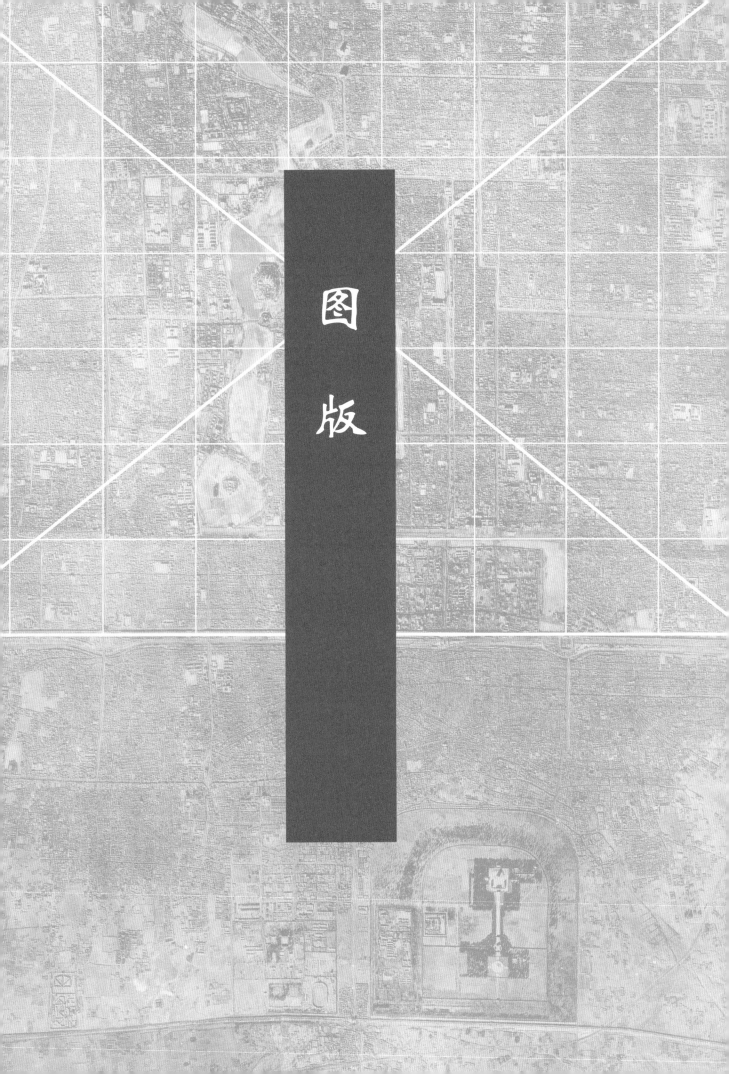

图版

图版 I

中国古代建筑与器物造型
9∶7明堂比例分析图

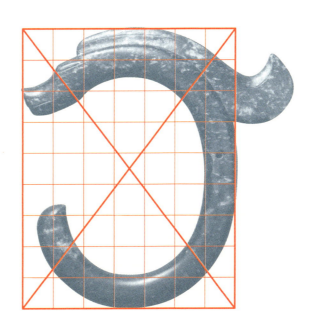

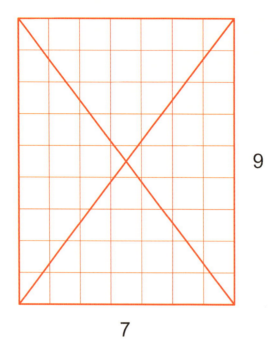

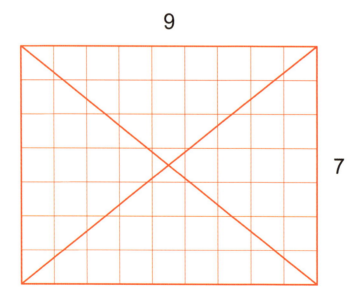

9∶7明堂比例图例

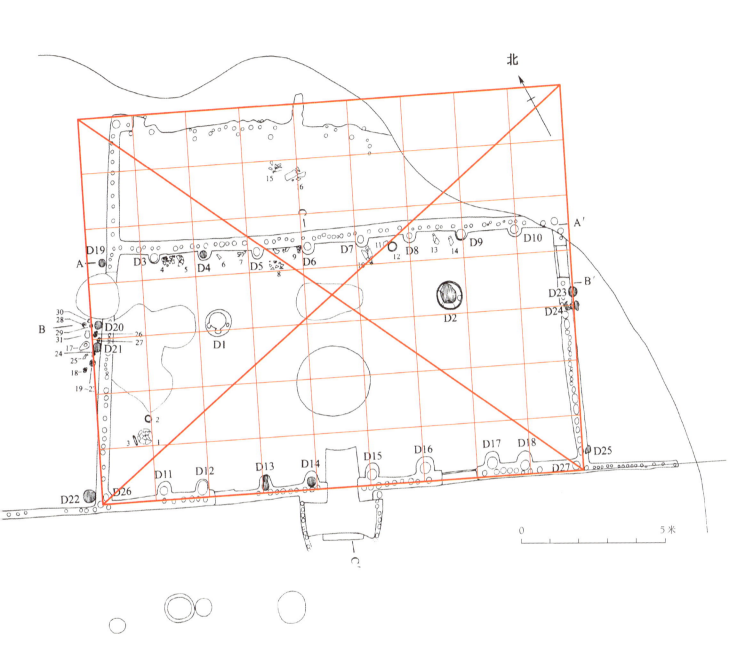

图版 I-1　甘肃秦安大地湾仰韶文化 F901 房屋基址平面分析。该建筑在总平面 9∶7 比例的基础上，以面阔九间呈现了黄钟之数。（底图来源：甘肃省文物考古研究所，《秦安大地湾——新石器时代遗址发掘报告》，2006 年）

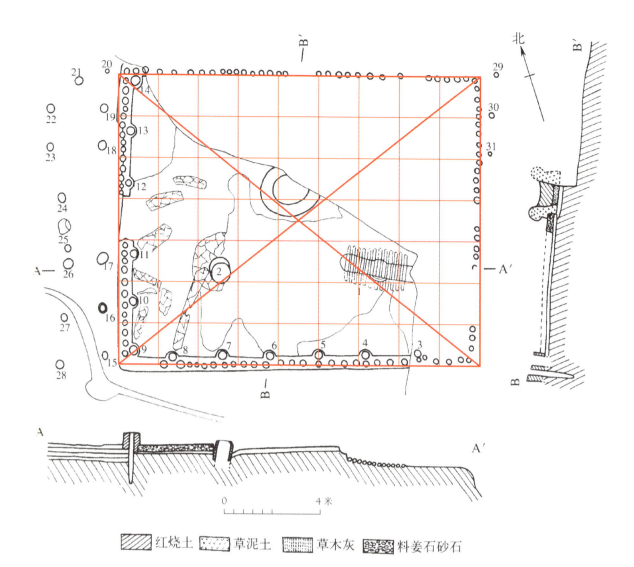

图版 1-2　甘肃秦安大地湾仰韶文化 F405 房屋基址平面分析。该建筑在总平面 9∶7 比例的基础上，以面阔七间、进深五间，呈现了圆方方圆"方五斜七"的数理关系。（底图来源：甘肃省文物考古研究所，《秦安大地湾——新石器时代遗址发掘报告》，2006 年）

图版 1-3　甘肃秦安大地湾仰韶文化 F411 房屋基址平面分析。该建筑在总平面 9∶7 比例的基础上，以面阔六间、进深四间，呈现了 6×4=24 的数理关系，合于二十四节气之数；并绘有两个双腿交叉的人物形象，合于交泰之义。（底图来源：甘肃省文物考古研究所，《秦安大地湾——新石器时代遗址发掘报告》，2006 年）

图版 1-4　甘肃秦安大地湾仰韶文化 F5 房屋基址平面分析。（底图来源：甘肃省文物考古研究所，《秦安大地湾——新石器时代遗址发掘报告》，2006 年）

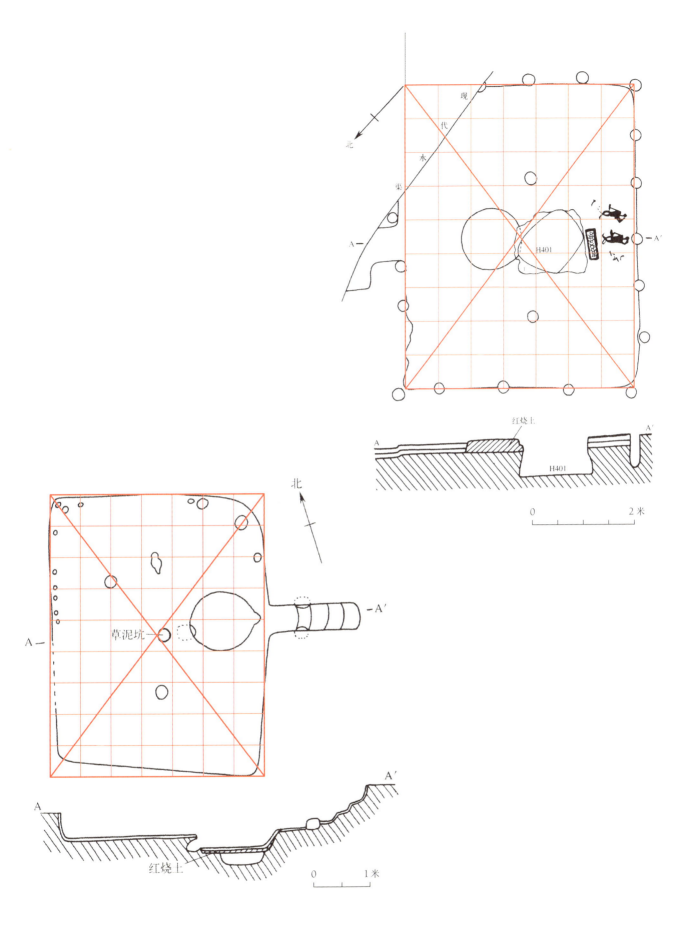

图版 I　中国古代建筑与器物造型9:7明堂比例分析图

图版 I-5 甘肃秦安大地湾仰韶文化 F712 房屋基址平面分析。（底图来源：甘肃省文物考古研究所，《秦安大地湾——新石器时代遗址发掘报告》，2006 年）

图版 I-6 甘肃秦安大地湾仰韶文化 F714 房屋基址平面分析。（底图来源：甘肃省文物考古研究所，《秦安大地湾——新石器时代遗址发掘报告》，2006 年）

图版 I-7 陕西西安半坡仰韶文化第 41 号房屋基址平面分析。（底图来源：中国科学院考古研究所、陕西省西安半坡博物馆，《西安半坡》，1963 年）

图版 I-8 陕西临潼姜寨遗址 F5 房址平面分析。（底图来源：西安半坡博物馆、陕西省考古研究所、临潼县博物馆，《姜寨——新石器时代遗址发掘报告》上册，1988 年）

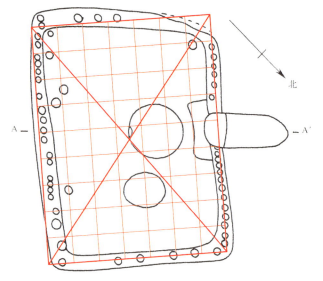

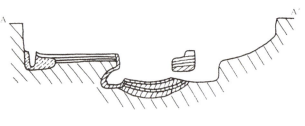

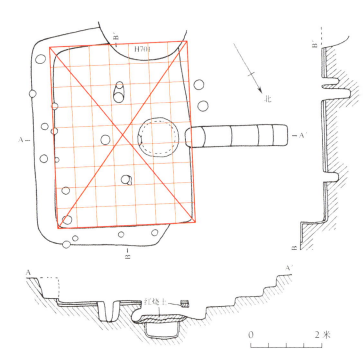

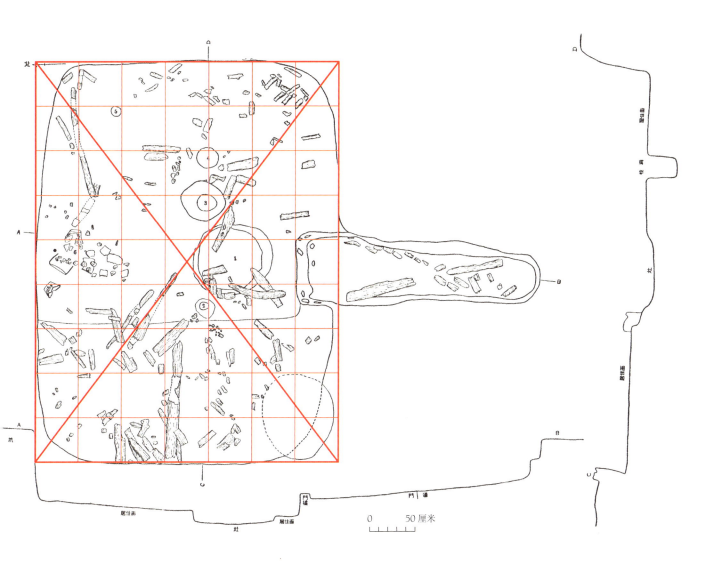
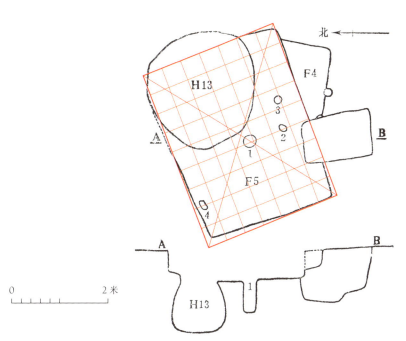

图版 I 中国古代建筑与器物造型9:7明堂比例分析图

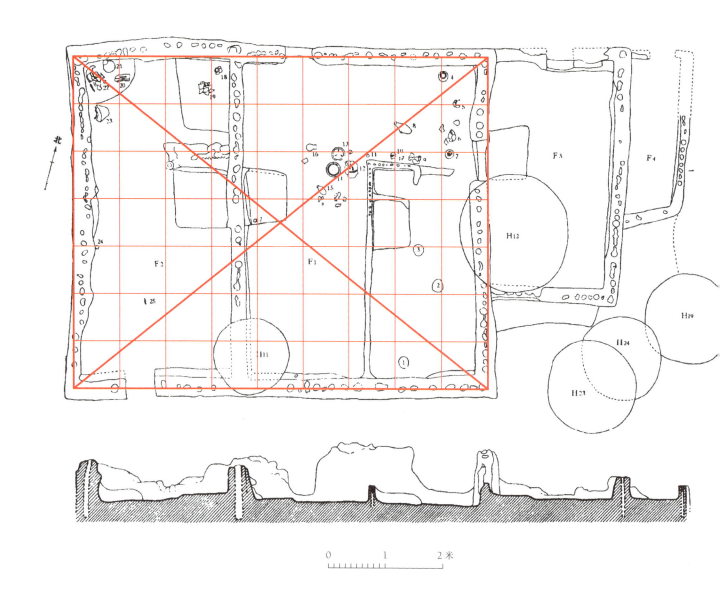

图版 1-9 河南郑州大河仰韶文化 F1、F2 房屋基址平面分析。(底图来源：郑州市博物馆，《郑州大河村仰韶文化的房基遗址》，1973 年)

图版 1-10 辽宁牛河梁红山文化第 2 地点 5 号冢 (N2Z5) 遗址平面分析。(底图来源：辽宁省文物考古研究所，《牛河梁——红山文化遗址发掘报告 (1983—2003 年度)》下册，2012 年)

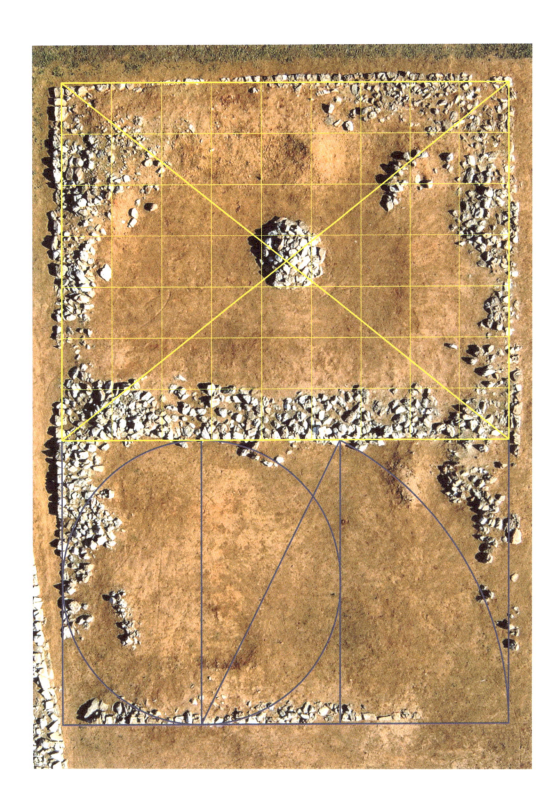

图版 I 中国古代建筑与器物造型9∶7明堂比例分析图

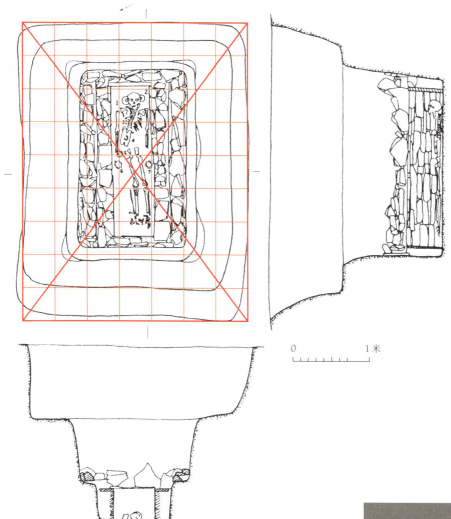

11　　13

　12　　14

图版 1-11　辽宁牛河梁红山文化第 5 地点 1 号冢 1 号墓（N5Z1M1）平面分析。（底图来源：朝阳市文化局、辽宁省文物考古研究所，《牛河梁遗址》，2004 年）

图版 1-12　辽宁牛河梁红山文化玉龙平面分析。（底图来源：中华人民共和国科学技术部、国家文物局，《早期中国——中华文明起源》，2009 年）

图版 1-13 安徽凌家滩遗址出土玉版（87M4：30）平面分析一。（底图来源：安徽省文物考古研究所，《凌家滩——田野考古发掘报告之一》，2006年）

图版 1-14 安徽凌家滩遗址出土玉版（87M4：30）平面分析二。（底图来源：安徽省文物考古研究所，《凌家滩——田野考古发掘报告之一》，2006年）

图版 1 中国古代建筑与器物造型9:7明堂比例分析图

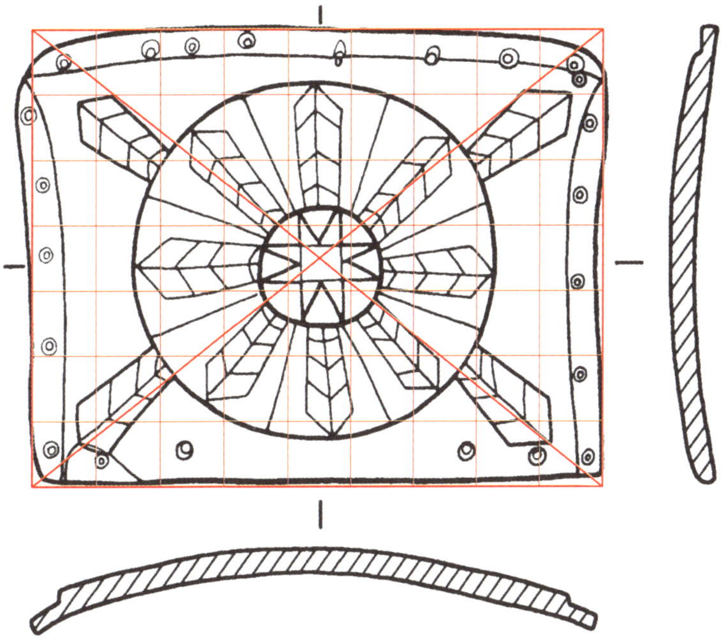

图版 1-15　浙江良渚文化神徽平面分析。(底图来源:浙江省文物考古研究所,《良渚遗址群考古报告之二:反山》下册,2005 年)

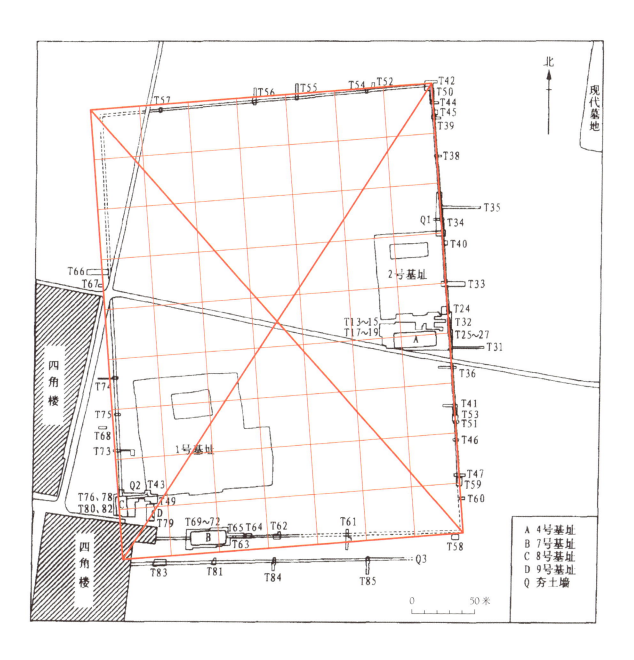

图版 I-16　河南偃师二里头宫城平面分析。(底图来源：中国社会科学院考古研究所二里头工作队,《河南偃师市二里头遗址宫城及宫殿外围道路的勘察与发掘》, 2004 年)

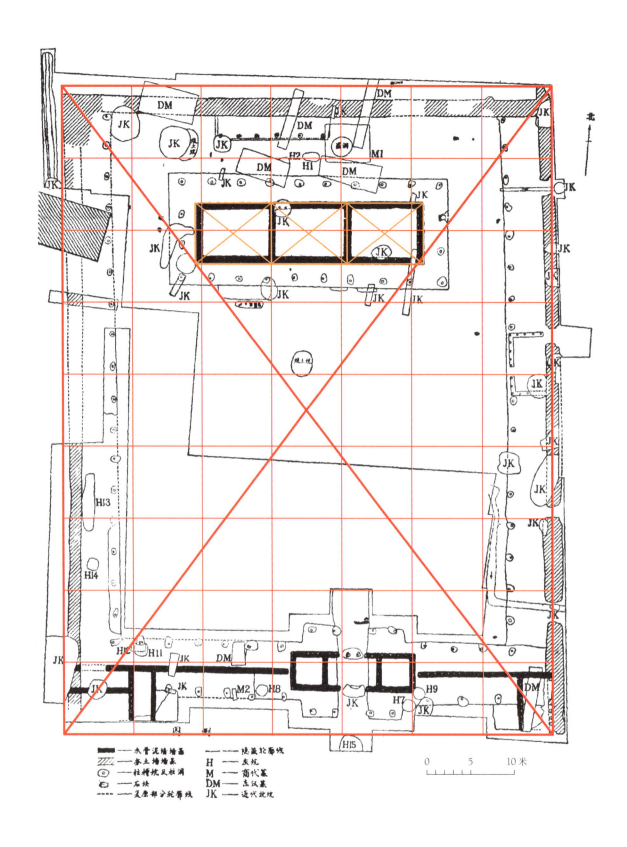

图版 1-17　河南偃师二里头 2 号宫殿基址平面分析，其中心殿堂三室由三个 9：7 比例平面组成。（底图来源：中国社会科学院考古研究所二里头队，《河南偃师二里头二号宫殿遗址》，1983 年）

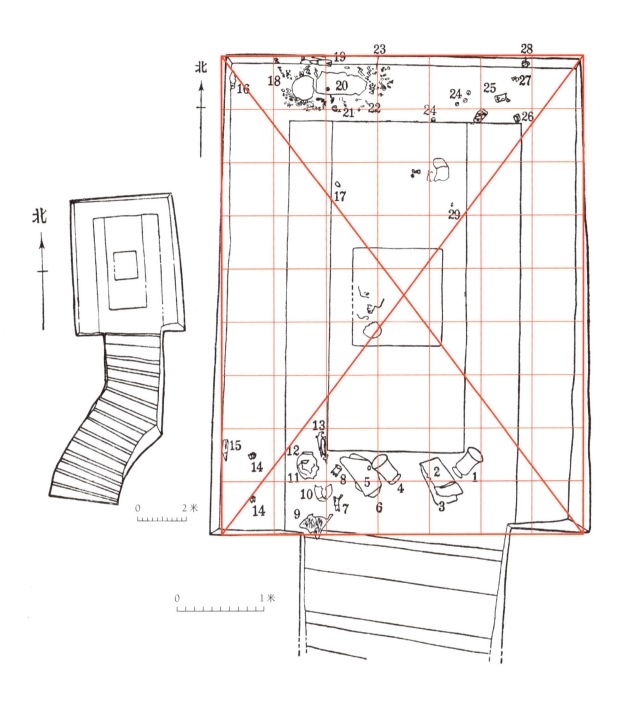

图版 I-18　河南安阳殷墟西区 M93 平面分析。（底图来源：中国社会科学院考古研究所，《殷墟的发现与研究》，1994 年）

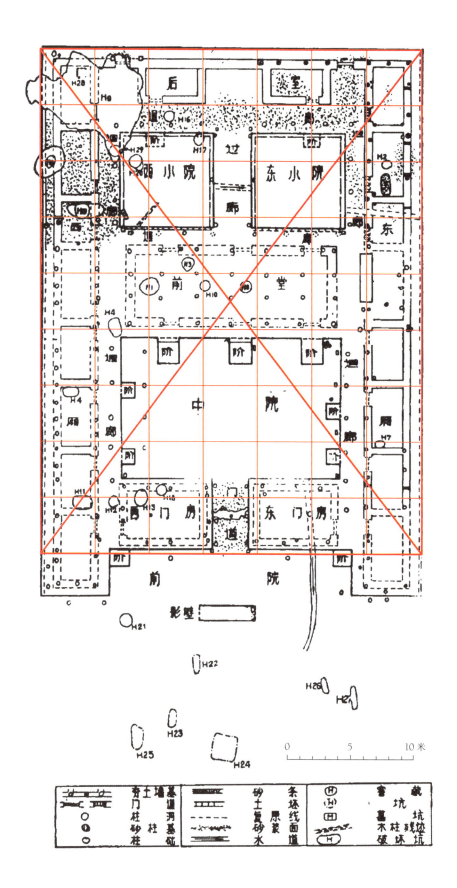

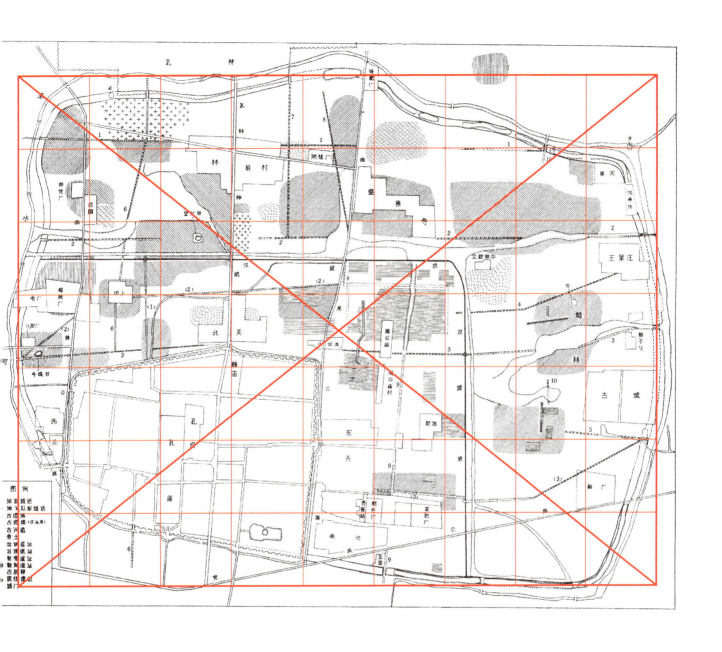

图版 1-19　陕西岐山凤雏村西周甲组宫室（宗庙）建筑基址平面分析。（底图来源：陕西周原考古队，《陕西岐山凤雏村西周建筑基址发掘简报》，1979 年）

图版 1-20　山东曲阜周代鲁国故城平面分析。（底图来源：山东省文物考古研究所、山东省博物馆、济宁地区文物组、曲阜县文管会，《曲阜鲁国故城》，1982 年）

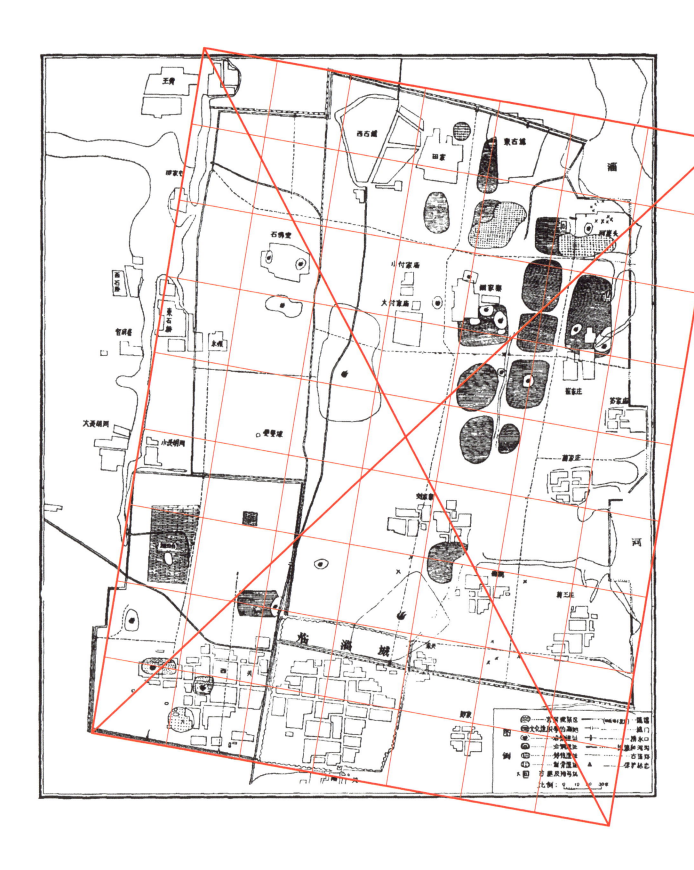

图版 1-21　山东临淄周代齐故城平面分析一。(底图来源：群力,《临淄齐国故城勘探纪要》, 1972 年)

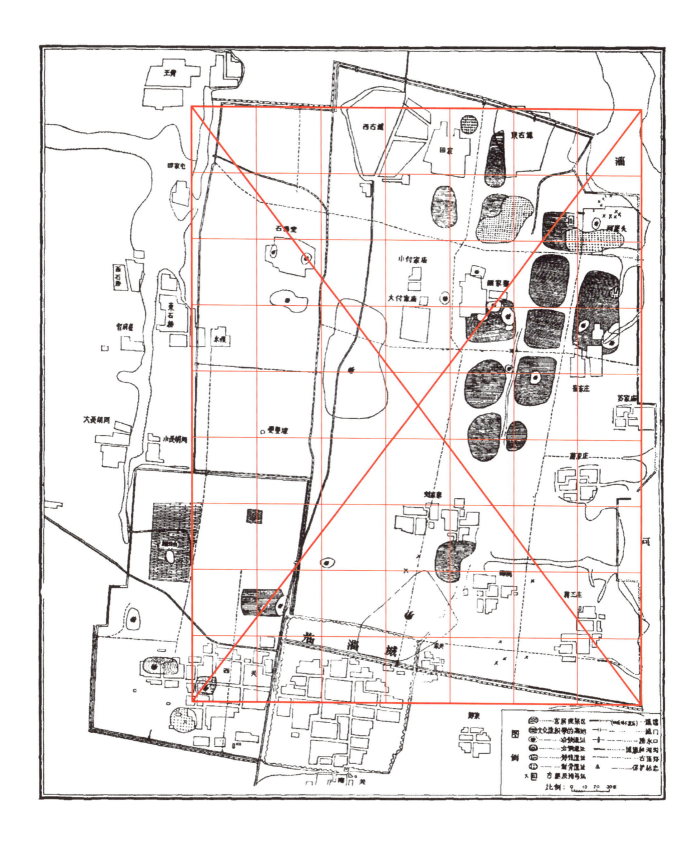

图版1-22　山东临淄周代齐故城平面分析二。（底图来源：群力，《临淄齐国故城勘探纪要》，1972年）

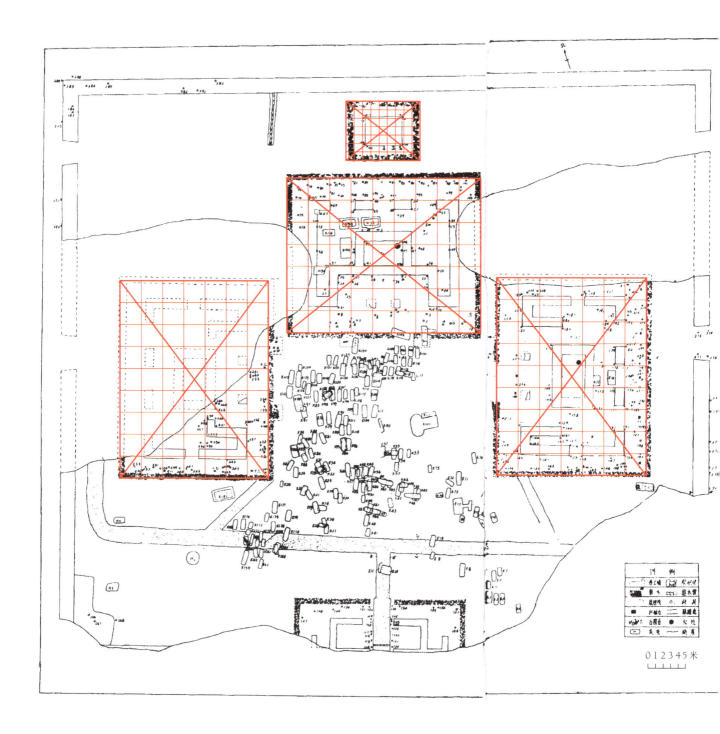

图版 1-23　陕西凤翔马家庄春秋时期秦雍城宗庙遗址平面分析。(底图来源:陕西省雍城考古队,《凤翔马家庄一建筑群遗址发掘简报》,1985 年)

图版 I-24　湖北荆州春秋战国时代楚都纪南城平面分析。[底图来源：湖北省博物馆,《楚都纪南城的勘查与发掘（上）》, 1982 年]

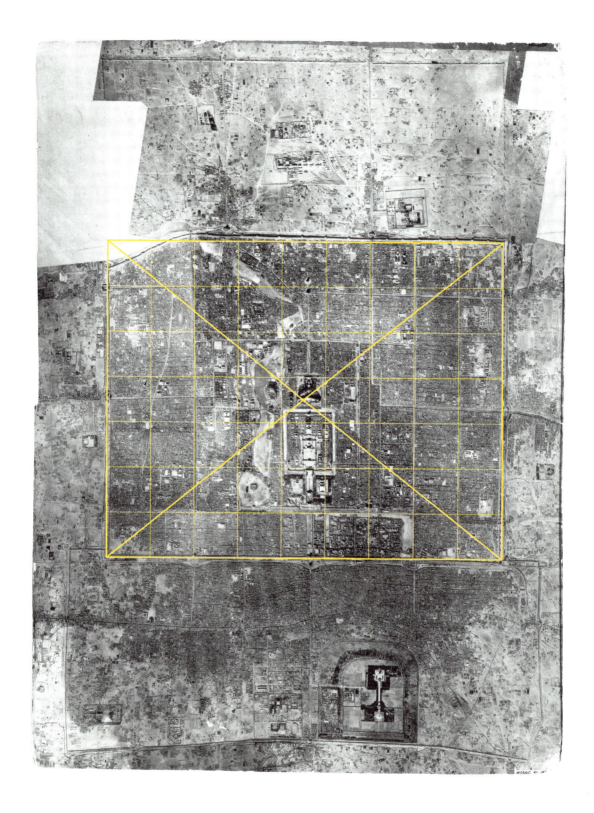

图版1-25　北京内城平面分析。(底图来源：美国第18航空队航拍图，1943年。纽约大都会博物馆藏。傅熹年先生获赠电子版后惠赐本书作者使用)

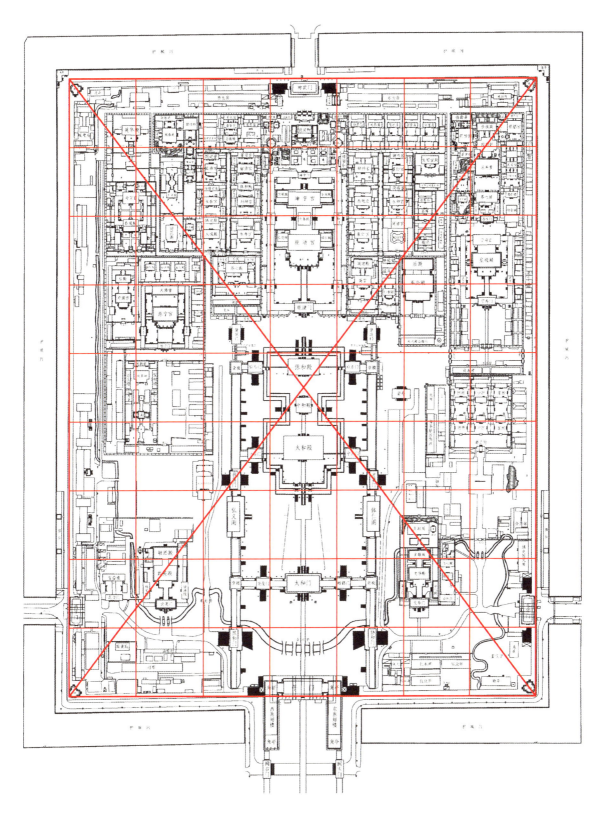

图版1-26　北京紫禁城平面分析。（底图来源：故宫博物院古建部）

图版I　中国古代建筑与器物造型9:7明堂比例分析图

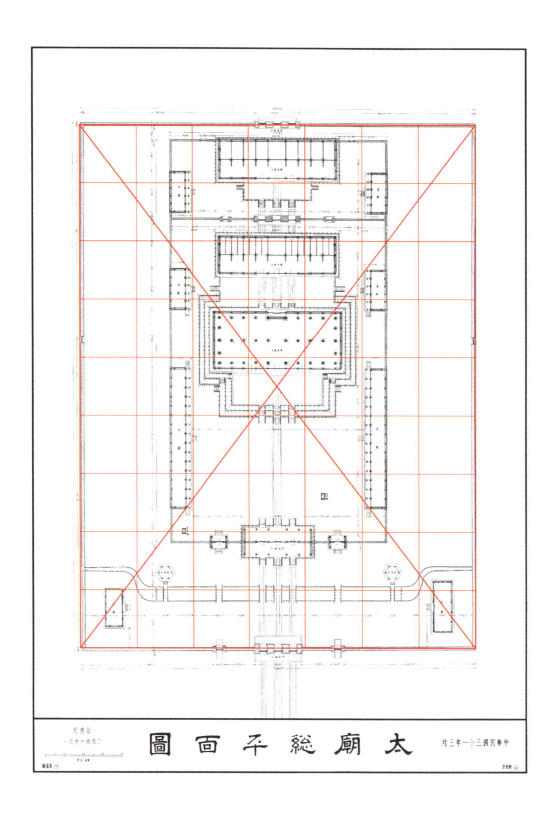

图版1-27 北京太庙平面分析。(底图来源:故宫博物院、中国文化遗产研究院,《北京城中轴线古建筑实测图集》,2017年)

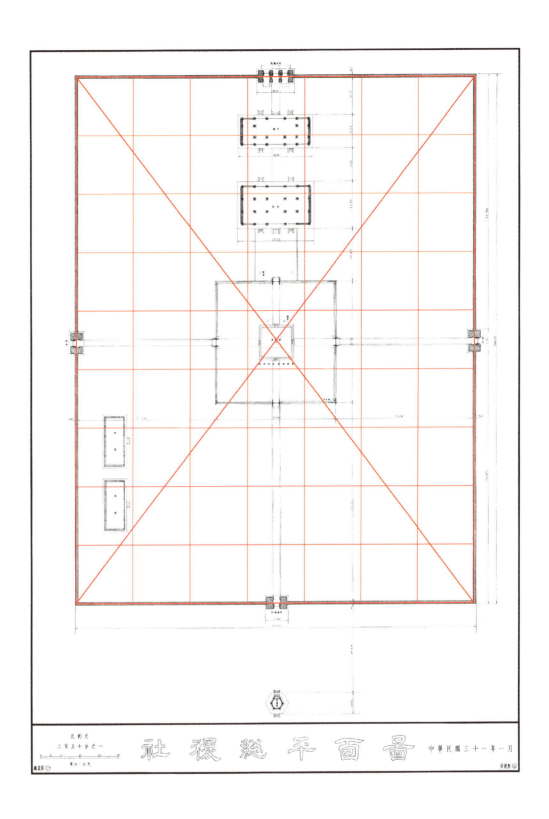

图版 I-28 北京社稷坛平面分析。（底图来源：故宫博物院、中国文化遗产研究院，《北京城中轴线古建筑实测图集》，2017 年）

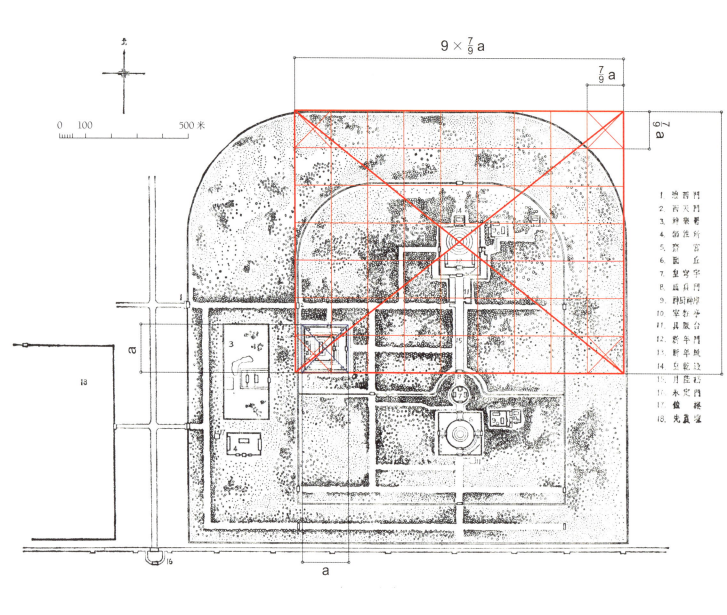

图版1-29　明永乐天地坛旧址平面分析。（底图来源：刘敦桢，《中国古代建筑史》，1980年）

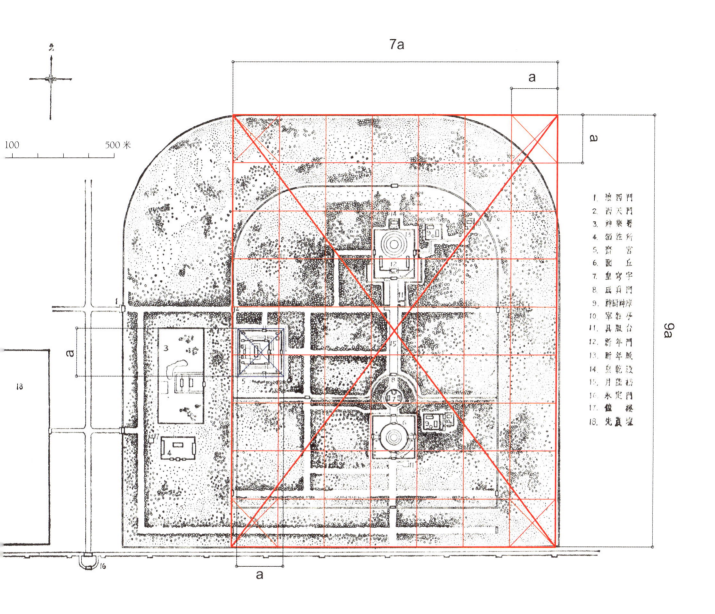

图版 I-30　明嘉靖扩建天坛核心区平面分析一。（底图来源：刘敦桢，《中国古代建筑史》，1980 年）

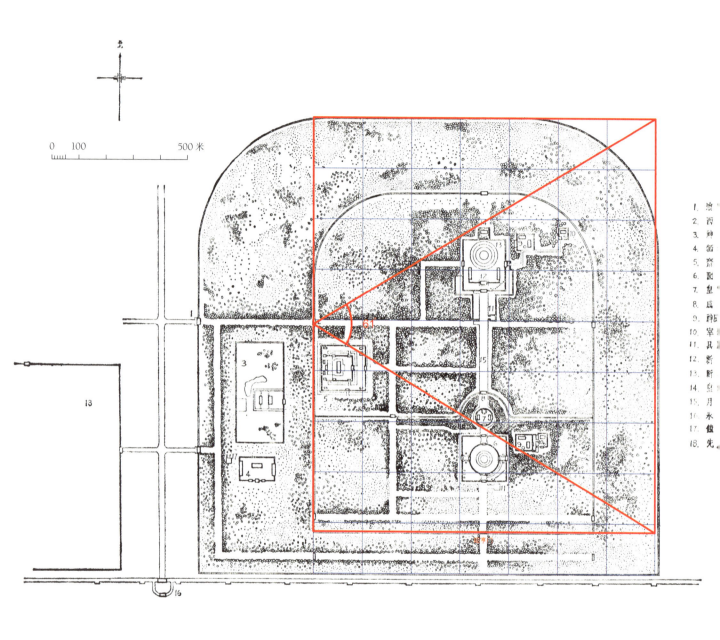

图版 1-31　明嘉靖扩建天坛核心区平面分析二。（底图来源：刘敦桢，《中国古代建筑史》，1980年）

图版 Ⅱ

中国古代建筑与器物造型
黄金分割比例（3:5比例）分析图

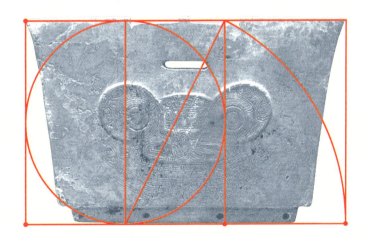

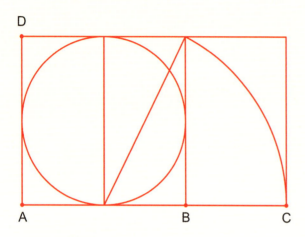

黄金分割比例图例：AB（=AD）/AC≈0.618

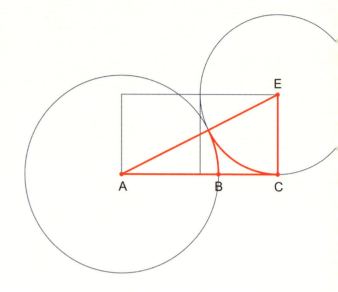

黄金分割比例图例：AC=2CE；AB/AC≈0.618

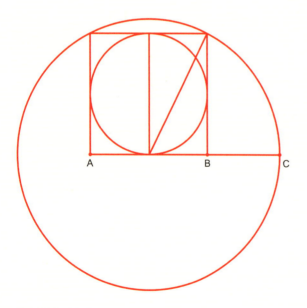

黄金分割比例图例：AB/AC≈0.618

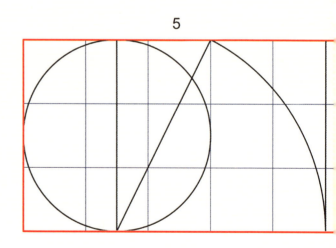

黄金分割比例图例：3/5=0.6≈0.618

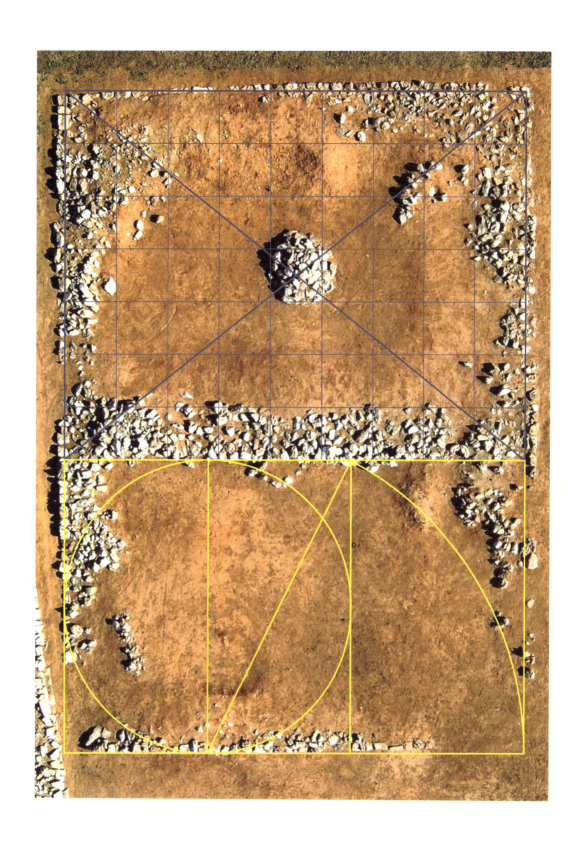

图版 II-1　牛河梁红山文化第 2 地点 5 号冢（N2Z5）遗址平面分析。[底图来源：辽宁省文物考古研究所，《牛河梁——红山文化遗址发掘报告（1983—2003 年度）》下册，2012 年]

图版 II　｜　中国古代建筑与器物造型黄金分割比例（3:5比例）分析图

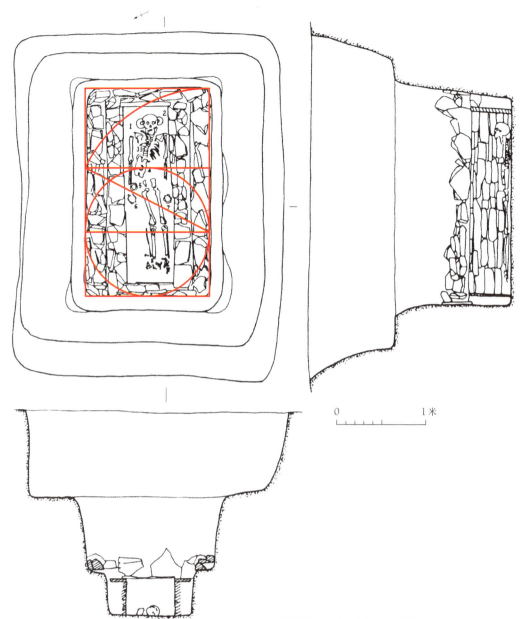

图版Ⅱ-2　牛河梁红山文化第 5 地点 1 号冢 1 号墓（N5Z1M1）平面分析。（底图来源：朝阳市文化局、辽宁省文物考古研究所，《牛河梁遗址》，2004 年）

图版Ⅱ-3　牛河梁红山文化 N16M4 随葬玉凤（N16M4∶1）平面分析。[底图来源：辽宁省文物考古研究所，《牛河梁——红山文化遗址发掘报告（1983—2003 年度）》下册，2012 年]

图版Ⅱ-4　牛河梁红山文化 N2Z4M2 随葬斜口筒形玉器（N2Z4M2∶1）之斜口下沿位置分析。[底图来源：辽宁省文物考古研究所，《牛河梁——红山文化遗址发掘报告（1983—2003 年度）》下册，2012 年]

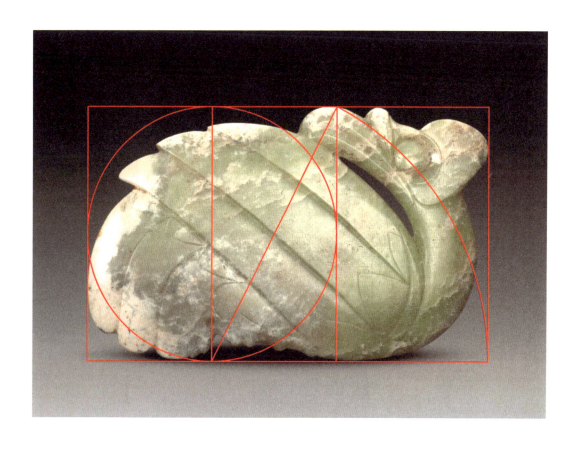

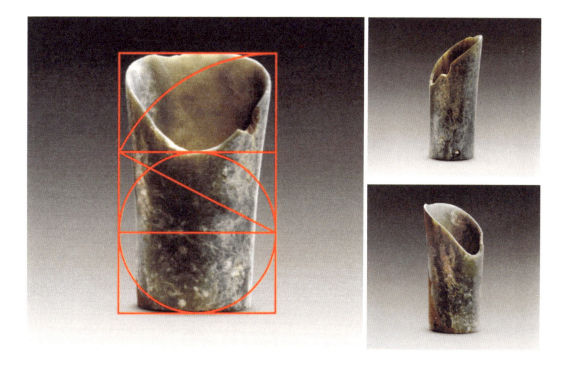

图版 II | 中国古代建筑与器物造型黄金分割比例（3:5比例）分析图

36 尧风舜雨

图版Ⅱ-5 良渚反山遗址出土玉冠状器（M17：8）平面分析。（底图来源：浙江省文物考古考察所，《良渚遗址群考古报告之二：反山》下册，2005年）

图版Ⅱ-6 良渚反山遗址出土石钺（M14：201）孔眼位置分析。（底图来源：浙江省文物考古考察所，《良渚遗址群考古报告之二：反山》下册，2005年）

图版Ⅱ-7 良渚反山遗址出土石钺（M14：210）孔眼位置分析。（底图来源：浙江省文物考古考察所，《良渚遗址群考古报告之二：反山》下册，2005年）

8		
	9	10

图版Ⅱ-8　凌家滩遗址出土石钺（98M21:8）孔眼位置分析。（底图来源：安徽省文物考古研究所，《凌家滩——田野考古发掘报告之一》，2006年）

图版Ⅱ-9　凌家滩遗址出土石钺（98M21:13）孔眼位置分析。（底图来源：安徽省文物考古研究所，《凌家滩——田野考古发掘报告之一》，2006年）

图版Ⅱ-10　凌家滩遗址出土石钺（87M13:7）孔眼位置分析。（底图来源：安徽省文物考古研究所，《凌家滩——田野考古发掘报告之一》，2006年）

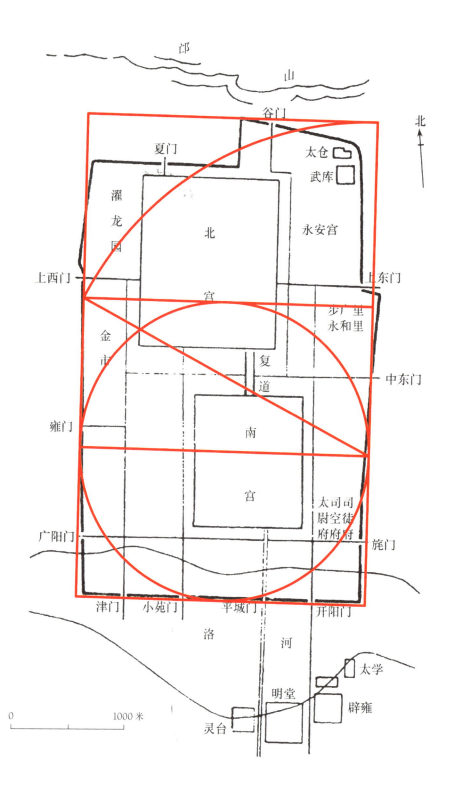

图版 II-11　东汉洛阳城平面分析。（底图来源：王仲殊，《论洛阳在古代中日关系史上的重要地位》，2007年）

图版Ⅱ-12　北京明清旧城建筑布局分析（图版Ⅲ、图版Ⅳ）所涉及的建筑地点。
（底图来源：美国第18航空队航拍图，1943年。纽约大都会博物馆藏。
傅熹年先生获赠电子版后惠赐本书作者使用，全书同）

图版 Ⅱ-13　北京旧城建筑布局分析图一。子午卯酉交会点——太和殿庭院，位于中华门（明称大明门、清称大清门）至景山的黄金分割点。于倬云在《紫禁城始建经略与明代建筑考》一文中指出："从大明门到万岁山（景山）的总长度是 5 里，而从大明门到太和殿的庭院中心是 3.09 里，两者的比值为 3.09：5=0.618，正与黄金分割线的比值相同！这足以说明中国古代建筑中运用数字的娴熟和巧妙。"

图版 Ⅱ-14　北京旧城建筑布局分析图二。(1) 地安门位于紫禁城平面几何中心至钟楼的黄金分割点；(2) 紫禁城平面几何中心位于地安门至天安门的黄金分割点。

图版 Ⅱ　｜　中国古代建筑与器物造型黄金分割比例（3:5比例）分析图

图版 Ⅱ-15　北京旧城建筑布局分析图三。1. 地坛祭坛；2. 日坛祭坛；3. 月坛祭坛。（1）地安门位于寿皇殿平面几何中心至钟楼的黄金分割点；（2）天安门位于正阳门城楼至紫禁城午门的黄金分割点；（3）天坛祈年殿庭院南沿——南砖门，位于天坛外坛南墙至天坛外坛北墙的黄金分割点；（4）地坛祭坛壝墙北沿位于外坛南墙至北墙的黄金分割点；（5）日坛祭坛壝墙西沿位于外坛东墙与西墙的黄金分割点；（6）月坛祭坛壝墙东沿位于外坛东墙与西墙的黄金分割点。

[图版 Ⅱ-16　北京旧城建筑布局分析图四。旧城中轴线（永定门至钟楼）以正阳门箭楼为黄金分割点。

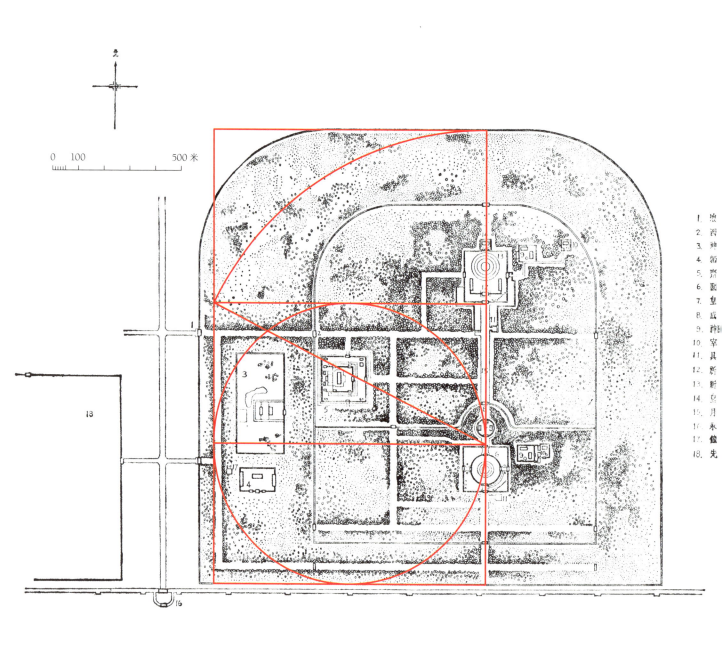

图版Ⅱ-17　北京天坛平面分析图一。祈年殿庭院南沿——南砖门，位于外坛南墙至北墙的黄金分割点。（底图来源：刘敦桢，《中国古代建筑史》，1980年）

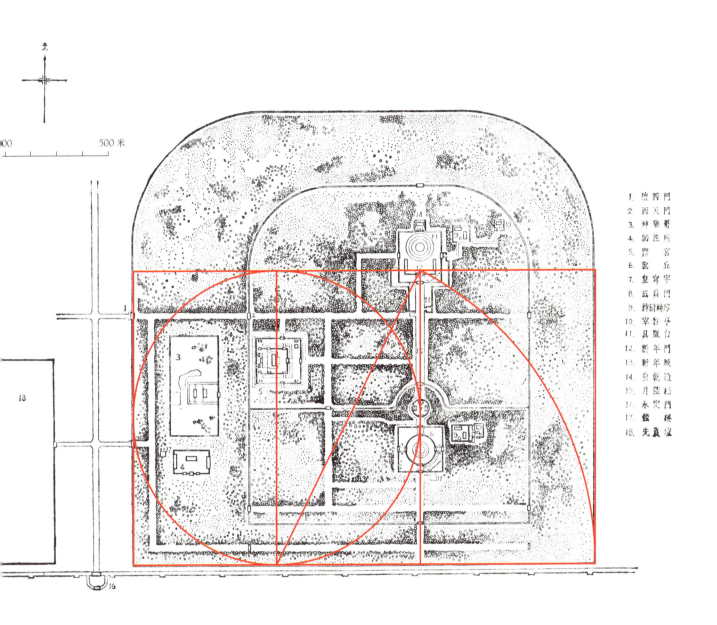

图版 II -18　北京天坛平面分析图二。圜丘至祈年殿建筑轴线位于外坛东墙至西墙的黄金分割线。（底图来源：刘敦桢，《中国古代建筑史》，1980年）

图版 Ⅲ

明中都、南京、北京建筑布局分析图

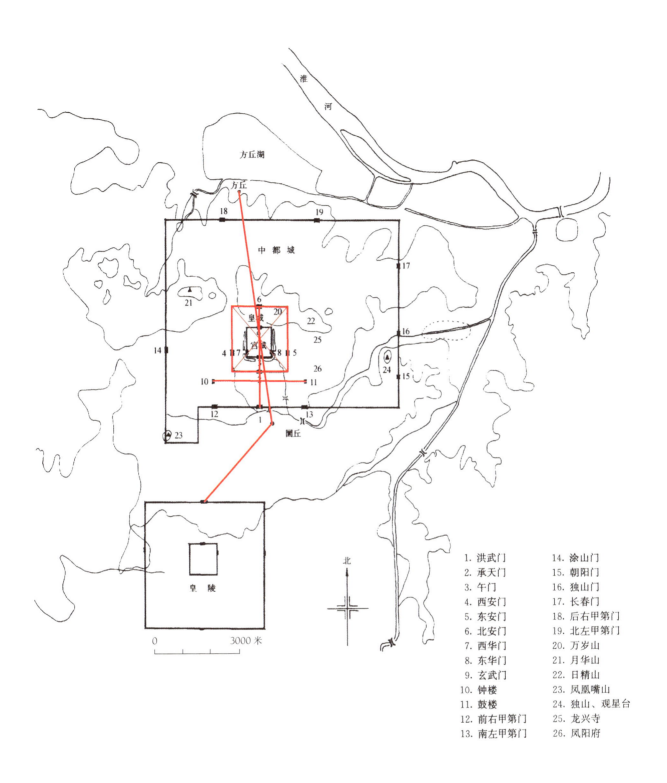

[图版Ⅲ-1　明中都建筑布局分析图。(底图来源:潘谷西,《中国古代建筑史》第4卷,2009年)

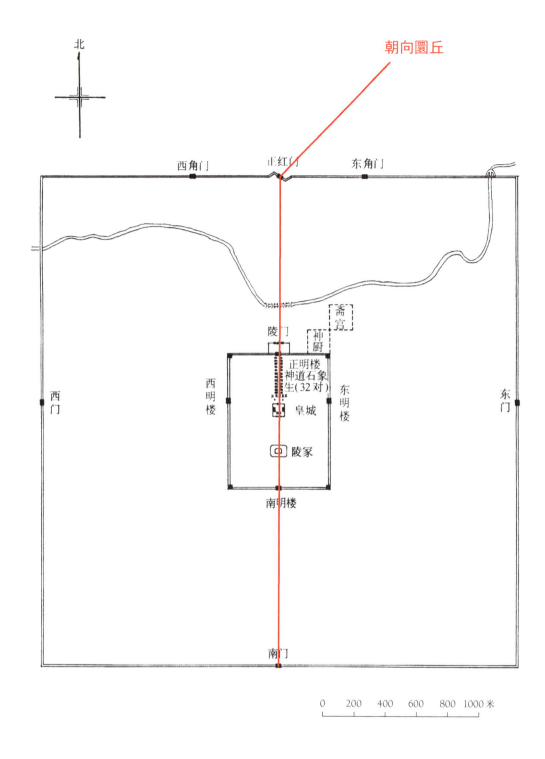

图版 III-2 明中都皇陵正红门向东北旋转,朝向圜丘示意图。(底图来源:潘谷西,《中国古代建筑史》第 4 卷,2009 年)

1. 午门
2. 右掖门
3. 左掖门
4. 西角门楼
5. 东角门楼
6. 西角门
7. 东角门
8. 奉天殿
9. 华盖殿
10. 谨身殿
11. 乾清宫
12. 省躬殿
13. 坤宁宫
14. 西六宫
15. 东六宫

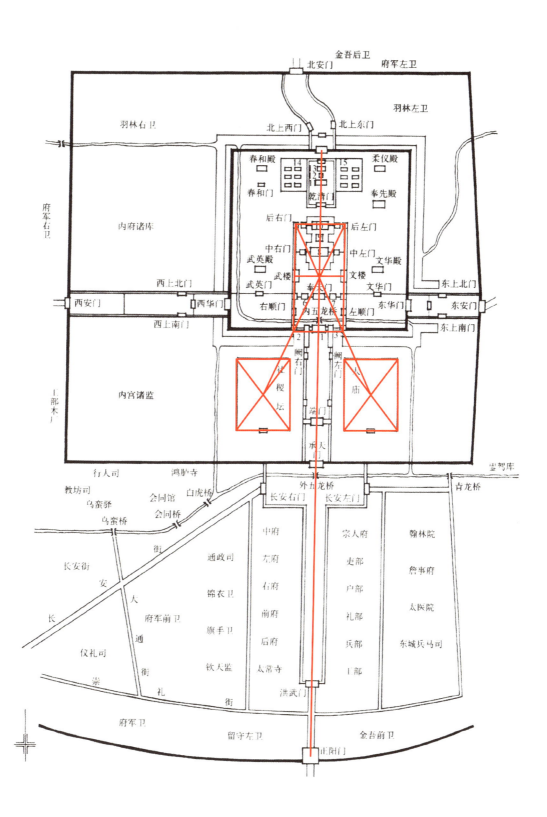

图版Ⅲ-3 明南京宫城、太庙、社稷坛分析图。(底图来源：潘谷西,《中国古代建筑史》第4卷, 2009年)

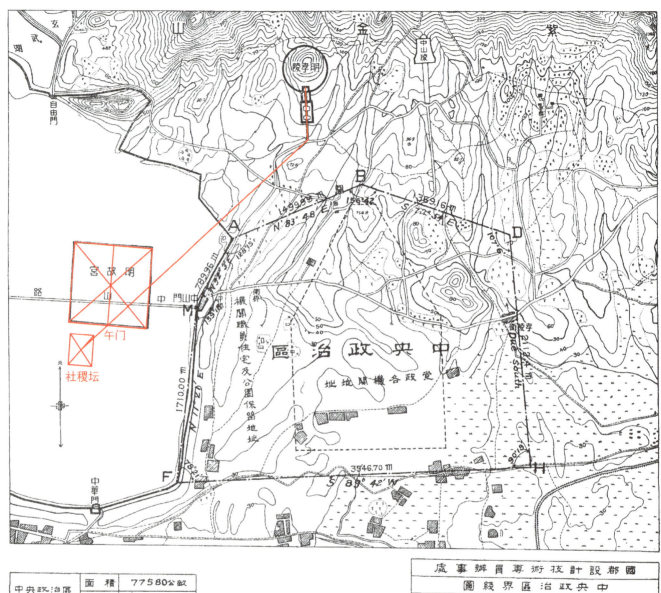

图版 III-4 南京明孝陵、宫城午门、社稷坛分析图一。（底图来源：国都设计技术专员办事处，《首都计划》，2006年）

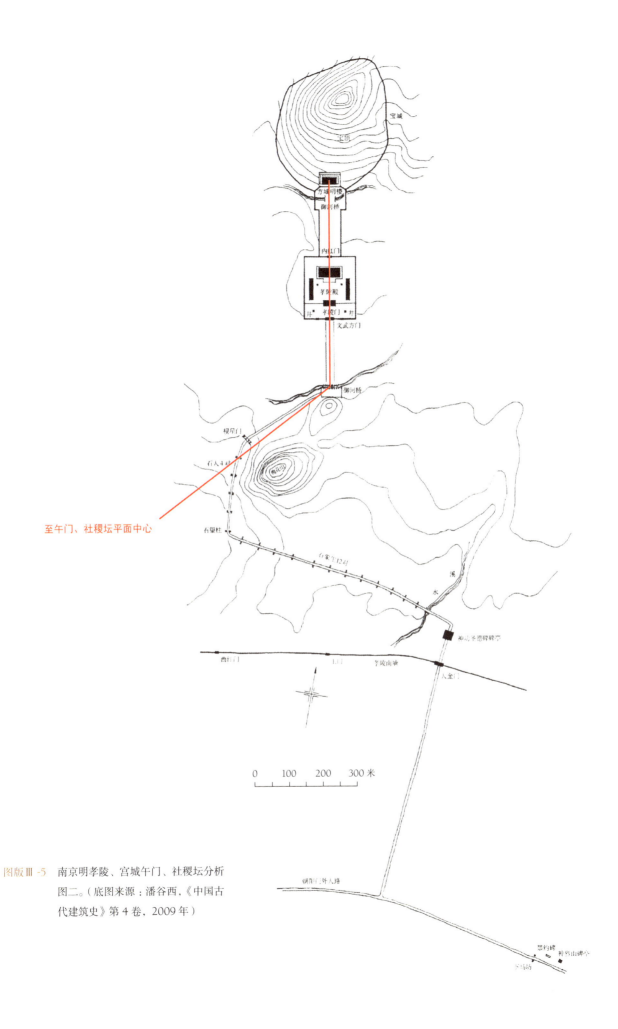

图版 III-5 南京明孝陵、宫城午门、社稷坛分析图二。（底图来源：潘谷西，《中国古代建筑史》第 4 卷，2009 年）

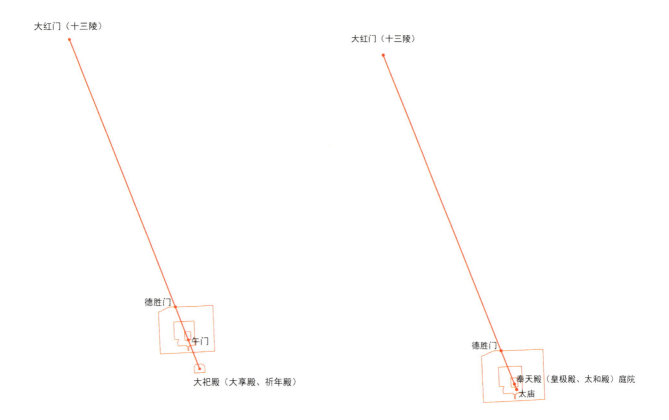

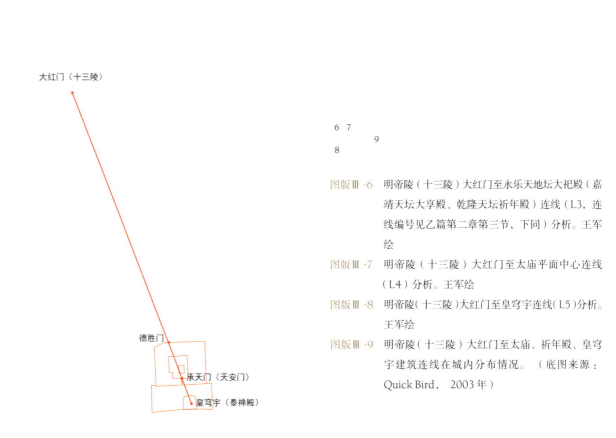

图版Ⅲ-6 明帝陵（十三陵）大红门至永乐天地坛大祀殿（嘉靖天坛大享殿、乾隆天坛祈年殿）连线（L3，连线编号见乙篇第二章第三节，下同）分析。王军绘

图版Ⅲ-7 明帝陵（十三陵）大红门至太庙平面中心连线（L4）分析。王军绘

图版Ⅲ-8 明帝陵（十三陵）大红门至皇穹宇连线（L5）分析。王军绘

图版Ⅲ-9 明帝陵（十三陵）大红门至太庙、祈年殿、皇穹宇建筑连线在城内分布情况。（底图来源：Quick Bird，2003年）

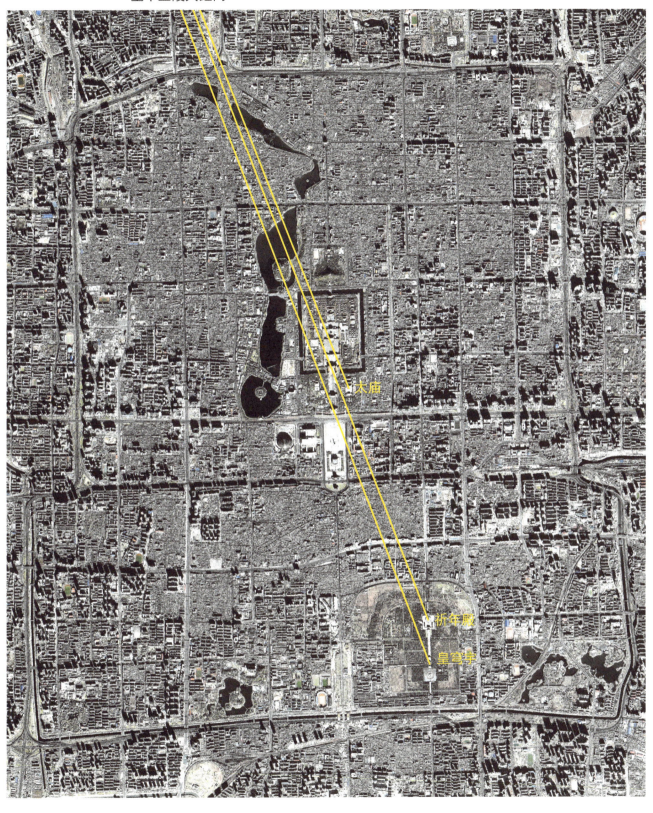

图版Ⅲ-10 明帝陵(十三陵)大红门至太庙、祈年殿、皇穹宇建筑连线通过太和殿庭院、午门、天安门的情况。(底图来源:Quick Bird,2003年)

图版Ⅲ-11 明永乐北京城乾坤交泰分析图。(1)L1:德胜门——紫禁城午门——大祀殿(今祈年殿);(2)L2:德胜门——奉天殿(今太和殿)庭院——太庙平面中心;(3)L6:安定门——奉天殿(今太和殿)——社稷坛平面中心;(4)L7:安定门——太庙平面中心——山川坛(今先农坛)平面中心

图版Ⅲ　明中都、南京、北京建筑布局分析图

图版Ⅲ-12 明嘉靖时期形成的北京城子午卯酉分析图。L8：日坛平面中心——皇极殿（原奉天殿，今太和殿）庭院——月坛平面中心

图版Ⅲ-13 明嘉靖时期形成的北京城子午卯酉与乾坤交泰格局。(1) L9：德胜门——大高玄殿中轴线南端——皇极殿（今太和殿）庭院——太庙平面中心；(2) L10：社稷坛平面中心——皇极殿（今太和殿）庭院——地坛平面中心

图版Ⅲ-14　明永乐、嘉靖时期形成的四条等长的建筑连线（L1、L8、L11、L2）分别表现了"元亨利贞"、天地四时。(1) L1：德胜门——紫禁城午门——天坛大享殿（原天地坛大祀殿，嘉靖改为大享殿，今祈年殿）；(2) L8：日坛平面中心——皇极殿（原奉天殿，嘉靖改为皇极殿，今太和殿）庭院——月坛平面中心；(3) L11：天坛大享殿（今祈年殿）——地坛平面中心；(4) L12：中轴线：永定门——钟楼

图版Ⅲ-15 明嘉靖时期形成的北京城天门地户格局。L13：内城西北抹角墙段——外城东南抹角墙段

图版Ⅲ 　明中都、南京、北京建筑布局分析图

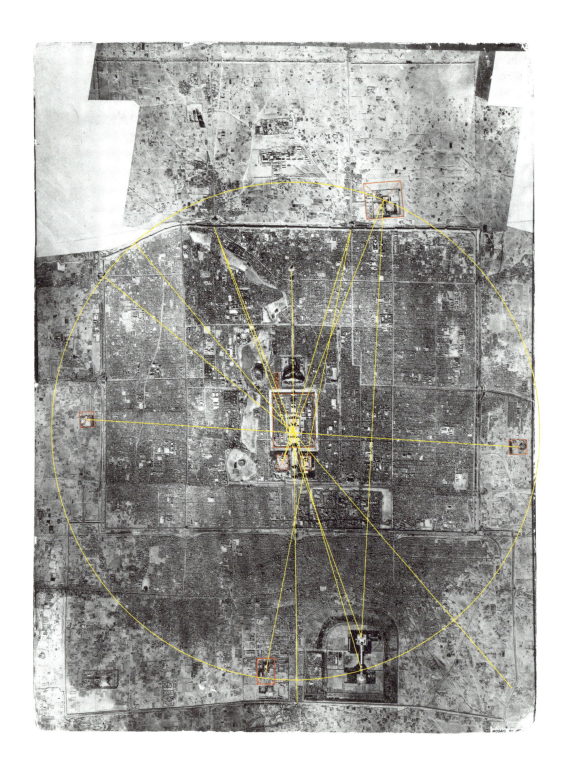

[图版 Ⅲ -16　明北京城建筑连线分析总图。(具体建筑地点参见图版 Ⅱ -12)

图版 Ⅳ

中国新石器时代建筑与器物造型
√2比例（7:5比例、10:7比例）分析图

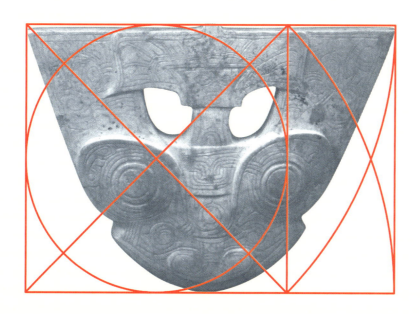

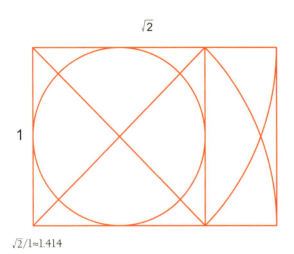

√2/1≈1.414

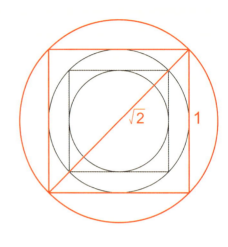

√2 图例

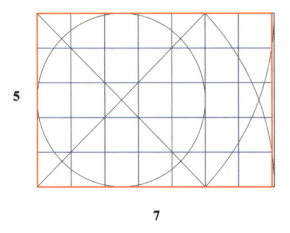

7/5=1.4≈√2/1（王南绘）

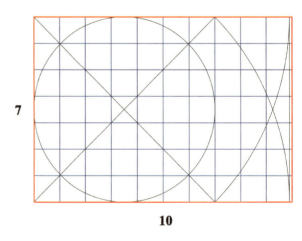

10/7=1.429≈√2/1（王南绘）

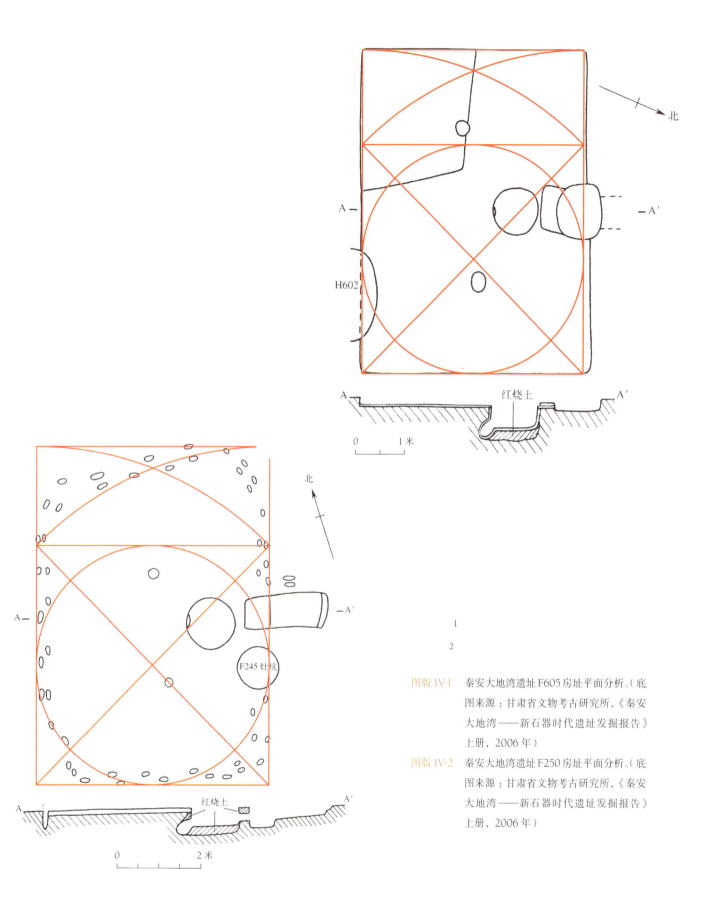

图版 IV-1　秦安大地湾遗址F605房址平面分析。（底图来源：甘肃省文物考古研究所，《秦安大地湾——新石器时代遗址发掘报告》上册，2006年）

图版 IV-2　秦安大地湾遗址F250房址平面分析。（底图来源：甘肃省文物考古研究所，《秦安大地湾——新石器时代遗址发掘报告》上册，2006年）

图版 IV　中国新石器时代建筑与器物造型，2比例（7:5比例，10:7比例）分析图

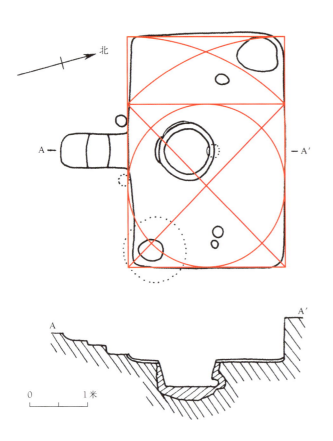
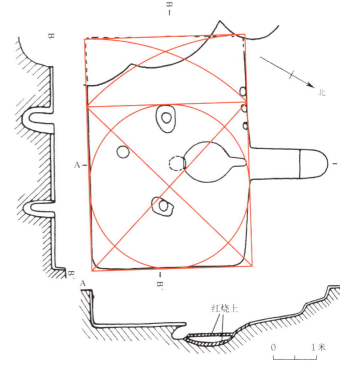
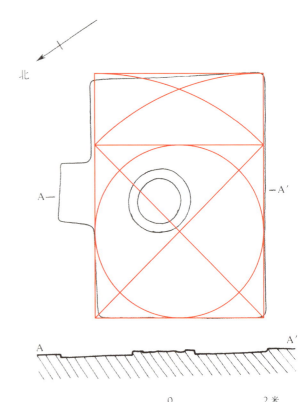

图版 IV-3　秦安大地湾遗址 F255 房址平面分析。（底图来源：甘肃省文物考古研究所，《秦安大地湾——新石器时代遗址发掘报告》上册，2006 年）

图版 IV-4　秦安大地湾遗址 F349 房址平面分析。（底图来源：甘肃省文物考古研究所，《秦安大地湾——新石器时代遗址发掘报告》上册，2006 年）

图版 IV-5　秦安大地湾遗址 F404 房址平面分析。（底图来源：甘肃省文物考古研究所，《秦安大地湾——新石器时代遗址发掘报告》上册，2006 年）

图版 IV-6　秦安大地湾遗址建筑布局分析。（1）F405 房址至 F901 房址的距离，与 F405 房址至两侧山脊的距离相等；（2）F405 房址至 F820 房址的距离，为 F405 房址至 F901 房址距离的 $\sqrt{2}$ 倍。（底图来源：甘肃省文物考古研究所，《秦安大地湾——新石器时代遗址发掘报告》上册，2006 年）

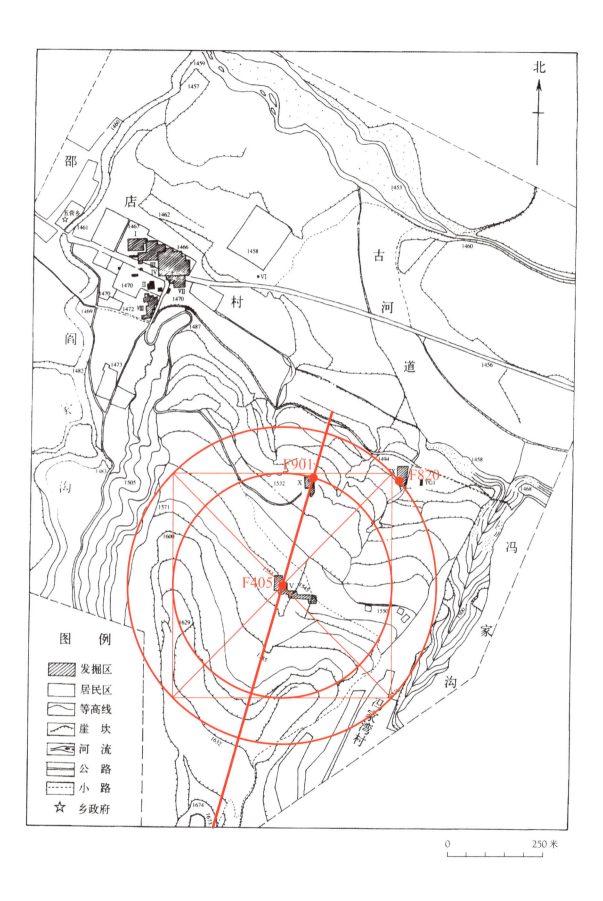

图版Ⅳ 中国新石器时代建筑与器物造型√2比例（7:5比例、10:7比例）分析图

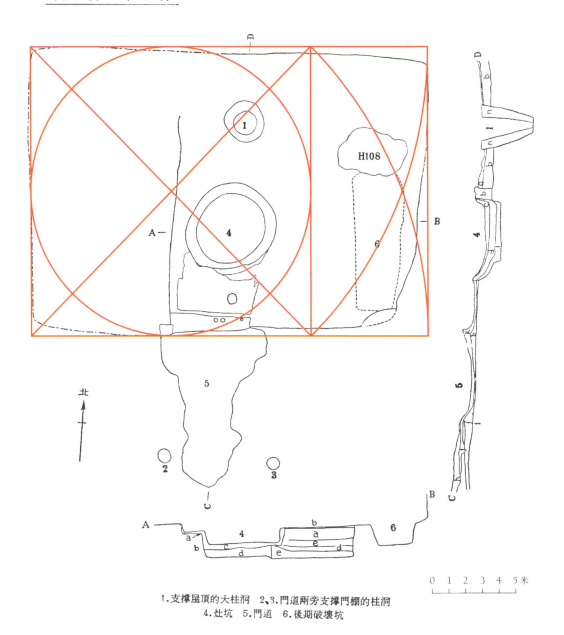

1. 支撐屋頂的大柱洞　2、3. 門道兩旁支撐門棚的柱洞
4. 灶坑　5. 門道　6. 後期破壞坑

图版 IV-7　西安半坡遗址第 38 号房址平面分析。（底图来源：中国科学院考古研究所、陕西省西安半坡博物馆，《西安半坡》，1963 年）

图版 IV-8　西安姜寨遗址第 257 号墓（M257）平面分析。（底图来源：西安半坡博物馆、陕西省考古研究所、临潼县博物馆，《姜寨——新石器时代遗址发掘报告》上册，1988 年）

图版 IV-9　河南郑州大河仰韶文化 F1 房屋基址平面分析。（底图来源：郑州市博物馆，《郑州大河村仰韶文化的房基遗址》，1973 年）

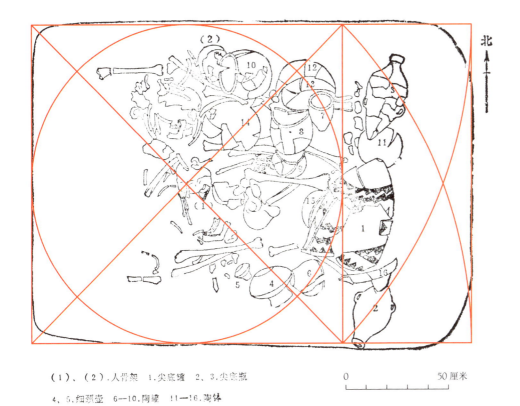

(1)、(2).人骨架 1.尖底罐 2、3.尖底瓶
4、5.细颈壶 6—10.陶罐 11—16.陶钵

1—3.柱洞 4—7、9、10、12.砂质陶鼎 8.陶瓶 11、17.石球、陶球 13.泥质灰陶鼎 14.彩陶钵 15.彩陶壶 16.彩陶双连壶
18.彩陶壶 19.泥质灰陶罐 20.砺石 21.灰陶罐 22.泥质灰陶缸 23.砂质灰陶罐 24.陶丸 25.尖状骨器

图版Ⅳ 中国新石器时代建筑与器物造型/2比例（7:5比例、10:7比例）分析图

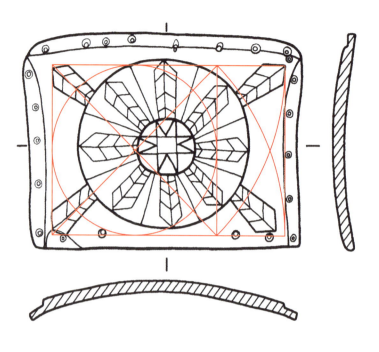

10 12
11 13

图版 IV-10　凌家滩遗址出土玉版（98M21:19）构图分析。（底图来源：安徽省文物考古研究所，《凌家滩——田野考古发掘报告之一》，2006年）

图版 IV-11　凌家滩遗址出土石钺（87M4:30）孔眼位置构图分析。（底图来源：安徽省文物考古研究所，《凌家滩——田野考古发掘报告之一》，2006年）

图版 IV-12　良渚文化神徽构图分析一。在总平面9/7比例之中，以$\sqrt{2}$比例划定主体图案分布区域。（底图来源：浙江省文物考古研究所，《良渚遗址群考古报告之二：反山》下册，2005年）

图版 IV-13　良渚文化神徽构图分析二。在总平面9/7比例之中，以$\sqrt{2}$比例划定主体图案分布区域。（底图来源：浙江省文物考古研究所，《良渚遗址群考古报告之二：反山》下册，2005年）

图版Ⅳ 　 中国新石器时代建筑与器物造型/2比例（7:5比例、10:7比例）分析图

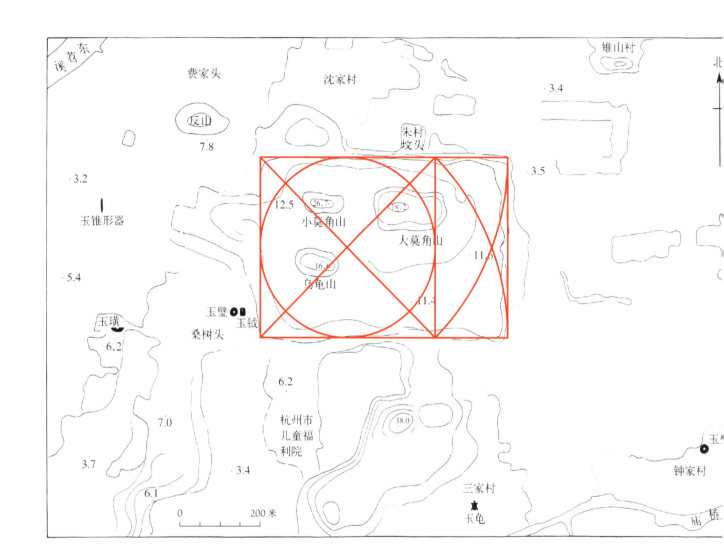

图版 IV-14　良渚古城莫角山宫殿区平面分析。（底图来源：浙江省文物考古研究所，《良渚遗址群考古报告之二：反山》上册，2005年）

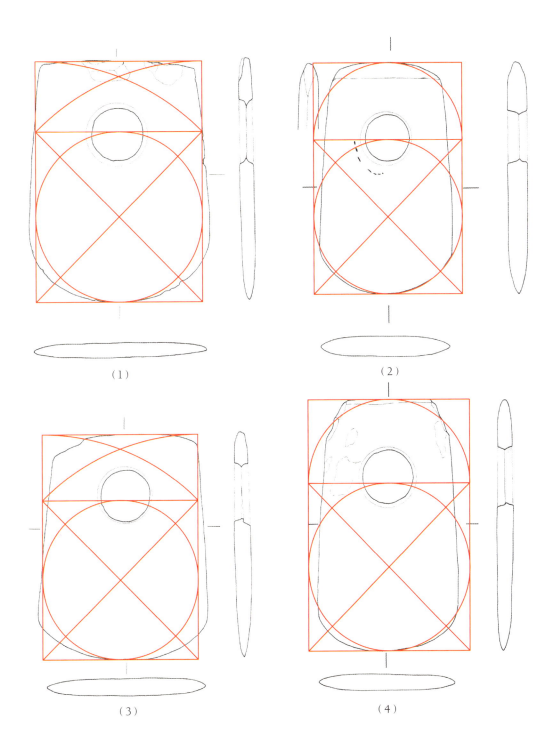

图版 IV-15　良渚反山遗址第 20 号墓（M20）出土石钺孔眼位置构图分析。（底图来源：浙江省文物考古研究所，《良渚遗址群考古报告之二：反山》上册，2005 年）

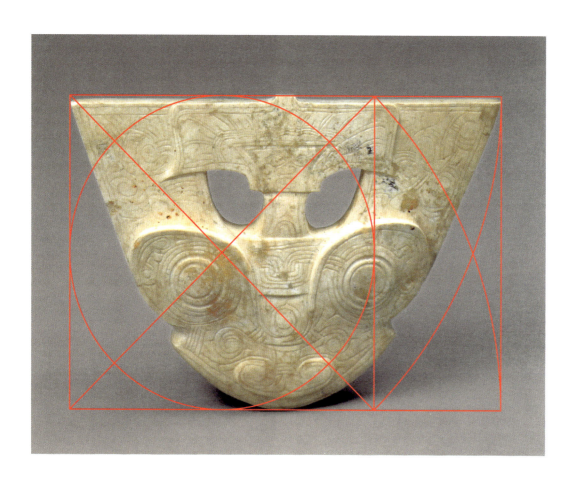

图版 IV-16　良渚瑶山遗址出土玉牌饰（M10：20）平面分析。（底图来源：浙江省文物考古研究所，《良渚遗址群考古报告之一：瑶山》，2003年）

图版 IV-17　良渚瑶山遗址出土玉三叉形器（M10：6）平面分析。（底图来源：浙江省文物考古研究所，《良渚遗址群考古报告之一：瑶山》，2003年）

图版 IV-18　良渚瑶山遗址出土玉三叉形器（M8：8）平面分析。（底图来源：浙江省文物考古研究所，《良渚遗址群考古报告之一：瑶山》，2003年）

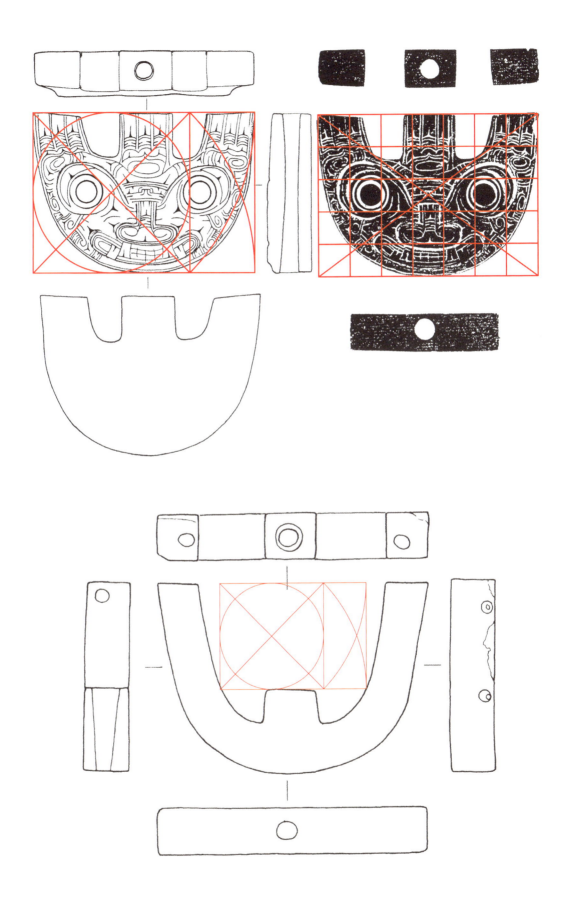

图版Ⅳ 中国新石器时代建筑与器物造型√2比例（7:5比例、10:7比例）分析图

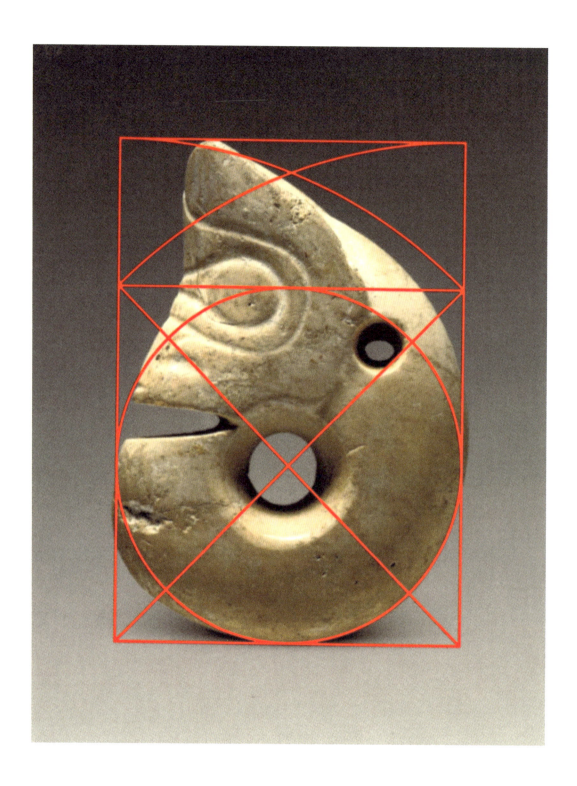

图版 IV-19　牛河梁遗址 N2Z1M4 随葬猪形玉器（N2Z1M4:3）平面分析。（1）图像眼部位于图像总高 1/$\sqrt{2}$ 位置处；（2）图像大孔圆心约位于图像总高 9∶5 比例分界处。[底图来源：辽宁省文物考古研究所，《牛河梁——红山文化遗址发掘报告（1983—2003 年度）》下册，2012 年]

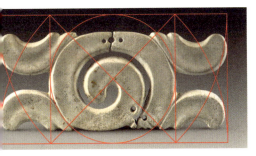

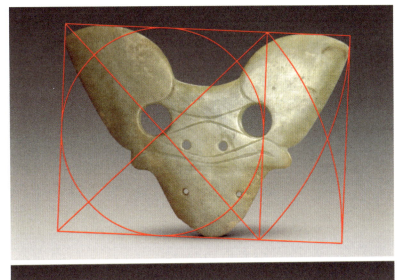

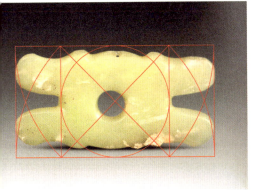

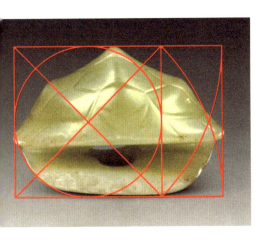

图版 IV-20　牛河梁遗址出土勾云形器（N2Z1M14：1）平面分析。[底图来源：辽宁省文物考古研究所，《牛河梁——红山文化遗址发掘报告（1983—2003年度）》下册，2012年]

图版 IV-21　牛河梁遗址出土勾云形器（N2Z1M21：3）平面分析。[底图来源：《牛河梁——红山文化遗址发掘报告（1983—2003年度）》下册，2012年]

图版 IV-22　牛河梁遗址第2地点1号冢21号墓（N2Z1M21）随葬玉兽面牌饰（N2Z1M21：14）平面分析。[底图来源：辽宁省文物考古研究所，《牛河梁——红山文化遗址发掘报告（1983—2003年度）》下册，2012年]

图版 IV-23　牛河梁遗址第2地点1号冢21号墓（N2Z1M21）随葬玉龟壳（N2Z1M21：10）平面分析。[底图来源：辽宁省文物考古研究所，《牛河梁——红山文化遗址发掘报告（1983—2003年度）》下册，2012年]

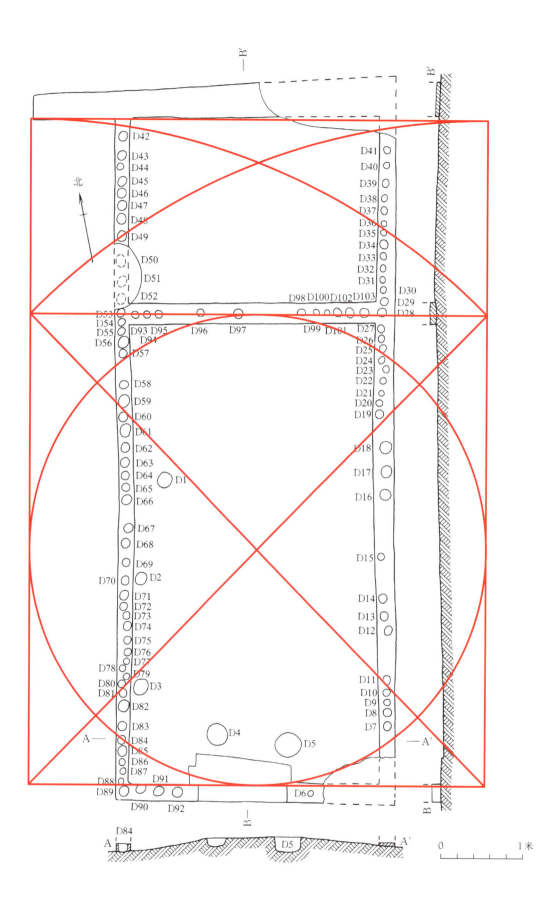

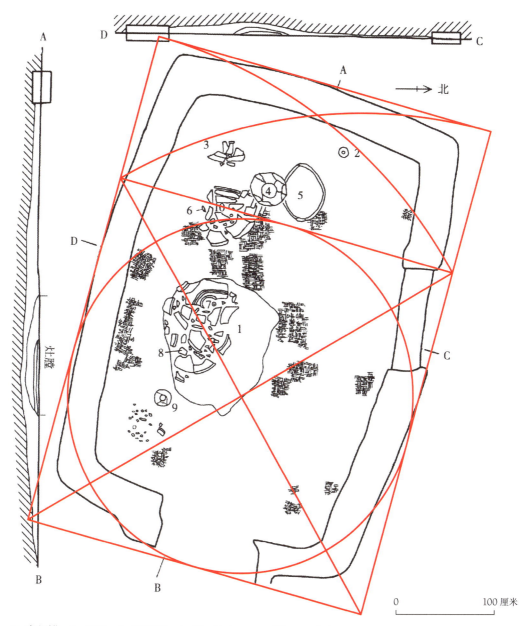

1. 高领罐 2. 器盖 3. 双腹豆 4. 罐 5. 缸 6. 石镞 7. 陶纺轮 8. 石斧 9. 器盖 10. 盆

图版 IV-24　石家河肖家屋脊遗址屈家岭文化第二期 F1 房址平面分析。（底图来源：湖北省荆州博物馆、北京大学考古学系、湖北省文物考古研究所石家河考古队，《天门石家河考古发掘报告之一：肖家屋脊》上册，1999 年）

图版 IV-25　石家河谭家岭遗址第四期Ⅲ F1 房址平面分析。（底图来源：湖北省荆州博物馆、北京大学考古学系、湖北省文物考古研究所石家河考古队，《天门石家河考古发掘报告之三：谭家岭》，2011 年）

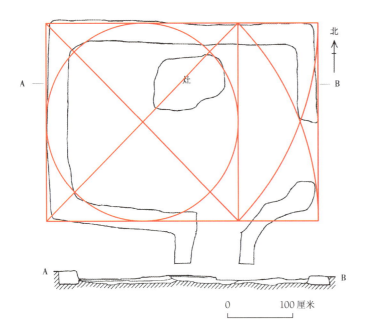

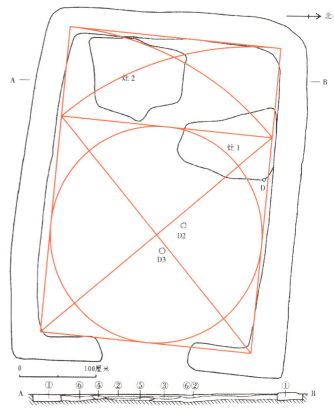

图版 IV-26 石家河谭家岭遗址第四期Ⅲ F5 房址平面分析。（底图来源：湖北省荆州博物馆、北京大学考古学系、湖北省文物考古研究所石家河考古队，《天门石家河考古发掘报告之三：谭家岭》，2011 年）

图版 IV-27 石家河谭家岭遗址第四期Ⅲ F6 房址平面分析。（底图来源：湖北省荆州博物馆、北京大学考古学系、湖北省文物考古研究所石家河考古队，《天门石家河考古发掘报告之三：谭家岭》，2011 年）

图版 IV-28 石家河谭家岭遗址Ⅲ区房址平面分析。（底图来源：湖北省荆州博物馆、北京大学考古学系、湖北省文物考古研究所石家河考古队，《天门石家河考古发掘报告之三：谭家岭》，2011 年）

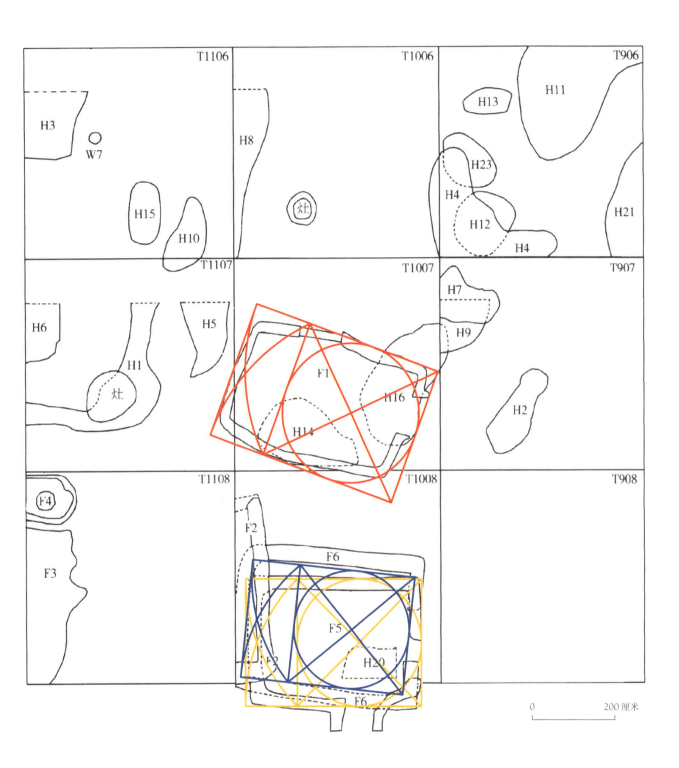

图版 IV　中国新石器时代建筑与器物造型, 2比例 (7:5比例、10:7比例) 分析图

83

图版 V

中国新石器时代建筑与器物造型 7：6比例分析图

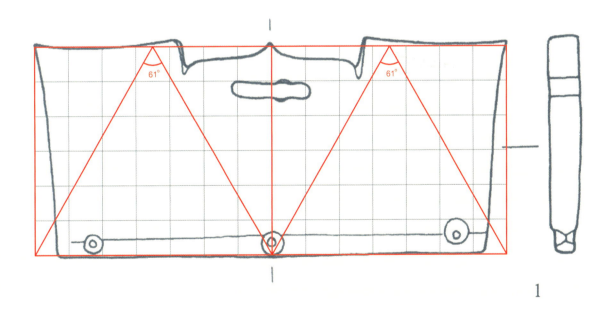

1

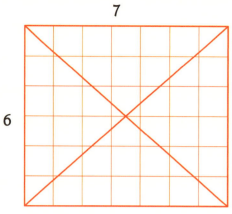

7∶6 比例图例

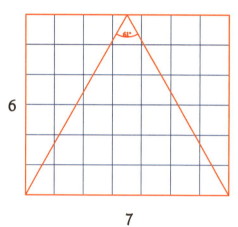

7∶6 比例图例　6/7≈√3/2（王南绘）

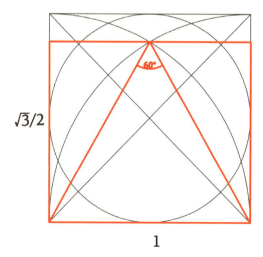

√3/2 比例图例

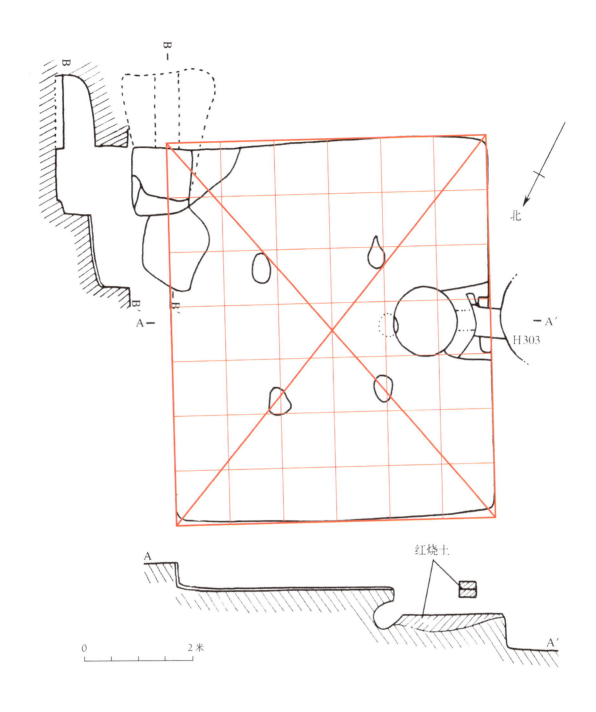

图版 V-1　秦安大地湾遗址 F303 房址平面分析。(底图来源：甘肃省文物考古研究所，《秦安大地湾——新石器时代遗址发掘报告》上册，2006 年)

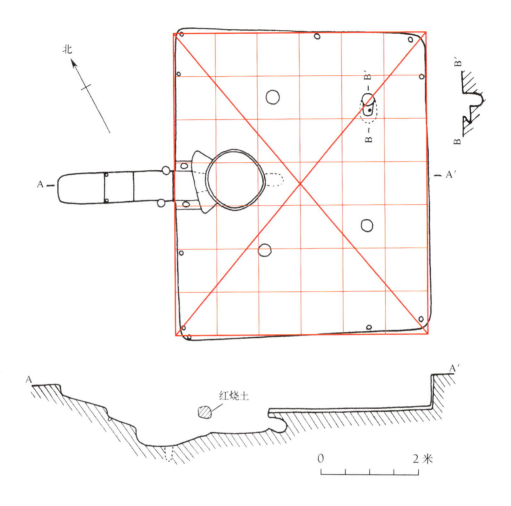

图版 V-2　秦安大地湾遗址 F301 房址平面分析。(底图来源：甘肃省文物考古研究所，《秦安大地湾——新石器时代遗址发掘报告》上册，2006 年)

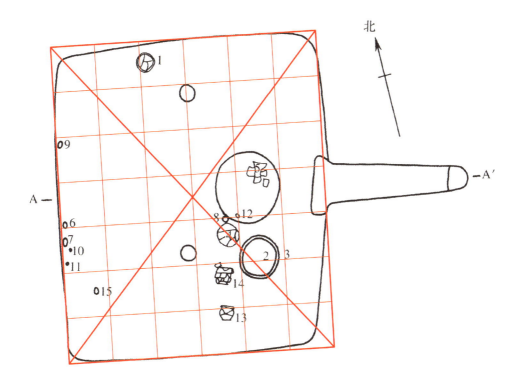

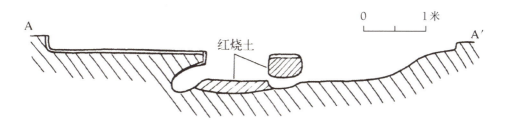

1~4. 彩陶盆　5. 彩陶钵　6~8. 石斧　9、15. 石研磨器　10~12. 石弹丸　13、14. 夹砂罐

图版 V-3　秦安大地湾遗址 F1 房址平面分析。（底图来源：甘肃省文物考古研究所，《秦安大地湾——新石器时代遗址发掘报告》上册，2006 年）

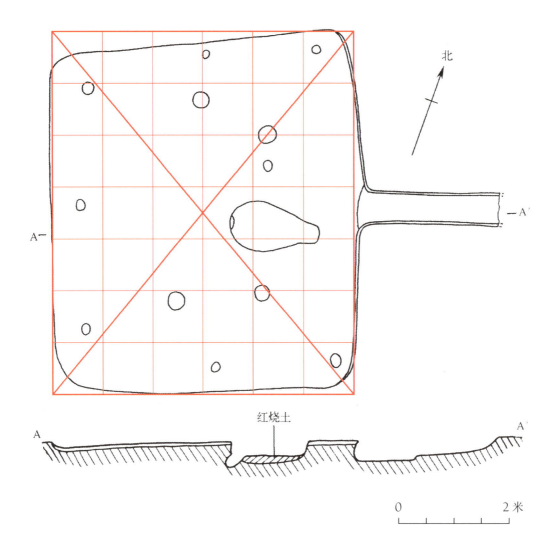

图版 V-4　秦安大地湾遗址 F324 房址平面分析。(底图来源：甘肃省文物考古研究所,《秦安大地湾——新石器时代遗址发掘报告》上册，2006 年)

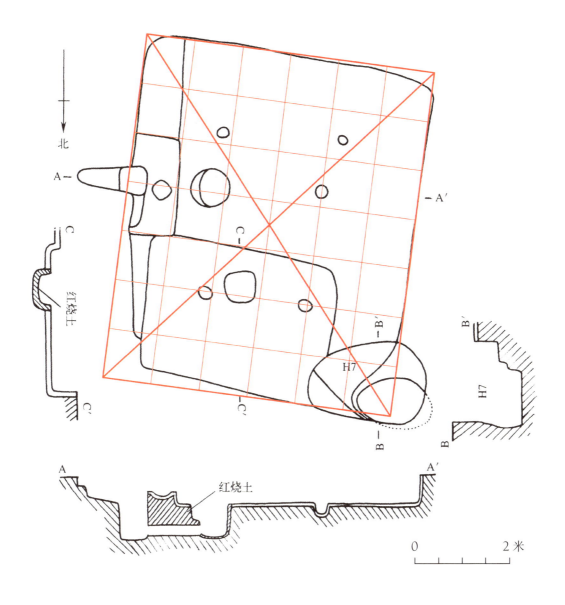

图版 V-5　秦安大地湾遗址 F17 房址平面分析。(底图来源：甘肃省文物考古研究所,《秦安大地湾——新石器时代遗址发掘报告》上册，2006 年）

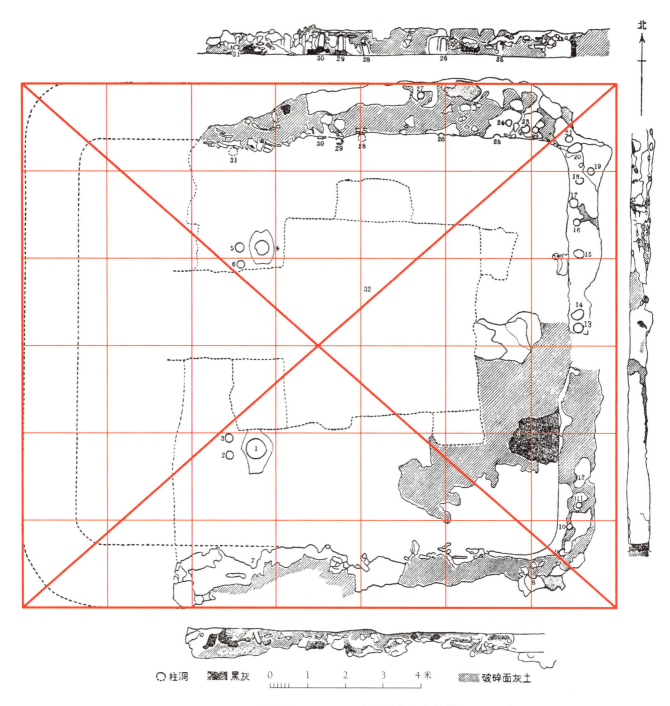

○柱洞　▓黑灰　0　1　2　3　4米　▨破碎面灰土

1、4.房屋中间的大柱洞　2、3、5、6.大柱洞旁的小柱洞　7—31.四周围墙壁上的柱洞　32.被唐墓破坏部分

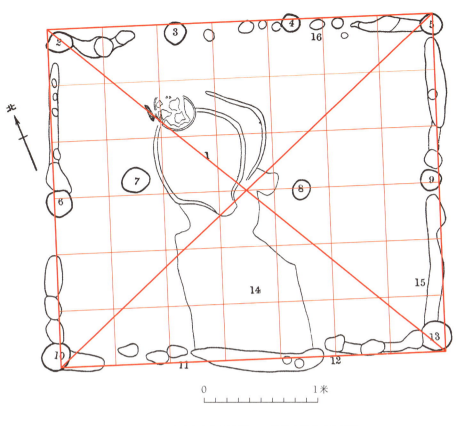

1.灶坑　2—13.牆壁中大的支柱洞　14.進門處所作成的硬面
15、16.周壁柱洞所遺留的柱洞和槽痕

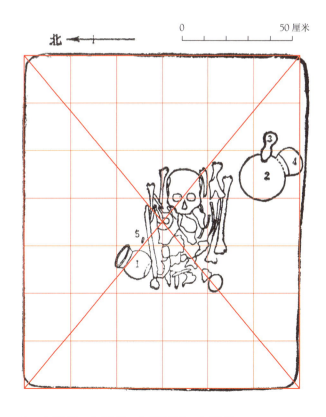

1、4.陶罐　2.陶钵　3.葫芦瓶　5.陶锉

图版 V-6　西安半坡遗址第1号房址平面分析。（底图来源：中国科学院考古研究所、陕西省西安半坡博物馆，《西安半坡》，1963年）

图版 V-7　西安半坡遗址第25号房址平面分析。（底图来源：中国科学院考古研究所、陕西省西安半坡博物馆，《西安半坡》，1963年）

图版 V-8　姜寨遗址第308号墓（M308）平面分析。（底图来源：西安半坡博物馆、陕西省考古研究所、临潼县博物馆，《姜寨——新石器时代遗址发掘报告》上册，1988年）

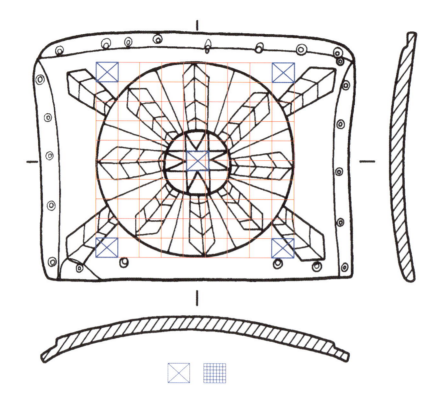

图版 V-9 凌家滩遗址出土玉版（98M21：19）构图分析二。（1）中心模块为7：6比例；（2）大圆之广为中心模块之广的九倍，大圆之深为中心模块之深的十倍。（底图来源：安徽省文物考古研究所，《凌家滩——田野考古发掘报告之一》，2006年）

图版 V-10 牛河梁红山文化第5地点1号冢1号墓（N5Z1M1）平面分析。（底图来源：朝阳市文化局、辽宁省文物考古研究所，《牛河梁遗址》，2004年）

图版 V-11 良渚瑶山遗址出土冠形器（M8：3）平面分析。（底图来源：浙江省文物考古研究所，《良渚遗址群考古报告之一：瑶山》，2003年）

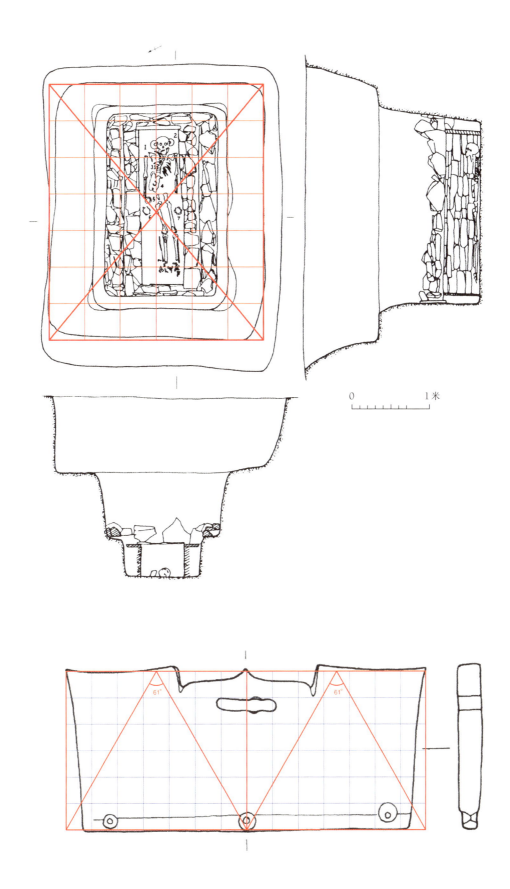

图版 V 中国新石器时代建筑与器物造型7:6比例分析图